W0066404

Heinrich L. Kaster

Die Weihrauchstraße

Handelswege im alten Orient

Heinrich L. Kaster

Die Weihrauchstraße

Handelswege im alten Orient

Umschau Verlag Frankfurt am Main

Im Anfang kannte der Mensch keine Straßen.
Wenn aber viele Menschen in dieselbe Richtung gehen,
entsteht der Weg.

Für Danuta, den guten Kameraden

CIP-Kurztitelaufnahme der Deutschen Bibliothek

Kaster, Heinrich L.:
Die Weihrauchstraße: Handelswege im alten
Orient / Heinrich L. Kaster. – 1. Aufl. –
Frankfurt am Main: Umschau Verlag, 1986
   ISBN 3-524-69062-9

Umschlaggestaltung: Manfred Sehring, Dreieich-Offenthal
unter Verwendung eines Fotos von Hermann Kiefer

Layout: Berthold Seggelke, Karlstein

Gesamtherstellung: Brönners Druckerei Breidenstein GmbH,
Frankfurt am Main

Printed in Germany

Inhalt

Am Anfang war das Kamel 7

Vom Packtier hing es ab 8 · Eine Welt voller Schrecken 9 · Ein ungewöhnliches Tier 11

Das Handelsimperium Zweistromland 16

Eine tote Weltstadt 17 · Das Land der Sintflut 19 · Kaufleute der frühen Zeit 22 · Die „Schwarzköpfigen" kommen 23 · Eine kommunistische Tempelgemeinschaft 24 · Neuerungen über Neuerungen 28 · Ein Griffel und ein wenig Ton 31 · Immer größer wird der Geschäftsbereich 34 · Allerlei Transportmittel 37 · Die Szene ändert sich 45 · Sumer wird noch einmal lebendig und stirbt 50 · Neue Gesichter, weiter Handel 53 · Das Geschäft mit der Insel Dilmun 58 · Ein kleiner Exkurs über die Perlenfischerei 61 · Die Insel der „hunderttausend Grabhügel" 63 · Auf der Suche nach unbekannten Städten 64 · Handelswege im Norden 66 · Eine ungewöhnliche Karriere 67 · Der große König ist tot 75 · Die sonderbaren Geschäfte einer reichen Familie 76 · Änderungen, Neuerungen, Verbesserungen 79 · Ein neues „Wundermetall" 80 · Eine einschneidende Änderung 82 · Die Entwicklung reißt nicht ab 82 · Die Assyrer kommen und gehen 85 · Der strahlende Mittelpunkt der Welt 87 · „Hängende Gärten" 90 · Der Turm von Babel 90 · Babylonischer Alltag 92 · Die soziale Ordnung 93 · Das große Geschäft 95 · Schnell ging es bergab 96

Die Assyrer brauchen Kupfer 99

Mit Hausierern fing es an 99 · Eine Erfindung mit weitreichenden Folgen 100 · In Assur war Profit der Leitgedanke 101 · Die Organisation der Geschäfte könnte heute kaum besser sein 104 · Frühe Transportunternehmen 105 · Alle Wege führen nach Assur 106 · Das Auge der Obrigkeit war überall 108 · Eine ganze Palette von Handelsgütern 110 · Erst die Kolonien machten Assyrien zu einem Handelsreich 112 · Ein Erdhügel gibt Aufschluß 114 · Imperialismus macht allem ein Ende 117

Mari am Rande von Wasser und Wüste 118

Zimri-Lim 121 · Ein gutgehender Kupferhandel 124 · Die Zinnstraße 126 · Abseits vom Zinnhandel 133 · Semiten und Sumerer 134 · Der Palast, das Weltwunder der Zeit 136 · Wie man sich in Mari anzog 141 · Der Untergang 142

Die Weihrauchstraße 146

Frühe Händler 146 · Ein wohlriechendes Harz 147 · Der Weihrauch geht auf die Reise 151 · Ein Treffpunkt am Indischen Ozean 153 · Der große Karawanenhafen 154 · Die Welthandelsstraße 156 · Mächtige Königreiche 161 · Angriffe auf ein lästiges Monopol 168 · Eine Entdeckung von großer Tragweite 170 · Ein Reiseführer 171 · Wir tappen noch immer im Dunkeln 172 · Die Königin von Saba 174 · Reiche Leute 175

Eine Wasserstelle wird zur Handelsmetropole 177

Eine gut gelegene Wasserstelle 177 · Die Edomiter, die Erbfeinde der Judäer 179 · Begabte Nomaden 182 · Eine Stadt hinter den Bergen 183 · Wie die Nabatäer die Griechen abwehrten 187 · Geschickte Diplomaten 188 · Wie man in Petra lebte 189 · Kann man Strabo glauben? 191 · Wie sie bauten 192 · Töpferei, so fein wie Porzellan 193 · Bedeutsame Steinblöcke 194 · Zu Ehren der Götter 196 · Blutopfer 197 · Erfolgreiche Politiker 198 · Eine Erbschaft bringt das Ende 199 · Die Römer in Petra 200

Eine Handelsmetropole in der syrischen Wüste 202

Eine Politik friedlicher Koexistenz 204 · Das große Geschäft 208 · Eine vielgesichtige Stadt 210 · Eine Klassen- und Sippenherrschaft 212 · Eine merkwürdige Priesterhierarchie und ihre Gastmähler 212 · Eine Oligarchie mit römischem Anstrich 213 · Götter aus der halben Welt 214 · Westliche Formen, orientalischer Ausdruck 215 · Eine prächtige Stadt 216 · Ein treuer Verbündeter Roms 218 · Eine schöne Witwe ohne Sinn für das Maß 219 · Die goldenen Ketten 226 · Das Ende 226

Zwischen dem Euphrat und dem Mittelmeer 228

Das persische Großreich erlischt 228 · Die Seleukiden schneiden sich ein großes Stück aus dem Erbe 231 · Regsamkeit an allen Enden 232 · Parthisches Zwischenspiel 234 · Ein seleukidisches Mosaik 235 · Ein rebellischer Fluß 239 · Eine erfolgreiche Bewegung: der Hellenismus 239 · Eine vielseitige Landwirtschaft 242 · Eine fortschrittliche Warenerzeugung 244 · Über die Bergwerke und wie man sie betrieb 246 · Eine große Erfindung 247 · Straßen, Straßen, Straßen 247 · Ein Garnisonsstädtchen am Euphrat 249 · Soldaten und Reiseführer 252 · Der Handel und die Händler 253 · Die große Palette des Warenangebots 256

Antike Weltstadt am Orontes 259

Ahnen werden gesucht 260 · Adler bestimmen die Lage der Stadt 262 · Antiochia wird gebaut 264 · Das Heiligtum Apollos 266 · Ein sonderbares Felsenbild 267 · Eine Stadt mit schlechtem Leumund 267 · Das großartigste Fest des Altertums 271 · Die Römer kommen 273 · Das traurige Ende 273

Zeittafel 274

Ausgewählte Literatur 276

Register 277

Am Anfang war das Kamel

Vom Packtier hing es ab

Als sich der Mensch vor gut sechstausend Jahren, gegen das Ende der jüngeren Steinzeit, daran machte, mehr herzustellen, als er für seinen Unterhalt brauchte, tat er den ersten zaghaften Schritt zum Handel: Er fing an, zu tauschen. Zuerst mit den Nachbarn, dann mit den Nachbarsiedlungen. Dabei sah er neue, ihm noch unbekannte Dinge, die seine Wünsche weckten. Einzelne, die wagemutiger und unternehmungslustiger waren, tasteten sich weiter vor, zogen hierhin und dorthin, nahmen ihren Mitmenschen gegen ein Aufgeld die Mühe ab, den gesuchten Gegenstand und den passenden Tauschpartner zu finden, und wurden zu der frühesten Handelsgilde, den Hausierern. Als Währung dienten Pfeilspitzen und Steinäxte, Nahrungsmittel und Vieh, Pelze und Flechtzeug und natürlich der begehrte Obsidian. Das war um das Jahr 4000 v. Chr. Tausend Jahre später brachten die wandernden Händler schon Muscheln und Perlen aus dem Zweistromland am Euphrat und Tigris über 900 Kilometer in den Iran und handelten sie gegen Alabaster, Türkise, Lapislazuli und sogar Marmor ein, die ihre Auftraggeber in der Ebene, die Sumerer, ebenso schätzten wie Kupfer, Zinn und Blei.

Das früheste Beförderungsmittel waren sicher die menschlichen Schultern; und noch heute gehört der Träger zum orientalischen Alltag, der auf seinem gekrümmten Rücken Lasten von einem geradezu unwahrscheinlichen Gewicht herumschleppt. Dann gelang es, Bündel und Körbe dem Rücken von Tieren aufzuladen, zunächst wahrscheinlich dem Ochsen. Aber der eignete sich schlecht für diese Arbeit. Man hat es auch mit dem Karren versucht, jenem schwerfälligen Fahrzeug auf zwei oder vier Rädern aus drei ineinander verzapften Holzstücken, die sich an den am Karren mit Riemen festgemachten Achsen drehten. Sie sind noch heute in Anatolien im Gebrauch, wie sie es schon um das Jahr 3000 waren; Funde bezeugen es.

Aber was konnte man schon mit von Ochsen langsam gezogenen Karren anfangen, solange es keine Wege gab? Woher Wasser und Futter nehmen? Ein Tier wurde gesucht, das keine Wege brauchte, zäh und geduldig war und auch bepackt über Berge klettern konnte. Und es wurde gefunden: der Esel. Sein Ahne, der Wildesel, scheint in Ostafrika und auch in Vorderasien heimisch gewesen zu sein; im Iran hat er seine Rolle als Packtier behauptet. Ob die Mesopotamier und Syrer die asiatische und die Ägypter die afrikanische Abart zähmten, weiß man nicht. Gewiß ist jedoch, daß der zahme Esel schon um die Wende des vierten und dritten Jahrtausends in

8

Ägypten und in Vorderasien bekannt war und wahrscheinlich auch als Lasttier benutzt wurde.

Die findigen wandernden Händler schlossen sich zusammen und rüsteten Eselkarawanen aus. Sie wateten durch Flüsse, wo Furten sich boten, zogen durch endlose Wälder und überquerten Gebirgszüge. Futterplätze wurden angelegt, Wegzölle erhoben, Rastplätze eingerichtet; zwischen dem Zweistromland, Iran und Anatolien tauschte man Waren in ständig wachsender Menge. Es sieht sogar so aus, als ob man sich in Gebiete vorgewagt hätte, hinter denen ein anderes Meer lag und in deren Wäldern jenes Zedernholz wuchs, das angeblich die Zeit überdauerte.

Nur in die großen Wüsten Syriens und Arabiens, das große Niemandsland zwischen den an seinen östlichen Rand in einem großen Halbkreis sich hinziehenden Kulturländern und den Zivilisationen an seinem westlichen oder südlichen Saum und Ägypten, wagte sich niemand. Sicher hat der Gedanke an Gewinn diese frühen Händler, deren Unternehmungsgeist dem ihrer Nachfahren von heute kaum nachgestanden haben dürfte, angeregt, neue Handelswege auszumachen. Sie mußten jedoch schnell einsehen, daß mit dem Esel, dem man nicht gerade sehr viel aufladen konnte und der regelmäßig Wasser und Futter verlangte, in der Wüste nichts anzufangen war. Besiegt hat die Wüste erst das Kamel, und auch ihm ist es nicht ganz leicht gefallen.

Seit Jahrtausenden hat die Wüste ihr Gesicht nicht verändert, nur größer ist sie geworden. Unablässig knabbert sie an den anliegenden Kulturflächen; Palmhaine versinken im Sand, Wasserstellen werden zugedeckt, Siedlungen verlassen.

Wer einmal in der Wüste gewesen ist, versteht Saint-Exupéry: »In der Wüste fühlt man die Zeit verstreichen. Solange die Sonne brennt, ist man auf der Wanderschaft gegen den Abend zu, dessen kühler Wind die Glieder badet und allen Schweiß abwischt. Die große Tränke der Abendkühle kommt für Mensch und Tier so sicher wie der Tod. Darum ist Müßiggang in ihr niemals Zeitverschwendung. Der ganze Tag erscheint schön, wie Straßen, die zum Meere führen.«

Eine Welt voller Schrecken

Die romantischen Vorstellungen, die man sich so von der Wüste macht, entsprechen der Wirklichkeit nicht, und die meisten der so geheimnisvoll anmutenden Namen bedeuten nichts als »Land des Schreckens, der Steine, des Hungers, des Durstes«.

Von den Sanddünen, die sich in endlosen Wellen bis zum Horizont hinziehen können, bewegen sich manche nur unmerklich und sind verhältnismäßig fest; andere sind in ständiger Bewegung und wandern ein paar Fuß in der Woche. Dünen bilden sich in geschlossenen Mulden, aus denen der vom Wind beinahe ununterbrochen getriebene Sand nicht zu entweichen vermag. Deshalb sind Berge und Hochebenen so nackt. Die Dünen sind verschieden in Form und Alter. Ihre Farbe wechselt von Weiß über ein rötliches Gelb bis zu Rot: die weißen sind die jüngsten; die roten hatten Zeit, kleine Oxide in der heißen, hellen Sonne zu bilden. Zwischen ihnen hat sich oft ein langer, enger Korridor gebildet, eine Art Durchlaß durch das Dünenlabyrinth.

Von einer geradezu chaotischen Mitte laufen nicht selten alte Dünen in viele Richtungen aus. Sie zu überqueren ist ein selbstmörderisches Unternehmen; schon unter einem einzigen Schritt eines menschlichen Fußes fallen sie zusammen. Am meisten gefürchtet sind die Sandmeere, in denen der Tod bei jedem Schritt lauert. Zwischen Dünen und Sandebenen liegen wie Inseln in einem Meer Oasen und Wasserstellen, oft nur in langen, qualvollen Tagesreisen erreichbar, letzte Rettung auf der Flucht vor dem Verdursten.

Aber Sand macht nur einen Teil der Wüste aus. Der andere Teil sind Geröll, lose Steine, Steinhügel, Felsblöcke, verwitterte Berge und ganze Gebirge. Wind und Sonne, Hitze und Kälte haben während unzähliger Jahre phantastische Formen hervorgebracht: Pilze und Steinkronen, Pyramiden und angenagte Säulen. Unter Seufzen, Stöhnen, Krachen, Knallen splittert unaufhörlich Gestein, über das am Tag immer ein glühender Wind bläst. Wer glaubt, die Wüste sei bar jeden Lebens, irrt: was tot zu sein scheint, lebt. Ein paar Wassertropfen locken aus dem Nichts bunte Libellen herbei. Libellen! Sie sind da – mitten in der Wüste! Ein Hase läuft dem Horizont zu; der Wüstenfuchs streicht in ständiger Furcht vor einem Adler herum. In der steilen Düne, einer richtigen Sandwoge, wohnt der »Sandfisch«: eine Eidechse, die im Sand schwimmt wie ein Fisch im Wasser; erschreckt kriecht sie in die Sandwand und schwimmt davon – mitten durch die Düne. Da gibt es eine Art Grille, die sich mit den hastigen Bewegungen einer Krabbe davonmacht. Seltsame Dinge liegen herum: versteinertes Holz untergegangener Wälder; Röhren, Kegel, Kugeln, vom Wind aus Sandstein geschliffen; winzige, gelbe, gläserne Kiesel, die wie Topase in der hellen Sonne funkeln. Und nach einem Regen kann der Sand zu einem Blütenmeer werden.

Die Wüste weht den Sand heran. Er säuselt unablässig und wie das Sirren eines Banjos gegen jeden Stein.

Ein ungewöhnliches Tier

Das erste dienstbare Vehikel der Wüste war das einhöckerige Kamel. Es ist
der unerläßliche Begleiter des Menschen in der Wüste in unzähligen Jahrhunderten gewesen. Ohne das Kamel hätte es keine Karawanen und keine
Handelsstraßen gegeben. Es hat die Wüste besiegt, allerdings nicht durch
seine Intelligenz, Beweglichkeit, Willfährigkeit oder Anspruchslosigkeit. Es
ist im Gegenteil widerspenstig, übellaunisch, langsam; es kann achtzig Li-
ter Wasser auf einmal trinken und hat einen grenzenlosen Appetit. Ein
Lastkamel legt drei oder vier und, wenn es ständig mit dem Stock angetrie-
ben wird, vielleicht fünf oder gar sechs Kilometer in der Stunde zurück,
natürlich je nach dem Sand, auf den es tritt. Ein ausnehmend gutes Reit-
kamel trabt um die zehn und auch einmal – bei einem Angriff oder auf der
Flucht – zwanzig Kilometer in der Stunde, wenn man es spornt. Aber dieses Zeitmaß hält es nicht lange aus; es lahmt schnell. Von einem richtigen
Galopp spricht man besser nicht.

Das Kamel paßt so gut in die Wüste, weil es tagelang ohne etwas auszu-
kommen vermag. Sein Höcker ist kein Wasser-, sondern ein Fettspeicher.
An seinem Umfang kann der Kameltreiber sehen, was er dem Tier noch
zumuten kann. Gegen unvernünftige Behandlung hat es seine eigene Art zu
protestieren: Es stirbt einfach. Das erschöpfte Kamel trottet weiter; ist es
ganz am Ende seiner Kräfte, hält es unvermittelt an, kauert sich nieder und
stirbt mit sehr viel Würde. Die Nomaden sagen, seine sprichwörtliche Ar-
roganz, seine selbstzufriedene Miene kämen daher, daß von den hundert
Namen Gottes der Mensch nur neunundneunzig, das Kamel aber auch den
hundertsten kenne.

Woher das Kamel kam, wo es zuerst gezähmt wurde, ist nicht eindeutig
geklärt. Man hat Kamelknochen im turkestanischen Anau, in Shah Tepe
am Hang des iranischen Elbrusgebirges und in der frühen iranischen Siedlung Sialk gefunden und mit Hilfe der Radiokarbonmethode festgestellt,
daß sie aus dem frühen dritten Jahrtausend stammen. Man schließt nicht
aus, daß es schon damals auch als Zugtier benutzt wurde, glaubt aber
nicht, daß bei seiner Zähmung gerade an diese Art der Verwendung eines
Tieres gedacht worden sei, das sich für diesen Zweck so gar nicht eignet.
Etwas älter ist das Bild eines Kamels auf einem ägyptischen Grab aus der
Zeit kurz vor dem Jahr 3000 v.Chr. Es könnte also sein, daß das Kamel
hier und da schon früher als Transportmittel benutzt worden ist.

Im Zweistromland, in Syrien und in Palästina, erschrak oder staunte die
Bevölkerung wahrscheinlich, als um die Mitte des zweiten Jahrtausends

Kamele am Wasserplatz

aramäische Eindringling aus dem Innern der arabischen Halbinsel auf Kamelen einritten. Die Tiere waren ihnen völlig fremd. Um so rätselhafter bleibt eine Kupfernadel aus dem frühesten Ur, deren Kopf die winzige Figur eines knienden Kamels aufweist. Vielleicht hatte jemand das sonderbare Tier irgendwo an der arabischen Küste des Persischen Golfs gesehen, wo sogar sein Fleisch gegessen wurde. Ob es damals schon gezähmt war, weiß man nicht; darüber geben die ausgegrabenen Knochen keinen Aufschluß.

Möglicherweise wurde das Kamel zunächst in einem der Küstenländer des Nahen oder Mittleren Ostens, vielleicht in Oman, gezähmt. In einer Inschrift des zwischen 1115 und 1074 v.Chr. regierenden assyrischen Königs Tiglatpilesar I. wird das Kamel zum ersten Mal schriftlich erwähnt. Die alten Semiten nannten es in ihrer Umgangssprache »gammalu«, benutzten beim Schreiben aber sonderbarerweise das sumerische Keilschriftzeichen für »Meer« und bezeichneten das Tier als »Tier der Meerländer«. Das spricht für die Annahme, das Kamel sei vom »Oberen Meer«, wie man den Persischen Golf nannte, herübergekommen. Über das »Wie« und das »Durch wen« schweigt sich die Inschrift leider aus.

Um diese Zeit, aber kaum früher als um das Jahr 1200 v.Chr., fing die große Karriere des Kamels als einzigartiges »Schiff der Wüste« an. Sie sollte bis in unsere Zeit dauern. Erst das Kamel machte den Fernhandel möglich; es steht ganz am Anfang der Karawanenstraßen, die vielleicht mehr menschliche Geschichte gesehen haben als irgendein Strom der Erde, und des unvorstellbaren Reichtums, den der Wüstenhandel einbrachte. Das zweistöckige Haus eines babylonischen Kaufherrn maß 750 Quadratmeter und zählte nicht weniger als achtzehn Räume um einen großen Innenhof! Das Kamel machte aus Wüsten, die unüberschreitbare Grenzen waren, Meere, über die man sich bewegen konnte: das plumpe, zweihöckerige Trampeltier in Mittelasien, das einhöckerige, elegante Dromedar in den Wüsten zwischen dem Persischen Golf und dem Mittelmeer. Wer hätte vorher gewagt, die syrische, die arabische Wüste zu durchqueren! Jetzt dauerte es nicht lange, bis wagemutige Unternehmer und Bankiers, gelockt von den möglichen großen Gewinnen, Kamelkarawanen ausrüsteten, die anfangs in unregelmäßigen Abständen, dann aber, als die neuen »Wüstenstraßen« erst einmal »erschlossen« waren, fast nach einem festen Fahrplan Güter aller Art in den vier Himmelsrichtungen durch die vorderasiatischen Wüsten brachten.

Und doch war jede Reise ein gefährliches, abenteuerliches Unternehmen, und ohne die wüstenkundigen Nomaden wäre das wertvolle Handelsgut wohl kaum je am Ziel angekommen. Das wird vor Jahrtausenden nicht anders gewesen sein als heutzutage. Nichts wurde den Handelskarawanen erspart, weder das schlechte Wasser noch die körperlichen Mühen, das sandige Essen, der Durst, der Treibsand, die Hitze am Tage und die Kälte in der Nacht, der harte, blendende Glanz der Sonne in einer Landschaft ohne Schatten und Wolke, die unaufhörliche Spannung in einer endlosen Weite, in der jedes Lebewesen den harten Gesetzen der Wasserlöcher unterworfen ist.

Kameltreiber von damals werden wie ihre nomadischen Nachfahren von heute fähig gewesen sein, die Gegend nach der Farbe und Korngröße des Sandes auszumachen und auch den heraufziehenden Sturm zu wittern. Sie haben sicher – nicht anders als heute – ihr kostbares Wasser in Ziegenhäute gefüllt. Sie wußten aus alter Erfahrung, warum. Sind die Häute leer, lassen sie sich leicht aufrollen; sie wiegen beinahe nichts und können im Nu untergebracht werden; schwitzen sie, reibt man sie mit Fett ein; lecken sie, kann man die Löcher unschwer mit Dornen oder einem Holzkeil in einem Stoffetzen stopfen. Das Wasser schmeckt natürlich nach Ziege, aber reines Wasser ist in der Wüste ohnehin ein Traum. Was der genügsame Treiber sonst noch zum Leben braucht, bringt er in anderen Ziegenhäuten unter. Das Kamel trägt sie alle.

In langen Reihen werden die Kamele, das Kopfseil des einen an den Schwanz des anderen Kamels gebunden, durch die Wüste gezogen sein, und die Treiber maßen die Entfernungen nicht nach Tagen, sondern nach langen Wochen. Sie brauchten nicht viel: eine Handvoll getrockneter Datteln, ein wenig Hirse; Heuschrecken waren ein Leckerbissen.

Wer auf dem Weg starb, wurde unter einem Steinhügel dürftig begraben; der Geist des Toten würde sich ja ohnehin in einer Höhle am Rande eines Felsens niederlassen.

Die letzte Stunde des Kamels schlug, als das Auto seinen Einzug in die Wüste hielt und man anfing, Straßen zu bauen. Aus den ersten hochbeinigen Autos ist inzwischen ein breites Sortiment von Wüstenfahrzeugen geworden. Teerstraßen kriechen in alle Richtungen; die blauschwarzen Bänder, die sich unter Schaufeln, Walzen und Teermischern entrollen, werden fast von Woche zu Woche länger. Der Verkehr nimmt von Jahr zu Jahr zu. Die alten Wüstenwege geraten langsam in Vergessenheit, seit es viel weniger Zeit in Anspruch nimmt und billiger ist, große Lasten auf halbwegs brauchbaren Straßen zu befördern. Schon denkt man hier und da an Parkschilder. Die Wüste wird mechanisiert und zwar auf Kosten des Kamels. Wie könnte es auch anders sein! Ein bescheidener Fünftonner, der zwischen Sonnenauf- und Sonnenuntergang im Schnitt um die hundertfünfzig Kilometer zurücklegt, ersetzt an die zweihundertfünfzig und einer jener großen Lastzüge sogar an die fünftausend Kamele.

Noch ist das Kamel jedoch nicht ganz aufs Abstellgleis geraten. Nach wie vor ziehen Karawanen durch die Wüste, und noch immer ist das Kamel das »Fahrzeug« der Nomaden, das ihre Bedürfnisse trägt. Es heißt, daß auf Kamelen Jahr für Jahr auch heutzutage noch Tausende von Tonnen befördert werden. Selbst die industrialisierte Wüste hat auf seine Dienste nicht ganz verzichtet. Es transportiert Treibstoffe zu abseits gelegenen Fluglandeplätzen. Immerhin haben ja auch die Straßentanker Durst, und Tankflugzeuge verbrauchen die Hälfte des Brennstoffes, den sie zu befördern vermögen.

Trotzdem treibt eine Welle von Beschäftigungslosigkeit nach und nach Hunderttausende von Kamelen in die Schlachthäuser. In der schon von Motoren und Bohrmaschinen dröhnenden Wüste, die der Industrialisierung nicht entgeht, gilt das uralte Wort, das Kamel solle des Menschen Bruder sein, nicht mehr viel.

Das Handelsimperium Zweistromland

Ischtar-Tor Nebukadnezars, Babylon, Anfang des 6. Jh. v. Chr.

Neunzig Kilometer südlich Bagdads, unweit des Städtchens Hilla, liegen die Ruinen der alten Weltstadt Babylon. Es stimmt wehmütig, daß sich »der Ruhm der Reiche, die Schönheit chaldäischen Glanzes«, wie sich Babylon einmal selbst nannte, nur in einem schlichten Schild ankündigt. In Bagdad wird gern vor der doch recht beschwerlichen Fahrt gewarnt und auch gesagt, sie lohne nicht, denn im Grunde sei nichts von wirklichem Belang zu sehen. Dabei gibt es in der Welt nur wenige Plätze, die eindrucksvoller sein könnten. Paläste und Hütten, Tempel und Straßen sind geborsten; ihre Überreste liegen wahllos neben- und durcheinander. Von den Mauern, auf denen einmal vierspännige Kriegswagen fuhren, von den Altären, auf denen Jahr für Jahr, um die Gottheiten gnädig zu stimmen, für tausend Talente Weihrauch verbrannt wurde, ist nichts geblieben. Nur das Ischtar-Tor Nebukadnezars steht. Mehr als vierzehn Meter hoch stiegen einmal seine Türme in die Höhe, und die Backsteinziegel der Mauern schmückten die Reliefs von mehr als fünfhundert Tieren. Stier und Drache wechseln, bar der Farbe und des Glanzes der Glasur, die einmal den nackten Lehm verbargen. Die Stiere schreiten anmutig dahin; sie sind jung, sie haben die Stärke, ein bewehrtes Tor zu rammen. Ihre Gefährten, die »Sirrusch«, die gehörnten Drachenschlangen in Braun, Gelb und Weiß auf blauem Grund, sind nicht weniger schön. Diese Wappentiere des Gottes Marduk sollten vielleicht Meder und Perser schrecken.

Wie von einem Erdbeben geschüttelt mutet die Stelle an, auf der einst die große Zikkurrat Babylons, der Tempelturm »Etemenanki«, stand, von dem die Archäologen glauben, er sei der Turm von Babel gewesen. Die geborstenen Gewölbe trugen vielleicht die Festhalle Nebukadnezars. Zentnerschwer drückt das Schweigen auf die zahllosen Erd- und Geröllhügel. Babylon liegt buchstäblich in Schutt. Eintönig zieht sich das flache Land bis zum Horizont hin. Sogar das Wasser hat der Stadt den Rücken gekehrt: Weitab fließt der Euphrat zwischen ein paar Palmen dahin. Er plätschert nicht mehr um die Mauern der Stadt. Es ist, als wolle er ihren Untergang endgültig bestätigen.

Von Babylon kann man mit der Eisenbahn nach Ur fahren. In der Nacht steht der Himmel voller Sterne, und man glaubt gern, die Heiligen Drei Könige seien chaldäische Astronomen gewesen. Immerhin hat ja Kepler festgestellt, daß Jupiter und Saturn nicht weniger als dreimal um die Zeit der Geburt Christi im Sternbild der Fische standen, was nur einmal in achthundert Jahren geschehen soll.

Fundamente der Zikkurat von Babylon („Turm von Babel"); gebrannte Ziegel mit einem Kern aus Lehm

Vor einigen tausend Jahren segelten Schiffe den Fluß hinauf und hinunter. Das Land ringsum muß ein blühender Garten gewesen sein. Statt der heutigen Grabesstille herrschte ein geschäftiger Betrieb, und statt des heißen Windes aus der nachbarlichen Wüste wehte vom Meer her eine leichte Brise. Sand liegt über der Ruinenstätte, und im Sommer tanzen glitzernde Hitzewellen über die weite Öde; Luftspiegelungen zaubern ein schon lange nicht mehr vorhandenes Wasser herbei.

Wind, Sand, Wetter und Jahrhunderte einer Nutzung als Baustofflager
haben eine der größten Städte der alten Welt ausgelöscht. Die nackte
Schlammöde ist kreuz und quer durchzogen von längst ausgetrockneten
Bewässerungskanälen. Schlangen und Skorpione liegen unter einem wolkenlosen Himmel, an dem eine brennende Sonne steht.

Das Land der Sintflut

Die frühen Bewohner des Schwemmlandes zwischen den zwei Zwillingsströmen Euphrat und Tigris hatten keinen Namen für das Land, in dem sie
lebten. Sie nannten es einfach »das Land« oder »Sumer«, »Akkad«. Erst
die griechischen Historiker sprachen von Mesopotamien, dem Land zwischen den zwei Flüssen, und dabei ist es geblieben. Die Zivilisation, die in
ihm nach und nach entstand, lebte fast dreitausend Jahre. Man hat sie
»chaldäisch«, »assyrisch-babylonisch«, »sumerisch-akkadisch« oder »mesopotamisch«, je nach dem gerade herrschenden Tagesgeschmack, genannt. In Wirklichkeit geht es jedoch stets um ein und dasselbe. Die Städte,
in denen diese Zivilisation aufkam, sich erhielt und von denen aus sie in
den ganzen alten Orient getragen wurde, waren Uruk und Agade, Ur und
Babylon.
Mesopotamien ist das Geschenk der zwei Ströme. Ihre Ablagerungen
schufen das weite, fruchtbare Schwemmland zwischen der arabischen Wüste und dem Hochland von Iran, das sich bis an den Persischen Golf hinzieht, der heute gerade noch Basra, viel weiter im Süden, erreicht, auf dem
aber um das Jahr 3000 v. Chr. Schiffe bis zu dem Seehandelsplatz Ur segelten. Heute kommen der Euphrat und der Tigris bei dem Ort Qurna, an die
hundert Kilometer nördlich von Basra, zusammen, werden zum Schatt al
Arab und fließen in einem Bett dem Golf zu. Im Altertum nahm jeder seinen eigenen Weg zum Meer. Weil hoch im Norden hartes Kalkgestein den
Lauf der zwei Flüsse vorzeichnet, hat sich ihr Flußbett kaum verlagert, und
alte Städte liegen wie vor Tausenden von Jahren an ihren Ufern oder doch
nahebei. Aber weiter im Süden, wo die Täler zu einer breiten und flachen
Schwemmlandebene werden, verlangsamen beide Ströme ihren Lauf, erhöhen wie alle mäandernden Flüsse ihr Bett, fließen deshalb nicht selten über
dem Niveau der Ebene dahin, bringen dabei Seen und Sümpfe hervor und
ändern gelegentlich auch ihren Lauf. So erklärt sich, daß südmesopotamische Städte, die einmal am Euphrat lagen, heute nichts weiter als Ruinenhügel in einer Wüste von ausgedörrtem und verkrustetem Schlamm sind.

Zwei Gefahren haben die Bauern des fruchtbaren Schwemmlandes seit frühester Zeit bedroht. Ohne eine künstliche Entwässerung, die anscheinend im Altertum unbekannt war, ist die unerläßliche künstliche Bewässerung mit Hilfe von Kanälen, Seitenkanälen, Deichen und Schleusen ständig von Verschlammung bedroht und der Ackerboden versalzt. Fruchtbares Land kann in verhältnismäßig kurzer Zeit unfruchtbar werden, immer größere Flächen können aufgegeben und wieder zu Wüste werden. Ohne ein ausgeklügeltes Be- und Entwässerungsnetz, ohne sehr viel mühsame Arbeit ganzer Menschenscharen und ohne eine genaue Kontrolle war es nie möglich, die Ackererde und den Überfluß, den sie bereitwillig hergab, zu erhalten.

Die Erhaltung, Kontrolle und Verteilung des Wassers waren in Mesopotamien zu allen Zeiten die Schlüssel zum Wohlstand. Was geschieht, wenn das fruchtbare mesopotamische Schwemmland sich selbst überlassen bleibt, wenn die menschliche Arbeit unmöglich und der staatlichen Aufsicht gewaltsam ein Ende gemacht wird, läßt sich an den Folgen der Mongoleneinfälle im Mittelalter noch heute leicht sehen. Sie warfen das Land um Jahrhunderte zurück.

Die andere, weit größere Gefahr, die Mesopotamien seit jeher bedroht, ist der unberechenbare Wasserfluß der Zwillingsströme. Er hängt ausschließlich von dem Schnee- und Regenfall in den Bergen Armeniens und Kurdistans ab. Ein paar Jahre Niedrigwasser bedeuten Dürre und Hunger; Hochwasser heißt Dammbrüche, Überflutung der Ufer, Überschwemmung, Verlust der Ernte auf dem zu einem großen, schmutzigen See gewordenen Land; nichts bleibt von dem bis an den Horizont reichenden Wasser verschont; alles wird von ihm fortgeschwemmt: Mensch, Tier, Hütte und Haus. In der ständigen Angst vor Wüste und Sumpf hat der Mensch des Zweistromlandes immer gelebt. Sie und die große Ungewißheit über das, was die Zukunft bereithält, erklären den Pessimismus, der die Religion der alten Mesopotamier kennzeichnet.

Von Überschwemmungen ist in den Keilschrifttexten immer wieder die Rede. Im Bericht eines Verwalters an seinen Herrn heißt es, der Khabur, ein Nebenfluß des Euphrat, sei plötzlich über die Ufer getreten, und das ganze Land stehe unter Wasser. Aber das sei nicht alles. Außerdem hätten nicht enden wollende schwere Regenfälle bis jetzt eine Ernte unmöglich gemacht. Ein paar Jahrhunderte später bestimmte König Hammurabi: »Schuldet ein Bauer Geld und hat Hadad, der Regengott, sein Feld überschwemmt, oder hat eine Flut es verwüstet und ihn um die Ernte gebracht, braucht er in diesem Jahr seinem Gläubiger weder Korn zu liefern noch Zins zu bezahlen.«

20

Von einer großen Flut als dem größten und schlimmsten Verhängnis, das je seit dem Anfang der Welt über die Menschen kam, sprechen alle frühen Chronisten. Wir besitzen, auf Tontäfelchen in sumerischer Sprache eingeritzt, eine Flutgeschichte aus der Stadt Nippur, die sehr viel Ähnlichkeit mit der unserer Bibel hat, und eine andere in den akkadischen Texten des Gilgamesch-Epos, der großen Bibliothek des assyrischen Königs Assurbanipal, deren 25.000 Täfelchen in Ninive gefunden wurden. Sie sind heute im Londoner Britischen Museum und gelten als die großartigste Sammlung ihrer Art in der Welt.

Wahrscheinlich war die eine Flut viel schrecklicher als alle anderen, von ihr wurde vielleicht beinahe eine ganze Bevölkerung hinweggeschwemmt. Das könnte erklären, weshalb Menschen, Ereignisse, Götter und Helden der vorsintflutlichen Zeit von den späteren Chronisten einer Mythologie zugeordnet wurden, die über eine unbegrenzte Zeit reicht.

Die Ausgrabungen haben indessen einen Beweis für eine Sintflut bis jetzt nicht erbracht. An Erklärungen hat es allerdings nicht gefehlt. So könnte es zu einer Legende nach einer schweren Überschwemmung in der einen oder anderen Stadt gekommen sein, die in der orientalischen Fantasie zu einer Riesenüberschwemmung wurde, von der das ganze Land heimgesucht worden war. Man hat auch an eine riesige Gezeitenwelle oder einen Orkan gedacht. Aber Theorien wie diese halten nicht stand. In den Geschichten ist nicht von Überschwemmungen, sondern nur von Regenfluten die Rede, und die Legende von der Sintflut beschränkt sich nicht auf den Nahen Osten, sondern ist in einer ganzen Anzahl von Ländern in allen Teilen der Welt geläufig.

Es bleibt also nur die Wahl zwischen zwei Erklärungen: Entweder ist die Sintflut nur eine Mythe oder es gab sie – aber in einer sehr frühen vorgeschichtlichen Zeit. Die Regengüsse, die Länder wie das Zweistromland – statt unserer Vereisungen während des Eiszeitalters – heimsuchten, wurden von dem Menschen erlebt; die Erinnerung an sie ist vielleicht von Generation zu Generation weitergegeben worden und schließlich zu der Geschichte einer unvorstellbaren legendären Katastrophe geworden. Beides ist möglich.
Als die frühesten sumerischen Stadtstaaten entstanden, lag Ur an der Küste des Persischen Golfs. Das Land ringsum bestand aus Sümpfen und Marschen; sie spielten stets eine wichtige Rolle im mesopotamischen Leben; immer wieder werden sie in der Literatur erwähnt; bildlich dargestellt sind sie in den viel späteren Reliefs des assyrischen Königs Sennaherib, auf denen die Geschichte seines »Krieges in den Sümpfen« anschaulich geschildert ist.

Leicht war das Leben in der feuchtheißen Ebene und in den Marschen nicht. Für die frühen Siedler mag vielleicht der größte Anreiz neben einer Fülle von Fisch und Geflügel die so verläßliche Dattelpalme gewesen sein, die jahrein, jahraus ihre nahrhafte Frucht schenkte und dazu noch eine ganze Vielfalt von Dingen lieferte: Dattelwein, Kerne, Fasern für Matten, Körbe und Seile und schließlich Stämme, die als Hausstützen oder auch als Säulen zu gebrauchen waren. Trotzdem handelte es sich um einen Dschungel voll Schilfrohr mit Sand- und Geröllbänken, die regelmäßig überflutet wurden, mit gewundenen Kanälen, durch die schmutziges Wasser dem Meer zufloß. Verglichen mit der Wüste ringsum, muß dieser weite Dschungel am Unterlauf des Euphrat und des Tigris trotz allem den Menschen als ein Paradies vorgekommen sein. Konnte man das Flutwasser zähmen und in Kanäle zwingen, die Sümpfe entwässern und die dürren Ufer bewässern, mußte ein Garten daraus werden, der Fülle schenken würde. Der Boden war so fruchtbar, daß ein hundertfacher Ertrag keine leere Verheißung war. Und wirklich: Tontäfelchen aus der Mitte des dritten vorchristlichen Jahrtausends bestätigen, daß ein mit Gerste besätes Feld einen sechzig- und hier und da sogar auch einen achtzigfachen Ertrag gab. Datteln und Gerste hatten die Menschen also mehr als genug, und das war gut so, denn sie brauchten Tauschgüter, um sich zu beschaffen, was ihnen fehlte. Immerhin dürften ihre Ansprüche nicht gerade hochgeschraubt gewesen sein, denn sie lebten noch in Dörfern aus Binsenhütten.

Aus den Dörfern wurden nach und nach kleine Städte. Die Bedürfnisse wurden größer, und man fing an, für die überschüssige Gerste und Berge von Datteln das einzutauschen, was man brauchte: Holz, Steine, Obsidian und auch das, was das Dasein schöner machte: Muscheln und Halbedelsteine. Aus den Nachbarländern wurde es herbeigeschafft, zuerst auf dem menschlichen Rücken, dann mit dem Esel, dem frühesten Lasttier, und natürlich auch mit Booten auf den zahllosen Kanälen.

Kaufleute der frühen Zeit

Alle Waren brachte der Händler von seinen Reisen mit, auf die er mit den handwerklichen Erzeugnissen der Bauern aus den Dörfern gegangen war. Schon vor dem Jahr 3000 v. Chr. wurden Kupfer, Bauholz und Steine für Handmühlen und Türen eingeführt. Wie hätten sich sonst die Türen bewegen können, die nicht in Angeln hingen, sondern deren Pfosten sich in einem ausgehöhlten Stein drehten!

Wer waren die frühen Händler? Am Anfang vielleicht Jäger, die sich nach und nach nur noch mit dem Handel beschäftigten, der mehr einbrachte; vielleicht auch Nomaden, die zwischen Wüste, Berg und Flußsiedlungen dahinzogen und viele Pfade kannten. Leicht haben es diese frühen Händler sicher nicht gehabt. Sie mußten Sümpfe, Wüsten und Berge überwinden, ihre Boote durch eine Wirrnis von Wasserläufen bringen, Wegegelder bezahlen und stets räuberischer Überfälle gewärtig sein. Sie stöhnten unter den Kosten, die ihnen die Reise in das Ungewisse auferlegte, denn sie schleppten ja nicht nur ihre Waren mit, sondern alles, was sie zu ihrem Unterhalt brauchten, und dazu noch ein paar Waffen zu ihrer Verteidigung.

Um die Mitte des dritten Jahrtausends war man aus diesem frühen Tauschhandel heraus. Sein schnelles Wachstum und die Zunahme der gehandelten Güter verlangten nach einem Wertmesser, der auch für die Entlohnung von Dienstleistungen brauchbar war. Gerste bot sich an. Jedermann brauchte sie. Sie wurde deshalb zum ersten Zahlungsmittel und blieb es, bis die Metalle aufkamen. Jetzt ließ sich ein Warenwert leichter errechnen, das Geschäft wurde einfacher. War vorher der Handel über Nordmesopotamien kaum hinausgegangen, konnte man sich nun weiter nach Osten und Norden die Flüsse entlang wagen und über die Gebirgspässe in Länder vorstoßen, in denen das Grundnahrungsmittel Gerste fehlte, es aber Kupfer, Silber, Blei, Steine und sogar Gold gab.

Die Menschen dieser frühen Zeit scheinen ungemein begabt gewesen zu sein. Das aufgefundene Modell eines Segelbootes deutet darauf hin, daß sie schon gelernt hatten, den Wind für die Flußschiffahrt zu nutzen. Für den Landtransport bedienten sie sich des auf Scheibenrädern laufenden Karrens. Sicheln aus in großer Hitze gebranntem Ton waren in Gebrauch. Sie müssen allerdings recht stumpf und sehr zerbrechlich gewesen sein. Geschickt wurde deshalb die Schneide durch Zähne aus kleinen Flintsteinen verbessert, die man anfänglich in Holz und später, der Rundung wegen, in einen Kieferknochen einsetzte und schließlich einzementierte. Dabei blieb es, bis die dauerhaftere und schärfere Schneide aus Metall aufkam.

Die »Schwarzköpfigen« kommen

Unter diesen frühen Siedlern semitischer Rasse tauchten um die Mitte des vierten Jahrtausends die Sumerer auf. Woher sie kamen, ist noch immer nicht geklärt. Sie selbst nannten sich »Die Schwarzköpfigen«, trugen eine wollene Kleidung und sprachen eine agglutinierende Sprache, die mit keiner uns bekannten lebenden oder toten Sprache verwandt ist. Sie scheinen die früheren Bewohner nach und nach verdrängt, aufgesaugt oder sich mit ihnen vermischt zu haben. Ihre große Rolle spielten sie im Südteil des Zweistromlandes bis zu der Küste des Persischen Golfs, während im Mittelgebiet die Semiten in der Überzahl waren und blieben. Beide hatten später jedoch dieselbe Lebensart, ähnliche öffentliche Einrichtungen, dieselbe Überlieferung, und sie verehrten, wenn auch unter anderen Namen, dieselben Götter. Allerdings kam die Zivilisation aus dem Süden, sie muß also den Sumerern zugeschrieben werden.

Ob es eine sumerische Rasse gegeben hat, läßt sich bis jetzt weder bejahen noch verneinen. Die vorgefundenen Skulpturen geben keinen eindeutigen Beweis. Gewiß vermittelt uns die sumerische Literatur das Bild eines ungemein gescheiten, arbeitsamen, recht friedfertigen und tief religiösen Volkes. Aber das ist auch alles; einen Schlüssel zum Ursprung der Sumerer gibt sie nicht. Die sumerischen Sagen und Legenden haben beinahe immer Flüsse und Marschen, Palmen, Tamarisken und Schilfrohr als Hintergrund, als hätten die Sumerer seit jeher im Zweistromland gelebt, was einige Forscher durchaus für möglich halten. Ob die sumerische Sprache schon viel früher im Zweistromland gesprochen wurde, weiß niemand mit Bestimmtheit zu sagen.

Sumer bestand aus einer Handvoll Stadtstaaten, jeder mit seiner eigenen Gottheit. Jede Stadt hatte ihre Ziegelmauer und einen Graben. In ihrem Schutz lebte der Mensch. Die Stadt stand in einer Landschaft von Feldern, Weiden und Gärten, die frühere Generationen aus Sümpfen, Marschen und Wüsten angelegt hatten. Einen Vergleich mit den Städten unserer Zeit könnte sie nicht aushalten; die bebaute Fläche von Ur umfaßte zu keiner Zeit mehr als sechzig Hektar; das würde etwa vierundzwanzigtausend Einwohner bedeuten, wenn man andere alte Städte, die uns genauer bekannt sind, als Vergleich heranzieht.

Eine kommunistische Tempelgemeinschaft

Mittelpunkt der Stadt war der Tempel auf einer künstlichen Erhöhung, beherrscht von der Zikkurrat, dem hohen Treppenturm. Zu jedem Tempel gehörten Lagerhäuser, Verwaltungsstellen und Werkstätten. In den Tempelwerkstätten arbeiteten Bäcker, Brauer, Spinner, Weber, Schmiede, denen als Helfer Sklaven dienten. Den Göttern gehörte das Land; für sie wurde es von den Bauern bearbeitet.

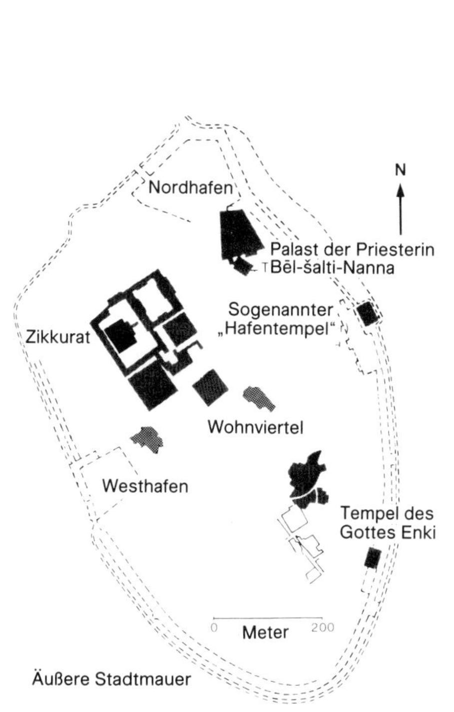

Ur, Plan der Gesamtanlage

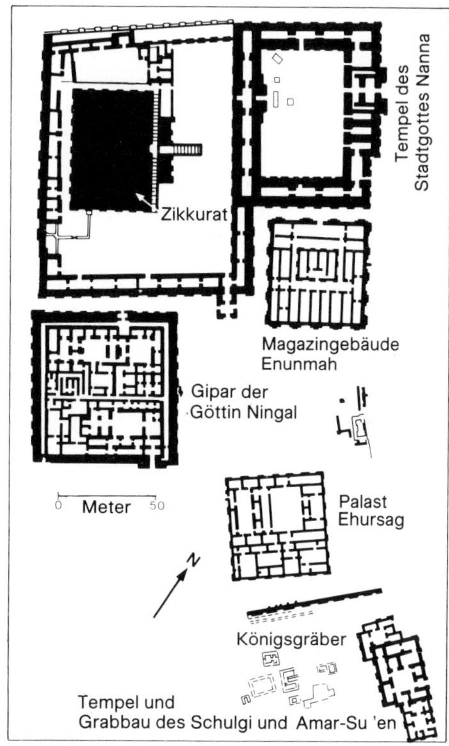

Plan des heiligen Bezirks von Ur

Wenn man so will, war der Tempel eine Art »göttlicher Haushalt«, eine vergrößerte patriarchalische Hausgemeinschaft der Steinzeit, allerdings mit der Neuerung der Arbeitsteilung. Nicht mehr die Hausfrau stellte die Kleidung her, sondern drei Arbeiterinnen nähten sie, von denen sich jede mit der Zeit auf einen Teil spezialisierte. Der Anfang zum Facharbeiter war gemacht. Diese Leute wurden aus den Überschüssen der Ernten ernährt, die von den Bauern, den »Pächtern der Gottheit«, auf den Feldern erzielt worden waren.

Alle Erzeugnisse gehörten der Gottheit; für sie amtierte ein sterblicher Regent, der gleichzeitig auch Hauptpriester der Gottheit war; die Priesterschaft stellte die Verwaltung; ihr kamen alle Einnahmen zu; sie deckte alle Ausgaben, auch die für die Verteidigung. Der einzelne besaß nichts außer dem Haus, in dem er lebte, seinem beweglichen Gut und seinem Handwerkzeug. Seine zahllosen Angestellten und Arbeiter entlohnte der Tempel mit Gerste. Er unterhielt Läger für alles, was die Gemeinde brauchte: Gerste, Öl, Wolle, Datteln, aber auch Vorräte von Fertigerzeugnissen; der Tempel betrieb Handel und schickte Kaufleute und Karawanen in die Welt.

Dieser göttliche Haushalt, Mittelpunkt einer sozialen Ordnung, auf die sicher die Bezeichnung »Tempelkommunismus« paßt, war weder Selbstversorger noch selbstgenügsam. Er brauchte Güter, die sich in der Stadt nicht erzeugen ließen oder die der Boden nicht hergab. Für die Götter wurden Silber, Blei, Gold, Lapislazuli und eine ganze Menge anderer Dinge gebraucht; Häuser ließen sich nicht ohne Holz bauen, Mühlen nicht ohne Steine drehen. Kaufleute und Händler im Dienste des Tempels schafften alles heran: aus Makan, aus den Zagrosbergen, aus Kleinasien, aus Badakschan in Afghanistan, aus den Küstenländern des Persischen Golfs und sogar aus dem Industal.

Der Tempel war der große, der alleinige Auftraggeber. Die frühen sumerischen Kaufleute, die Karawanenführer, waren nur Angestellte der Gottheit. Sie wurden entlohnt wie alle, die für den Tempel arbeiteten. Ob diese Handelsangestellten ausschließlich Einwohner der fraglichen Städte waren oder auch geschickte und wagemutige Angehörige anderer Völker, ob Nomaden zu ihnen zählten, weiß man nicht. Geschäfte mit Mitgliedern der eigenen städtischen Tempelgemeinde, die ja sein Auftraggeber war, machte der Kaufmann nicht. Ihm oblag es, einheimische Erzeugnisse gegen andere in fremden Städten und Ländern einzutauschen. Als Entgelt erhielt er – ein deutliches Zeichen dafür, daß er im Dienst der Tempelgemeinde stand – eine Zuteilung aus dem Ertrag des Tempellandes und für seine Reisen das Recht auf die Nutzung einer bestimmten Anzahl von Eseln aus dem Tempelbesitz.

Es sieht jedoch so aus, als ob diese »Tempel«-Händler auch Gelegenheit gehabt hätten, nebenbei Geschäfte für ihre eigene Rechnung zu machen und es verstanden, die dabei erzielten Erlöse geschickt zu verschleiern. Wie es scheint, gab es schon in dieser frühen »geplanten Gesellschaft« Spielraum genug, um trotz der unermüdlichen Wachsamkeit der Priesterschaft Teile des Ertrags der Felder, der Herden, des Gewerbes, der Werkstatt auf die Seite zu bringen und so zu einem zwar nicht erlaubten und sogar sündigen, aber doch gesuchten Wohlstand zu kommen, der es einem ermöglichte, von einem Händler etwas zu erwerben, das man sich wünschte. Das »Volk Gottes«, die Tempelgemeinde, lebte zwar als festgefügte Gemeinschaft in einem theokratischen Sozialismus, war offenbar aber doch nicht fromm genug, um sich mit dem zu begnügen, was die Priesterschaft ihm zugestehen wollte.

Also ein Schwarzer Markt für Silber, Kupfer, Wohlgerüche und Halbedelsteine? Alles deutet auf ihn hin. »Enki«, der Herr der Erde und der Gott der Gewässer, welche die Erde umgeben, der Gott der Weisheit und des Zaubers, der sich nach der Legende ein Haus aus Silber und Lapislazuli bauen ließ, das wie funkelndes Licht war, wird seinen Gläubigen ihre menschlichen Schwächen großmütig verziehen haben, und die Dämonen und bösen Geister, die Krankheit und Unglück bringen konnten, ließen sich mit Beschwörungen, Zaubersprüchen und Opfergaben von ihrem bösen Tun abbringen.

Nach allem, was wir wissen, müssen die frühen sumerischen Stadtstaaten einen erheblichen Wohlstand gekannt haben. Wichtigste Wohlstandsquelle war die Landwirtschaft, der jedoch andere Gewerbezweige, wie die Herstellung von Tuch, die Metallbearbeitung und der Handel nicht viel nachstanden. Den Göttern ging es gut. Täglich erhielten sie Hammelfleisch, Fisch, Brot, Mehl, Kuchen, Butter, Obst, Honig und Bier. Die Speisen wurden auf die Altäre gestellt. Die Gottheiten erfreuten sich an den Gerüchen und, um sie bei guter Laune zu halten, änderte man die Speisekarte Tag für Tag.

Welchen Nutzen die Priester aus dieser Bewirtung zogen, ist uns nicht überliefert. Vieles spricht jedoch dafür, daß sich daraus ein regelrechtes Geschäft entwickelte, wie sich überhaupt schon ziemlich früh in die Tempelwirtschaft Anfänge einer Korruption einschlichen. Trotz des Anspruchs aller Bürger auf denselben Anteil am Ertrag des bebauten Landes, verstanden es die Priester, große Stücke aus dem »Ertragskuchen« für sich herauszuschneiden. Die Tempelverwaltung nahm darüber hinaus für sich leichtere Arbeitsbedingungen in Anspruch als jene, die für Pächter, Handwerker und Arbeiter galten, von den Sklaven ganz zu schweigen.

Schon lange vor der Mitte des dritten Jahrtausends hatten die göttlichen Haushaltungen aufgehört, glückliche Familien zu sein. Die Priester erhöhten willkürlich die Gebühren für Begräbnisse und einfache Dienstleistungen und fingen sogar an, das Eigentum der Götter, also das der Gemeinde, als ihren persönlichen Besitz zu betrachten. Über diese Entwicklung gibt ein Tontäfelchen Aufschluß: »Der Hohepriester kam in das Gärtchen der Armen, sah Holz, das ihm zusagte, und nahm es mit. Wenn das Haus eines Mächtigen an das eines gewöhnlichen Bürgers grenzt, eignet sich der Mächtige die bescheidene Wohnung des kleinen Mannes an, ohne ihm eine passende Entschädigung zu bezahlen; kommt bei einem Armen ein Esel zur Welt, der stark zu werden verspricht und schön anzuschauen ist, wird sein Lehnsherr zu ihm sagen: ›Ich will ihn kaufen‹ und bezahlen, was ihm gerade in den Sinn kommt.«

Aus der ursprünglich klassenlosen Tempelgemeinde wurde so nach und nach eine Gesellschaft von Klassen und schließlich durch einen unblutigen Putsch ein kleines Staatswesen mit einem Gouverneur an der Spitze. Die ersten nannten sich noch bescheiden »Ischakku«: »Hausmeier« (Gottes) und nur ganz selten »Lugal«: »König«. Einer von ihnen, Urukagina von Lagasch, nutzt die Stellung, macht der Ausbeutung der Armen durch die Reichen ein Ende, ernennt sich zum Hohenpriester, teilt sich das größte Stück Land zu, räumt mit dem Wucher, dem Hunger und dem Diebstahl auf, gibt den Bürgern die Freiheit zurück, nennt sich kurz entschlossen »König« und vererbt die Würde seinem Sohn. Der so wichtige Metallhandel wird zu einem königlichen Monopol. Trotzdem kann der sumerische Stadtstaat nicht als ein totalitärer Staat im modernen Sinne bezeichnet werden; der »Ischakku« war nie ein absoluter Herr, an dem Tempel kam kein Herrscher vorbei.

Neuerungen über Neuerungen

Lange vorher hatten die methodischen, ordnungsliebenden und auf Klarheit bedachten Sumerer Dinge ersonnen und eingeführt, aus denen die Tempelgemeinde und der ständig wachsende Handel den größten Nutzen zogen: ein Zahlen- und ein Gewichtssystem und dazu noch die Fertigkeit des Schreibens.

Ihre Grundzahl war sechzig. Der Tag war in zwölf Doppelstunden eingeteilt, der Kreis in 360 Grade. Geometrie, Algebra und Astronomie wurden für religiöse Zwecke und die Landwirtschaft genutzt. Bei ihren Gewichtstafeln gingen sie von dem aus, was ein Mensch oder ein Tier zu tragen vermochte, aber sie rechneten auch in Bruchteilen. Gewichtstafeln wurden zur Grundlage von Preislisten.

Alles war das Ergebnis genauer Beobachtung. Die Sumerer waren außerordentlich praktische Menschen. Die gemeinschaftliche Arbeit aller und die geschäftliche Tätigkeit der Priesterschaft und der Kaufleute verlangten eine Normung der Maße und Gewichte. Die von der Natur gegebenen Einheiten, wie die Länge eines Fingers oder des Vorderarms, das Gewicht eines Gerstenkorns oder einer Dattel mochten für ganz einfache Bedürfnisse genügen. Wenn aber Hunderte von Menschen für einen sumerischen Tempel dieselbe Arbeit leisteten, wurde es schwer, den Vorderarm eines Menschen als Maßstab zu gebrauchen, konnte doch der eine größer sein als der andere. Man mußte ihn also durch einen Maßstab ersetzen, den alle anerkannten, wenn er, wie bei den Sumerern geschehen, auf einem Stück Holz oder Metall eingeritzt war. So kam man zu Gewichten und Hohlmaßen, und es sieht so aus, als hätte auch schon eine Waage existiert.

Die Sumerer scheinen weder an abstrakten Zahlen noch an der Messung abstrakter leerer Räume interessiert gewesen zu sein, die sie sich wahrscheinlich gar nicht vorstellen konnten. Sie wollten wissen, wieviel Getreide als Saatgut für die Felder eingelagert, wieviel Ziegel für eine Tempelmauer gebrannt werden mußten, wieviel Erde für eine Zikkurrat, den Treppenturm, oder für einen Deich zu bewegen war, wieviel Menschen gebraucht wurden, um eine bestimmte Arbeit in einer bestimmten Zeit durchzuführen. Ein Schachmuster auf einer Matte aus gefärbtem Schilfrohr gab ihnen die Erklärung dafür, daß die Multiplikation der Länge mit der Breite die Fläche eines Rechtecks ergibt. Sie wußten den Umfang eines Ziegelstapels zu errechnen, und sie begriffen, daß Multiplikation im Grunde nichts anderes als wiederholte Addition ist. Alles schrieben sie säuberlich auf; sie besaßen Multiplikations- und Additionstäfelchen. Sogar den Umfang eines Kreises errechneten sie, wenn auch nicht ganz genau. Aber es genügte ihnen, um den ungefähren Inhalt eines runden Getreidespeichers abzuschätzen, und mehr brauchten sie nicht.

Die Entwicklung der Städte hatte unterdessen eine solche Vergrößerung des Austausches von Gütern und Dienstleistungen mit sich gebracht, daß sich die Forderung nach einem Wertmesser stellte, wenn man der Schwerfälligkeit und Ungenauigkeit der bisherigen Abrechnungen ein Ende machen wollte. Es mußte etwas gefunden werden, mit dem der Preis von Waren oder Dienstleistungen abgegolten werden konnte. Die Gerste, das erste Zahlungsmittel, zugeteilt nach der Art der Beschäftigung und ihrem Wert für das Gemeinwesen, war nicht mehr brauchbar in einer verwickelter gewordenen Wirtschaft. Man verfiel auf das Metall – Silber für größere, Kupfer für kleinere Beträge –, ausgewogen nach den festgelegten Maßen und Gewichten. Dabei blieb es für sehr lange Zeit. Der erste Schritt von der Tausch- zu der Geldwirtschaft war getan.

Von da an wurde, und das ist von besonderer Bedeutung, weil es den Anfang einer Umkehr im wirtschaftlichen Denken darstellt, im Zweistromland Wohlstand oder, wenn man so will, Vermögen, nicht mehr in Lebensmitteln, Sklaven, beweglichem oder unbeweglichem Gut errechnet, sondern in einem Wertmittel, das sich selbst nicht verbrauchte, aber gegen Güter aller Art und Dienstleistungen eingetauscht werden konnte. Die Erzeugung für den Bedarf wird abgelöst von der für einen Markt oder für den, der etwas braucht und bereit ist, dafür das neue Zahlungsmittel entgegenzunehmen, das ihm wiederum erlaubt, sich dort etwas zu beschaffen, wo es am billigsten zu haben ist.

Dieser neue Wertmesser hatte dazu noch – wie Vieh oder Getreide – die gute Eigenschaft, sich zu vermehren und neues Geld zu erzeugen. Es war Kapital, das, richtig genutzt, Gewinn abwarf, ohne daß man sich selbst abmühen mußte.

Die um die Mitte des dritten Jahrtausends, als die sumerische Zivilisation ihren Höhepunkt schon längst überschritten hatte, in Gang gekommene Bewegung, die als eine kapitalistische Revolution angesehen werden kann, erfaßte zwar nicht alle Stadtstaaten gleichzeitig, aber doch innerhalb einer recht kurzen Zeitspanne. Jedenfalls tauchen plötzlich in den Tempelarchiven Berichte über selbständige Gruppen oder Gilden von Kaufleuten und Händlern auf, die Abgaben für Einfuhren entrichten und mit Hilfe von Tempeldarlehen ihre eigenen Unternehmen gründen. Das Wirtschaftsmonopol des Tempels ist ausgehöhlt. Land wird verkauft und gekauft. Gewiß lebte der Tempel, der »göttliche Haushalt«, weiter. Aber die wirtschaftliche Struktur erfuhr eine tiefe Veränderung: Sie wurde fortan bestimmt durch persönliche Initiative und privates Eigentum.

Das geschriebene Wort trat seinen Siegeslauf an. Verträge mußten aufgesetzt, Einzelheiten von Geschäften festgehalten werden, um späteren Auseinandersetzungen aus dem Weg zu gehen. Die Schrift war zu Beginn des dritten Jahrtausends in Sumer längst weithin verbreitet. Schon gab es eine religiöse Literatur, amtliche Urkunden und Berichte. Das heißt jedoch nicht unbedingt, der Wunsch nach einer sicheren Weitergabe religiöser Lehren und Überlieferungen habe für die Einführung des Schreibens im Zweistromland den Antrieb gegeben. Es mag sein, daß man nach einem Mittel für die bessere Übermittlung von Nachrichten suchte. Wahrscheinlich entwickelte sich das Schreiben jedoch aus der Notwendigkeit, etwas zu etikettieren, zu zählen, Eigentum deutlich zu machen, als man anfing, Handel zu treiben, obwohl die Aufzeichnung von Geschäften vermutlich erst später üblich geworden ist. Früh war man allerdings schon dahintergekommen, daß es recht einfach war, mit Hilfe eines Schilfrohrs auf ein Stück feuchten Tons zu schreiben, das, an der Sonne getrocknet, die Zeichen auf Dauer festhielt.

Sumerisches Verdienst ist es jedoch, die Schrift in ein System gebracht zu haben. Und das weist die Sumerer als ein ungemein mitteilungsfreudiges Volk aus.

Ein Griffel und ein wenig Ton

Geschrieben wurde auf Tontäfelchen. Wenn Ton von guter Beschaffenheit gebrannt wird, ist er praktisch unzerstörbar. Er muß allerdings wirklich gut sein, und die Schreiber des Zweistromlandes lobten immer wieder ihren sauberen Ton. Das dafür benutzte Verfahren war ganz einfach: Man legte den Ton in Wasser und rührte ihn um; Holzstückchen, Blätter und Stroh schwammen dann oben und konnten mühelos entfernt werden; Steinchen und Sand sanken und blieben auf dem Boden liegen; war das Wasser abgelassen, blieb sauberer Ton zurück.

Ein kleiner Tonziegel, richtig geknetet, kann Tausende von Jahren in feuchter Erde liegen, ohne seine Form zu verlieren. Wird er getrocknet, härtet er wieder. Ist er beschrieben, kann er ausgebürstet werden, ohne daß die Oberfläche Schaden leidet. Hat er Salzkrusten angesetzt, gibt ein gründliches Brennen die Sauberkeit wieder und macht die Entzifferung ohne weiteres möglich. Allerdings besitzt Ton eine Eigenschaft besonderer Art: Er schrumpft beim Trocknen stark ein. Legt man, wie es Brauch war, trockene Tontäfelchen in einen Krug und vergräbt ihn in der Erde, nehmen die Täfelchen die Feuchtigkeit auf, schwellen an und drücken so stark gegen die Innenwände des Kruges, bis sie sich schließlich verbiegen. Will man sie nutzen, müssen sie langsam getrocknet werden, um wieder zu schrumpfen und ihre alte Größe zurückzuerhalten.

Tontäfelchen wurden seit dem frühen dritten Jahrtausend bis fast in die christliche Zeit hinein sorgsam aufbewahrt und in Bibliotheken und Archiven gesammelt. Sie bilden eine ununterbrochene Reihe von Dokumenten und Berichten über Religion, Geschichte, Bräuche und nicht zuletzt alle Bereiche der Wirtschaft. Ohne sie wäre unsere Kenntnis über das alte Zweistromland Stückwerk.

Geschrieben wurde mit einem Stift oder einem Griffel aus einem geraden Stück Schilfrohr, dreieckig zugeschnitten an seinem Ende. Das Rohr hatte beim Schreiben auf dem weichen Ton allerdings auch einige Nachteile. Kreise waren damit nur schwer zu ziehen. Es eignete sich am besten für kurze gerade Linien. Eine Kurve bestand in Wirklichkeit aus einer Reihe kurzer gebogener Striche. Dadurch entwickelte sich wahrscheinlich zwangsläufig das, was wir »Keilschrift« nennen. Geschrieben wurde mit einer Drehung der Hand nach links, rechts und aufrecht. Es gab senkrechte, waagerechte und schräge Schriftzeichen, zu denen noch ein viertes kam, das mit der Spitze des Stiftes oder Griffels geritzt wurde. Bei diesen Keilarten blieb es; andere waren nicht erlaubt.

Tontäfelchen aus Ugarit; babylonische Keilschrift. Das Täfelchen enthält eine Liste der Aussteuer der Königin Ahat-Milku, auf der insgesamt dreiundfünfzig verschiedene Objekte aufgezählt sind

Ein königliches Dokument aus Ugarit, mit dem „Dynastischen" Siegel versehen

Kein Zeichen der späteren Zeit hat auch nur die geringste Ähnlichkeit mit dem Bildzeichen, von dem es stammt. Viele erwarben aus uns unbekannten Gründen sogar phonetische Werte, die an die ursprünglichen überhaupt nicht mehr erinnerten. Aus diesen zahllosen Änderungen der Zeichenformen – so ganz verschieden von der ägyptischen Hieroglyphenschrift, die beinahe bis zum Ende eine Bilderschrift blieb – wurde eine beinahe modern anmutende Schreibweise. Grund dafür dürfte nicht zuletzt das Schreibmaterial – der Ton – gewesen sein.

Zu einem Alphabet kam es in Mesopotamien allerdings nicht, wie ja das Schreiben ohnehin nicht logisch bis zum Ende weiterentwickelt wurde.

Daraus darf allerdings nicht unbedingt gefolgert werden, daß man dazu nicht fähig gewesen sei. Wahrscheinlich wurden weitere Änderungen aus diesem oder jenem Grund einfach abgelehnt. Man ist heute sogar ziemlich sicher, daß auch die Babylonier und die Assyrer in den letzten Jahrhunderten ihrer Existenz, also im ersten Jahrtausend v. Chr., genau wußten, wie sie ein Alphabet ohne Schwierigkeiten entwickeln konnten, denn es gab längst Schreiber aus anderen Ländern, denen Alphabete geläufig waren. Doch die einheimischen Schreiber, gewiß in der Überzahl und in allen Vertrauensstellungen, stemmten sich gegen Neuerungen und blieben bei der Überlieferung. Das Schreiben auf Täfelchen war keineswegs einfach. Dadurch wurde der Schreiber, den wir Sekretär nennen würden, ungemein wichtig, ja geradezu unerläßlich. Er gehörte zu einem geschäftlichen Unternehmen wie heutzutage Büropersonal und Schreibmaschinen.

Schon kurz vor der Wende zum zweiten Jahrtausend schrieb das Gesetz vor, jedes auch noch so kleine Geschäft schriftlich genau festzulegen und forderte dazu die Unterschriften der Vertragschließenden und der Zeugen. Nun wäre die Unterzeichnung allerdings schwierig gewesen, hätte man die namentliche Unterschrift verlangt, denn der normale Bürger konnte nur in den seltensten Fällen schreiben. Man überwand die Schwierigkeit in verblüffend einfacher Weise: Jeder Mensch trug seine Unterschrift an einer Schnur oder einem Kettchen um den Hals in der Form eines kleinen Steinzylinders mit sich, in den Szenen aus dem religiösen oder alltäglichen Leben eingeschnitten waren; das Rollsiegel. War die Urkunde, der Vertrag, ausgeschrieben, rollten die Beteiligten samt den Zeugen ihre Siegel über den feuchten Ton, und der Abdruck kam als ein Relief heraus; er diente als Unterschrift. Anschließend verzeichnete der Schreiber den Namen eines jeden Mannes, der sein Siegel abgerollt hatte, und das auf dem Täfelchen beurkundete Geschäft war rechtsgültig und für alle Parteien verbindlich.

Der Ton gab der Niederschrift großer geschäftlicher Transaktionen eine Sicherheit, die das Papier nicht zu geben vermag. Zwar wäre es nicht schwierig gewesen, noch einen oder zwei passende Keile nachträglich einzuritzen und dadurch etwa ein Zahlenzeichen oder die Bedeutung eines Wortes abzuändern. Aber auch daran hatte man gedacht. Das beschriebene und gesiegelte Täfelchen wurde in einen »Umschlag« gesteckt, der es vor Fälschungen sicherte. Das ging folgendermaßen vor sich: Der Schreiber nahm ein Stück Ton in die Hand, flachte es ab, bis es die Dicke einer Kuchenkruste hatte, und wickelte den Vertrag in den »Umschlag« aus Ton. Der überschüssige Ton wurde abgezwickt; übrig blieb gerade nur soviel, daß das Täfelchen bedeckt war. Dann bog der Schreiber die Außenecken um und glättete sie. Vor ihm lag ein Täfelchen von derselben Form wie das

Original, nur etwas größer. Darauf schrieb er noch einmal die ganze Transaktion Wort für Wort und ließ wieder die Siegel ausrollen. Der Umschlag klebte nicht an dem Original, schützte es aber vor jedem Versuch einer Fälschung. Kam es später zu einem Streit, konnte man dem Richter den Kontrakt vorlegen. Er rieß den »Umschlag« auf und sprach an Hand des Vertrages sein Urteil.

Die Urkunde im »Umschlag« galt. Es war unmöglich, den Umschlag zu öffnen, das Original etwa zu vertauschen oder abzuändern und den Umschlag anschließend wieder an seinen alten Platz zu bringen. Um ihn zu entfernen, mußte man ihn zerbrechen; er war, wie das Innentäfelchen, längst geschrumpft. Überdies wären für einen Ersatzumschlag die früheren Zeugen nötig gewesen. Das heißt, die Unverletzlichkeit der Urkunde war in einer Weise gesichert, die heute fast unerreichbar ist, denn wer die notwendige Technik beherrscht, vermag einen noch so gut versiegelten Brief unserer Tage zu öffnen.

Immer größer wird der Geschäftsbereich

Wie weit die mesopotamischen Handelsbeziehungen schon gegen Ende des vierten und im dritten Jahrtausend reichten, was gehandelt wurde und wie der Transport der Güter vor sich ging, ist uns teilweise recht gut, teilweise leider nur in Umrissen durch die Texte und die Funde bekannt. Schon um die Mitte des vierten Jahrtausends wurden nachweislich in einer am syrischen Oberlauf des Euphrat gelegenen, längst untergegangenen Stadt Kupfer, Holz und Halbedelsteine, in einer anderen, Tepe Gaura, im Nordosten Mosuls, Metall und am Persischen Golf Obsidian gehandelt. Zwischen dem Industal und dem Zweistromland gingen Güter hin und her.

Schiffe segelten zwischen der Insel Dilmun, dem heutigen Bahrein und dem Nordufer des Golfs, an dem damals Ur lag, schon lange vor dem Jahre 3000 hin und her. Wer die Menschen waren, die diese Handelsstraßen geöffnet hatten, wissen wir nicht. Bei Sippar nördlich von Babylon führte eine solche Handelsstraße, die sicher nicht mehr war als ein breiter, ausgetretener Trampelpfad, den Euphrat entlang in den Norden, überquerte bei Mari den Fluß, ging dann westwärts über Tadmor durch die Wüste nach Homs und erreichte schließlich die frühphönizischen Küstenstädte am Mittelmeer. Den Diyalafluß entlang führte eine Handelsstraße durch

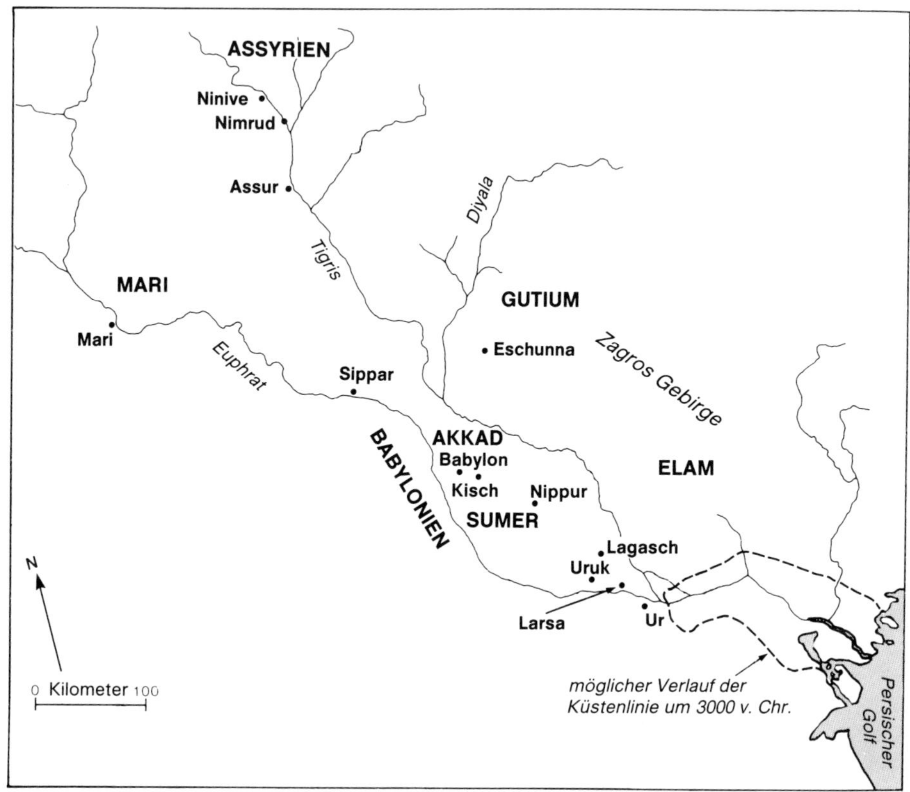

Mesopotamien

die unwirtlichen Zagrosberge auf die persische Hochebene, eine andere mehr im Süden nach Elam.

Wer die gefährliche Wüste meiden wollte, zog den Euphrat hinauf, überquerte ihn bei Karkemisch und kam nach Nordsyrien und an den Rand des Taurus. Ganz allgemein galt, daß die Verbindungen mit dem Osten weit schwieriger und auch gefährlicher waren als die nach dem Norden; das Gebirge war schon Schranke genug; die aufsässigen und durchweg feindseligen Bergbewohner sorgten für den Rest. Nur an drei Stellen war ein Übergang möglich: bei Rowanduz, bei Halabja unweit Suleimania und bei Kanaqin am Diyalafluß. Hatte der Fernhändler den Übergang bei Rowanduz in Kurdistan hinter sich, fand er in Aserbaidschan den Anschluß an die Lapislazuli-Straße, die nach Sogdiana und Afghanistan führte. Elam, das der Kanaqin-Paß erschloß, war feindliches Land, mögen auch

35

die Täler des Kerkha und des Karun kaum mehr als östliche Fortsetzungen
der großen mesopotamischen Ebene gewesen sein.

Der letzte große Handelsweg zwischen dem Zweistromland und der damaligen Welt, ein Seeweg, war der Persische Golf, das »Untere Meer« oder
das »Meer der aufgehenden Sonne«, wie alle Mesopotamier ihn seit früher
Zeit nannten. Der Golf ist stets die Lunge Mesopotamiens gewesen und es
bis heute geblieben, ein offenes Fenster nach Indien und dem Fernen
Osten. Wie groß seine Rolle in der Wirtschaft des alten Mesopotamien
war, ist allerdings schwer auszumachen. Es ist zwar bekannt, daß es schon
früh ein ansehnliches Geschäft zwischen dem Zweistromland und Indien
gab, man findet jedoch kaum Anhaltspunkte dafür, ob es mehr über Land
oder auf dem Seeweg abgewickelt wurde. Immerhin werden schon in den
Keilschriften aus den letzten Jahren des dritten Jahrtausends immer wieder
Schiffe erwähnt, die von Ur nach Dilmun, Makan und weiter segelten, und
es gibt auch klare Beweise dafür, daß die Könige von Akkad und später die
frühen Könige von Assyrien sich ständig und eifrig darum bemühten, die
Länder um den Persischen Golf in ihren politischen und wirtschaftlichen
Einflußbereich zu bringen. Das ist jedoch alles. Über den Handel mit Vorderindien wird ein Aufschluß nirgendwo gegeben. Es heißt zwar hier und
da, um das Jahr 2300 hätten Schiffe aus vielen Ländern die Hauptstadt
Sargons, Agade, regelmäßig angelaufen. Aber wo Agade lag, weiß bis jetzt
niemand; trotz eifriger Bemühungen haben die Archäologen die Stadt bis
heute nicht ausmachen können.

Sicher ist, daß die Steine und Halbedelsteine, die in den Städten des
Zweistromlandes sehr gefragt waren, größtenteils auf dem Landweg aus Indien und Afghanistan herangeschafft wurden. Die wichtigsten Zwischenhandelsplätze auf dem persischen Hochland waren Sialk und Hissar; in
Mesopotamien war Tepe Gaura anfänglich der große Umschlagplatz, bis
es von Uruk und dann von Ur abgelöst wurde. Den mesopotamischen
Kaufleuten wird nachgesagt, sich in diesem Geschäft aufgrund ihrer finanziellen Mittel und einer reichen Kundschaft eine monopolartige Stellung
verschafft zu haben.

Der gefragteste Stein war der sogdianische Lapislazuli aus einem Bergwerk bei Badakran im heutigen Nordafghanistan in mehr als 2000 Meter
Höhe, das noch heute betrieben wird. Gefragt war auch der Karneol, der in
den Werkstätten der südmesopotamischen Städte nach den Wünschen der
Kundschaft bearbeitet und dann mit ausgesucht schönen Exemplaren des
Lapislazuli bis nach Ägypten ausgeführt wurde. Das allein beweist schon
die Beziehungen und Marktkenntnisse dieser mesopotamischen Fernhändler. Zur Hilfe kam ihnen ein ausgesprochener Wirtschaftsimperialismus,

der schon den sumerischen Stadtstaaten trotz ihrer Friedensliebe nicht fremd war, aber in der Zeit des ersten antiken Großreiches Akkad während der ersten Hälfte des dritten Jahrtausends bewußt betrieben wurde. Sein Gründer, Sargon der Große, rühmt sich auf mehr als einem Täfelchen, mit seiner Armee bis zu den Zedernwäldern des Libanons und den »Silberbergen« des Taurus vorgedrungen zu sein und die Länder am »Unteren Meer«, unserem Persischen Golf, mit Krieg bedroht zu haben, falls ihre Schiffe nicht in den Häfen seines Landes anlegten, um die Einfuhr lebenswichtiger Güter sicherzustellen. Dabei dürfte es sich vor allem um Zinn gehandelt haben, das aus den syrischen und kleinasiatischen Bergen kam und für die Herstellung von Bronze dringend gebraucht wurde.

In Mesopotamien hatte man nämlich herausgefunden, daß eine Beifügung von Zinnerz zu metallischem Kupfer eine bessere Bronze ergab als eine gemeinsame Schmelze von Zinn und Kupfer. Die mesopotamischen Erzeugnisse erreichten nach und nach mit etwa acht Prozent Zinn ein gutes Verhältnis für eine harte, aber nicht spröde Bronze. Woher das viele Zinnerz kam, das gebraucht wurde, um der ständig größer werdenden Nachfrage der Fernkaufleute nach hochwertiger Bronze zu entsprechen, ist bis heute nicht geklärt. Man hält es für möglich, daß Mesopotamien mit den Karawanen Kundschafter – heute würde man sie wohl »Wirtschaftsspione« nennen – in alle Welt schickte, um Zinn-Versorgungsmöglichkeiten aufzuspüren.

Allerlei Transportmittel

Ein mesopotamischer Fernkaufmann war sein eigener Transportunternehmer. Ihm oblag die Aufgabe, nicht nur den günstigsten und sichersten Transportweg, sondern auch das vorteilhafteste Transportmittel ausfindig zu machen. Der schwerfällige Ochsenkarren, der sogar in der Ebene nur langsam vorankam, bot sich nur für kurze Strecken zwischen zwei Städten an. Die Last, die einem Packesel aufgeladen werden konnte, war begrenzt. Gewiß kam er auch in einer gebirgigen Landschaft verhältnismäß schnell voran. Aber er brauchte Futter und Wasser, die oft nur schwer zu beschaffen waren, und in Wüsten- und Steppengebieten war er, wenn überhaupt, nur schlecht brauchbar. Deshalb verfiel man schon früh auf die Nutzung der Flüsse und Kanäle.

Ihr stellten sich jedoch ein paar Hindernisse in den Weg, denen nicht so leicht beizukommen war. Eine Schiffahrt auf dem Euphrat und dem Tigris war entweder wegen der starken Strömungen stromauf- und stromabwärts nicht möglich oder sie brachte Risiken mit sich, die kein Unternehmer gern auf sich nahm. Es gab zahllose sichtbare oder versteckte Sandbänke und eine Unmenge kleiner und kleinster Inselchen, die ihren Stand fortwährend änderten. Zwar kannte man das Segelboot mit seinem vor den Mast gestellten viereckigen Segel. Aber es konnte bei seinem so geringen Tiefgang keine größeren Lasten befördern, war dazu schlecht manövrierfähig und kenterte leicht. Als Ausweg verfielen die geschickten Händler darauf, ihre Güter auf Flößen aus aufgeblasenen Ziegenhäuten den Euphrat hinuntertreiben zu lassen. Solche Flöße – »Kelek« genannt – sind heute noch in Mesopotamien in Gebrauch. In alter Zeit verwendete man sie auf dem Ober- und dem Mittellauf des Euphrat und nahm sie schon in Deir es-Zor, oberhalb Maris oder in Tuttul, dem heutigen Hit, auseinander, ließ die Luft aus der Ziegenhaut heraus und brachte sie wieder den Strom hinauf. Die Lasten wurden Packeseln aufgeladen, die sie nach Sippar in Akkad, nach Nippur und Ur in Sumer am Unterlauf des Flusses oder – später – nach Babylon brachten.

Die Handelsverbindung zwischen dem Taurus und dem Persischen Golf war hergestellt. Mittelsmänner waren die tüchtigen Geschäftsleute im Flußtal. Sie verdienten nicht nur an der Ware, sondern ebensoviel am Transport und der Lagerung in den unumgänglichen Zwischenstationen. Schon damals sahen die Regierungen darauf, daß die einheimischen Händler und Unternehmer nicht zu kurz kamen. Gewiß gab es eine unbeschränkte Bewegungsfreiheit, aber ohne die Hilfe der einheimischen Unternehmen fiel es schwer, Fahrzeuge, Packesel oder Lagerplätze zu finden und reibungslos und schnell die vielen Formalitäten mit den Behörden zu erledigen. Und an ihnen hat es, darüber geben die Tontäfelchen Aufschluß, schon damals nicht gefehlt.

Für die Überquerung der Flüsse und Kanäle gab es das auch in der Bibel erwähnte Rundboot, die »Guffah«, ein mit Erdpech wasserdicht gemachtes Fahrzeug aus Geflecht, das noch heute in Gebrauch und seltsam anzusehen ist. Erdpech gab es seit jeher in Fülle am mittleren Euphrat zwischen den heutigen Orten Hit und Ramadi. Es quillt aus der Erde, verdichtet sich, wird von den sogenannten Pechbrennern aufgebrochen und über Feuer geschmolzen, dessen beißender Rauch schwer über der Landschaft liegt; anschließend wird es in Körben Eseln aufgeladen, die es zu den Händlern bringen.

Vor Tausenden von Jahren dürfte es genauso gewesen sein; in Ur sind Korbmerkmale gefunden worden. Mit diesem Erdpech, dem einzigen Rohstoff, über den das Zweistromland vor der Entdeckung des Erdöls verfügte, dichtete man in früher Zeit nicht nur Wasserrohre und Bäder ab; man ver-

Guffah; in ihrer traditionellen Form auch heute noch in Gebrauch

wandte es auch als Mörtel, als Abdichtung für Schiffe, als Brennstoff und sogar als Heilmittel; und manches deutet darauf hin, daß die geschickten Mesopotamier sogar einen schwunghaften Handel damit trieben und es ausführten.

Auf den Unterläufen der beiden Flüsse und auf den Kanälen wurden schon früh auch Boote für den Warenverkehr benutzt. Sie sind auf den Rollsiegeln zu sehen, und wir besitzen ein in Ur gefundenes Modell aus Silber aus der Zeit um 2500 v. Chr. Gefertigt wurden diese Boote aus flach nebeneinanderliegenden Schilfbündeln, die man zusammenband; Bug und Heck liefen spitz nach oben aus. Sie sind noch heute bei den Marsch-Arabern am Unterlauf des Euphrat in Gebrauch und werden von ihnen genauso gebaut wie vor ein paar tausend Jahren. Heute wie damals werden sie mit Paddeln voranbewegt, heute wie damals besitzen sie keinen Kiel und haben natürlich nur einen ganz geringen Tiefgang und ein recht kleines Gewicht. Stoßen sie auf eine Sandbank, können sie mit Leichtigkeit losgemacht werden. Dafür ist allerdings ihre Ladefähigkeit nicht gerade groß. Die Boote werden immer noch mit Erdpech wasserdicht gemacht. Früher muß es ganze Flotten davon gegeben haben, um die aus den Bergländern

39

herangebrachten Karawanenlasten billig flußabwärts in die Städte zu bringen.

Man könnte glauben, daß die Nutzung der Drehbewegung durch die Erfindung des Rades den Gütertransport in ganz neue Wege gelenkt hätte. Anzeichen dafür gibt es schon ziemlich früh, aber erst Zeichnungen und Tonmodelle aus den Jahren zwischen 3500 und 3000 v. Chr. beweisen eine Existenz von zwei- und vierrädrigen Karren und geben eine Vorstellung von ihrem Bau und ihrem Aussehen.

Die Räder waren aus starkem Holz gefertigt, aber nie, wie man fälschlich glaubte, aus einem Stück Holz, sondern aus drei Bohlen, die von zwei Querbalken zusammengehalten wurden. Das Mittelstück, ursprünglich größer als die beiden anderen, war gleichzeitig die Radnabe, an der zwei halbkreisförmige Holzstücke mit Hilfe von Querhölzern befestigt waren. Dieses Radmuster wurde offensichtlich in den Nachbarländern nachgeahmt. Es scheint, als wären die Achsen nicht fest mit dem Fahrzeug verbunden gewesen, sondern durch Bänder an ihrem Platz gehalten. Dadurch konnte man den Karren leicht auseinandernehmen, wenn ein Weiterkommen zu beschwerlich wurde, um ihn schnell wieder zusammenzubauen, sobald sich der Weg besserte. Gezogen wurden die Karren von Eseln oder Ochsen, die anfänglich jedoch nicht mit dem Schulterjoch angeschirrt waren – das ist eine spätere Entwicklung –, sondern durch ein an die Hörner gebundenes Joch, an das man wohl gewöhnt war, um vor der Erfindung des Rades von Zugtieren schwere Lasten über die Erde schleifen zu lassen.

Ochsenkarren waren jedoch zu langsam, um für den Transport von Gütern über große Strecken benutzt zu werden, ganz abgesehen davon, daß sich der Karren selbst als unvorteilhaft auf Wegen und Pfaden erwies, die eine ständige Umladung notwendig machten. Ausgestorben sind die alten Karren mit ihren Scheibenrädern allerdings bis heute nicht. Sie begegnen einem auf abgelegenen Landstraßen der Osttürkei; die Bauern nennen sie »anatolische Nachtigallen«, weil sie so schön in einem langsamen Rhythmus knarren. Sie sind, wenn man so will, in gerader Linie die Vorfahren des Automobils.

Parallel zur Suche nach passenden Transportmitteln ging die Entwicklung der Gewichte. Der Handel mit Metallen und anderen wertvollen Gütern forderte sie geradezu. Allerdings scheinen Waagen anfänglich nur für die Feststellung des Gewichtes von kostbarem Material verwendet worden zu sein: die frühesten Gewichtseinheiten waren deshalb klein. Als kleinste Einheit galt das Weizen- oder das Gerstenkorn; das Vielfache ergab die größere Einheit, die allerdings von Land zu Land wechselte und den Fernkaufmann zwang, verschiedene Gewichtssätze mit sich herumzuschleppen.

*Statuette eines Beters, aus dem „Quadratischen Tempel" des Gottes Abu, Eschunna
(heute Tell Asmar), um 2700 v. Chr., gipshaltiger Alabaster*

41

Gewicht in Form einer Ente, Ur, um 2100 v. Chr., Dioritstein. Die Inschrift lautet: „Für (den Gott) Nanna, seinen Herrn, hat Schulgi, der starke Mann, König von Ur, König der vier Weltgegenden, (das Gewicht von) fünf Minen genau festgelegt."

Linke Seite: Der Schreiber Dudu von Lagasch, um 2400 v. Chr.

Nachfolgende Seite: Kopf eines Königs aus der Akkad-Zeit, möglicherweise Sargon I. oder seinen Enkel Naram-Sin darstellend, um 2250 v. Chr., Bronze

So mochte ein Schekel 120 oder auch 150 und sogar 200 Körner bedeuten. Mit der Zeit ergab sich dann die Notwendigkeit für größere Gewichte. So kam man zu der Mina, die zwischen fünfundzwanzig und fünfzig Schekel ausmachte, und schließlich zu dem Talent von sechzig Minas, die beide in späterer Zeit im ganzen Nahen Osten außer in Ägypten in Gebrauch waren.

Die Gewichte selbst waren gewöhnlich aus hartem, poliertem Stein gefertigt, in den die Gewichtsbezeichnung eingemeißelt wurde. Im Zweistromland hatten die Gewichtssteine aus Gründen, die nirgendwo erklärt sind, oft die Form einer ihr Gefieder putzenden Ente; anderswo, so in Ägypten, waren sie mehr zweckgerecht: viereckige Steinblöcke mit abgerundeten Kanten und Ecken. Gewichtssteine, die wohl als amtliche Normensteine galten, wurden in königlichen Palästen und in Tempeln aufbewahrt: man hat eine ganze Reihe davon gefunden. Aber auch bei ihnen gab es Unterschiede von Land zu Land und sogar von Stadt zu Stadt.

Die Waagen waren einfach: Zwei Schalen an einem gleicharmigen Balken. Wie gemessen wurde und wie man das Gewicht genau ausmachte, wissen wir jedoch bis heute trotz vieler Abbildungen nicht. Immerhin müssen die Waagen ziemlich genau gewesen sein.

Die Szene ändert sich

Für Fernkaufleute, die sich von den harten Arbeitsbedingungen, den schwierigen Reisen und den ständigen Gefahren für Leben und Eigentum nicht abschrecken ließen, gab es in der zweiten Hälfte des dritten Jahrtausends viel zu verdienen. Die private Unternehmerschaft hatte sich mit Hilfe ihrer verschwiegenen Gewinne von ihrem ursprünglichen Auftrag- und Geldgeber, dem Tempel, nach und nach freigemacht und sich dessen Kontrolle entzogen. Der theokratische Sozialismus wies mehr und mehr Löcher auf, die Priesterschaft fiel in Dekadenz, ständige Streitereien über Grenzziehungen und Wasser schwächten die Stadtstaaten. Die Geschäftswelt verstand es, die Umstände für sich zu nutzen.

Anläufe zu Reformen blieben ergebnislos. Der letzten Bemühung des durch eine geschickte Politik schnell emporgekommenen Königs von Uruk, Lugal-zagge-si, der Lagasch zerstörte, Ur unterwarf und versuchte, die alte Ordnung wiederherzustellen und selbst Schutzherr aller südsumerischen Städte zu werden – ein erster Versuch in imperialistischer Politik! – machte ein Fremder, der semitische Sargon von Akkad, gegen das Jahr 2370 v. Chr. ein Ende. Den gefangenen König von Uruk, dem angeblich fünfzig Kleinkönige gehorcht hatten, ließ er an einem Hundehalsband nach der Stadt Kisch bringen und am Tor des großen Gottes Enlil zur Schau stellen. Dann griff der Usurpator die anderen sumerischen Städte an. Überall blieb er siegreich, überall ließ er die Stadtmauern niederreißen. Um zu zeigen, daß er ganz Sumer in seine Gewalt gebracht hatte, machte er eine symbolische Geste, die später von anderen Eroberern an anderen Ufern wiederholt werden sollte: er wusch seine Waffe im Unteren Meer, im Persischen Golf.

Sargon schuf das erste Großreich, von dem wir wissen. Er hätte sich mit dem Titel eines Königs von Kisch begnügen können. Aber damit gab er sich nicht zufrieden. Irgendwo am mittleren Euphrat gründete er Agade, seine neue Hauptstadt – die bis heute unauffindbar geblieben ist –, baute in ihr für sich einen Palast und für seine Schutzgöttin Ischtar einen Tempel. Die Religion der Sumerer ließ er unangetastet, nannte sich selbst den gesalbten Priester Enlils und machte seine Tochter zur Priesterin Nannas, des Mondgottes von Ur. Bei diesen Zugeständnissen an die Sumerer blieb es allerdings. Semiten rückten an die erste Stelle; akkadische Gouverneure regierten in allen sumerischen Stadtstaaten, Akkadisch wurde neben Sumerisch die Amtssprache.

Nach der Herstellung seiner politischen und moralischen Autorität über Sumer und einer ganz beträchtlichen Vergrößerung seiner Armee wandte sich Sargon im Osten gegen den Iran, und im Westen gegen Syrien. In Elam machte er den unterwürfigen »Ensi«, wie nach sumerischem Brauch der Gemeindevorsteher und oberste Priester hieß, zu seinem Vasall und Gouverneur der neuen Hauptstadt Susa, die bis dahin nur ein bescheidener Marktflecken gewesen war. Der König von Akkad konnte schwerlich vorausgesehen haben, daß ein späterer Gouverneur von Elam zum Sturz seiner eigenen Dynastie beitragen und das Wort »Susa« für mesopotamische Niederlagen und Demütigungen stehen würde.

Sargon kam bis zu den Wäldern im Westen und den Bergwerken im hohen Norden. Damit sicherte er sich die Versorgung mit Holz und Metallen, die nun ungestört den Euphrat hinunter nach Akkad und Sumer geflößt werden konnten. Von der Mittelmeerküste brachte er, wie ein Tontäfelchen berichtet, Reben, Feigenbäume und Rosenstöcke heim.

Von sich selbst sagt er stolz auf einem anderen Tontäfelchen:

»Ich bin Sargon, der mächtige König von Akkad,
Meine Mutter war niedriggeboren, meinen Vater kannte ich nicht,
Meines Vaters Bruder lebte in den Bergen,

Meine Stadt ist Azuporanu am Ufer des Euphrat,
Meine niedriggeborene Mutter brachte mich im Verborgenen zur Welt,
Sie warf mich in den Fluß, der mich nicht überschwemmte,
Er trug mich zu Akki, dem Bewässerer,
Akki fischte mich auf,
Akki zog mich auf,

Akki machte mich zu seinem Gärtner,
Mich liebt die Göttin Ischtar,
Sie machte mich zum Herrn des Reiches,
Das schwarzköpfige Volk beherrschte ich, ich regierte,
Mit Äxten aus Bronze ging ich gegen die Völker der Berge an
Und unterwarf sie mir.«

Wir erfahren allerdings aus anderen, verläßlicheren Quellen, daß der Mann, der sich selbst »der rechtmäßige König« nannte, ganz bescheidenen Ursprungs war. Wie es der Mundschenk des Königs von Kisch später fertigbrachte, seinen Herrn zu stürzen, ist nicht bekannt.

Er faßte ganz Mesopotamien zum ersten Mal in einem großen Staat zusammen, der vom Taurus bis zum »Unteren Meer«, von den Zagrosbergen bis zum Mittelmeer reichte. Den Menschen muß er unermäßlich groß erschienen sein; er umfaßte die »Vier Weltgebiete«, das »Universum«.

Nach der klassischen Theorie waren die Semiten ursprünglich Nomaden. Sie lebten auf der arabischen Halbinsel, in der syrischen Wüste und in Grenzgebieten Mesopotamiens. In verschiedenen, uns nicht bekannten Zeiträumen gaben große Gruppen die Wüste auf und siedelten sich friedlich oder auch gewaltsam in Mesopotamien, Syrien und Palästina an. So dürften die Akkader im vierten und die Westsemiten oder Amoriter im dritten und zweiten Jahrtausend mit ihren Schafherden zwischen dem Euphrat und dem Tigris ansässig geworden sein. Hier waren sie in enger und ständiger Berührung mit den Bauern, die ihre Schafe kauften und sie mit dem, was sie brauchten, versorgten. Nach und nach gaben kleine oder auch größere Nomadengruppen das Wanderleben auf, blieben in einem Dorf oder auch in einer Stadt, verdingten sich als Söldner oder wurden Handwerker und Händler. Mit sich brachten sie ihre lebhafte Art, ihr Geschick und ihre Unternehmungslust. Schon bald spielten sie im Handel und nicht viel später auch im Fernhandel eine Rolle. Trotzdem muß die Seßhaftmachung ein langsamer, von Zeit zu Zeit immer wieder durch Einfälle unterbrochener Vorgang gewesen sein. Die meisten Nomaden sprachen eine semitische Sprache, was allerdings nicht etwa heißt, alle Semitisch spre-

chenden Völker seien Nomaden gewesen. So gibt es keinen Beweis dafür,
daß die Akkader ursprünglich Nomaden waren.

Wann die ersten Semiten nach Mesopotamien kamen, ist ungewiß. Man
weiß nur, daß sie eine Minderheit im Süden unter den Sumerern, aber
stark und ungemein aktiv am mittleren Euphrat und sicher in der Überzahl
im Norden waren. Mitte und Norden Mesopotamiens hießen deshalb auch
seit der Zeit Sargons »Akkad«.

Das Akkadisch war ein besonderer Zweig der semitischen Sprachenfami-
lie; geschrieben wurde die Sprache in der von den Sumerern erfundenen
Keilschrift, was sicher für die semitische Begabung spricht, denn die beiden Sprachen waren sich so fremd wie Chinesisch und Deutsch. Möglich
ist, daß die akkadische soziale Ordnung und auch das politische System
von dem sumerischen verschieden waren. Das dürfte auch alles gewesen
sein. Am Alltag änderte sich kaum etwas, als die aufgekommene politische
Macht Akkads der ersten sumerischen Dynastie ein Ende bereitete.

Kaum hundert Jahre nach dem Tod Sargons, war das Reich schon aus-
einandergefallen. Seinen Nachfolger brachten Palastdiener mit Tontafeln
um. Die unterjochten Völker lehnten sich auf: Syrien machte sich frei, die
Hurriter besetzten den am Taurus liegenden Norden, die Lullubi ver-
schanzten sich in Kurdistan, aus den Zagrosbergen stiegen die wilden Gutis in die Ebene hinunter. Die Elamiter warfen das Joch ab, besetzten die
Bergübergänge nach Mesopotamien und blockierten die Zufuhr von Kupfer, Zinn und Silber; die »Bronzestraßen« blieben geschlossen.

Naram-Sin, dem Enkel Sargons, gelang es noch einmal vorübergehend,
die Aufrührer zu unterwerfen. So stolz war er auf seinen Erfolg, daß er vor
seinen Namen den Stern setzen ließ, das Ideogramm für »Gott«. Größenwahn? Vielleicht nahm er den göttlichen Titel, weil er die männliche Rolle
in der Zeremonie der Heiligen Hochzeit während der religiösen Feier des
Neuen Jahres spielte. Immerhin ging er wie sein Großvater Sargon in die
Legende ein. Eine bei Susa gefundene Steinplatte, die sich heute im Louvre
befindet, zeigt ihn, wie er – die gehörnte Tiara auf dem Kopf – mit einem
Bogen in der Hand, über die Leiber seiner toten Feinde einen steilen Berg
hinaufklettert.

Nach seinem Tod wurde der Druck an den Grenzen übermächtig; Elam
machte sich selbständig, die drei letzten Monarchen kamen in Palastrevolutionen um; in dem sumerischen Uruk kam eine einheimische Dynastie an
die Macht. Aber erst als die Gutis aus den Zagrosbergen herunterkamen,
fiel das Reich endgültig zusammen. Im Jahre 2230 v. Chr. existierte es nicht
mehr. Der Zusammenbruch setzte ein Zeichen für den Aufstieg und das
Ende aller späteren mesopotamischen Reiche: Auf eine schnelle Ausdeh-

nung folgten stets endlose Revolten, Palastrevolutionen, ununterbrochene Grenzkriege und schließlich der Gnadenstoß durch die Gebirgler. Die Sumerer brachten es nicht fertig, ihren Partikularismus aufzugeben und sich einem Herrscher zu unterstellen, der für sie ein Fremder war. Auf der anderen Seite zog der Reichtum der wohlhabenden Städte in der Ebene die armen Bewohner der umliegenden Bergländer ebenso an wie die Hirten der Steppe: beide waren stets auf Plünderung aus.

Wie eine Lawine fielen die halbbarbarischen Gutis über das Zweistromland her. Die Tempelwirtschaft brach endgültig auseinander; die fürstlichen Handelsmonopole hörten auf zu bestehen; die angekauften großen Tempel- und Fürstenschätze, die Lagerhäuser, die Wohnungen der wohlhabenden Klasse wurden gebrandschatzt, die herumziehenden Karawanen beraubt; nicht einmal die Flöße auf den Flüssen entgingen der Raublust. Was der Vernichtung entkam, wurde von den Gutis wieder in Umlauf gebracht, und fand Käufer. Handwerk und Handel überlebten. Ganz zum Stillstand kam das Geschäft nie. Auch die Barbaren brauchten Metalle für Waffen und Handwerker, um sie herzustellen; sie brauchten Stoffe und liebten geschliffene, glänzende Steine.

Die Händler lernten schnell um. Hatten sie vorher großen Nutzen aus dem Geschäft mit den unterworfenen Ländern gezogen, machten sie jetzt kaum schlechtere Geschäfte mit dem Raubgut aus den Palästen und Tempeln des eigenen Landes, und es dauerte gar nicht lange, bis die alten Handelsbeziehungen wieder aufgenommen waren und auch der Fernhandel erneut in Gang kam. Nur das System hatte sich geändert. An die Stelle des Tempels und des Fürsten rückte endgültig der private Unternehmer. Kaufleute schlossen sich zu Handelsgesellschaften zusammen, Händler nahmen stille Teilhaber auf, große Häuser finanzierten ihre und fremde Karawanen. Der Geldverleih wurde zu einem Geschäft; die ersten Banken gaben Geld zu 25 und mehr Prozent her. Reich gewordene Kaufleute wurden zu Besitzern großer Landgüter.

Mesopotamien zog Nutzen aus den in mehr als hundert Jahren hereingebrachten gewaltigen Mengen Silber, Bronze, Holz und Stein; zahllose Kriegsgefangene stellten als Sklaven billige Arbeitskräfte dar. Die alten Stadtstaaten gingen ihrem Ende entgegen; die Zeit großer, zentralistischer Staaten war im Kommen. Die ausgedienten sumerischen Gedankengänge und Bräuche wurden langsam zu Erinnerungen. Nicht einmal die Könige der sogenannten dritten Dynastie von Ur, die Sumer noch einmal zu einem letzten Glanz verhalfen, brachten es fertig, diese Entwicklung aufzuhalten; sie folgten dem von Sargon und seinen Nachfolgern aufgestellten sozialen und wirtschaftlichen Muster.

Sumer wird noch einmal lebendig und stirbt

Über die Gutis, die fast hundert Jahre Mesopotamien beherrschten, wissen wir wenig. Um das Jahr 2120 wurden diese verhaßten Fremden, die »stechenden Skorpione«, von einer Armee besiegt, die der König von Uruk und südmesopotamische Fürsten zusammengebracht hatten, und aus dem Land getrieben. Diesen König von Uruk jagte einer seiner Beamten, der Gouverneur von Ur, davon, der sich »Ur-Nammu« nannte, was soviel wie »Diener der Göttin Nammu« heißt, und mit der Stadt Ur nichts zu tun hatte. Er gründete die dritte Dynastie von Ur (etwa 2113 bis 2006 v. Chr.), unter der das frühe Mesopotamien eine seiner schönsten Zeiten erlebte. Er muß ein bedeutender, vielseitiger Mann gewesen sein. Er stellte die Ordnung wieder her, ließ die wohl früheste Gesetzessammlung anlegen, gab der Landwirtschaft eine hilfreiche Hand, verbesserte die Verkehrswege, befestigte die Städte, brachte den Fernhandel mit den Ländern am Persischen Golf wieder in Gang und war ein leidenschaftlicher Bauherr. Bis nach Qatna, einem kleinen syrischen Staat, reichten die Handelsbeziehungen. Die Stadtstaaten wurden zu Geschäftspartnern Urs, wo sich die Fernhändler und Makler, die Karawanen und die Schiffe trafen, wo die Bücher der Kaufleute mit ihren Monatsübersichten und Jahresbilanzen, mit Quittungen, Rechnungen und Inventar ebenso geführt wurden wie heute.

Wein kam aus Syrien, Lapislazuli, die begehrten Halbedelsteine, aus Afghanistan über die Khorassanstraße, »Fischaugen«: Perlen kamen aus Dilmun, Silber und Kupfer wurden in den Werkstätten Urs gehämmert, seltene Steine aus Indien zu Schmuck verarbeitet.

Polizeiposten sicherten die Handelsstraßen; die bewaffneten Begleitmannschaften der Karawanen wurden überflüssig. Dadurch verringerten sich die Transportkosten. An festen Halteplätzen gaben die Postläufer Briefe ab und nahmen andere entgegen.

Die wirtschaftliche Struktur ist trotz der großen Zahl der gefundenen Tontäfelchen bis jetzt nur unvollständig bekannt. Um die sechzehntausend übersetzte Geschäftsabschlüsse, Konten, Kreditbriefe und Lohnlisten warten auf eine erklärende Zusammenfassung. Immerhin läßt sich schon sagen, daß privates Geschäft und privates Eigentum eine ganz bedeutende Rolle spielten. Wie groß der private Wirtschaftssektor tatsächlich war, ist uns nicht bekannt. Dafür wissen wir, daß zahlreiche Einzelpersonen und Firmen Land, Häuser, Vieh und Sklaven besaßen, die sie durch schriftliche Verträge jederzeit veräußern konnten. Die Preise – höher oder niedriger je nach der Beschaffenheit der Ware, Ort und Zeit – wurden in Silber und auch – allerdings weit weniger – in Getreide errechnet.

So kostete ein gesunder männlicher Sklave ungefähr elf Schekel Silber (ein Schekel etwa 7 gr). Saatgetreide konnte gegen 20 Prozent Zinsen ausgeliehen werden. Private Geldverleiher verlangten und erhielten 33 und auch mehr Prozent für kurzfristige Darlehen; Gesetze gegen den Wucher waren unbekannt. In Not geratene Leute waren oft so verschuldet, daß sie ihre Kinder als Sklaven verkauften, und ein nicht geringer Teil der Bevölkerung zog es vor, gegen Getreide, Essen und Kleidung für den Staat zu arbeiten, anstatt von einem Landbesitzer oder einem Unternehmer abhängig zu sein, der sie gewöhnlich ausbeutete.

Was von der Tempelwirtschaft übriggeblieben war, unterstand der königlichen Autorität, bezahlte Steuer und war gezwungen, in einer finanziellen Krise dem Staat das ganze Vermögen zu überlassen. Sieht man genauer hin, glaubt man, eine weitgehend staatlich gelenkte Wirtschaft zu erkennen, in der private Unternehmen Einschränkungen unterlagen, der größere Teil der Bevölkerung reglementiert war, Handel, Industrie und Landwirtschaft aber gut gediehen.

Alles sah äußerlich gut und auch vielversprechend aus. Nur die an den Wüstenstraßen Wache haltenden Soldaten wußten, daß die Nomaden schon in Bewegung waren und über den Euphrat und den Khaburfluß in kleinen Gruppen ständig in die grünen Täler einsickerten, und viel schneller, als man geglaubt hatte, zu einer reißenden Flut anwuchsen, die niemand aufzuhalten vermochte. Im Jahre 2006 v. Chr. war alles vorüber: Die »Amurrû«, unsere Amoriter, den Sumerern seit langem gut bekannt, waren aus der syrischen Wüste in Mesopotamien eingefallen und hatten eine Stadt nach der anderen in ihren Besitz gebracht; Susa, die elamitische Hauptstadt, machte sich wieder selbständig; Hungersnot brach aus, weil die Getreidetransporte in die Hände der Amoriter fielen; von Osten her brachen die Elamiter, die alten Erbfeinde Sumers, in das Land ein, belagerten Ur, eroberten die Stadt trotz der neuen Mauern, von denen Ur-Nammu gesagt hatte, sie seien »hoch wie ein in der Sonne glänzender Berg«, plünderten sie gründlich und steckten sie dann in Brand. Jahre später, als Ur längst schon wieder eine blühende Stadt war, wurde seine Zerstörung als ein nationales Unglück angesehen und laut beklagt.

Nichts macht das anschaulicher als dieser Text eines Tontäfelchens: »Wenn der Jahresstern mit dem Gesicht nach Westen aufgeht und dann gegen den Himmel schaut, wenn kein Wind bläst, wird es Hunger geben und der Herrscher das Schicksal Ibi-Sins erleiden, des Königs von Ur, der in Ketten nach Anschan gebracht wurde.«

*Zikkurat und Tempel der Stadtgöttin Eanna, Uruk; Blick auf die Nordostfront. Die
Zikkurat hat ihre früheste Form bewahrt; sie weist keine Stufen wie andere Tempel-
türme auf*

Nach und nach gingen die Sumerer in einem semitischen Meer unter; sie
spielten keine Rolle mehr, und sogar ihr Name geriet in Vergessenheit.
Und doch! Babylonier, Assyrer, Hebräer und Hethiter schöpften aus ihrer
Zivilisation, und die semitischen Nomaden übernahmen von ihnen so
ziemlich alles, was zu einem zivilisierten Leben gehört: Inhalt und Formen
der Religion, politische und soziale Einrichtungen, die Organisation einer
öffentlichen Verwaltung und des Rechts, Industrie und Kunst, Bildung,

Wissenschaft und sogar die Schrift, die sie lediglich ihrer Sprache anpaß-
ten, aber auch die Zikkurrat, den merkwürdigen Tempelturm. Der terras-
senförmige Bau stieg in Stufen in die Höhe. Darzustellen galt es den verlorengegangenen Ahnenberg, den mythischen »Maschu«, aufgerichtet auf
der »Stätte der Fruchtbarkeit« über einem weiten leeren Raum, der Urhöh-
le, in der die Toten wohnen.

Später wurden die steilen Terrassen aus soliden Ziegeln aufgebaut, vielleicht bis zur Zahl Sieben. Sie mögen über einer Höhle oder einem Grab
gestanden haben, dem »Ruheplatz der Sonne und der Fruchtbarkeitsgötter
in der Nacht oder während ihres Winterschlafes im Berg«. Doch scheint
das Leben über den Tod die Oberhand gehabt zu haben. Immerhin hieß in
Nippur der Tempel ja »Haus des Berges«, und in den Städten Larsa und
Sippar »Das Band zwischen Himmel und Erde«. Der König Gudea von
Lagasch nannte seinen Tempel »Dimgal«, was soviel heißt, wie »Der große Verbindungspfosten«, vielleicht in Erinnerung an jene Baumstämme,
die früher das Tor rahmten oder die Flechthütte abstützten. Die Zikkurrat
war eine Art Jakobsleiter, deren Stiegen außen waren, ein Treppenweg, der
später von Stock zu Stock in Spiralen aufstieg zu dem göttlichen Staat oben
im Himmel. Die formlose weite Ebene hob den menschlichen Blick in die
Höhe, wo er den Stern wahrnahm, das sumerische Symbol für die Göttlich-
keit schlechthin. Die Zikkurrat war ein richtiger Turm von Babel, gedacht,
den Himmel zu erreichen. Ganz oben fand einmal im Jahr jene heilige
Hochzeit für die Fruchtbarkeit des Landes statt, und dort oben weihte der
Priesterkönig das neue Jahr ein.

Neue Gesichter, weiter Handel

Bald nach dem Sturz von Ur wurden die Elamiter vertrieben; die Semiten
blieben und regierten über das Zweistromland fast fünfzehnhundert Jahre.
Ein ganzes Mosaik von Kleinstaaten machte sich in den ersten zwei Jahrhunderten des zweiten Jahrtausends den Besitz der Stadt Ur und die Kontrolle über die großen Handelsstraßen streitig. Immer neue semitische Nomaden strömten in das Land; sogar in den Hügeln vor dem Zagrosgebirge
schlugen sie ihre Zelte auf; andere Sippen gründeten neue Kleinstaaten,
die schnell in die unaufhörlichen Kämpfe um die Kontrolle des Handels
eingriffen. Sie waren entweder Akkader oder aber Westsemiten, Amoriter
aus Syrien und den Wüsten im Westen. Die ersten gehörten schon längst
zur einheimischen Bevölkerung am Oberlauf der beiden großen Flüsse und
waren völlig zivilisiert; die zweiten, wahrscheinlich grobe Beduinen, eigne-

ten sich offenbar schnell und mit ausgesprochener Leichtigkeit die Kultur
der Sumerer und Akkader an. Aber ihr Kommen hatten tiefe Wirkungen
auf die politische, soziale und wirtschaftliche Struktur des ganzen Zweistromlandes. Die Stadtstaaten hörten auf zu bestehen, und mit ihnen verschwanden die Grundsätze, denen sie ihr Dasein verdankten. Menschen,
Land und Vieh gehörten nicht mehr, wie in der frühesten Zeit, den Göttern. Die neuen Herrscher förderten das private Eigentum; die Tempel
wurden zu Landbesitzern unter anderen Landbesitzern, zu Steuerzahlern
wie jeder beliebige Bürger; die Priester beschäftigten sich mit dem Gottes-
dienst und den religiösen Bedürfnissen des Volkes. Der König regierte, der
Mensch ging seinen Geschäften nach, jeder nach seiner Wahl und seinem
Können. Der König von Isin, ein Amoriter, nahm schließlich die Garnison
von Ur gefangen und brachte die ziemlich zerstörte, aber immer noch angesehene Stadt in seinen Besitz. Unter seinem Enkel reichte der Staat vom
Persischen Golf bis weit über Sippar im Norden. Diese Monarchen nannten sich gern Könige von Ur, bauten die Stadt schnell wieder auf und
brachten die alten Handelsbeziehungen zu Dilmun, dem heutigen Bahrein,
wieder in Gang.
Im ersten Jarhundert des zweiten Jahrtausends breitete sich die wiederauf-
gebaute und schon längst wieder wohlhabende Stadt Ur nach allen Richtungen an den Ufern des Euphrat aus. Braune, nacktbeinige Kinder rennen
die Stufen und Terrassen der Zikkurrat hinauf und hinunter, die der König
Ur-Nammu aus Erdziegeln erbauen ließ. Wenn sie bis auf die flache Ober-
stufe klettern, sehen sie über die Dächer der neuen Häuser hinweg die
Schiffe und Boote auf dem Fluß. Zwischen den Kais und der eigentlichen
Stadt können sie die Mauer ausmachen, die die Enklave der Kaufleute um-
schließt, das »Karum«, das Freihandelsgebiet, in dem die Fernkaufleute,
die Reeder und Makler ihre Zollspeicher, Warenlager, Büros und Zunft-
häuser haben.
   Die Kinder sind zweisprachig, sie verstehen Sumerisch und Semitisch.
Weder aus ihrem Aussehen noch ihrer Kleidung, die allerdings sehr spärlich ist, läßt sich die Rasse entnehmen, aus der sie stammen. Längst haben
sich die Rassen vermischt. Immerhin gibt es auch größere und schlankere
Kinder, die Sumerisch nur holprig und zögernd sprechen und deren Semitisch voll gutturaler Laute ist, welche die anderen Kinder lachend nachzu-
ahmen versuchen. Gewiß sind sie auch schon in Ur geboren; aber noch gehören sie nicht ganz dazu; sie sind Kinder der Neuankömmlinge aus dem
Westen: Amoriter.
Eines dieser Kinder war vielleicht Abraham, der spätere Patriarch, der
Sohn Terahs, über dessen anderen Sohn Haran die Bibel berichtet, er sei in

seiner Geburtsstadt Ur gestorben. Wie alle besser gestellten Amoriter Urs besaß Terah wahrscheinlich ein Haus unten in dem »Karum«, von dem aus er seine Geschäfte führte, und vielleicht hatte ihn Abraham auf der einen oder anderen langen Fahrt mit Packeseln, Ziegen und Schafen den Euphrat hinauf und dann westwärts dem Mittelmeer zu begleitet. Diese Amoriter waren ja nicht nur Herdenbesitzer, sondern auch Fernhändler. In ihren Händen lag damals ein gewichtiger Teil des Ferngeschäftes zwischen dem Oberen und Unteren Meer, dem Mittelmeer und dem Persischen Golf; denn wie kaum jemand kannten sie die Karawanenstraßen und verstanden es, mit ihren in den Wüsten gebliebenen nomadischen Vettern die Wegezölle und den Schutz für sich und ihre Waren auszuhandeln. Das und ihr kaufmännisches Geschick, ihr Gespür für neue Märkte, für Änderungen im Warenangebot und in der Warennachfrage und nicht zuletzt für Preisentwicklungen und sich anbahnende politische Ereignisse brachten ihnen viel Wohlstand ein.

Ihren Standort hatten sie gut gewählt: Ur war der große Hafen, der Umschlagplatz für alle Güter aus den Ländern jenseits des Unteren Meeres. Im »Karum«, unweit der weitläufigen Karawansereien, in denen die Packeselkarawanen für die Wüstenreisen zusammengestellt wurden, standen die Zunfthalle und die Geschäftshäuser der »Alik Dilmun«, der Gilde der Kaufleute, Reeder und Kapitäne der Schiffe, die nach Dilmun segelten und von diesem großen Transithafen im Persischen Golf Waren nach Ur brachten. Dieser Überseehandel hatte nichts von der Bedeutung verloren, die er schon hundert Jahre früher besessen hatte. Nur an seiner Abwicklung hatte sich einiges geändert, seit das Geschäft infolge des langen politischen Wirrwarrs zeitweilig zum Stillstand gekommen war und die Amoriter die Sumerer als Geschäftspartner abgelöst hatten. Dilmun beherrschte jetzt den Überseehandel. Schiffe von Ur segelten nicht mehr nach Makan, vielleicht das heutige Oman, an der Straße von Hormuz im Süden des Golfs, um Kupfer zu holen, und Schiffe aus Makan kamen nicht mehr nach Ur. Dilmun hatte sich als Transithafen selbständig gemacht; die Leute aus Dilmun ließen kein Schiff ankern, versorgten es nicht mit Wasser und Lebensmitteln, es sei denn, das Schiffsgut wurde auf der Insel umgeschlagen und dann weiter nach Ur oder nach Makan und zum Indus gebracht.

Aus Makan und vom Indus kamen die Schiffe und luden ihr Kupfer, ihr Gold und ihr Elfenbein, die Farbstoffe, die Karneole und die Lapislazulis aus und tauschten sie auf dem großen Markt am Strand gegen Wolle, Silber, Stoffe und Stückgut ein, die von den Mitgliedern der »Alik Dilmun« aus dem Zweistromland herangebracht worden waren. Die wachen Kaufleute im semitischen Ur sahen nicht lange untätig zu; schnell entschlossen kauften sie sich in die »Alik Dilmun« ein. Sie waren Kaufleute und Reeder zugleich, und das führte dazu, daß weniger und weniger Schiffe dilmunischer Reeder nach Ur kamen und dafür mehr und mehr Schiffe der unternehmungsfreudigen Amoriter aus Ur, die als Kaufleute, Reeder und auch Bankiers den doppelten und dreifachen Gewinn einstrichen, denn das mit diesen Geschäften verbundene erhebliche Risiko pflegten sie vorsorglich einzukalkulieren.

Für die Luxusartikel aus Indien mußten die amoritischen Kauf- und Karawanenherren einen sehr hohen Preis zahlen, über den man sich nach langem und hartem Feilschen verständigte und der schließlich in Silber in den üblichen Gewichten ausgewogen wurde, die meistens eine Entenform besaßen. Trotzdem scheint man mit den Erträgen zufrieden gewesen zu sein. Kupfer wurde am Mittelmeer stets gut und noch weit besser bezahlt, wenn es von den für ihre ausgezeichnete Arbeit bekannten amoritischen Kupferschmieden schon zu Gegenständen verarbeitet worden war. Und für Edelsteine und Elfenbein aus dem Osten, die geradezu preislos waren, ließen sich ohne Schwierigkeit Liebhaberpreise erzielen.

In Ur saßen diese risikofreudigen, aber ebenso scharf kalkulierenden Fernkaufleute im Schatten ihrer weiträumigen Lagerhäuser und Karawansereien und tranken Bier aus einem gemeinsamen Krug durch einen langen Trinkhalm aus Bambusrohr. Sie unterhielten sich über ihre Geschäfte und auch über Politik, die für die Amoriter stets ein willkommenes Thema war. Viele von ihnen waren noch nicht lange in Ur daheim, und manche erinnerten sich noch daran, als Kinder die beschwerliche Wanderung aus der Wüste mitgemacht, in Zelten geschlafen und am großen Euphratbogen unweit Mari in die grüne Ebene gekommen zu sein. Aber das waren nur wenige, denn die große amoritische Wanderung lag schon um die hundert Jahre zurück.

Ihnen machte es wenig aus, wer gerade herrschte. Wichtig war, daß der Handel keinen Schaden litt. Der amtierende Hohepriester vermied ängstlich jede politische Auseinandersetzung. Es lebte sich gut unter dem Amoriter Gungunum, aber man durfte es nicht mit Ur-Ninurta, dem neuen König von Isin, verderben; denn es war noch nicht sicher, ob der König von Larsa, der Ur erst vor ein paar Jahren erobert hatte, die Stadt auch halten konnte.

Der Wandel der Herrschaft störte die Kaufleute nicht, solange die amoritischen Packeselkarawanen sich auf den Weg nach Norden machen konnten, unterwegs nicht aufgehalten wurden und Gewinn abwarfen. Das Kamel war damals noch nicht gezähmt und das Pferd aus den Bergen noch nicht in die Ebene gekommen. Es ist beinahe unglaublich, was die Karawanen herbeibrachten und die armseligen Packesel auf ihren Rücken trugen: Silber und Marmor, Leinen aus Ägypten, Zedernholz aus dem Libanon, Weihrauch aus dem geheimnisvollen Südarabien, Kupfer und Asbest; nur die Edelsteine beförderten sie ebensowenig wie Parfüms. Diese trugen die Karawanenführer und die Angestellten der Kaufherren in kleinen Beuteln auf dem Leib.

Nicht immer ging alles nach Wunsch. Karawanenreisen verliefen nicht immer friedlich, und nicht selten wurde der Gewinn mit Blut bezahlt, oder er schlug in Verlust um, der so groß sein konnte, daß der Fernkaufmann sich für zahlungsunfähig erklären mußte und froh war, wenn ihm seine Gläubiger Zahlungsstundungen zugestanden und nicht von ihm verlangten, sich und seine Familie als Sklaven zu verkaufen. Auch das gab es.

Nicht wenige Amoriter, die erst vor ein paar Generationen aus der Wüste in das Zweistromland gekommen waren und sich mit Gewalt einen Platz verschafft hatten, fielen leicht in den alten Brauch des räuberischen Überfalls zurück, der ja in der Wüste gang und gäbe gewesen war. Zwischen Stamm und Stamm, zwischen Sippe und Sippe und zwischen Familien wechselten Bündnisse mit Fehden – in den Flußtälern durch den Zwang einer lästigen Obrigkeit in Grenzen gehalten, ungezügelt jedoch am Rande des besiedelten Raumes und in der Weite der Wüste, die sich jeder Kontrolle entzog.

Die Grenzbewohner wachten sorgsam über ihren kleinen Besitz, nahmen ihren zeitweiligen Feinden weg, was sie nur konnten, taten sich aber schnell wieder mit ihnen zusammen, um eine Siedlung und mit noch viel mehr Freude eine lange Karawane anzugreifen und auszuplündern. Sie waren Räuber und Händler in einem, bezahlten nur, wenn sie mußten und keinen anderen Ausweg sahen, nahmen Geld für den Durchzug und sprachen sich schleunigst mit dem Nachbarstamm ab, der die Karawane überfiel und die Beute ehrlich mit dem ersten Stamm teilte. Unter solchen Umständen gehörte schon viel Geschick und auch eine Portion Glück dazu, eine Karawane bis an ihren Bestimmungsort und wieder heimzubringen. Wieviel Unternehmer durch Überfälle ruiniert wurden, wissen wir nicht. Es muß aber eine ganze Anzahl gewesen sein, denn von Zahlungseinstellungen ist in den Täfelchen immer wieder die Rede.

Das Geschäft mit der Insel Dilmun

Die Sorge um das Schicksal der Karawanen fiel in dem Geschäft mit Dilmun, dem Umschlagplatz des Unteren Meeres, weg. Ob das Risiko dieses Seehandels deshalb jedoch sehr viel kleiner war, läßt sich heute nicht ausmachen.

Aus den Tontäfelchen weiß man, daß die kleinen Segelschiffe etwa drei Tage brauchten, um bei gutem Wetter von Ur nach Dilmun zu segeln, falls keine widrigen Böen aufkamen und Seeräuber nicht den Weg verlegten. Waren die vielen Sandbänke an der Mündung des Euphrat umschifft, segelten die Schiffer in dem blauen Wasser des Golfs. Bei Sonnenuntergang erreichten sie die kleine Insel Failaka unweit dem heutigen Kuwait, wo ihnen die Beamten aus Dilmun gegen eine Gebühr erlaubten, das kleine Schiff für die Nacht auf den flachen Sand zu ziehen. In der Gebühr war der Schutz gegen Seeräuber einbegriffen.

Das Inselchen Failaka verdankte seine Stellung als Zwischenstation zwischen Ur und Dilmun nicht nur seiner geographischen Lage, sondern auch einer Laune der Natur. Das Wasser des spärlichen Winterregens verdampft nicht und läuft auch nicht wie sonst in das Meer ab, sondern sinkt bis zu dem ungewöhnlich hohen Grundwasserspiegel von nur zwei Meter unter der sandigen Oberfläche in die Erde ein. Unschwer läßt es sich in seichte Brunnen fassen und wieder anzapfen. Zwischen Dilmun und Failaka gab es an der Küste nichts als Wüste; die Insel wurde anscheinend in früher Zeit von Beamten aus Dilmun verwaltet. Viele Jahrhunderte später war sie den Seleukiden so wichtig, daß sie auf ihr ständig einen Wachposten unterhielten, dem die Kontrolle über die Schiffahrt oblag, wie es heutzutage an wichtigen Punkten Abhörstationen mit Hilfe elektronischer Geräte tun.

Zwei Tage brauchten die Schiffer dann noch bis Dilmun. Schon von weitem konnten sie die Verteidigungsmauer, die Tempel, die Häuser und die Dattelpalmen ausmachen. Alle Seeleute priesen die süßen Wasserquellen und den üppigen Pflanzenwuchs; sie mögen aus Freude über die gelungene Fahrt gesungen und auch ein paar Verse zu Ehren des von den Göttern gesegneten Stückchens Erde rezitiert haben, auf der Gilgamesch, der sagenhafte Held, das Geheimnis der Unsterblichkeit gewann und wieder verlor. Von den auf den Strand gezogenen Schiffen waren manche viel größer als die aus Ur; sie fuhren auf dem hohen Meer und kamen aus Makan weit hinter dem Eingang des Golfs, aus Gerrha oder Meluhha.

Man kann sich vorstellen, daß die Schiffsleute sich in zahlreichen Sprachen unterhielten und viele sich gut kannten, denn nicht wenige waren seit

Jahren zwischen allen Häfen der damals bekannten Welt unterwegs; die Schiffsführer werden mit den Agenten der Reeder und der Fernkaufleute über die Ladungen gesprochen haben. Wahrscheinlich haben sie auch über ihre Auftraggeber geschimpft, die in Ur in ihren Kontoren saßen, einen guten Teil des Gewinns für sich beanspruchten, aber gewöhnlich strikt ablehnten, sich am Risiko der Schiffsreise zu beteiligen. Die Tontäfelchen sind da ganz deutlich: »Gegen soviel Ballen Wolle oder wollenes Tuch verpflichten sich die Partner in Ur nach der Rückkehr des Schiffes aus Dilmun ein bestimmtes Gewicht von Kupfer in Barren guter Beschaffenheit abzunehmen. Eine Verantwortung für den Verlust auf der Fahrt wird nicht übernommen.«

Während der Ausgrabungen Leonhard Woolleys wurden in Ur ganze Berge von Tontäfelchen gefunden, die uns einen guten Überblick über die Geschäfte zwischen Ur und Dilmun geben. In ein paar von ihnen, die W. F. Leemans entziffert und textgetreu übersetzt hat, ist von den Geschäften eines gewissen Ea-Nasir, eines Kupfermaklers, die Rede. Sein Haus lag in einem Stadtteil, den Woolley ausgrub und in seinem ersten Bericht (Antiquaries Journal, Vol. 11) etwa wie folgt beschreibt:

»Die Gassen sind eng, nicht gepflastert und winden sich zwischen Häusern, deren unregelmäßige Vorderseiten eindeutig von den zufälligen Besitzverhältnissen abhängen. Die Häuserblöcke sind so groß, daß zu den Wohnungen, die in ihrer Mitte liegen, ein Zugang nur von Sackgassen aus möglich ist ... Verstreut zwischen den Wohnungen gibt es kleinere Häuser, die nur Läden sein können ... Die Mauern aller Gebäude sind unten aus gebrannten und oben aus Erdziegeln gebaut ...« Die aufgefundenen Tontäfelchen lagen in Tonkrügen oder auch in mit Erdpech ausgekleideten kleinen Gruben: Geschäfts- und Schulbücher und Geschäftsbriefe.

Anweisungen für die Lieferungen von Kupfer aus namentlich erwähnten Lagerhäusern an Kunden der Auftraggeber machen den größten Teil der gefundenen Geschäftskorrespondenz aus. Es gibt aber auch Mahnbriefe und Beschwerden über die säumige Durchführung von Aufträgen. In einem Brief wirft ein Geschäftspartner einem Händler vor: »Du versprachst bei Deinem Besuch, gute Barren zu liefern, aber Du erfülltest Deine Zusage nicht und botest statt dessen meinem Boten schlechte Barren an mit der bösen Bemerkung: ›Die oder gar keine‹. Wer bin ich eigentlich, daß Du mich so geringschätzig behandelst?«

Da gibt es andere Täfelchen, in denen die verschiedenen Empfänger einer Kupferladung angegeben werden und auch solche, die nichts anderes als Zahlungsmahnungen sind. Aus wieder anderen Täfelchen geht deutlich hervor, daß dieses Kupfer, das offenbar den Hauptumsatz des Geschäftes zwischen Dilmun und Ur ausmachte, nicht aus Dilmun stammte, sondern aus dem Süden gebracht wurde. Es muß sich um auch für unsere Begriffe sehr ansehnliche Ladungen gehandelt haben. So ist – umgerechnet – von einer Schiffsladung von über achtzehn Tonnen die Rede, also einem recht erheblichen Geldwert.

Wie die Kupferbarren ausgesehen haben mögen, läßt sich aus den gefundenen Resten ungefähr entnehmen, was allerdings nicht heißt, es hätte nur eine handelsübliche Form gegeben. Erwähnt werden nämlich auch flache Barren in der Form von Ochsenhäuten mit vier vorstehenden Griffen, wohl der leichteren Handhabung wegen.

Wieder andere Täfelchen sind nichts weiter als Ladebriefe, aus denen sich die Vielfalt der verschifften gehandelten Güter ersehen läßt: Kupfer, Bronze, Elfenbein, verarbeitetes Elfenbein, Antimon, Ocker, die »Fischaugen« genannten Perlen, rote und weiße Korallen, Karneole, Schildpatt, Lapislazuli, Teakholz und auch Jade. Dabei ist erwähnenswert, daß in dem Handel mit Luxusgütern schon damals die Ware in Stückzahlen verzeichnet und jedem wertvolleren Stück auch eine Beschreibung beigefügt wurde. Dafür lieferten die Kaufleute aus Ur Wolle, Gewänder, Häute, Sesamöl, Erdpech und eine ganze Reihe von Erzeugnissen des einheimischen Gewerbefleißes.

Wie die Schiffe aussahen, die damals im Golf segelten und bis zum Indus und zur ostafrikanischen Küste kamen, also Seeschiffe in jedem Sinne des Wortes waren, wissen wir nicht. Die Tontäfelchen sagen über sie kaum etwas aus, und Wandbilder wie in Ägypten gibt es nicht. Manches läßt aber vermuten, daß sie das Aussehen der arabischen Dhaus von heute hatten oder jenen stattlichen »Bums« glichen, die vor Beginn der Erdölzeit Jahr für Jahr bis nach Sansibar und Indien segelten. Die kleineren mögen Ähnlichkeit mit den »Dschalbuts«, den »Schu'ais«, den »Sambuqs« gehabt haben, den Fahrzeugen der Fischer und Perlenfischer. Vielleicht sahen sie auch der so anmutigen »Bagghala«, einem Zweimaster, ähnlich. Von allen gibt es heute nur noch wenige Exemplare; die meisten wurden abgewrackt; man sagt, sie seien unpraktisch geworden.

Ein kleiner Exkurs über die Perlenfischerei

»Sambuqs«, die Perlboote, fahren auch heute noch Jahr für Jahr zu den Perlmuschelbänken im Golf. Vor bald viertausend Jahren wird das nicht viel anders gewesen sein, als die Taucher nach den überall begehrten »Fischaugen« suchten, den schönsten Perlen der Welt. Sie können cremefarben, blaßrosa oder auch von einem leicht gelblichen Farbton sein.

Monate liegen die Boote draußen in der heißesten Zeit des Jahres, denn nur wenn das Wasser warm ist, können die Taucher ihre Arbeit tun. Die größten Flotten kommen von Bahrein und Kuwait. Der große Mittelpunkt ist jedoch seit unvordenklicher Zeit stets Bahrein gewesen, das alte Dilmun.

In alter Zeit begrüßte der Hohepriester die heimkehrenden Boote, vor Jahrzehnten fuhr ihnen noch der Scheich in seinem Staatsboot entgegen. Aber all das hat schon lange aufgehört; heute kommen die weniger gewordenen Boote ungefeiert heim. Die Perlenfischerei und der Perlenhandel sind geschrumpft, seit die Zuchtperle aufkam und die Mode sich änderte. Auf ein Viertel ging allein der Wert des Fangs der Bahreinflotte zwischen 1930 und 1940 zurück. Seitdem hat sich die Lage wieder etwas gebessert. Aber die alten Ziffern sind unerreichbar geworden. Immer noch ist Bahrein jedoch unbestrittener Mittelpunkt des Perlenhandels am Golf. Daran hat sich ebensowenig geändert wie in der Perlfischerei, die heute sehr wahrscheinlich nicht viel anders betrieben wird als zur Zeit der Fernkaufleute von Ur und Dilmun.

Es gibt kaum ein schwereres Leben als das Tauchen nach Perlen im Persischen Golf, dem »Unteren Meer« der frühen Zeit. Taucheranzüge sind nicht erlaubt; ein wenig Wasser, eine Handvoll Datteln, etwas Reis und Fisch sind die Nahrung, um lange unter Wasser bleiben zu können. Sonne und Salzwasser verursachen bösartige Geschwüre und Hautkrankheiten, und dazu kommt noch die stets lauernde Gefahr der Haie, der stechenden Quallen, der Rochen. Wer die Augen auftut, kann die Krüppel sehen: die Einarmigen, die Einbeinigen, die Narbigen, die paralytischen menschlichen Wracks, die unvorstellbar verbogenen Körper, steif und kalt wie Gefrierfleisch, die Gesichter, die grotesken Masken gleichen, Augen mit einem erbarmungswürdigen Blick.

Wenn die Fangzeit kommt, sammelt der Kapitän des Bootes, der oft auch sein Besitzer ist, seine Leute. Viele sind vom Vorjahr her noch verschuldet. Das Boot ist zwischen acht und zehn Meter lang und hat eine Besatzung von etwa vierzig Mann. Der Taucher steht auf einem schweren fla-

chen Stein; der Stein hängt an einem langen Seil, das an die Schiffswand
geknotet ist. Er gelangt im Nu bis auf den Meeresboden. Auf der Nase
trägt der Taucher eine kleine Klammer, die die Nasenlöcher verschließt;
ein Korb hängt an einem zweiten Seil auf seiner Brust, in der Hand hält er
ein Messer, um die Muscheln von den Felsbänken abzuschneiden und sich
notfalls zu verteidigen.

Seine Arbeit beginnt der Taucher kurz nach Sonnenaufgang, er taucht
zahllose Male während etwa acht Stunden. Seine Augen sind an die Dunkelheit des Wassers gewöhnt, und gute Taucher vermögen bis zu zwanzig
Meter im Wasser zu sehen. Will er hinauf, reißt er an dem Seil, stößt nach
oben und schwimmt zu dem Boot. Minuten später springt er wieder.

Nur eine aus einem Dutzend Muscheln enthält eine Perle, oft schlecht
geformt und von geringem Wert. Unter sich teilen die Taucher am Ende
der Fangzeit drei Fünftel des Fangs. Vom Glück hängt der Erfolg ab. Ist er
klein, nimmt der Taucher Vorschuß auf das nächste Jahr.

Bis jetzt ist noch nicht der Beweis erbracht worden, daß die Babylonier
Perlenliebhaber waren. Weil aber im Zweistromland Perlmutter gerne für
Einlegearbeiten und überhaupt als dekorativer Schmuck verwendet wurde,
liegt die Vermutung nahe, daß auch Perlen bekannt waren. Wenn bis heute
Perlen nicht gefunden wurden, mag das an dem feuchten Klima und dem
hohen Salpetergehalt der Erde liegen, die vieles zerstörten, das weit weniger empfindlich war als Perlen.

Immerhin bestätigt der Obelisk Salmanassars, daß der assyrische Herrscher von den chaldäischen Königen außer Silber und Gold auch Perlen
als Tribut erhielt.

Ihre hohe Zeit erlebte die Perle im alten Rom. »Unio« hieß sie bei den
Römern, und Plinius erklärt, damit sollte etwas beschrieben werden, das
gänzlich verschieden von anderem, eben einzigartig war. Er erzählt auch,
daß im Triumphzug des Pompejus im Jahre 33 v. Chr. den Römern
dreiunddreißig Perlenkronen und viele kostbare Perlenschnüre gezeigt
wurden.

Von da an kommen Perlen schnell in Mode und für ausnehmend schöne
wurden enorme Preise bezahlt. Die Kleidung wohlhabender Damen war
schließlich so mit Perlen besetzt, daß Plinius ironisch fragte: »Genügt es
ihnen nicht, Perlen um den Hals, auf dem Kopf und an den Armen zu tragen? Müssen sie auch noch auf ihnen trampeln?«

Der Kaiser Caligula hing seinem Lieblingspferd eine Perlenschnur um,
und unter Nero trugen die Schauspieler mit Perlen geschmückte Masken.
Suetonius behauptet, der General Vitellius habe mit dem Erlös aus den
Perlen seiner Mutter die Kosten eines ganzen Feldzuges gedeckt. Berühmt

waren die Perlen der Kleopatra; Plinius beschreibt die Perlenohrringe, die
sie auf dem großen Bankett zu Ehren des Markus Antonius trug, und
schätzt ihren Wert auf sechzig Millionen Sesterzien, und von Cäsar ist bekannt, daß er Servilia, der Mutter des Brutus, eine Perle schenkte, die sechs
Millionen Sesterzien gekostet haben soll.

Die Insel der »hunderttausend Grabhügel«

Wenn ein Schamal bläst und die Luft braun von dem fliegenden Sand ist,
läßt sich die Insel schlecht ausmachen; an klaren Tagen gewahrt man
schon aus dreißig Kilometern Entfernung Dilmun: Bahrein. Die Insel ist
an die fünfzig Kilometer lang und nie mehr als fünfzehn Kilometer breit.
Am oberen Golf heißt sie die »Insel der hunderttausend Grabhügel«. Seit
dem Jahre 1954 beschäftigen sich dänische Archäologen mit ihrer Erforschung, und sie sind zu erstaunlichen Ergebnissen gekommen. Sie bestätigen, daß die Insel schon fünftausend Jahre v. Chr. bewohnt war, daß es auf
ihr alle frühen Kulturen gegeben hat und sie die große Vermittlerin zwischen dem Industal und dem Zweistromland war. Ablagerungen von Perl-
muscheln lassen auf das hohe Alter der Perlenfischerei, Sicheln aus Holz
mit eingezwickten kleinen Flintsteinen auf einen frühen Ackerbau, eine
freigelegte Stadt auf den umfangreichen Handel schließen. Ausgegrabene
Tongefäße haben eine verblüffende Ähnlichkeit mit denen des Industales,
andere erinnern an die aus den Königsgräbern von Ur. In Dilmun lehrte
nach den sumerischen Mythen jenes Fabelwesen – halb Mensch, halb
Fisch – die Menschen den Ackerbau und die künstliche Bewässerung; nach
Dilmun rettete sich als einziger Xisuthros, als die Götter die große Flut
schickten; für Dilmun sorgte stets Enki, der große Gott, dessen Tempel aus
Dilmun edle Steine und Hölzer, Perlen und Kupfer erhielt. Tüchtige Regierungen sorgten für den ungestörten Ablauf der Geschäfte und wachten
über die Sicherheit der Schiffe.
    Dilmun muß damals und noch eine lange Zeit danach so etwas wie ein
Welthandelsplatz gewesen sein, ein riesiges Lagerhaus, eine Verrechnungs-
stelle, eine Warenbörse. Dilmun – das wissen wir aus den Täfelchen – hatte
seine eigenen Gewichte, die von den in Ur gebräuchlichen verschieden waren. Es wurde mit Kreditbriefen und auch mit offenem Kredit gearbeitet;
Geld wurde ausgeliehen, und mehrere Kaufleute schlossen sich für die Finanzierung eines großen Geschäftes zusammen. Im ganzen gesehen handelte es sich weniger um Spekulation als um ein normales Geschäft mit einem im voraus mehr oder weniger genau errechneten Gewinn. Die Risiko-

prämie war sicher eingeschlossen, denn eine Versicherung kannte man, soweit wir bis heute wissen, nicht. Deshalb trafen die Schiffsführer besondere Vorkehrungen bei der Beladung ihrer Schiffe: Wenn die Kupferbarren verstaut waren, nahmen sie als Deckladung Teakholz und kleine Goldbarren, Arbeiten aus Elfenbein und Schildpatt in Kisten, die sie in der Kabine auf dem Achterdeck verstauten; sie waren mit den runden Siegeln der Dilmuner Verlader versiegelt und wurden zudem noch während der ganzen Reise Tag und Nacht von zwei ausgesuchten Leuten der Mannschaft bewacht. Die Edel- und Halbedelsteine, deren Wert oft mehr ausmachte als die ganze übrige Ladung, trug der Schiffsführer in einem weichen Lederbeutel auf der nackten Brust. Er wird sicher aufgeatmet haben, wenn er die Insel Failaka glücklich hinter sich gebracht hatte und auf dem ungefährlichen Weg nach Ur war.

Auf der Suche nach unbekannten Städten

Wo lagen nun Makan, Meluhha und Gerrha, die in den Tontäfelchen immer wieder erwähnten Länder und Städte?

Sargon der Große, König von Akkad, rühmt sich, Schiffe von Dilmun, Makan und Meluhha gezwungen zu haben, am Kai von Agade, seiner sagenhaften Hauptstadt, festzumachen. Sein Enkel Naram-Sin behauptet in einer allerdings nicht ganz glaubwürdigen Chronik, gegen das Land von Makan, das in den Tontäfelchen der Zeit als »Magam« figuriert, zu Felde gezogen zu sein und persönlich den König des Landes zum Gefangenen gemacht zu haben. Gudea schließlich, der berühmte Herrscher von Lagasch, führte um das Jahr 2130 v. Chr., als die Gutis im Zweistromland despotische Herren waren, jenen so schönen schwarzen Diorit aus Makan ein, aus dem die großartigen Statuen gemeißelt wurden, von denen einige noch erhalten sind und deren Inschriften einwandfrei die Angaben des Königs bestätigen.

Hier und da ist angenommen worden, Makan sei ein Tal gewesen, das von der Oase Bureimi zur omanischen Küste auslief. Viel hat die Auffassung für sich, daß Makan in den Bergen Omans zu suchen sei, in denen heute noch Kupfer vorkommt. Sicher allerdings ist auch das nicht, denn irgendwelche Angaben, die geographische Aufschlüsse geben könnten, haben die Tontäfelchen bis jetzt nicht erbracht. Wir bleiben also auf Vermutungen angewiesen. Irgendwo am unteren Persischen Golf dürfte Makan jedoch gelegen haben. Dafür spricht, daß in sehr früher Zeit sumerische Schiffe das Kupfer nicht von Dilmun, sondern von Makan direkt brachten, sie aber klein und gebrechlich waren, also eine Seereise bis etwa nach Äthiopien, wo man Makan auch schon vermutet hat, kaum durchstehen konnten – abgesehen davon, daß bei der dann notwendigen Umseglung der südarabischen Küste wohl auch Weihrauch als Handelsware erwähnt worden wäre. Das ist aber nicht der Fall.

Manches deutet darauf hin, daß im dritten vorchristlichen Jahrtausend in Oman eine eigene Zivilisation existierte und Kupferbergwerke in den Bergen am Rande der großen Wüste betrieben wurden, die der Flugsand später ebenso verschüttete wie die von ihren Bewohnern verlassenen Städte und Siedlungen.

Das geheimnisvolle Gerrha kann im Innern der arabischen Halbinsel gelegen haben, aber das ist eine durch nichts erhärtete Vermutung.

Bei Meluhha wird mit einiger Wahrscheinlichkeit an das Industal gedacht. Es ist allerdings möglich, daß darunter nicht eine Stadt, sondern das ganze Gebiet zu verstehen ist. War vielleicht »Mleccha« der Name, den die frühen Indusvölker, von denen im dritten Jahrtausend die Zivilisationen von Harappa und Mohenjo-Daro geschaffen wurden, sich und ihrem Lande gaben?

Immerhin gebrauchten ja die auf ihren von Pferden gezogenen Wagen aus dem Norden gekommenen, Sanskrit sprechenden Arier das nicht-sanskritische Lehnswort »Mleccha« als Bezeichnung für Völker, die andere Götter verehrten und keine Arier waren. Abgesehen davon fand man in Mesopotamien bei Ausgrabungen frühindische Siegel, Vasen und Schmuckstücke, Reste von elfenbeinfarbenen Vögeln, von Tischen und Stühlen mit Intarsien. Sie sprechen eine beredte Sprache: Es gab regelmäßige Handelsbeziehungen zwischen dem Zweistromland und dem Industal. Eine ganz erstaunliche Sache, wenn man sich die Kleinheit und die Primitivität der Fahrzeuge vorstellt, die diesen weiten Weg wahrscheinlich die Küsten entlang zurücklegten.

Diese Handelsbeziehungen brachen irgendwann im 16. Jahrhundert v. Chr. mit der Zerstörung Harappas und Mohenjo-Daros durch die Arier ab. Welche Gründe für den Niedergang des Kupferhandels maßgeblich waren, ist unbekannt. Gegen die Mitte des 18. Jahrhunderts v. Chr. eroberte und plünderte Hammurabi Dilmun, dessen Wohlstand schon der Erinnerung angehörte. Aus dem internationalen Handelsplatz war eine Verladestelle für Datteln geworden, die wegen ihrer besonderen Qualität in Mesopotamien sehr gefragt waren. Den Todesstoß gaben wahrscheinlich die Kassiten. Erst unter den assyrischen Königen wird Dilmun wieder erwähnt. Aber das war sehr, sehr viel später. Zum letzten Mal wird Dilmun in einem Dokument der Staatsverwaltung des Königs Nabonidus, richtiger

Nabu-naid (»Der Gott Nabu hat ihn erhoben«), von Babylon genannt; das Tontäfelchen datiert aus dem elften Regierungsjahr des Königs, demnach aus dem Jahre 544 v. Chr., also nur fünf Jahre vor der Eroberung Babylons durch die Perser unter Cyrus. In ihm wird von einem »Gouverneur von Dilmun« gesprochen. Dann ist für lange Zeit nicht mehr von der Insel die Rede.

Handelswege im Norden

Um die Wende des dritten zum zweiten und im frühen zweiten Jahrtausend war Harran, rund tausend Kilometer nordwestlich von Ur, der andere große Umschlagplatz des südmesopotamischen Handelsreiches. Harran war eine alte Handelsstadt, die Karawanenstraße zwischen ihr und Ur ein uralter Handelsweg. Ebenso alt waren die Geschäftsbeziehungen zwischen den beiden Städten. Hier wie dort wurde der Mondgott Sin verehrt, und schon in der Zeit der Tempelwirtschaft betrieben die Priester der beiden Tempel des Gottes einen stetigen umfangreichen Warenaustausch, dessen Ergebnisse, nach den Tontäfelchen zu urteilen, beide Geschäftspartner zufriedenstellten.

Wie Dilmun für das Kupfer aus Makan war Harran Umschlagplatz für das Silber und andere Metalle aus dem Taurus. Es gilt als sicher, daß der Handel mit Harran in den ersten zwei Jahrhunderten des zweiten Jahrtausends fast ausschließlich in amoritischen Händen lag, denn die Amoriter beherrschten die Straßen durch das Flußtal des Euphrat. Die Reise von Ur über Mari am großen Euphratknie, Raqqah und dann am kleinen Balikhfluß entlang nach Harran nahm ungefähr zwei Monate in Anspruch – wenn alles gutging. Die großen politischen Umwälzungen in Ur scheinen den Handelsverkehr nie gestört zu haben. Harran wurde noch dadurch aufgewertet, daß dort die vom Tigris kommenden Handelsstraßen ausliefen, auf denen das kleine assyrische Königreich Assur eigene Handelsbeziehungen mit Innerkleinasien unterhielt, das mit Harran durch eine Straße verbunden war.

An den Westen war Harran durch eine Handelsstraße angeschlossen, die mit Hilfe einer seiner seltenen Furten den Euphrat bei Karkemisch überquerte, Halab (Aleppo) berührte und im Tal des Orontes auslief, von dem aus Anschlußstrecken über die Pässe nach Damaskus und zum Mittelmeer führten. Auf dieser Straße brachten die Eselkarawanen Essenzen, Zedernholz und Wein aus den amoritischen Kleinkönigtümern Iamhad, Karkemisch und Qatna nach Harran. Ob die Waren auf denselben Tieren nach

Ur gebracht, ob sie umgeladen wurden oder auf der Warenbörse Harran den Besitzer wechselten, wissen wir nicht. Schriftliche Aussagen darüber fehlen.

Durch Harran kam im 19. Jahrhundert v. Chr. auf seiner Wanderung von Ur nach Hebron Abraham mit seiner Sippe und seiner Herde. Von seiner Ankunft hat wohl kaum jemand in der geschäftigen Stadt Notiz genommen, denn um diese Zeit wanderten Familien, Sippen und ganze Stämme ständig von einer Seite der syrischen Wüste auf die andere, und der leichteste Weg war sicher der Umweg über Harran.

Eine ungewöhnliche Karriere

Während der kriegerischen Auseinandersetzungen, in denen auch der Stern Urs verblaßte, wanderten neue Scharen von Amoritern in das Gebiet am mittleren Euphrat ein. Ihre Häuptlinge machten sich in einer Reihe von Städten zu Königen. Einer von ihnen suchte sich dafür im Jahre 1894 v. Chr. eine kleine Stadt auf der linken Uferseite des Euphrat. Unter der dritten Dynastie von Ur war sie von einem Gouverneur verwaltet worden, hatte jedoch in sumerischer Zeit nie eine besondere Rolle gespielt. Sie hieß auf Sumerisch »Ka.Dingur.Ra«, auf Akkadisch (also Semitisch) »Babilim« oder auch »Bab-ilani«, was »Tor Gottes« oder »Tor der Götter« bedeutet; in der Bibel heißt sie »Babel«, und wir nennen sie nach den Griechen »Babylon«.

Dieser Häuptling, ein gewisser Sumu-Abum, hatte in den Jahren zuvor eine Reihe von Dörfern und kleinen Städten in eine Art Bundesgenossenschaft zusammengeschlossen. Seine Nachfolger erweiterten nach und nach den Bereich ihres Einflusses mit viel Geduld und Umsicht, notfalls allerdings auch mit Gewalt. Siebzig Jahre brauchten sie dafür. Trotzdem hinterließ Sin-Muballit, der Vater Hammurabis, seinem Sohn nur ein recht bescheidenes Königreich, dessen Nachbarn weit größer und auch stärker waren. Aus den nomadischen Stammesverbänden waren ehrgeizige kleine Staaten geworden, die untereinander fast ständig in Fehde lagen und einander argwöhnisch belauerten. Geduldig wartete Hammurabi ab. Dann entschloß er sich zu einer schrittweisen Politik und griff ein Königreich nach dem anderen an, zunächst die in der Ebene, dann Elam im Südosten, später Assyrien im Norden und schließlich auch seinen alten Freund und Bundesgenossen Zimri-Lim, den amoritischen König von Mari am oberen Euphrat, das er völlig verwüstete.

Das Zweistromland wurde zu einem Staat unter babylonischer Herrschaft. Wo seine Grenzen wirklich lagen, ist heute schwer auszumachen.

Der Herrscher von Babylon nannte sich jedoch stolz »mächtiger König, König von Babylon, von Sumer und Akkad, König der vier Erdteile«. Er war geschickt genug, die unterlegenen Könige nicht, wie es damals Brauch war, umzubringen und ihre Sippe auszurotten, sondern machte sie zu seinen Vasallen, deren Rang äußerlich nicht angetastet wurde. Mit Hammurabi wurde die semitische Vorherrschaft im Zweistromland endgültig.

Dieser Mann war ein ungemein geschickter Organisator, vielleicht der früheste seiner Art. Er kümmerte sich um seine Armee ebenso wie um die Staatsverwaltung, um die Rechtsprechung wie um die Religion; kein Bereich des öffentlichen Lebens wurde vernachlässigt. Oberstes Gebot waren die Erhaltung und der Schutz des Staates.

Hammurabi führte, und das war etwas Neues, eine Art allgemeiner Wehrpflicht ein. War die Ernte vorbei, wurde jedermann zu militärischer Ausbildung gerufen. Waffen zu tragen, wurde zu einem Zeichen des Ranges, der Zugehörigkeit zu einer gesellschaftlichen Klasse, ein Vorrecht aller, die Land, ein Geschäft oder einen Betrieb besaßen, eine Stellung im öffentlichen oder im privaten Bereich bekleideten oder sich durch Bildung auszeichneten; sie allein hatten das Recht, sich »Männer« zu nennen. Die Hilfsarbeiten in einer Armee, wie das Tragen von Lasten und Vorräten, das Kochen und das Aufschlagen von Zelten wurden von denen besorgt, die nichts besaßen. Die neue Waffe war eine Infantrie.

Weil auf die Vasallenkönige wenig Verlaß war, gab ihnen Hammurabi Aufseher seines Vertrauens an die Seite, »Berater« würden wir heute sagen, die diskret aber bestimmt anregten, was getan werden sollte und was nicht und dazu regelmäßig nach Babylon berichteten, was sie hörten und sahen. Über sie wachte ein Heer von herumreisenden Inspektoren, deren Identität geheimgehalten wurde. Es handelte sich also um einen zentralistisch ausgerichteten Staat, nicht ganz unähnlich einem Polizeistaat von heute.

Mit den vielen Stadtgöttern fertigzuwerden, war schon schwerer. Der kluge Hammurabi benutzte dafür eine List: Er griff die Priesterschaften an ihrem schwächsten Punkt – dem Geld – an und erließ den Befehl, von nun an alle Tempelrechnungen zu einer genauen Überprüfung nach Babylon zu schicken. Aber das war nur der Anfang. Der König wußte sehr wohl, daß Religion und Königtum in Akkad und Sumer sehr eng miteinander verknüpft waren und er deshalb einen Weg finden mußte, um seiner Dynastie in den Augen der Priester und des Volkes zur Rechtsgültigkeit zu verhelfen. Seine Lösung des Problems war bestechend einfach: Er stellte Marduk, den babylonischen Gott, bis dahin eine Gottheit ohne sonderliche Bedeutung, an die Spitze der Götterfamilie mit der geschickten Erklärung, die Rangerhöhung Marduks sei von den großen Göttern Anu und Enlil angeordnet

Zikkurat des Mondgottes Nanna, Ur

Berg- und Wassergottheit aus dem Tempel der Inanna, Uruk, 15. Jh. v. Chr.

*Eingang zu einem
Königsgrab, Ur*

*Harfe aus einem
Königsgrab
(Detail), Ur,
um 2500 v. Chr.*

*Geometrische
Zeichnung und
mathematischer
Text zu einem „eu-
klidischen Axiom".
Altbabylonisches
Tontäfelchen aus
Tell Harmal, nach
1830 v. Chr.*

*Vertrag aus Uga-
rit, in alphabeti-
scher Keilschrift*

Löwe von Babylon, spätbabylonisch, 7. Jh. v. Chr.

worden. Ihm aber hätten dieselben großen Götter befohlen, sich um die Wohlfahrt des Volkes zu kümmern.

Die Priester gehorchten natürlich den königlichen Anweisungen und schrieben die Herkunft der Götter und ihre Rangordnung um, ohne allerdings die alten Glaubensgewohnheiten wirklich zu ändern. Marduk war nun ein ganz großer Gott, und alle Menschen hielten es für angezeigt, sich tief und ehrfürchtig vor ihm zu verneigen, ihm zu Ehren wurden überall Tempel gebaut und große Feste gefeiert.

Hammurabi ist in die Geschichte als einer der großen Gesetzgeber eingegangen. Nun war er wirklich der erste seit Ur-Nammu, dem König von Ur, dessen Zeit allerdings schon ein paar hundert Jahre zurücklag, der Gesetze in einer Sammlung zusammenfaßte. Um ein neues Gesetzbuch im eigentlichen Sinne des Wortes handelt es sich jedoch kaum. Man kann schlecht von einer gesetzgeberischen Reform sprechen, denn bei den Völkern des Zweistromlandes galt das überlieferte Gewohnheitsrecht, das von Zeit zu Zeit den täglichen Erfordernissen angepaßt wurde. Erst ziemlich spät ließ Hammurabi jene schwarzen Säulen überall im Lande aufstellen, auf denen in langen Keilschriftreihen viele Gesetze eingemeißelt waren. Die Säule von Sippar, die heute im Pariser Louvre steht, enthält mehr als zweihundertachtzig Gesetze. In ihnen ist die Rede von Vorgängen aller Art, von Wirtschaft, Familie, Berufsverantwortung, Löhnen und Gehältern, Sklaven und Landwirtschaft. Und schließlich werden die Strafen des Himmels auf den herabgerufen, der den Text beschädigt oder abändert.

Die in den Gesetzen angedrohten Strafen sind für unsere Begriffe ungemein hart. Allerdings fielen sie je nach der Stellung des Übeltäters recht unterschiedlich aus. In vielen Fällen galt das Gesetz des »Auge um Auge, Zahn um Zahn«. So wurde einem Arzt nach einer mißlungenen Operation, die den Tod eines freien Mannes zur Folge hatte, die rechte Hand abgeschlagen; kam aber bei dem Zusammensturz eines schlecht gebauten Hauses nur der Sklave des Eigentümers um, war der Baumeister lediglich verpflichtet, den toten Sklaven durch einen anderen zu ersetzen. Das Familienrecht entspricht indessen weitgehend unseren Auffassungen.

Bemerkenswert bleiben die Ausführlichkeit, die Genauigkeit und eine seltene Eleganz der Sprache. Einzigartig war, daß Hammurabis Gesetz im gesamten Reich galt. Niemand wagte, sich aufzulehnen oder den Gesetzen zuwiderzuhandeln. Sumer bestand nicht mehr. Wie auf der Erde war es im Himmel: »akîtu«, das Fest des babylonischen Marduk, wurde zur größten religiösen Zeremonie des Jahres; die sumerischen Götter hatten ihre Macht an Marduk, den Gott von Babylon, abgetreten wie die sumerischen Stadtkönige zugunsten des Königs von Babylon abgedankt hatten.

Die Verlegung der Staatsmacht und mit ihr des Wohlstandes aus dem Süden nach der neuen Hauptstadt Babylon am mittleren Euphrat, mit der ein starker Rückgang des Seehandels mit dem Persischen Golf einherging, muß sich auf die Geschäfte der Fernkaufleute in Ur sehr nachteilig ausgewirkt haben.

Es kam überhaupt zu Entwicklungen, mit denen Hammurabi nicht gerechnet und die er sicher auch nicht gewünscht hatte. So wurde durch die neue Gesetzgebung der Gläubiger mehr als bisher gegenüber dem Schuldner begünstigt; dem Geldgeber wurden Vorteile gegenüber seinem arbeitenden Geschäftspartner eingeräumt. Bei dem säumigen Schuldner blieb es nicht bei der Verpfändung von Hab und Gut; schlimmstenfalls mußte er seine Frau, seine Kinder und notfalls auch sich selbst in die Sklaverei verkaufen lassen, wenn sein Gläubiger es forderte. Der freie Handwerker wurde abhängig von dem Großhändler, der ihm die notwendigen Rohstoffe verschaffte und für den Absatz seiner Erzeugnisse sorgte, der ihm Kredite hier und Vorschüsse da gab. Wer Gerste, das Grundnahrungsmittel, lieh, mußte bis zu 35 Prozent, wer Geld lieh, bis zu 25 Prozent Zinsen bezahlen. Die Preise stiegen steil an. Eine frühe Preisinflation? Zweifellos. Hammurabi ließ zwar Höchstpreise festsetzen. Aber schnell wurden Wege gefunden, sie zu umgehen.

Regierungszeit und Tod Hammurabis sind noch immer Gegenstand harter wissenschaftlicher Auseinandersetzungen. Grundsätzlich gilt, daß Hammurabi nach der Entzifferung der Tontäfelchen von Mari um ein paar Jahrhunderte »jünger« geworden ist. Über die genauen Daten herrscht jedoch noch keine Einigung. Der amerikanische Forscher Albright schlägt 1728–1686, der Ausgräber Maris, André Parrot, 1792–1750 v. Chr. vor. Parrots Datierung hat viel für sich, denn sie ist auf der Grundlage von Vorkommnissen erarbeitet, für die Zeitbestimmungen aus anderen Quellen vorliegen. Als endgültig kann aber auch sie noch nicht angesehen werden. Ihr wird jedoch nach langen Überlegungen hier der Vorzug gegeben.

Mit Hammurabi ging die kurze Zeitspanne des Friedens und der Stabilität ziemlich rasch zu Ende.

Der große König ist tot

Es begann damit, daß die eingewanderten Hethiter ihre Herrschaft in Kleinasien über die einheimische Bevölkerung ausbauten, in Nordsyrien und Nordmesopotamien die Hurriter friedlich einwanderten und hinter dem Zagrosgebirge die Kassiten sich zu einem Kriegsvolk entwickelten. Noch stellten sie keine Gefahr für das hinterlassene Reich dar. Das änderte sich jedoch schnell; Risse taten sich auf, Schwächen wurden sichtbar. Unzufriedenheit griff in den früher blühenden, jetzt vernachlässigten Städten Südmesopotamiens um sich, Aufruhr breitete sich aus, und die starke Hand fehlte, um sie niederzuhalten. Schnell fiel das Reich auseinander. Als hundertfünfzig Jahre nach Hammurabis Tod die Hethiter unter ihrem Großkönig Mursilis Babylon eroberten, plünderten und in Brand steckten, den König erschlugen und die Bevölkerung auf die Sklavenmärkte Kleinasiens trieben, war die Stadt schon längst bedeutungslos geworden. Ein wenig Glanz gaben ihr die Kassiten zurück, die von den Zagrosbergen herunterstiegen, sich auf den freigewordenen Thron setzten und mehr als vierhundert Jahre blieben. Sie brachten das Zugpferd und den schnellen zweirädrigen Kampfwagen mit, der die Kriegführung auf den Kopf stellte, änderten den Kalender und stellten Grenzsteine, die »Kudurru« auf – in Wirklichkeit künstlerisch gearbeitete und ungemein aufschlußreiche steinerne Zeugnisse königlicher Landschenkungen, die in Tempeln aufbewahrt wurden, während Nachbildungen dazu dienten, das Land abzugrenzen. Im Norden schob sich zwischen die Hethiter und die Kassiten das hurritische Königreich Mitanni, das vom Zagros bis zum Mittelmeer reichte. In den großen Kämpfen zwischen Hethitern, Ägyptern und Mitanni spielten die Kassiten kaum eine Rolle; sie sahen zu.

Die große Euphratstraße blieb offen; nur der letzte Abschnitt, der kleinasiatische, war versperrt; Mitanni begnügte sich mit Zöllen und Wegegebühren. Die Hethiter wollten von fremden Kaufleuten nichts wissen; sie betrieben den Handel im Norden selbst. Wer das Mittelmeer erreichen wollte, mußte von dem großen Euphratbogen aus den beschwerlichen und gefährlichen Weg durch die syrische Wüste nehmen. Allerdings verstanden es die erfinderischen mesopotamischen Fernkaufleute immer wieder, das Geschäft in Gang zu halten, sei es mit Hilfe der Kreter, die zu den syrischen Häfen kamen, sei es durch einen direkten Kontakt zu den Bergbewohnern, die Erze in anstehenden Schichten und sogar in Stollen abbauten, vor den Schmelzöfen standen und die Barren für die Zeit aufstapelten, in der die fremden Kaufleute aus der Ebene zu kommen pflegten.

Die Fernhändler taten, wie uns bekannt ist, noch mehr: Sie beobachteten
sehr genau Angebot und Nachfrage, machten sich die Nachfrage nach neu-
en Erzeugnissen zunutze und verstanden es, das Interesse an Waren zu
wecken, die sie zum erstenmal aus fremden Ländern heimbrachten. Markt-
forschung war ihnen also durchaus nicht fremd.

Die sonderbaren Geschäfte einer reichen Familie

Aufschluß über Geschäfte, Bräuche, rechtliche Bestimmungen und Lebensart im Zweistromland etwa um die Mitte des 15. Jahrhunderts v. Chr., als
Hammurabis Reich schon längst nur noch in schwacher Erinnerung war,
geben die vielen Tontäfelchen des Archivs einer Familie Tehiptilla, die in
Nuzu im mittleren Mesopotamien lebte. Amerikanische Archäologen entdeckten das Archiv während ihrer Ausgrabungen in den späten zwanziger
und den frühen dreißiger Jahren. Dieses Nuzu – nicht Nuzi, wie gerne
fälschlich gesagt wird, denn Nuzi ist der Genitiv von Nuzu – lag unter dem
Erdhügel Yorgan Tepe unweit der heutigen Erdölstadt Kirkuk. Es hat sich
als die alte Stadt Gasur herausgestellt, die um die Wende des 18. und des
17. Jahrhunderts von den Hurritern besetzt wurde. Diese änderten den Namen in Nuzu, nahmen die Sprache und die Lebensart der semitischen Einwohner an und machten aus der Stadt ein blühendes Gemeinwesen, in dem
die alten frühsemitischen und assyrischen Bindungen und Bräuche stets lebendig blieben.

Unter den Geschäftsberichten wurde eine in Ton geritzte Karte, vielleicht die Angabe über die Lage eines Gutes, gefunden – mit die älteste je
entdeckte Karte. Andere Täfelchen sagen eindeutig aus, daß schon damals
nach einem genau festgelegten Zahlungsplan auf Raten gekauft und verkauft wurde und die Geschäfte dieser doch recht kleinen Stadt weit über
das Zweistromland hinausreichten.

Die Tehiptillas müssen sehr reiche Leute gewesen sein. Es sieht so aus,
als hätte der Gründer dieses großen Bank- und Handelshauses ein ihm zu-
gefallenes Erbe von städtischem und ländlichem Grundbesitz spekulativ
und ziemlich rücksichtslos dazu benutzt, um daraus ein großes Latifun-
dium zu machen. Er war offenbar ein Unternehmer, dem alle jene Mittel
recht waren, die wir heute der frühkapitalistischen Zeit zurechnen.

Nun darf das nicht so ausgelegt werden, als hätte er sich dabei über die
damals gültigen Gesetze hinweggesetzt. Nein, er legte sie nur zu seinem
Vorteil aus, und moralische Skrupel kannte er offenbar nicht; er war, wie
es nach den Tontäfelchen aussieht, ein »geschickter Mann«. Seine Söhne

und Enkel waren offensichtlich seine gelehrigen Schüler, konnten aber einen Rückgang nicht aufhalten, als feindliche Eindringlinge aus dem Norden immer öfter Vieh und Herden wegtrieben, die Stadt brandschatzten und schließlich ihrer Unabhängigkeit ein Ende machten. Einfluß, Reichtum und Macht wurden von Einfall zu Einfall kleiner, bis schließlich nach einem großen Angriff alles zusammenbrach und die Stadt in Flammen aufging. Wer die Angreifer waren, wissen wir nicht; kein Tontäfelchen sagt darüber etwas aus.

Wie es bis dahin in Nuzu zuging, erzählen die Täfelchen. Grundbesitz galt offenbar schon damals als eine sichere und gute Kapitalanlage. Ihn ständig zu vergrößern, betrachteten die Tehiptillas, wie wohl auch andere reiche Leute in Nuzu, deshalb als wichtige Aufgabe. Allerdings mußten sie dabei einen Umweg einschlagen, denn ein kluges Gesetz verbot den Bauern, ihr Land zu veräußern – vermutlich, um den Anbau und damit den Lebensunterhalt und die Steuerzahlungen dieser Bauern zu sichern. Doch die Tehiptillas und ihresgleichen halfen sich in geschickter Weise.

Seit frühester Zeit war es in Babylonien und auch in Assyrien üblich, durch Adoption die Sorge für das Alter loszuwerden. Wurde einem kinderlosen alten Ehepaar die Feldarbeit zu schwer, nahm es einen jungen Mann an Kindes statt an und überließ ihm seinen Besitz mit der Verpflichtung, es mit allem Nötigen bis zum Ende des Lebens zu versorgen. Wir würden von einer Leibrente sprechen. Wie heute, hing auch damals ihre Höhe von dem Wert des Besitzes ab. Hielt sich der Adoptivsohn an die übernommenen Verpflichtungen, fiel ihm nach dem Tode der »Adoptiveltern« der Besitz uneingeschränkt zu.

Was taten die Tehiptillas und ihresgleichen? Sie machten sich den alten Brauch, mit dem sich das Verbot des Landverkaufes so geschickt und risikolos umgehen ließ, zunutze und ließen sich von armen alten Bauern adoptieren, um am Ende in den Besitz eines Teiles der Erbschaft der leiblichen Kinder zu kommen oder – viel besser noch – sich alles aneignen zu können. Lieber war es diesen geschäftstüchtigen »Adoptivsöhnen« noch, wenn die »Adoptiveltern« eine Abfindung der Leibrente vorzogen, die verschämt als »Geschenk« in dem Vertrag vermerkt wurde.

Das System scheint gut funktioniert zu haben. Nach der Zahl der Täfelchen zu urteilen, auf denen diese Adoptionen festgeschrieben wurden, müssen zwei oder drei Tehiptillas die Adoptivsöhne von Hunderten von armen Bauern gewesen sein.

Natürlich ging es nicht immer ganz glatt. Es kam auch zu Streit, Zerwürfnissen und sogar gerichtlichen Auseinandersetzungen. Hier und da glaubte der »Sohn«, sich über die festgesetzten Abmachungen hinwegsetzen zu können. Es gibt da Gerichtstäfelchen, die Einblicke in eine Mentalität vermitteln, die rundum abstößt.

Das Verfahren wurde, wie es den Anschein hat, in ziemlich großem Stil betrieben; auf mehr als einem Täfelchen wird derselbe Tehiptilla gleichzeitig von fünf oder auch sechs armen Bauern adoptiert. Sie blieben auf ihren Feldern, die sie fortan für ihr »Kind« bearbeiteten. Jeden Anspruch auf das Besitzrecht gaben die armen Leute natürlich auf. Daraus entwickelte sich zwangsläufig nach und nach ein richtiges System der Leibeigenschaft mit genau den Ergebnissen, die das Gesetz verhindern wollte. Rückgängig zu machen war die Adoption nicht; der Besitzstand war für den »Adoptivsohn« sicher. Das erklärt auch die große Beliebtheit dieses arglistigen und doch rechtlich geschützten Vorgehens bei der Erweiterung des eigenen Grundvermögens durch reiche Leute wie die Tehiptillas, die Bankiers, Fernkaufleute und Großgrundbesitzer zugleich waren.

Manche Bauern scheinen das Spiel durchschaut zu haben und zogen es vor, sich gegen die Verpfändung ihrer Felder Geld bis zur nächsten Ernte zu leihen. Dabei handelte es sich allerdings nicht etwa um eine Hypothek in unserem Sinne. Das Geschäft ging ganz anders vor sich: Gegen das Geld übereignete der Bauer seinem Gläubiger das Land mit dem Recht, es nach einer vereinbarten Frist wiedereinlösen zu können. Zinsen wurden nicht bezahlt; dafür mußte der Bauer während der Frist das Land bebauen und einen bestimmten Teil der Ernte an den Geldverleiher abführen. Konnte er nicht zahlen, blieben als Ausweg ein neues höheres Darlehen oder der Tausch gegen ein schlechteres Stück Land oder eine Hütte gegen ein ordentliches Haus.

Kam Krankheit, blieb die Ernte aus und war schon nichts mehr zu verpfänden, gab man die Kinder oder sich selbst her oder verkaufte die Tochter dem Geldgeber, der sie verheiraten konnte, an wen er wollte. Die Täfelchen besagen es eindeutig: Der Gläubiger konnte die Frau für sich selbst nehmen, sie einem seiner Söhne oder auch einem seiner Sklaven geben. Starb der erste Mann, konnte sie einem zweiten, einem dritten und auch einem fünften gegeben werden. Sie durfte das Haus ihres Besitzers nie verlassen. So war das Gesetz, und der Wortlaut solcher Verträge hielt sich genau daran. Obwohl der Kaufpreis dann niedriger war, bestimmten allerdings manche Leute, daß die Tochter nie einem Sklaven gegeben werden durfte, denn die Frau eines Sklaven wurde ebenso Sklave wie ihre ganze Nachkommenschaft.

Es wäre falsch daraus etwa zu folgern, die Stellung einer Frau sei niedrig gewesen. In Wirklichkeit besaß sie dieselben bürgerlichen Rechte wie der Mann. Sie war unbeschränkt geschäftsfähig; ihre Verträge galten; ihre Unterschrift war in jeder Hinsicht rechtsverbindlich. Die Frau eines Tehiptilla scheint die »adoptierte Tochter« einer ganzen Reihe von Bauern gewesen zu sein und das Adoptionsgeschäft für eigene Rechnung in großem Stile betrieben zu haben. Mit einem Strich ihres Schreibgriffels erwarb sie zehn und mehr Adoptivväter.

Ihre Rechte ließen die Frauen im Ehekontrakt festlegen. So ist zu lesen, daß dem Ehemann im Falle der Kinderlosigkeit das Recht verweigert wird, eine zweite Frau zu nehmen; er muß sich mit der Magd seiner Frau begnügen und deren Kinder annehmen, oder die Kinder einer Sklavin als die Kinder seiner gesetzlichen Ehefrau aufziehen. Wie ein spannender Gesellschaftsroman lesen sich diese Täfelchen aus dem Familienarchiv der Tehiptillas, und die Geschäftsbücher und Korrespondenzen, die Akkreditive, die Rechnungen und Warenbestandsaufnahmen, die Bilanzen erzählen Tontäfelchen um Tontäfelchen die Geschichte eines Bank- und Handelshauses mit seinen Höhen und Tiefen vor weit mehr als dreitausend Jahren.

Änderungen, Neuerungen, Verbesserungen

Im Jahre 1174 v. Chr. wurde Babylon von den Elamitern erobert. Noch drei Jahre wehrte sich der kassitische Fürst. Dann war alles endgültig vorbei, und die Babylonier mußten die schlimmste Demütigung hinnehmen: die Statue des Gottes Marduk wurde als Beute nach Susa gebracht. Um die Zeit bestand das hethitische Reich schon nicht mehr, hatten die Philister sich endgültig in Kanaan festgesetzt, führte Moses die Juden in das »verheißene Land«, bedrohten die Aramäer Syrien und Assyrien und brachten die Indo-Europäer das Eisen nach Westasien wie ihre Vorväter das Pferd gebracht hatten. Damit ging, wie im übrigen Vorderasien, auch in dem Zweistromland das Bronzezeitalter zu Ende. Es folgte eine chaotische Zeit, aus der uns Mitteilungen fast gänzlich fehlen. Babylonien kam zeitweise unter assyrische Herrschaft; die Aramäer und die Chaldäer gerieten in Bewegung.

Der Handel kam ohne größeren Schaden davon. Mit der Verbesserung der Transportmittel verringerte sich die Reisezeit der Karawanen. Der zweirädrige, von Pferden gezogene Wagen war zum »Automobil« dessen geworden, der sich den neuen Luxus leisten konnte: große Herren, reiche Kaufleute, hohe Beamte in einer besonderen Mission. Brauchte eine Karawane für die Reise vom Euphrat bis nach Qatna in Syrien um das Jahr 1800 noch mehr als zehn Tage, schaffte sie es jetzt in knapp acht und wenn das Wetter es wollte und keine Wegelagerer in die Quere kamen, auch in sieben Tagen.

Die Reichweite des Geschäftes war größer geworden. In den phönizischen Küstenstädten trafen sich Fernkaufleute und ihre Agenten, Schiffer, Makler und Transportunternehmer aus Kreta, Zypern und Ägypten, aus Syrien, Assyrien und Babylonien. Sie kauften und verkauften, gaben Bestellungen auf und nahmen Bestellungen entgegen, sahen sich nach neuen Artikeln um, auch nach neuen Erfindungen, und wurden so mit dem neuen Metall bekanntgemacht, dem Eisen, das der nächsten Kultur den Namen geben sollte.

Unterdessen hatten die Schreiber, die Angestellten und die Buchhalter der Handelsfirmen in Babylonien das Rechnen vereinfacht und ein System ausfindig gemacht, das es ihnen ermöglichte, mit mehr oder weniger Genauigkeit ihre Buchhaltungsprobleme zu lösen. Unvollkommen blieb es allerdings noch immer, denn dem Rechensystem fehlte der Nullwert, auf den man erst im späten ersten Jahrtausend kam. Seine Grundlage, die Zahl 60, läßt sich durch eine ganze Reihe von Faktoren dividieren; aber wenn 1/7 oder 1/11 zur Erörterung standen, wurde es schwieriger. Die Buchhalter schafften es trotzdem und kamen zu überraschend genauen Ergebnissen.

Um genau dieselbe Zeit wurde die Schrift vereinfacht. Die – man kann schon sagen – »internationalen« Kaufleute jener Zeit waren die ersten, die diese Neuerung begriffen, guthießen und aus ihr Nutzen zogen. Sie verbreiteten das neue System sicher nicht aus humanitären Gründen, sondern ganz einfach aus Zweckmäßigkeit. Das änderte jedoch nichts an dem Ergebnis.

Ein neues »Wundermetall«

Die Kaufleute begriffen auch schnell die Vorteile, die das neue »Wundermetall« Eisen bot. Gewiß waren auch dafür die Aussichten auf Geschäft und Gewinn entscheidend. Doch weshalb sollte der Gewinn nicht ein Antrieb für die Verbreitung von etwas sein, das geeignet war, die menschliche Arbeit zu erleichtern?

Kupfer und Zinn, aus denen Bronze hergestellt wurde, waren immer teuer geblieben. Es gab nicht allzuviel Fundstätten, und sie lagen dazu noch in schwer zugänglichen Berggebieten. Eisenerz gab es dafür fast überall in unbeschränkten Mengen. Seine Nutzung stieß jedoch auf Schwierigkeiten, solange der Blasebalg unbekannt war, ohne den die für die Schmelze notwendige hohe Hitze sich nicht erreichen ließ. Was herauskam, konnte nur mit dem Hammer mühsam bearbeitet und nicht, wie die Bronze, auch gegossen werden. Wie die Eisenerzeugung anfing, wissen wir nicht. Die ersten, die eine zwar halbwegs stetige, aber doch eng begrenzte Eisenversorgung kannten, waren wahrscheinlich die Hethiter.

Es gibt einen Brief von einem hethitischen Großkönig an einen ägyptischen Pharao, in dem sich der Hethiter entschuldigt, ihm die erbetenen Eisenschwerter im Augenblick nicht schicken zu können, weil gutes Eisen fehle. Ob die Hethiter selbst Eisen erzeugten, ist unbekannt; vielleicht erhielten sie es aus dem benachbarten Armenien, wo irgendein Bergstamm anscheinend hinter eine praktische Art der Gewinnung von Eisen und seiner Verarbeitung gekommen war. Ein wirklicher Beweis für diese Theorie fehlt jedoch.

In jedem Fall muß die Verbreitung dieser Kenntnis sehr viel Zeit in Anspruch genommen haben. Die lange Erfahrung aus dem Umgang mit dem Kupfer half nicht weiter. Der Handwerker mußte ja nicht nur lernen, das aus dem Ofen kommende, noch rotglühende Metall zu schmieden, sondern auch zu verschweißen. Um 1500 v. Chr. mögen die ersten Waffen aus Eisen aufgekommen sein. Es dauerte aber noch fast fünfhundert Jahre, bis das neue Metall wirklich bekannt war: Um das Jahr 1000 gab es zweifellos schon weit mehr eiserne Werkzeuge als eiserne Waffen. Eine Zeitlang glückte es den Herrschern von Mitanni, die ihre Eisenarbeiter in staatlichen Werkstätten als militärisches Personal beschäftigten, das Geheimnis der Erzeugung und Verarbeitung zu hüten und den Verkauf von Eisenwaren zu monopolisieren. Aber nicht für lange. Die Verbreitung verhinderten sie nicht.

Mit ihr stürzten die Preise für Kupfer. Erhielt man zur Zeit Hammurabis für einen Schekel Silber nur etwa 120 Schekel Kupfer, war der Preis im elften Jahrhundert schon auf 180 Schekel gefallen. Um diese Zeit wurden 225 Schekel Eisen gegen einen Schekel Silber gehandelt, den man fünfhundert Jahre früher noch für knapp 40 Schekel Eisen aufbringen mußte. Wahrscheinlich haben die großen Kupferhandelshäuser riesige Verluste erlitten, wenn sie sich nicht schnell genug auf den Eisenhandel umstellten, der allem Anschein nach allerdings wenig lohnend war, weil sich Betriebe überall auftaten und die Verarbeitung des Metalls an Ort und Stelle den Handwerker von einer kostspieligen Versorgung mit dem notwendigen Rohstoff unabhängig machte.

Den Ausschlag gaben indessen die billigen neuen Werkzeuge: Jeder Bauer konnte sich einen Eisenhammer, eine Eisenaxt, eine eiserne Pflugschar leisten, die dazu noch eine viel längere Haltbarkeit hatten als die teuren Werkzeuge und Haushaltsgüter aus Bronze. Mit eisernen Waffen konnte

man erfolgreich gegen Armeen kämpfen, deren Bronzewaffen sie einmal
fast unbesiegbar gemacht hatten. Und das war erst der Anfang.

Eine einschneidende Änderung

Um diese Zeit, etwa im elften und zehnten Jahrhundert, nahm die Einwanderung der aus den Steppen und Wüsten kommenden Aramäer – von Ara-
mu, Arimi – derart zu, daß man Mesopotamien den Namen »Aram der
Flüsse« gab. Die Nomaden paßten sich willig den Landessitten an und
wurden schnell in der neuen Umgebung heimisch. Mehr noch: sie brachten
es fertig, dem ganzen Vorderen Orient ihre Sprache aufzuzwingen. Für den
Erfolg ausschlaggebend dürfte dabei außer ihrer geradezu überwältigenden
Zahl der Entschluß gewesen sein, nicht die schwerfällige Keilschrift, sondern ein leicht abgeändertes phönizisches Alphabet zu gebrauchen. Schon
im achten Jahrhundert hielten sich Aramäisch und die alte Sprache in
Nordmesopotamien die Waage. Um etwa 500 v. Chr., als die persischen
Könige nach einer für alle Untertanen ihres weiten Reiches verständlichen
Sprache suchten, machten sie Aramäisch zur Universalsprache. Es blieb
Umgangssprache bis zu der großen arabischen Invasion im siebten nachchristlichen Jahrhundert. Liturgische Sprache ist es bis heute in verschiedenen orientalischen christlichen Kirchen geblieben, und gesprochen wird es
bis jetzt in ein paar christlichen Gemeinden Nordsyriens und Nordiraks.

Die Entwicklung reißt nicht ab

Während sich die Aramäer im Zweistromland ansiedelten, wanderten in-
do-europäische Völker in den Iran, andere Völker in Kleinasien ein. Reiche gingen unter, neue kamen auf. In Babylonien und in Assyrien gab es
ein beinahe ständiges Auf und Ab. Kriege wurden gewonnen und verloren,
Städte gebrandschatzt, Menschen versklavt. Handelsstraßen waren einmal
geschlossen, dann wieder geöffnet. Trotzdem stand der Handel nie still.
Die findigen Fernkaufleute verstanden es immer wieder, neue Wege, neue
Liefermöglichkeiten, neue Absatzmärkte zu entdecken und sich den beinahe ständig wechselnden Verhältnissen anzupassen. Sie handelten mit allem,
wonach eine Nachfrage bestand, und die kannten sie als frühe Marktfor-
scher ganz genau.

Aus jenen Jahrhunderten stammen viele Salbenflaschen aus Stein, Glas oder Ton, die offenbar zum Haushalt aller wohlhabenden Familien gehörten. In primitiven Pressen wurden nicht nur Oliven und Obst gepreßt, sondern aus aromatischen Pflanzen auch Duftstoffe gewonnen. Daraus scheint sich vor allem auf Zypern eine richtige kosmetische Industrie entwickelt zu haben, die ihre Erzeugnisse über das Meer auf die vorderasiatischen Märkte brachte, auf denen die babylonischen Fernkaufleute sie kennenlernten. Wenn nicht alles täuscht, war der Umsatz dieser frühen »Parfum«-Industrie so groß, daß in Ägypten und vor allem auf Zypern weite Flächen ausschließlich der Kultur bestimmter Blumen und Kräuter dienten, deren feste Abnehmer diese frühen Industriellen waren. Die Flaschen, in denen man die kosmetischen Mittel verwahrte, waren offensichtlich für den Export bestimmt und, ob nun henkelarmig und bauchig oder spindelförmig und lang, stets versiegelt.

In kleinen Flaschen wurde »Laudanum«, der Opiumsaft, in die Welt verschickt. Die Fläschchen sahen wie die Köpfe des Opiummohns aus und wiesen eine Dekoration auf, die Ähnlichkeit mit jener Narbe hatte, die auf der Vorderseite des Mohnkopfes eingeritzt wurde, um den Saft herausträufeln zu lassen.

Herkunftsland war Zypern. Auf der Insel muß es eine regelrechte Opiumindustrie gegeben haben, denn die Nachfrage war ungemein groß. Die Droge wurde aller Wahrscheinlichkeit nach in den wohlhabenden Gesellschaftskreisen des ganzen Zweistromlandes benutzt wie heutzutage das Aspirin. In den Täfelchen wird sie gepriesen als Heilmittel gegen Kopfschmerzen und Unwohlsein; sie ist aber auch gebraucht worden, um ein schreiendes kleines Kind zur Ruhe zu bringen.

Der Saft war so geschätzt, daß er auch als Grabbeilage diente. Man konnte ja nie wissen, ob er nicht im nächsten Leben gebraucht wurde.

Das Geschäft muß Fabrikanten und Händlern sehr viel Geld eingebracht haben. Irgendwelche Einschränkungen gab es offenbar nicht. Jedenfalls ist bis heute nicht ein einziges Täfelchen gefunden worden, in dem von einem Verbot oder der Anordnung einer Strafe die Rede wäre.

Wie die kunstvollen eisernen Kessel und andere Eisenarbeiten aus Urartu, einem Königreich im jetzigen Armenien, die auch in Europa bekannt waren, nach Babylonien kamen, weiß man nicht. Wahrscheinlich wurden die großen Kessel an Umschlagplätze wie Harran oder auch Aleppo gebracht und dort von babylonischen Fernkaufleuten als ein vielversprechendes Handelsgut nach dem Zweistromland verladen.

Spärlich sind die Quellen, die etwas über das zehnte und neunte Jahrhundert aussagen. Mit Babylon, Akkad und Sumer ging es ständig abwärts; die Flut der aramäischen Einwanderung nahm unaufhaltsam zu; Hunger, Aufstände und Kriege schüttelten das ganze Zweistromland. Die »Kaldu«, unsere Chaldäer, wanderten in Mittel- und Südmesopotamien, das alte Sumer, ein; gut drei Jahrhunderte später war einer von ihnen König in Babylon. In derselben Zeitspanne war Assyrien im Norden groß geworden und auch schon zusammengebrochen.

Der Handel verstand es offenbar, sich den Zeitläufen anzupassen. Er nutzte Veränderungen. Sein Betätigungsfeld weitete sich sogar aus, als die durch Kriegsbeuten reich gewordenen Assyrer anfingen, Paläste zu bauen. Für den Warentransport bot sich jetzt das Kamel an, dessen Traglast zwar auch nicht gerade allen Wünschen entsprach, aber doch weit größer war, als die des gewohnten Packesels. Dazu drückte seine Genügsamkeit die Kosten, die immer noch hoch genug blieben, mochten die Assyrer auch, sei es aus militärischen Gründen, Straßen gebaut haben. Bestellt wurde im voraus, geliefert zu einem festgelegten Termin; Abreise und Ankunft der Karawanen waren nach einer Art Fahrplan geregelt; kaum etwas wurde dem Zufall überlassen, und eilige Post ließ sich nun mit Reitern befördern.

Mit der Ausweitung des Handels wuchs die Suche nach einem neuen, ohne Schwierigkeiten jederzeit umsetzbaren, leicht transportablen und möglichst von jedermann anerkannten Wertmesser, kurz nach einem neuen Zahlungsmittel. Es war zu lästig, bei jedem Geschäft den ausgehandelten Preis in Silber auszuwiegen; dazu lief man stets Gefahr, daß die Gewichte gefälscht und den Silberbarren andere Metalle beigemischt waren. Der eine Betrug war ebenso leicht wie der andere, und an Betrügern fehlte es nicht. Dem hatte man schon, so gut es ging, abgeholfen: Die Staaten gewährleisteten Reinheit und Gewicht von Metallbarren durch einen amtlichen Stempel. Eine unbedingte Gewähr bot er allerdings auch nicht immer. Lästig blieb der Transport der Barren. Irgendein findiger Kopf kam eines Tages auf den Gedanken, Münzen zu prägen. Wer dieser »Erfinder« des Geldes war, wissen wir nicht. Jedenfalls tauchten erste Münzen im sehr frühen siebten Jahrhundert v. Chr. auf. Zugeschrieben wird die Erfindung den Lydern, die in Kleinasien einen ausgedehnten und gewinnreichen Transithandel betrieben. Das neue Zahlungsmittel erleichterte alle Geschäfte ungemein.

Die frühesten Münzen, deren Gewicht durch einen amtlichen Stempel verbürgt war, wurden anfänglich aus Elektrum, einer Legierung aus drei Teilen Gold und einem Teil Silber, hergestellt. Ihr Goldgewicht schwankte jedoch, wie Prüfungen alter Münzen ergeben haben, so stark, daß schnell das Vertrauen in das neue Zahlungsmittel erschüttert wurde und man sich zur Prägung von Münzen aus reinem Gold und anderen aus reinem Silber entschloß. Die frühesten Münzen trugen mit wenigen Ausnahmen keine Inschrift, sondern nur das Hoheitszeichen des Staates, so lydische einen Löwenkopf. Sehr schnell verbreitete sich dieses neue »Geld« über die damals bekannte Welt; die vielen Vorteile, die es bot, waren zu augenscheinlich, um nicht wahrgenommen zu werden.

Wahrscheinlich sind die frühen Münzen auf einem Amboß geschlagen worden, in den man den gewünschten Stempel geschnitten hatte. Der zuschlagende Hammer wies den zweiten Stempel für die andere Münzenseite auf. Die unregelmäßige Form vieler früher Münzen läßt sich wohl dadurch erklären, daß das Metallstück nicht genau in der Mitte des unteren Stempels lag oder der Hammerschlag nicht genau ausfiel.

Die Assyrer kommen und gehen

Im Jahre 729 v. Chr. verjagte der assyrische König Tiglatpilesar einen aramäischen Thronräuber aus Babylon, verwüstete gründlich das Gebiet seines Stammes am Unterlauf des Euphrat, entschloß sich, Babylonien selbst zu regieren, »nahm die Hand Marduks« während des Neujahrsfestes und wurde unter dem Namen »Pulu« zum König von Babylon proklamiert. Unter seinem Nachfolger Sargon II. empörten sich die unruhigen Aramäer, taten sich mit den Elamitern zusammen, um die Wiedereröffnung der geschlossenen Handelsstraßen zu erzwingen, und konnten sogar einen vorübergehenden Erfolg verbuchen: Die unparteiische »Babylonische Chronik« stellt eindeutig fest, daß die Assyrer besiegt wurden. Der »Kalte Krieg« ging allerdings weiter, und im Jahre 710 zog Sargon in Babylon ein. Gerade dieser Sieg hatte beträchtliche Folgen: Niemand wagte es mehr, gegen die Assyrer aufzustehen.

Sargons Nachfolger, die Sargoniden, herrschten über den ganzen »Fruchtbaren Halbmond«, über weite Teile Irans und Kleinasiens, kontrollierten alle Handelsstraßen am Euphrat und am Tigris, durch die syrische Wüste, den Taurus und den Zagros und besaßen ein offenes Fenster am Mittelmeer und am Persischen Golf. Was sie brauchten und haben wollten, lieferten ihnen willig die Fernkaufleute und unwillig ihre Vasallen, Untertanen und Verbündeten. Ihre Wünsche, ihre Aufträge waren Befehl. Dafür sorgten sie für die Straßensicherheit und eine ordnungsgemäße Abwicklung aller Geschäfte.

Sie müssen sich sehr sicher gefühlt haben, denn die wichtigste Entwicklung, die Gründung des medischen Königreiches hinter den Zagrosbergen, entging ihren Spionagediensten oder schien ihnen nicht der Beachtung wert zu sein. Dabei stand der assyrische Koloß in Wirklichkeit auf tönernen Füßen, was sich nur kurze Zeit nach dem Jahre 640 erweisen sollte, als man in Ninive glaubte, den Gipfel der Macht erreicht zu haben. Im Jahre 689 hatte Sennacherib das Unvorstellbare fertiggebracht und die berühmte und heilige Stadt Babylon, die zweite Hauptstadt seines Reiches, das »Band zwischen Himmel und Erde«, zerstört, die Bewohner umgebracht oder in die Sklaverei geführt und sogar den Boden, auf dem Tempel standen, zu Viehweiden gemacht.

Acht Jahre später wurde er mit der geraubten Statue eines Gottes von einem seiner Söhne während des Gebetes in einem Tempel erschlagen. »Die Götter Sumers und Akkads haben sein Verbrechen nicht ungestraft gelassen«, berichtet in dürren Worten die babylonische Chronik. Sein Nachfolger baute Babylon wieder auf. Im Jahre 648 wurde das rebellische Babylon, dessen Nationalismus offenbar nicht niederzuringen war, jedoch wieder zerstört und ein Chaldäer, ein gewisser Kandalanu, als Vizekönig eingesetzt. Den Haß gegen die Assyrer dämpfte diese Ernennung allerdings nicht.

Von der wirtschaftlichen Struktur des für die damaligen Begriffe riesigen assyrischen Reiches, das, bezieht man die Vasallenstaaten ein, vom Persischen Golf bis an das Mittelmeer, von der arabischen Halbinsel bis nach Kleinasien, Armenien und Iran hinein reichte, wissen wir ebensowenig wie von dem Umfang des intensiven assyrischen Außenhandels. Gewiß gibt es Texte aus den verschiedenen Teilen des Reiches. Aber sie genügen nicht, um die geringen Kenntnisse zu erweitern und zu vertiefen, die uns ein paar geschäftliche Verträge und Dokumente aus Assur, Ninive und Kalhu (Nimrud) geben. Hoffnungen, vielleicht Aufschlüsse aus Funden in den Randgebieten des Reiches – Syrien, Phönizien, dem Taurus, dem Zagros – zu erhalten, haben sich bis jetzt nicht erfüllt. Das mag teilweise daran liegen, daß die meisten assyrischen Verwaltungssitze noch nicht ausgegraben wurden, aber vor allem daran, daß die seit dem achten Jahrhundert v. Chr. in Aramäisch auf Pergament oder Papyrus geschriebenen geschäftlichen Vorgänge verlorengegangen sind.

Immerhin müssen die Handelsbeziehungen eine bis dahin ungekannte Reichweite gehabt haben. Wir besitzen eine allerdings recht ungenaue »Weltkarte« auf Ton aus der Wende des siebten und des sechsten Jahrhunderts: eine flache Erde, zusammengehalten von einem runden »Bitteren Fluß« und mit dem Euphrat in der Mitte. Fremde Länder in den vier Himmelsrichtungen werden mit ein paar Worten beschrieben. Das Land im Norden heißt »Land, wo die Sonne sich nie zeigt«. Dies läßt die Vermutung zu, daß die Babylonier und Assyrer etwas über die arktischen Winter-

nächte gehört hatten, wahrscheinlich von Bernsteinhändlern, von denen
man weiß, daß sie schon ziemlich früh bis an das Schwarze Meer und vermutlich auf ihren Geschäftsreisen auch bis nach Kleinasien kamen, wo sie
mit den Fernhändlern aus Mesopotamien zusammentrafen.

Im Jahre 631 starb Assurbanipal, der letzte große assyrische König. Seine Annalen waren schon acht Jahre zuvor ganz plötzlich abgebrochen. Herodot erzählt, die wilden Skythen seien plündernd über das Reich hergefal-
len. Sie scheinen ziemlich unbehindert bis nach Palästina und wieder zurück in den Osten geritten zu sein.

Es gab auch Anzeichen für einen Zerfall der assyrischen Armee. In Babylonien machte sich der Gouverneur des »See-Landes«, der Chaldäer Nabopolassar, im Jahre 627 zum Führer eines schnell um sich greifenden Auf-
ruhrs. Schon ein Jahr später saß er auf dem Thron von Babylon. In den
nächsten elf Jahren berannte er die von den Assyrern befestigten Städte in
dem südlichen Zweistromland, nahm eine nach der anderen, eroberte im
Jahre 616 Nippur und zog den Euphrat und den Tigris hinauf, ohne jedoch
Assur einnehmen zu können.

Zwei Jahre später eroberten die Meder in einem Handstreich Assur, töte-
ten den größeren Teil der Einwohner und plünderten die Stadt gründlich.
Die Babylonier kamen zu spät, um sich noch daran beteiligen zu können;
die Meder hatten schnell ganze Arbeit geleistet. In Assur schlossen Babylonier und Meder ihr Bündnis gegen Assyrien. Im Jahre 612 marschierten sie
gemeinsam gegen die assyrische Hauptstadt Ninive, die nach einer Belage-
rung von nur zwei Monaten erobert, geplündert und schließlich dem Erdboden gleichgemacht wurde. Am Ende des Jahres hatte Assyrien aufgehört
zu bestehen. Nabopolassar schrieb: »Ich metzelte das Land von Subarum
nieder; ich verwandelte das feindselige Land in Ruinen; sein Joch warf ich
ab für immer.«

Die chaldäischen Könige von Babylonien wurden zu den Herren des
Zweistromlandes; ihre Hauptstadt hieß Babylon.

Der strahlende Mittelpunkt der Welt

Nabopolassars Sohn und Nachfolger Nabu-kudurri-usur: »Der Gott Nabu
schützt die Grenzen«, unser Nebukadnezar II. (605–562 v. Chr.), nahm den
Ägyptern Syrien ab, eroberte und vertrieb die Juden ins Zweistromland,
besetzte das kleinasiatische Cilicien und machte Babylon zu einem Weltreich. Es war allerdings nur von kurzer Dauer. Schon im Herbst 539 griffen
die Perser unter Cyrus II. Babylonien an und besetzten Babylon am 12. Ok-

tober. Die Stadt wurde mit dem größten Respekt behandelt; die Perser achteten sorgfältig darauf, daß die Babylonier nicht gekränkt wurden. Cyrus sah sich als Nachfolger der chaldäischen Herrscher an und erwies Marduk, dem großen babylonischen Gott, seine Verehrung.

Was war Babylon unter der kurzen chaldäischen Herrschaft? Nebukadnezar baute die Städte von Sumer und Akkad von Sippar bis Uruk und Ur wieder auf. Dabei galt Babylon seine größte Aufmerksamkeit; er machte es zu einem Weltwunder. Der jüdische Prophet Jeremias nannte es einen goldenen Becher in der Hand Gottes, und Herodot, der die Stadt um das Jahr 460 v. Chr. besuchte, rief bewundernd aus: »Ihr Glanz übertrifft den jeder anderen Stadt der Welt!«

Babylon muß mit seiner Fläche von vielleicht zweihundert Hektar für damalige Begriffe eine sehr große Stadt gewesen sein. Herodot und die Tontäfelchen sprechen von 1179 Tempeln, dem großen Palast Nebukadnezars und von einer halben Million Einwohnern.

Die doppelte Verteidigungsmauer, deren sich der König rühmte, muß ein fast uneinnehmbares Verteidigungssystem gewesen sein, dem Cyrus nur durch eine List beikam; Türme deckten in regelmäßigen Abständen die Mauern ab; an die fünfzehn Kilometer war die Mauer lang und so breit, daß auf ihr zwei vierspännige Kampfwagen nebeneinander Platz hatten; Verstärkungen konnten also sehr schnell hin- und hergebracht werden. Bogenschützen wachten unablässig auf den die Stadttore flankierenden Türmen. Die Türme und Mauern waren aus gebrannten Ziegeln erbaut. Wassergräben deckten die Mauern von außen ab. Das ansehnliche Gebiet zwischen Außen- und Innenmauer war bewohnt; Menschen lebten in kleinen Häusern aus Lehmziegeln zwischen Gärten und Palmenhainen; dort standen sehr wahrscheinlich auch Nebukadnezars Sommerpalast und der Tempel des Neujahrsfestes.

Acht große Tore, jedes nach einem Gott benannt, gaben Einlaß durch die Innenmauer. Von ihnen ist das Ischtar-Tor im Nordwesten, das eine wichtige Rolle im religiösen Leben der Stadt spielte, am besten erhalten. Es war mit blauglasierten Ziegeln verkleidet, auf denen Drachen und Stiere abgebildet waren. Auf dieses Tor lief die gepflasterte, fast neunzehn Meter breite Prozessionsstraße zu, passierte es und führte zu dem Tempel Marduks und der hohen Zikkurat Etemenanki; sie galt mit ihren Tempeln und Palästen als eine der prächtigsten Straßen der alten Welt.

Hinter der Stadtmauer lag die sogenannte »Südburg«, »das Wunder der Menschheit, die strahlende Residenz, der Mittelpunkt des Landes«, wie der von Nebukadnezar gebaute große Palast genannt wurde, der nur ein einziges, weites Tor von der Prozessionsstraße her als Eingang hatte. Keine

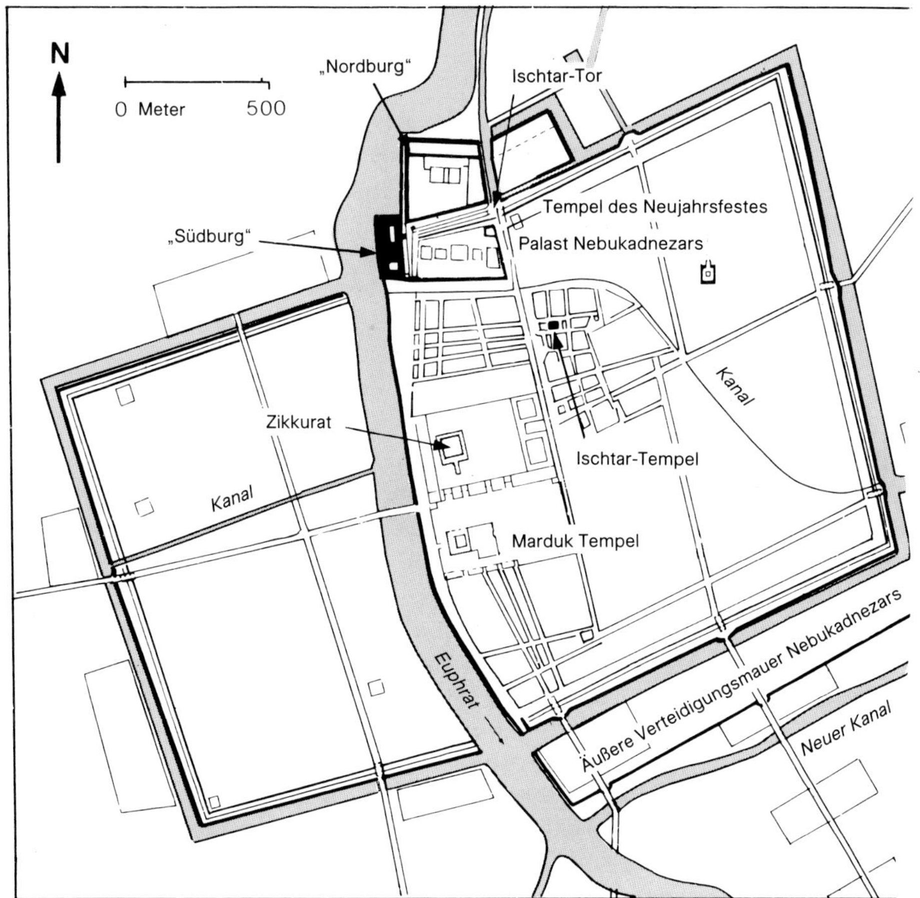

Babylon

steinernen Statuen, keine Reliefs; dafür Bänder aus glasierten Kacheln mit Darstellungen von Tieren, Pflanzen und auch Säulen. Hinter den Mauern standen drei, von den deutschen Ausgräbern »Nordburg«, »Hauptburg« und »Vorwerk« genannte große Gebäude, wahrscheinlich eine Verteidigungsanlage. In deren Trümmern wurde jener einen Mann zu Tode trampelnde Basalt-Löwe gefunden, den man den »Löwen von Babylon« nannte, ein grobgearbeitetes, aber großartiges Steinbild. Die Prozessionsstraße erreichte den Euphrat da, wo ihn eine auf sechs Pfeilern ruhende Brücke überquerte, ein damals viel bestauntes Wunderwerk.

Fast viereckig war der Stadtplan, geradlinig waren Straßen und Gassen. Der Reisende, der von Norden kam, durchquerte zunächst einmal Palmenhaine und Felder und die Behausungen der Vorstädte, in denen es von Händlern, Müßiggängern, Eselreitern, Karren und Wagen nur so wimmelte, bevor er durch das Ischtar-Tor die breite Prachtstraße sah. Nicht weit von dem Tor stand der Tempel der Ischtar, bereits in dem Wohnviertel »Merkes«, dem ältesten Stadtteil mit seinen einförmigen, fensterlosen, viereckigen, flachdächigen Häusern. Er muß sehr dicht bevölkert gewesen sein.

»Hängende Gärten«

Der königliche Palast ist von früheren Historikern oft als der Platz der »Hängenden Gärten der Semiramis« gerühmt worden. Sie glaubten, der König habe sie anlegen lassen, um Amyitis, die Tochter des medischen Königs, die seine Frau geworden war, an die Bäume und Blumen ihrer persischen Heimat zu erinnern. Sie waren ein Wunder der Alten Welt. Alte Legenden schreiben sie jener geheimnisvollen verliebten Königin von Assyrien zu. Klassische Autoren erzählen, von weither seien Menschen gekommen, um dieses Wunder zwischen Himmel und Erde über den Dächern Babylons zu sehen. Was es wirklich mit diesen Gärten auf sich hat, ist noch immer nicht geklärt. In einem Tontäfelchen ist von einem babylonischen König die Rede, der aus Liebe zur Botanik einen Garten anlegen ließ. Richard Koldewey, der große deutsche Archäologe, der im Jahre 1898 die Ausgrabung Babylons für die Deutsche Orient-Gesellschaft begann und achtzehn Jahre lang fortführte, glaubte, in der Nordostecke des Palastes die Grundmauern der so berühmten Anlage gefunden zu haben; er entdeckte auch die Quelle, von der Wasser nach oben geschafft wurde, um eine regelmäßige Bewässerung möglich zu machen. Aber das ist auch alles. Neuerdings wird von einigen Forschern behauptet, die »Hängenden Gärten« seien der Gemüsegarten des Palastes gewesen.

Der Turm von Babel

Die große Prozessionsstraße stand auf Schichten von gebrannten Ziegeln, jede mit Erdpech säuberlich isoliert; große, behauene Bruchsteine aus Kalkgestein und viereckige rote Steinplatten bildeten den oberen Belag. Jeder Stein trug dieselbe Inschrift: »Ich bin Nebukadnezar, der Sohn Nebopolassars, König von Babylon. Ich ließ diese Straße für die Prozession Marduks pflastern.«

In der Mitte eines großen offenen Platzes, unweit des königlichen Palastes, stand der »Turm von Babel«, die riesige Zikkurrat Etemenanki, der »Tempel von Himmel und Erde«. Kaum etwas ist von diesem Weltwunder geblieben. Wir können nur versuchen, uns ihn nach den Beschreibungen Herodots, der ihn sah, und nach den Maßen, die ein Tontäfelchen gibt, vorzustellen. Er maß, wie der französische Archäologe Parrot glaubt, am Boden ungefähr dreißig Meter auf jeder Seite, hatte sieben Stockwerke und war an die neunzig Meter hoch – eine Art von Stufenpyramide mit einem Altarraum auf der Spitze.

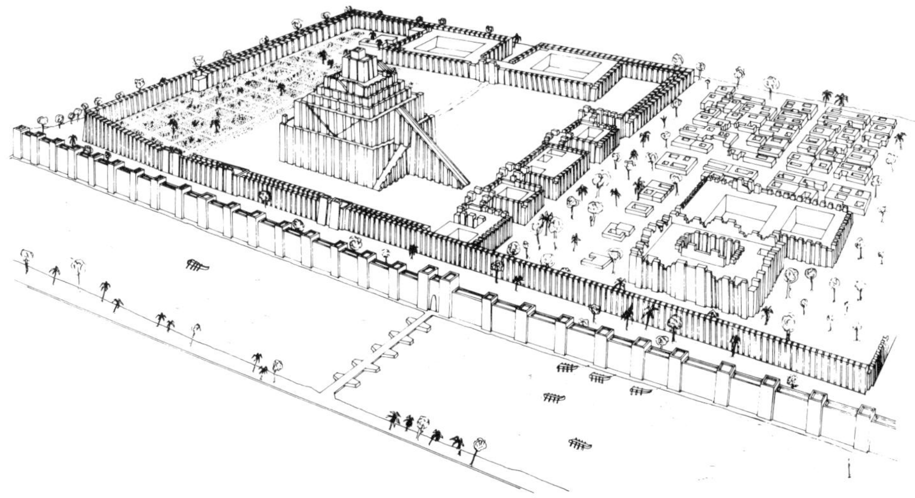

Marduk-Tempel von Babylon, Rekonstruktion

»Esagila«, der Tempel Marduks, des großen Schutzgottes Babylons, muß mit seiner hohen goldenen Kuppel eines der schönsten Bauwerke Babylons gewesen sein. Marduk war der König des Himmels, der Herr des Universums, das er geschaffen hatte. Eine Darstellung des Gottes auf einem Zylinder aus Lapislazuli zeigt ihn so: Er trägt eine hohe, runde, mit Federn und Rosetten geschmückte Kopfbedeckung. Er hat einen Bart, und sein Haupthaar ist hinter dem Kopf gelockt. Ein langes, mit Sternen in kleinen Kreisen besätes Gewand fällt bis zu seinen Füßen. In seiner erhobenen linken Hand hält er Zepter und Diadem, in der rechten eine Art Krummsäbel. Neben ihm steht die »Rote Schlange«, der »Sirrusch«, der babylonische Drache mit seinem gehörnten Kopf, dem schuppigen Leib, dem Schwanz eines Skorpions, den Vorderfüßen eines Löwen und den Hinterbeinen und Klauen eines Geiers: die Kräfte des Tierreiches – die Vierbeiner, die Vögel, die Fische und die Reptilien – gemeinsam in einem Wesen im Dienst der Gottheit, dazu bestimmt, ihr in dem ständigen Kampf gegen alle bösen Mächte beizustehen.

Zum »Esagila« in Babylon kamen berühmte Leute, hohe Beamte, Generäle, Fernkaufleute und Bankiers, um den Segen Marduks für ihre Unternehmungen zu erflehen.

Höchstes Fest war die Feier des neuen Jahres in dem Frühlingsmonat »Nisan«, das zwölf Tage dauerte: ein Fruchtbarkeitskult, an dem der König teilnahm und dessen Höhepunkt die große Prozession am siebten Tag war.

Babylonischer Alltag

Von der Pracht der Vorderseite war in den meisten Wohnvierteln nichts zu sehen. Die Häuser lagen eng zusammen, die Gassen waren schmal, winklig, uneben und aus festgetretener Erde. Breite Straßen führten nur in die Stadtmitte und in jene Viertel, in denen die großen Lagerhäuser standen. Es gab weder Bürgersteige noch eine Kanalisation; Trinkwasser wurde durch Aquädukte herbeigeschafft und in offenen, durch Erdpech abgedichteten Kanälen in die Wohnviertel geleitet. Die Häuser waren aus Erdziegeln, die der bessergestellten Bewohner aus gebrannten Ziegeln; das flache Dach diente als Terrasse. Die Außenwände waren schmucklos, sie hatten höchstens einen weißen Anstrich. Geschlafen wurde auf Matten, Decken oder in tischartigen hohen Betten. Die Babylonier saßen auf Stühlen, bisweilen auch in Armsesseln mit einer tiefen Rückenlehne. Es gab sehr niedrige Tische; gegessen wurde jedoch gewöhnlich an besonderen Tischen, die anscheinend sehr hoch waren. Die Wohnviertel dürften ungefähr so ausgesehen haben, wie die alten Viertel heutiger orientalischer Städte.

Wohlhabende Leute besaßen ein Bad; einfache Leute wuschen sich dürftig an dem Wassergraben oder an den Zisternen im Hof ihrer Behausung und nahmen von Zeit zu Zeit ein Schwitzbad. Alle, außer den Ärmsten, sahen es als unumgänglich an, Tag für Tag Körper und Haupthaar einzuölen, um die durch die Hitze leicht trockene Haut geschmeidig zu halten und sich gegen Ungeziefer aller Art zu schützen. Seife gab es nicht. Das Reinigungsmittel war ein Gemisch aus Öl, Sand, Lehm und Soda oder Pottasche, das die Haut vermutlich mehr rieb als säuberte.

92

Die Männer der unteren Klassen trugen kurze, hohe Beamte und Männer der Oberschicht längere, viereckig geschnittene Bärte. Alle neigten zur
Leibesfülle. Die Männer trugen ein langes leinenes Untergewand, darüber
ein Gewand aus – je nach der Jahreszeit – dünner oder dickerer Wolle und
einen weißen Mantel; jeder Mann trug Sandalen und einen sorgfältig gearbeiteten Stab mit einem geschnitzten Knauf in Form eines Widders, einer
Rose, eines Adlers, einer Lilie. Der viel einfachere Kittel des Bauern und
des Arbeiters war knielang, hatte halbe Ärmel und wurde von einem Gürtel
gehalten. Die Frauenkleidung war schlicht und bedeckte den ganzen Körper. Ging die Frau aus, trug sie einen Schleier, der das Haar bedeckte und
seitlich herunterhing.

Die soziale Ordnung

An der Spitze der sozialen Klassen stand der Freie. Grundlage der Familie
war die Ehe, in der Regel die Einehe, aber Nebenfrauen wurden geduldet.
Die Eheschließung war höchst einfach: Der Mann bedeckte in Gegenwart
von Zeugen den Kopf der Frau mit einem Schleier und sagte »Sie ist meine
Frau«. Den Sinn des Schleiers definierte ein Gesetz, das ihn zum äußeren
Kennzeichen der freien Frau machte; weder die Kurtisane noch die Sklavin durfte ihn tragen. Eine Konkubine durfte den Schleier nur tragen,
wenn sie die gesetzliche Frau außerhalb des Hauses begleitete. Sie war jedoch gehalten, der gesetzlichen Ehefrau den gebührenden Respekt zu erweisen, ihren Stuhl zum Tempel zu tragen und ihr bei der Toilette zu helfen.

Der Sklave war ein Besitzstück, kein menschliches Wesen und in allen
Dokumenten als bewegliches Gut vermerkt. Der Name seines Vaters wurde
nie erwähnt. Verletzte ihn jemand, hatte sein Eigentümer Anspruch auf
Schadensersatz. Er stellte einen Geldwert dar und wurde wie ein Tier oder
eine Ware gehandelt. Nur umbringen durfte ihn sein Besitzer nicht. Seine
Haut trug das Brandzeichen seines Besitzers; wer es ausmerzte, wurde mit
dem Abschlagen der Hand bestraft. Ein Kettchen um den Hals des Sklaven
wies seinen Namen und den seines Eigentümers auf.

Eine Sklavin war nicht nur zur Arbeit, sondern ebenfalls zur körperlichen Hingabe verpflichtet und konnte von ihrem Besitzer auch in die Prostitution gegeben werden, deren Erlös ihm zufiel. Das Kind eines Sklaven
war Sklave, und weil die Unternehmer an der Vergrößerung ihres Sklavenbestandes sehr interessiert waren, förderten sie die Heirat zwischen ihren
Sklaven. Stets war eines der Kriegsziele auch die Gewinnung von Kriegsge-

fangenen, die zwangsläufig zu Sklaven und damit zu billigen Arbeitskräften wurden. Sklave auf Zeit konnte der Schuldner werden.

Obwohl Eigentum ihres Besitzers, konnten Sklaven seltsamerweise eigene Geschäfte betreiben und auch Vermögen erwerben. Durch Sklavenhände ging ein ganz erheblicher Teil des Handels und der bankgeschäftlichen Transaktionen. So erzählt ein Tontäfelchen von einem Sklaven, der die Häuser einer freien Frau mietete und sie gegen ein gutes Aufgeld untervermietete. Ein anderes Tontäfelchen berichtet über die Verpachtung der Fischteiche der berühmten jüdischen Bankiersfamilie Muraschu in Nippur an einen Sklaven Ribat für jährlich ein halbes Talent Silber und die Auflage, täglich frischen Fisch für die Tafel der Muraschus zu liefern.

Ein Eigentümer, der die Begabung eines seiner Sklaven für den Handel sah, zögerte nicht einen Augenblick, ihm die Abwicklung größerer Geschäfte anzuvertrauen oder ihm die Mittel für die Gründung eines Unternehmens zu leihen, wie jener Kaufmann, der seinem Sklaven 889 Schekel Silber – eine sehr ansehnliche Summe – gegen einen Jahreszins von 20 Prozent gab, um für eigene Rechnung den Fernhandel zu betreiben.

Welche Verwicklungen sich aus dem Zwiespalt zwischen einem sehr vermögenden Sklaven und dem gleichzeitigen Besitzrecht an der Person dieses Mannes ergaben, machen viele Tontäfelchen deutlich. Dem Sklaven bot die Möglichkeit Geld zu machen und zu besitzen immerhin die Aussicht, sich die Freiheit zu erkaufen; erhielt er sie nach einer symbolischen öffentlichen Reinigungszeremonie vor Zeugen, war sie bedingungslos und uneingeschränkt.

Ohne jeden Zweifel war der geradezu immense Reichtum Babylons zu einem guten Teil das Ergebnis der Sklavenhaltung. Zu einer Zeit, in der Maschinen unbekannt waren, hing die Erzeugung aller Güter von der Handarbeit ab, und die schnell wachsende Nachfrage nach ihnen verlangte mehr und mehr billige Arbeitskräfte; das Problem ließ sich durch die Herbeischaffung von Sklaven in der einfachsten Weise lösen. Sklavenarbeit war das Mittel, um wohlhabend zu bleiben, eine Stadt zu verschönern, den einheimischen Bedarf zu decken, die Ausfuhr zu vergrößern, ohne mit Lohnforderungen und Streiks rechnen zu müssen. Wieviel Sklaven allein in Babylon beschäftigt wurden, wissen wir nicht genau. Es könnten jedoch nach Schätzungen, die mit Hilfe von Vergleichen vorgenommen worden sind, mehr als hunderttausend gewesen sein.

Das große Geschäft

Karawanen strömten aus allen Himmelsrichtungen in die Stadt. Der ausgeprägte Wirtschaftsimperialismus Nebukadnezars ermutigte den natürlichen Geschäftssinn und die Tüchtigkeit der Untertanen. Hinter den geschlossenen Türen ihrer Büros führten Fernkaufleute und Bankiers mit Geschäftsfreunden von weither Verhandlungen über die Lieferung von Perlen aus dem Persischen Golf, von Smaragden aus der Wüste Gobi, die Nomaden in der Zeit der Nordwinde aus dem Gestein gebrochen und gesammelt hatten, von Lapislazuli aus Sogdiana, unserem Afghanistan, von Gewürzen aus Indien, von Zedernholz aus dem Libanon, von Silber aus dem Kaukasus, von Wein und Öl aus Syrien, von babylonischem Tuch, Schmuck, Gerste und Datteln. Genau wurde Buch über die Karawanen geführt, über ihre Reisezeit, ihre Waren, das Geld und die Kreditbriefe, die sie mit sich führten. In selbst für unsere Begriffe riesigen Lagerhäusern wurden die Ein- und Ausfuhrgüter gestapelt; ein Heer von Beamten errechnete Zölle und Abgaben und gab die erforderlichen Sichtvermerke.

Krieg half bei der Ausdehnung des Geschäftes; Tyr wurde belagert und eingenommen, um die alten Handelsrivalen Mesopotamiens, die phönizischen Kaufleute, in die Knie zu zwingen. Einen harten Tribut mußte Tyr jährlich erlegen, aber die Zerstörung des Handels der widerspenstigen Stadt wurde doch nicht erreicht; sie besorgte ein paar Jahrhunderte später Alexander der Große, der Tyr durch Alexandria ersetzte. Immerhin gab es eine Zeit, in der Babylon praktisch kaum noch einen ernsthaften Rivalen hatte. Dafür sorgten die Heeresstraßen des Königs, und, wurde die Konkurrenz trotzdem lästig, ein kleiner Feldzug – ein Wirtschaftsimperialismus reinsten Wassers. Nicht Siege, nicht Ruhm interessierten die Babylonier; Krieg war ein Mittel, um ihre wirtschaftliche Überlegenheit zu konsolidieren. Armeen mußten des Handels, des Wohlstandes wegen unterhalten werden. Heroisch waren die Babylonier nicht.

Wie ein Oktopus streckte Babylon seine Fühler überallhin aus, still und methodisch. Auf dem Nordweg zogen seine Karawanen nach Ekbatana, der medischen Hauptstadt und von ihr nach Herat. Sie zogen nach Baktrien und Indien. Westwärts lief eine Straße nach Norden den Euphrat entlang, verzweigte sich und reichte bis nach Pelusium in Ägypten, nachdem sie Phönizien, Palästina und Moab durchquert hatte. Auf dieser Straße brachte man den Weihrauch heran, der in den Tempeln verbrannt wurde. Da gab es einen Karawanenweg, auf dem man von Indien durch das südliche Persien und das Land der Elamiter Halbedelsteine, Elfenbeinschnitzereien, feine Stoffe, Stickereien, Gewürze, Sandelholz und Farbstoffe nach

Babylon brachte, wo sie umgepackt wurden, um nach Cilicien, Phrygien und Lydien wieder ausgeführt zu werden. Nichts ließen die tüchtigen babylonischen Kaufleute beiseite, weder die Ausfuhr noch die Einfuhr, weder den Transithandel noch das einheimische Geschäft, weder das Finanzgeschäft noch die Spedition. Es gab sogar so etwas wie eine Börse, in der täglich die Wechselkurse festgelegt wurden und auch Handelskammern, die als Schiedsgerichte bei Streitigkeiten dienten und bei den Behörden die Interessen ihrer Mitglieder vertraten. Konten, Ordner, eine Buchhaltung und Bilanzen fehlten ebenfalls nicht.

Von den Umsätzen und Gewinnen gaben die gefundenen »Bücher und Korrespondenzen des Bank- und Handelshauses Muraschu & Söhne« in der Stadt Nippur am mittleren Euphrat einen Begriff, das wohl zu den größten Handelsunternehmen und Banken der Zeit gehörte. Die Muraschus waren die Abkömmlinge des Juden Muraschu, der nach der Eroberung Jerusalems im Jahre 587 v. Chr. in babylonische Gefangenschaft verschleppt und nach Nippur verschickt worden war. Die Muraschus müssen ungewöhnlich tüchtige Leute gewesen sein, da sie es fertigbrachten, im Exil mit zu den reichsten Leuten Babylons zu werden.

Schnell ging es bergab

Der außerordentliche Wohlstand Babylons überdauerte den Tod Nebukadnezars im Jahre 562 nicht lange. Schon zu seiner Zeit muß es infolge der gewaltigen Ausgaben für den Wiederaufbau und die Verschönerung Babylons finanzielle Schwierigkeiten gegeben haben. Unter Nabonidus, dem letzten König (556–539), waren praktisch alle Länder im Norden und Osten mit Ausnahme Elams für den babylonischen Handel verschlossen. Die griechische Expansion wurde mehr und mehr spürbar, die größten wirtschaftlichen Zentren lagen nicht mehr an der noch babylonisch beherrschten phönizischen Küste; andere in Ionien, Cilicien, Lydien und Ägypten begannen, ihnen den Rang abzulaufen. Die Staatsausgaben wuchsen, die Einkommen gingen spürbar zurück, die Wirtschaft litt unter einer wachsenden Rezession, mit der ein ständiger Preisauftrieb einherging. Der Preis für einen männlichen Sklaven stieg von 40 auf 50 Schekel Silber, der für bebautes Land verdoppelte sich; die Preise für Nahrung, Kleidung und Miete erreichten bis dahin ungeahnte Höhen. Nur die Löhne scheinen nicht in Bewegung geraten zu sein, vielleicht wegen der kleiner gewordenen Arbeitsmöglichkeiten. Nach den Täfelchen verdiente ein ungelernter Arbeiter weiterhin nur einen Schekel Silber pro Tag, gerade genug, um seine Familie zu ernähren. Ein Mann der Tempelgarde brachte es auf über zwei Schekel. Zwangsläufig liehen die Leute Geld zu hohen Zinsen; die Verschuldung wuchs, die Zahlungseinstellungen nahmen zu.

Der Begriff Geld galt natürlich nicht in unserem heutigen Sinne. Gemünztes Geld war in jener Zeit in Babylonien noch nicht im Umlauf, mochte es auch den Fernkaufleuten bekannt gewesen sein. In ihren Börsen trugen die Babylonier kleine Silberstücke von verschiedenem Gewicht und unterschiedlichen Formen mit sich: Ein Schekel wog ungefähr 8,5 Gramm, eine Mina von 60 Schekel etwa 500 Gramm und ein Silbertalent oder 60 Minas ungefähr 30 Kilo. In Gebrauch waren auch noch ein Halbschekel und ein Gran Silber. Alle Metallstücke trugen einen staatlichen Stempel, der Gewicht und Reinheit garantierte.

Babylon kannte den Silberstandard als Währung; das Wertverhältnis zwischen Silber und Gold schwankte nach den Täfelchen zwischen 10 und 14 : 1. Eine so genormte Währung vereinfachte natürlich die Rechnung ganz beträchtlich und erleichterte alle geschäftlichen Transaktionen, förderte aber auch die Kreditentwicklung mit allen ihren Vor- und Nachteilen. Das private Bankgeschäft erhielt einen bis dahin ungekannten Aufschwung, und Bankiers, wie die Egibi in Babylon, machten riesige Vermögen durch die Hergabe von Krediten und Darlehen zu 20 und 30 Prozent, wurden sogar reicher als der Staat. Die Anfänge eines wenn auch rudimentären Währungssystems und die Fortschritte eines umfangreichen Bank- und Finanzgeschäftes in Babylon sind jedenfalls Entwicklungen, die bemerkenswert bleiben.

Im Jahre 539 v. Chr. nahmen die Perser unter Cyrus II. Babylon kampflos ein und machten der babylonischen Unabhängigkeit ein Ende. Die Eroberung ihres Landes mag den Babyloniern als ein simpler Dynastiewechsel vorgekommen sein; das Leben stockte kaum, der Handel ging weiter; babylonische Soldaten dienten in der persischen Armee und nahmen bereits an der Eroberung Ägyptens teil.

Neue Umstände beschleunigten in den Jahren darauf den wirtschaftlichen Rückgang Babylons und des Zweistromlandes. Die große Verbindungsstraße des Persischen Reiches, die »Königsstraße« zwischen Susa, der alten elamitischen Hauptstadt, und Sardes in Lydien ließ Babylon links liegen. Den Handel mit Indien und dem ganzen Osten machten die Perser zu ihrem Monopol. In knapp einem Jahrhundert verdoppelten sich die Preise, und die Miete für eine bescheidene Wohnung stieg von 15 auf 40 Schekel im Jahre 450. Der in den Tontäfelchen dieser Jahre (480–400 v. Chr.) wieder erwähnten Bank-Dynastie der Muraschu war praktisch jedes Haus, jedes Stück Land in Nippur und am mittleren Euphrat verpfändet. Zwischen 40 und 70 Prozent Zinsen nahmen die Muraschus für Darlehen an Leute, die nicht wußten, wie sie die hohen Steuern aufbringen sollten.

Die Babylonier änderten ihre semitischen Namen in persische um. Nur die aramäische Sprache erhielt sich, sie wurde sogar auf persische Anordnung zur »lingua franca« des ganzen Reiches.

Das große Sterben Babylons fing an, als die Seleukiden im dritten Jahrhundert die Stadt Seleukia am Tigris gründeten, die zu dem neuen Handelsmittelpunkt des Zweistromlandes wurde. Schnell entvölkerte sich die heruntergekommene Stadt. Als der römische Kaiser Septimius Severus im Jahre 199 n. Chr. Babylon aufsuchte, war es schon völlig verlassen.

Die Assyrer brauchen Kupfer

Mit Hausierern fing es an

Die Bewohner des Zweistromlandes, der weiten, fruchtbaren Ebene zwischen den Zwillingsströmen Euphrat und Tigris, haben ihre Landschaft stets als ein Geschenk des Himmels betrachtet. Was die fruchtbare Erde und ihre Arbeit hergaben, reichte für ein auskömmliches Leben. Erst als ihre Bedürfnisse wuchsen, merkten sie, was ihnen fehlte: Steine, brauchbares Holz und Metalle, die sie dann wohl schon in sehr früher Zeit von Menschen, die aus den Bergländern in die Ebene kamen, gegen Erzeugnisse ihres Bodens und ihres Handwerks eintauschten.

Weil aber der gelegentliche Tauschhandel für die Deckung des ständig größer werdenden Bedarfs bei weitem nicht ausreichte, machten unternehmungslustige Leute eine Beschäftigung daraus, die sich als gewinnbringend erwies und dazu der wirtschaftlichen Entwicklung förderlich war. Aus dem Händler entwickelte sich mit der Ausweitung des Handels der Kaufmann, der gleichzeitig Bürger und Mitglied einer einflußreichen Berufsgruppe war. Über seine Bedeutung im Lande gab es keinen Zweifel, und er war sich dessen durchaus bewußt. Um diese Zeit gehörte allerdings die Selbstgenügsamkeit der neolithischen bäuerlichen Gemeinden schon längst der Vergangenheit an.

Neugierde und Notwendigkeit müssen die Menschen Mesopotamiens anscheinend schon um die Mitte des dritten Jahrtausends, wenn nicht sogar früher, bis in den gebirgigen Norden geführt haben. Lugal-zagge-si von Uruk (um die Mitte des dritten Jahrtausends) versichert auf einem Tontäfelchen, Enlil habe ihm die Wege vom Unteren zum Oberen Meer, also vom Persischen Golf zum Mittelmeer, geöffnet. Der große Sargon von Akkad, der das erste vorderasiatische Weltreich gründete, unternahm einen Kriegszug nach Kleinasien, weil ihn akkadische Kaufleute, die in dem kleinasiatischen Burushatum lebten, um Hilfe angegangen hatten. In einem

Brief ihres Vorstehers Nur Dagan hieß es: »Wir sind keine Krieger, wir leben als Kaufleute schutzlos in einem fremden Land.« Der Drang, den metallträchtigen Norden zu erschließen, wuchs, als Kupfergerät anfing,
Werkzeuge und Waffen aus Stein zu ersetzen.

Eine Erfindung mit weitreichenden Folgen

Die Mesopotamier hatten schon um die Mitte des dritten Jahrtausends herausgefunden, daß ein Zusatz von zehn bis zwölf Prozent Zinn zu Kupfer
Bronze ergab. Es dauerte aber noch ein paar Jahrhunderte, bis die neue Legierung eine weite Verbreitung fand und allgemein angewandt wurde. Das
geschah erst, nachdem man festgestellt hatte, daß Werkzeuge und Waffen
aus diesem Metallgemisch stärker als die aus reinem Kupfer waren. Die
Entdeckung wurde ebenso streng und erfolglos geheimgehalten wie die Bearbeitungsmöglichkeit, Schmelzbarkeit und Gewinnung des Kupfers ein
paar Jahrhunderte früher.

Wahrscheinlich hat man Kupfer anfänglich für einen besonderen Stein
gehalten, der sich nicht, wie der Flintstein, nur schneiden und schärfen
ließ, sondern den man auch wundersamerweise biegen, durch Hämmern
verformen, in Platten schlagen und zerschneiden konnte. Später entdeckte
man, daß dieser merkwürdige Stoff sich erhitzen und verflüssigen ließ, die
Form des Behälters annahm, in den man ihn goß, abgekühlt diese Form
behielt, sich wieder erhärtete und dazu auch noch geschärft werden konnte.
Wieviele Jahre vergingen, bis man soweit war, wissen wir nicht; auf dem
Weg dazu wurde manches erfunden, wie der Ofen mit einem Zug, dem
dann der Blasebalg zu einer noch viel besseren Leistung verhalf.

Die Nachfrage nach Kupfer, dem neuen wunderbaren Rohstoff, muß
schnell schwindelnde Höhen erreicht haben, und sicher sind auch die
Preise entsprechend gestiegen. Das einzige Lieferland war bis gegen das
Ende des zweiten Jahrtausends, als auf Zypern ergiebige Funde gemacht
wurden, unbestritten Kleinasien. Den Wettlauf in dem großen Geschäft gewannen die Assyrer, die schon längst ihre eigenen Niederlassungen in
Kleinasien unterhielten und dazu als Tauschmittel etwas anbieten konnten,
das die anderen nicht besaßen: Zinn, ohne das sich Bronze ja nicht herstellen ließ.

Woher sie es nahmen, ist nicht bekannt. Vielleicht bauten sie es selbst in
den Bergländern der Nachbarschaft ab. Wahrscheinlicher ist, daß man es
ihnen aus dem persischen Zagrosgebirge oder aus den näheren Bergen
Aserbaidschans lieferte, und sie den Bergbau finanzierten. In Kleinasien

ging man wohl ähnlich vor: Man kaufte das Kupfer auf, wenn man sich nicht an dem zwar risikoreichen, dafür aber oft hohe Gewinne einbringenden Bergbau mittelbar beteiligte, sei es nun als Teilhaber, der Barmittel investierte oder als Bankier, der sich damit begnügte, Geld gegen einen festen Zins vorzustrecken.

Umschlagplatz für die beiden Metalle, aber mehr noch für Zinn, war Assur, die Hauptstadt des altassyrischen Reiches. In einem Brief aus der Zeit Königs Schamschi-Adad I., eines Amoriters, der sich nach dem Niedergang der ersten Dynastie zum Herrscher des altassyrischen Staates am oberen Tigris gemacht hatte und zwischen 1813 und 1780 v. Chr. von seiner Hauptstadt Assur aus regierte, wird einem Aufkäufer versichert, jede beliebige Menge Zinn könne in Assur bestellt werden. Handelskarawanen brachten es regelmäßig auf einer beschwerlichen Straße aus dem Berggebiet im Osten des Urmiahsees an den Tigris. Um die Zeit war der Handel zwischen Mesopotamien und Kleinasien allerdings schon lange im Gange, hatten die kleinasiatischen Niederlassungen der assyrischen Kaufleute schon ihre erste Blüte hinter sich.

In Assur war Profit der Leitgedanke

In dem altassyrischen Assur hat es offenbar eine ganze Reihe von Handelsunternehmen gegeben, in der Mehrzahl Familienfirmen, die das Oberhaupt der Sippe leitete. Sie schickten ihre fähigsten Verwandten und auch tüchtige Angestellte hinaus, um Verbindungen anzuknüpfen, Geschäfte abzuwickeln, Niederlassungen zu gründen oder sie zu leiten. Namen bedeutender Häuser – man ist versucht, von Konzernen zu sprechen, die zum Teil Generationen hindurch prächtig gediehen – sind von den Tontäfelchen bekannt: die Puschu-ken, die Familien Busuttaa, Tab-ahum, Luzina und Kiki, um nur ein paar zu nennen. Sie waren zuerst und vor allem Kapitalisten, betrieben Handel, Goldgeschäfte, waren Bürger ihrer Stadt und Mitglieder einer angesehenen Berufsgruppe. Sie hatten – ein Relikt aus der Zeit, in der Tempel und später Palast allein Handel trieben – öffentliche Verpflichtungen gegenüber der Regierung oder dem Fürsten, für den sie Geschäfte abwickelten, die sie getrennt abrechneten und für die ihnen eine geringfügige Entschädigung gezahlt wurde. So haben sie wahrscheinlich als Treuhänder aufgestapelte überschüssige Warenvorräte, die aus bezahlten Steuern und Abgaben stammten, verwertet. In der Hauptsache arbeiteten sie jedoch als private Unternehmer auf eigene Rechnung, allerdings ständig unter öffentlicher Kontrolle.

Die Vielzahl der kleinasiatischen Niederlassungen könnte leicht die Vermutung aufkommen lassen, »der Handel sei der Flagge gefolgt«, sei also das Ergebnis assyrischer Feldzüge und Eroberungen gewesen. Das war aber mit Bestimmtheit nicht der Fall. Der Aufnahme des Handels lagen Verträge zwischen Vertretern der assyrischen Regierung und einheimischen Fürsten Kleinasiens zugrunde, die stets auch Abmachungen über das Niederlassungs- und Meistbegünstigungsrecht enthielten. Die Assyrer wünschten eine Erschließung Kleinasiens als Lieferland für Metalle und als Absatzgebiet für ihre Erzeugnisse. Und sie brachten fertig, was keinem mesopotamischen Staat vor ihnen gelungen war, nämlich ohne einen Krieg zu führen, ein ganzes Netz von Handelsniederlassungen in einem fremden Land aufzubauen.

Ohne den Wagemut der assyrischen Kaufleute, ihre Ausdauer, ihre Geschicklichkeit, ihren Fleiß und ihre Anpassungsfähigkeit wäre das kaum geglückt. Die assyrische Regierung tat das ihre dazu: Sie sorgte für den Schutz der Handelsstraßen, die sichere und schnelle Übermittlung von Nachrichten und einen öffentlichen Verwaltungsdienst, der die Niederlassungen untereinander und mit der Hauptstadt Assur eng verband. Das alles gelang ohne einen militärischen Einsatz; von assyrischen Garnisonen ist nirgendwo die Rede.

Erfolg und Fortdauer des kappadokischen Handels – so nach der Landschaft Ostkleinasiens genannt, in der fast alle assyrischen Handelsniederlassungen lagen – hingen weitgehend von einer ausgezeichneten Organisation und einer genauen Arbeitsteilung ab. Die großen Unternehmen, die in Assur ihren Sitz hatten, die »ummeânum«, stellten einem Kaufmann und auch einem wandernden Händler Geld und Waren mit der Auflage zur Verfügung, für sie Geschäfte durchzuführen. Oft schlossen sich einige Unternehmer für ein bestimmtes Geschäft, das ihre Mittel überstieg oder dessen Risiko ihnen zu groß schien, zu Handelsgemeinschaften zusammen. Sie waren dann je nach der Höhe ihrer Einlagen am Verlust und am Gewinn beteiligt.

Der reiche Unternehmer, der das Ein- und Ausfuhrgeschäft nicht für eigene Rechnung betrieb, machte Bankgeschäfte. Er lieh vertrauenswürdigen Geschäftsleuten Geld, gewöhnlich Gold oder Silber, das nach dem Sack benannt wurde, in dem der Händler seine Gewichtssteine mit sich trug. Am Ende der ausgemachten Frist hatte der Schuldner einen Betrag zurückzugeben, dessen Höhe sich nach der Zeit richtete. Es konnte sich ebenso um ein paar Tage wie um Monate und auch Jahre handeln. Was über diesen Betrag hinausging, teilten sich Gläubiger und Schuldner, dem mindestens ein Drittel zustand.

Es gab also ganz verschiedene Arten von Abmachungen. Für ihre Einhaltung war Vertrauen die wichtigste Voraussetzung. Es sieht so aus, als ob es nur sehr selten mißbraucht wurde obwohl es, nach dem Inhalt der Tontäfelchen zu urteilen, natürlich auch zu Zahlungsverzögerungen, Mahnungen und Warenbeanstandungen gekommen ist.

Beherrscht wurde das Geschäft von den wenigen ganz großen Handelshäusern, die sich gegenseitig unterstützten. Beinahe alle waren untereinander verwandt oder verschwägert. Ihre jüngeren Familienmitglieder schickten sie für ein paar Jahre hinaus, um die kleinasiatischen Niederlassungen zu leiten, ehe sie in Assur in die Geschäftsführung eintraten. So weiß man von einem Mitglied der reichen und einflußreichen Familie der Puschuken, daß es Jahre hindurch in Kleinasien die umfangreichen Geschäfte des großen Handelshauses führte, während die Familie – seine Frau, vier Söhne und eine Tochter, die Priesterin war – in Assur lebte.

Die Vorfahren dieser assyrischen Großkaufleute waren wahrscheinlich in der zweiten Hälfte des dritten vorchristlichen Jahrtausends um ungefähr dieselbe Zeit in das obere Mesopotamien gekommen, in der ihre Vettern, die semitischen Akkader, sich endgültig in dem mittleren Zweistromland festsetzten. Ihr Kalender deutet auf eine bäuerliche Herkunft hin. Wahrscheinlich verdienten sie sich anfangs als Bauern und Hirten ihren Lebensunterhalt, ehe sie sich für ein städtisches Leben entschieden, das stark von der älteren sumerischen Kultur beeinflußt war. Ob die Assyrer selbst Bergbau betrieben, weiß man nicht. Dafür ist bekannt, daß sie sich mit der Bearbeitung von Metallen befaßten, aus der sich ihr umfangreicher Metallhandel entwickelte und eine Textilindustrie aufbauten, die ihnen die verschiedenen Stoffe und Gewebe lieferte, mit denen sie ihre Einfuhr bezahlten.

Es muß sie viel Zeit und Mühe gekostet haben, bis sie so weit waren. Erst der Zusammenbruch des dritten Königreiches von Ur weit im Süden ermöglichte es ihnen, alte Lebensverhältnisse um die Wende des dritten und zweiten Jahrtausends aufzugeben und unabhängig zu werden. Versuche, das Staatsgebiet nach Süden durch Feldzüge zu erweitern, schlugen fehl und wurden ebenso schnell aufgegeben wie Bemühungen, sich in den miteinander rivalisierenden Stadtstaaten einen politischen Einfluß zu verschaffen. Man beschränkte sich auf den kleinen Staat, wich Zusammenstößen mit den aufkommenden amoritischen Staaten am Euphrat und im unteren Zweistromland tunlichst aus und begnügte sich damit, einen auch für heutige Begriffe umfangreichen Ein- und Ausfuhrhandel mit den Nachbarn im Westen und im Norden aufzubauen, also mit Nordsyrien und vor allem mit Kleinasien, in dem die vielen Faktoreien eine gewichtige, wenn nicht entscheidende Rolle spielten.

Unternehmungsgeist, Geld und Ausfuhrerzeugnisse – Zinn und Stoffe –
besaßen sie in Fülle. Was sie eintauschen wollten, wußten sie: Kupfer und
Silber und dazu vielleicht das eine oder andere nicht zu sperrige Landeser-
zeugnis. Die verhältnismäßig sicheren und gangbaren Handelswege waren
ihnen längst bekannt; ihre Handelsleute besaßen im Umgang mit den
fremden Handelspartnern schon Erfahrung. Mit der Organisation des Karawanenverkehrs, der unumgänglichen Voraussetzung für das Geschäft auf
weite Entfernungen, war man völlig vertraut.

Die Organisation der Geschäfte könnte heute kaum besser sein

Die Geschäfte in Gang brachten stets die großen Kaufherren in Assur und
ihre unmittelbaren Vertreter im kleinasiatischen Kappadokien. Die Durchführung besorgten ihre Vertrauensleute in Kappadokien und Angestellte,
die jede Karawane begleiteten. Dazu gab es Agenten, Makler, Vorlader
und Packer. Gearbeitet wurde mit allen technischen Mitteln, die dem
Handel noch heute geläufig sind: mit Kreditbriefen, Zahlungsanweisun-
gen, Wechseln, Akkreditiven, Ladescheinen und Frachtbriefen.

Tontäfelchen begleiteten jede Warensendung und gaben genauen Aufschluß über Art, Beschaffenheit und Gewicht, über Verpackung, Verlader
und Empfänger und dazu noch über die Bedingungen, die dem Geschäft
zugrunde lagen. Für alles, auch für die rechtzeitige Bereitstellung der Waren, hatten die Vertrauensleute der Handelshäuser gesorgt. In einem getrennt von einem Eilboten beförderten Brief kündigte man die Warensendung im voraus an; er gab Aufschluß über Art und Umfang der Ladung,
den Reisetag und den Namen des Karawanenführers. Mit ihm waren der
Reiseweg, die Kosten, Gebühren, die Ruheplätze, die ungefähre Zeitdauer
der Reise vorher genau ausgehandelt und unter zwei Zeugen schriftlich
festgelegt worden, die dazu noch einmal die Richtigkeit des Inhalts und die
Zustimmung der Parteien mit ihren Siegeln bestätigten. Die zwei Zeugen-
siegel fehlten auf keinem Dokument, auf keinem Formular. Beglaubigte
Abschriften wurden fast immer angefertigt und bei einer amtlichen Stelle
hinterlegt.

Frühe Transportunternehmen

Lange Eselkarawanen beförderten die Waren. Nur der Esel war als Packtier auf den schlechten Wegen, den Saumpfaden und Fährten in einer zum großen Teil gebirgigen und stark bewaldeten Landschaft und zum Überschreiten der Flüsse auf schmalen, nicht zu jeder Zeit gangbaren Furten, in flachen Booten oder auf schlecht gezimmerten Flößen und reißenden Bergbächen brauchbar. Als eine Eselsladung galten 130 Minas Kupfer oder 65 Kilo.

Allem Anschein nach wanderten die Karawanen mit einer bemerkenswerten Regelmäßigkeit. Örtliche Führer wurden angeheuert, wo es sich als notwendig erwies, wie bei einer schwer auszumachenden Furt, die sich beinahe ständig änderte oder in einem Gebirgsstück, wenn ein reißender Regenguß jede Fährte weggewischt hatte. Alles in allem muß das Leben der Karawanenführer, der Eseltreiber und der Begleitmannschaften auf den wochenlangen Fahrten ungemein hart gewesen sein. Ob die Entlohnung dem entsprach, ist nicht bekannt. Die Tontäfelchen sagen darüber wenig aus, weil sie keinen Aufschluß über die Kaufkraft des Geldes und die Lebenshaltungskosten geben.

Der Besitzer der Packtiere, ein frühzeitlicher Spediteur oder Transportunternehmer, sicher nicht weniger geschickt und genau rechnend als seine beruflichen Nachfahren von heute, arbeitete für eigene Rechnung. Die Tiere zu sammeln, sie richtig zu bepacken, für Futter und Raststätten zu sorgen, die tüchtigste Begleitmannschaft zu finden, die genau vereinbarten Zeiten einzuhalten und die übernommene Ware fristgerecht und in gutem Zustand abzuliefern, war seine Aufgabe. Ging ein Tier verloren, stürzte eine Ladung einen steilen Berghang hinunter, war die Karawane mit der Zeit im Verzug, trug er den Schaden. Eine Versicherung gegen Schäden und Verluste gab es noch nicht. Ging alles gut, steckte er einen Gewinn ein, den der seines Auftraggebers sicher weit in den Schatten stellte. Hatte er Pech, blieb ihm nichts übrig, als einen neuen Transportvertrag abzuschließen und den Kaufherrn um einen Vorschuß zu bitten oder sich notfalls als Lohnunternehmer zu verdingen, bis das Glück wieder lachte.

Alle Wege führen nach Assur

Den Weg, den diese Eselskarawanen nahmen, kennen wir nicht genau. Ohne Zweifel hat man bei der Wahl darauf gesehen, daß er möglichst leicht zu bewältigen war und versumpfte Flußtäler ebenso mied wie enge Felsdurchbrüche, sehr steile An- und Abstiege und schwer durchdringliche Wälder. Ferner dürfte man sich über die Furten der zu überquerenden Wasserläufe genau erkundigt haben. Es ist schwer vorstellbar, daß Karawanen während des Winters auf den Weg geschickt wurden. Wahrscheinlich wartete man auch noch das Hochwasser ab, das die Schneeschmelze mit sich brachte. Ein paar Gebote galten stets: In Gebirgstälern sich an die trockenen Talränder halten, Wasserläufe auf dem kürzesten Weg und, wo es nur ging, oberhalb eines einmündenden Nebenflusses zu überschreiten und die Versorgung der Menschen und Tiere zu sichern.

Aus der geographischen Lage der größeren und kleineren Handelsposten läßt sich mit ziemlicher Wahrscheinlichkeit schließen, daß es ein paar Straßen gab, auf denen das schwierige kleinasiatische Wegstück durch den Taurus und den Anti-Taurus bewältigt wurde. Sie liefen in der Ostecke Nordsyriens zusammen, von wo aus Karawanen und Boten auf einer Straße Assur erreichten. Nach den Tontäfelchen, Ausgrabungen, Rückschlüssen, Überlegungen, Vergleichen mit anderen Quellen und angesichts der beschränkten Zahl überschreitbarer Pässe war es wahrscheinlich so: Die assyrischen Handelskolonien waren zum Teil untereinander und alle mit der größten und wichtigsten Kolonie Kanisch auf einer Linie zwischen dem türkischen Hafen Samsun am Schwarzen Meer und der Stadt Tarsus in Cilicien ungefähr elf Kilometer südlich des großen Bogens des antiken Halys, des türkischen Kizil Irmak oder Roten Flusses und an die 20 Kilometer nordöstlich von der heutigen Stadt Kayseri, durch ein ganzes Netz von Wegen und Straßen verbunden.

Von Kanisch aus boten sich für die Überquerung des Taurus und Anti-Taurus zwei Wege an, ein nördlicher und ein südlicher. Der nördliche könnte mehr oder weniger entlang der heutigen Straße über Malatya nach Elazig verlaufen sein. Als Umschlag- und Rastplatz bot sich Hahhum, eine größere Handelskolonie unweit des heutigen Städtchens Harput, an. Ob Hahhum allerdings soweit östlich oder näher am oberen Euphrat gelegen war, ist nicht sicher. Die Karawanen mußten jedenfalls anschließend den Ergani-Paß überqueren, um über die heutigen Städte Diyarbakir und Mardin in das Einzugsgebiet der linken Nebenflüsse des Euphrat und auf die große Straße nach Assur zu kommen.

106

Sie konnten auch hinter der Ebene von Malatya nach Süden abbiegen und über Besni den Euphrat erreichen, ihm auf dem Westufer folgen, um in Karkemisch dann den Fluß zu überschreiten. Der südliche Weg verlangte von der Karawane die Überschreitung des leichteren Göz Bel-Passes oder des weit schwierigen Gök Bel-Passes, ehe sie den heutigen Ort Göksun erreichte. Um nach Maras zu kommen, mußten noch der Ahir Bel-Paß und der Pyramos-Fluß, der türkische Ceyhan, überquert werden. Eine andere Möglichkeit war, anfänglich die östliche Richtung zu nehmen, über den Kuru Çay-Paß zu ziehen, dem kleinen Fluß bis Elbistan zu folgen, an der westlichen Schulter des Berut-Gebirges entlangzuziehen, den oberen

Assur

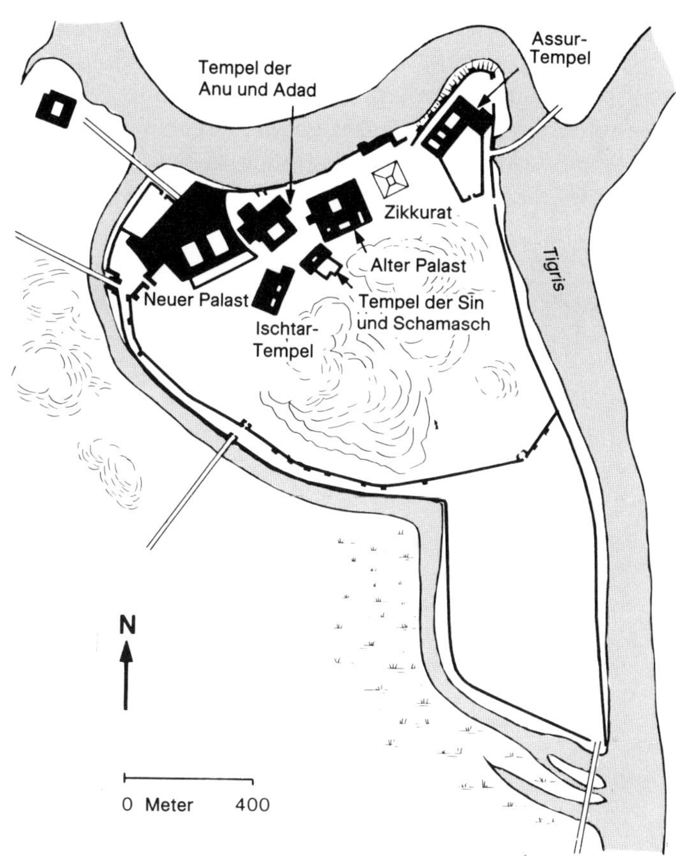

Seyhan-Fluß zu überqueren und am Ende noch den sehr steilen Ahir Dag
hinter sich zu bringen, ehe Maras erreicht wurde. Die Straße führte dann
an zwei offenbar wichtigen Handelskolonien – Mama und Urschu – vorbei, bevor sie, wahrscheinlich wieder bei Karkemisch, in Nordsyrien auslief und auf die Nordstraße stieß.

Wo das oft erwähnte Urschu lag, ist umstritten. Vieles spricht für eine
Lage am nördlichen Ausläufer des Amanus-Gebirges unweit des Euphrat
am Eingang der Paßstraße durch den Taurus. Gründe genug für die Assyrer, eine Handelskolonie anzulegen. Den Karawanenführern war augenscheinlich die Wahl des Weges überlassen. Auf einem an einen gewissen
Assur-nada gerichteten Tontäfelchen, das ihm offenbar von Assur nachgeschickt wurde, wird diesem anheimgestellt, seine Karawane in drei kleinere
aufzuteilen und diese getrennt über die Pässe zu führen, mit der ausdrücklichen Mahnung, die zweite erst nach der Bestätigung der Ankunft der ersten
auf den Weg zu bringen.

Alle Bergstraßen mündeten in eine große, zum Zweistromland führende
Route ein, die Nordsyrien durchquerte, sich dem Oberlauf des Balih und
des Khabur, Nebenflüssen des Euphrat, entlangzog oder – je nach der Jahreszeit – über sie setzte und an den Sindschar-Hügeln vorbei geradenwegs
auf den Tigris und Assur zulief, dem großen Hafen der Karawanen und
Hauptstadt des Handelsreiches, und das nicht nur dem Namen nach.

Das Auge der Obrigkeit war überall

Über alles, was den Handel – die Lebensader des Staates – betraf, führte
die Regierung die oberste Aufsicht; sie hatte das letzte Wort. Den höchsten
Rang, den ersten Platz in der Hierarchie des altassyrischen Staates nahm
der »ruba'um«, der »Fürst« ein, der es allerdings vorzog, sich in allen amtlichen Angelegenheiten mit dem Titel »Irdischer Stellvertreter des Gottes
Assur« zu begnügen. Der Titel läßt die Vermutung zu, daß Assur, die höchste Gottheit der Assyrer, als der eigentliche Herrscher angesehen wurde
und der irdische Fürst nur als sein Vertreter oder Statthalter galt. Allerdings sieht es so aus, als habe sich der assyrische »ruba'um« selbst doch als
»šarr'um«, als »König« betrachtet und als hätten die Assyrer ihren Herrscher auch so angeredet.

Der Fürst arbeitete eng mit einem Rat zusammen, einer Art Regierung
der freien Bürger der Stadt. Hier besaßen die einflußreichen Großkaufleute
und Bankiers eine wichtige Stimme, trugen sie doch zum Wohlstand des

Staates ganz erheblich bei. Fürst und Rat übten gemeinsam die Hoheitsrechte aus, die auch für die kappadokischen Handelskolonien galten. Mit
ihnen bestanden klare und formale Bindungen. Befugnisse und Pflichten
waren genau festgelegt. In Assur erlassene Vorschriften, Bestimmungen
und Urteile hatten Rechtskraft. Nach assyrischem Recht wurden Streitigkeiten zwischen den Kaufleuten in Kappadokien ausgetragen, die als letzte
Instanz den höchsten Gerichtshof in Assur anrufen konnten. Vor der Aufnahme eines Rechtsverfahrens in irgendeiner Niederlassung wurde jeder
Partei der Eid »auf die Stadt und den Fürsten« abverlangt. Als sichtbares
Zeichen der Autorität der »Stadt«, wie Assur kurz genannt wurde, ließ der
Richter vor der Verkündigung eines Urteils die heilige Waffe des Gottes
Assur, einen Dolch, und das hakenförmige Hoheitszeichen der Stadt auf
einen Tisch legen.

Die »Stadt« herrschte nicht über Kleinasien, nahm aber über ihre Bürger
in dem fremden Land voll und ganz die assyrischen Hoheitsrechte wahr.
Wenn man so will, ließ sich Assur für seine in Kleinasien lebenden Bürger
die »Exterritorialität« mit allem, was dazu gehört, einräumen. Man kann
sicher sein, daß dieses Zugeständnis auch in allen Abkommen mit den lokalen Herrschern und Behörden schriftlich festgelegt war. Der Gedanke an
die Kolonialsysteme des 19. Jahrhunderts drängt sich unwillkürlich auf. Es
fragt sich aber, ob an ein solches System in Assur je wirklich gedacht wurde.

Zentrale Leit- und Überwachungsstelle des Handels war das »Bît Alim«,
das Stadthaus, in Assur. Es war gleichzeitig Rathaus, Wiegeplatz, Kontrollstelle für Gewichte und die Beschaffenheit aller Ausfuhrgüter sowie Aufbe-
wahrungsort der amtlichen Register, in denen die jährlichen Schlußzahlen
der Buchhaltungen, die Bilanzen aller Kaufleute für die übliche amtliche
Nachprüfung eingetragen werden mußten. Es war Steuerbehörde, Zollamt,
Zahlungsausgleichstelle, Hinterlegungsstelle für Urkunden aller Art, Wa-
ren- und Geldbörse, Kontrollstelle für alle Warenein- und -ausgänge und
wahrscheinlich auch Lagerhaus, denn man konnte sich in ihm mit Metallen
eindecken, wenn ein unvorhergesehener plötzlicher Bedarf es notwendig
machte.

Nichts wurde versäumt, was dem Handel förderlich sein konnte, aus
dem der Staat durch Gebühren, Abgaben, Steuern und Zölle Nutzen zog.
Dem einzelnen blieb es überlassen, das Geschäft in Gang zu bringen und
im Rahmen der erlassenen Vorschriften durchzuführen; er trug das Risiko
und strich dafür seinen Gewinn ein. Der Staat sorgte für alles andere und
ließ sich dafür bezahlen. Die Methode ist offensichtlich sehr erfolgreich gewesen.

Eine ganze Palette von Handelsgütern

Als Ausfuhrgüter hatte Assyrien eigentlich nur Stoffe und Zinn anzubieten. Beide paßten ausnehmend gut in das kleinasiatische Geschäft.

Die Stoffe, meistens Leinenzeug, deren Beschaffenheit man in Kleinasien rühmte, wurden in Assyrien selbst erzeugt oder aus dem mittleren Mesopotamien bezogen, wo die Weberei ein uraltes Handwerk war. Es gab verschiedene Arten und Qualitäten. Man spricht in den Tontäfelchen von »feinen«, »zarten« und »schweren« Stoffen, von Stoffen für Wäsche und Stoffen für Kleidung, von Stilen und Mustern und unterscheidet offenbar auch nach der Herkunft.

Die Einheit, mit der gemessen wurde, kennen wir nicht. Es sieht aber so aus, als seien die Geschäfte nach Ballen von bestimmten Längen- und Breitenmaßen abgewickelt worden. Die Verpackung dieser Ballen wurde anscheinend oft getrennt in Rechnung gestellt.

Über die Preise sind wir durch die Tontäfelchen etwas besser unterrichtet. Einen Vergleich mit heute lassen die angegebenen Preise und Qualitäten allerdings nicht zu. Ein »perikannunm« genannter Stoff war schon für einen halben, einen oder zwei Schekel zu haben; feinere Stoffe waren teurer: Ein »surutum« kostete fünfzehn bis achtzehn, ein »abarnium« 45 Schekel und mehr, ein »kutanum« um die dreißig Schekel. Fertigkleidung scheint ein großer Handelsartikel gewesen zu sein. Aus den Preistafeln ergibt sich, daß die assyrischen Kaufleute gewöhnlich hundert Prozent auf ihren Einstandspreis zu schlagen pflegten, von denen sie allerdings Abgaben und Transportkosten in Abzug bringen mußten. Aber auch so dürfte ihnen ein sehr ansehnlicher Gewinn geblieben sein.

Das andere wichtige Ausfuhrgut war Zinn. Sein Name »annâkum« ist lange falsch gedeutet worden. Gedacht wurde vorübergehend an Blei. Man weiß jedoch längst, daß nur Zinn gemeint sein kann. Es wurde in verhältnismäßig großen Behältern verladen, die den Stempel des Verladers und das assyrische Amtssiegel trugen. In ihnen waren die Barren säuberlich geschichtet. Es ist auch bekannt, daß die assyrischen Kaufleute durchweg Zinn im Verhältnis von zwanzig zu eins gegen Silber eintauschten und ihren kleinasiatischen Abnehmern, die es ja, wollten sie Bronze herstellen, unbedingt brauchten, in einem Verhältnis von zehn oder sehr oft sogar von nur sechs zu eins überließen.

Silber, das keine Handelsware, sondern ein Zahlungsmittel war, ging von Hand zu Hand in der Form von Draht und Barren, Ringen, Platten und Sicheln. Es wurde gewogen und gestempelt; Gewicht und Reinheit des geläuterten Metalls waren stets durch einen amtlichen Stempel voll gewährleistet. Dann und wann gab man Boten und Karawanenführern auch versiegelte Packungen mit, über deren Inhalt ein angesiegeltes Tontäfelchen genauen Aufschluß erteilte. Gold wurde nur für große Zahlungen gebraucht. Das Wertverhältnis von Gold zu Silber stand mit ganz kleinen Abweichungen nach unten und oben ziemlich genau fest: eins zu acht.

Als ein anderer kostbarer Artikel, der allerdings recht selten gehandelt wurde, galt »amutum«, auch »asium« genannt, das vierzigmal soviel wert war wie Silber und zur Herstellung von Schmuck verwandt wurde. Ein weiterer kostbarer Handelsgegenstand war »husarum«, das merkwürdigerweise oft im Zusammenhang mit »amutum« in den Tontäfelchen erwähnt wird. Man vermutet, daß es sich bei dem ersten um Eisen handelte, das anscheinend schon im frühen zweiten Jahrtausend in entlegenen Berggebieten Kleinasiens geschmolzen wurde und noch Seltenheitswert hatte, bei dem zweiten wahrscheinlich um Meerschaum. Das ist jedoch keineswegs sicher, und der Gedanke, es könne sich um Bernstein handeln, ist noch nicht endgültig widerlegt. Immerhin war Bernstein schon in der Bronzezeit, also um die Mitte des zweiten Jahrtausends v. Chr., im Mittelmeerraum bekannt und hochgeschätzt.

Wenn man ihn in Assur wirklich kannte, dürfte er schwerlich aus Kleinasien, sondern eher aus einem der Mittelmeerländer, vielleicht aus Syrien, eingeführt worden sein. Dagegen wurde der begehrte Meerschaum damals schon in Kleinasien abgebaut, das für dieses Luxusgut eine Monopolstellung in Anspruch nehmen konnte, wie die Türkei sie auch heute praktisch noch besitzt.

Als Handelsgüter werden in den Tontäfelchen auch kleinasiatische Edel- und Halbedelsteine, die die Karawanenführer oder die Vertrauensleute der großen Handelsfirmen in Leinensäckchen auf dem Leib trugen, und gelegentlich auch in Ballen gepreßtes Stroh, Gerste und sogar Honig und Speiseöl erwähnt, die in geeichten und versiegelten Krügen transportiert worden sind.

Weit in den Schatten stellte alle das Kupfer. Über die Abwicklung des assyrischen Kupfereinkaufs in Kleinasien sind wir leider nur mangelhaft unterrichtet. Deshalb ist nicht ausgeschlossen, daß die Tauschraten der einheimischen Aufkäufer den assyrischen Kaufleuten nicht zusagten und sie deshalb oft auch unmittelbare Geschäftsbeziehungen zu den Besitzern der Kupferbergwerke unterhielten. Dafür mußten sie allerdings die Kosten und das Risiko des zusätzlichen Transports aus entlegenen Berggegenden über mühselige Wege in Kauf nehmen. Vielleicht lag die letzte Entscheidung darüber bei Assur. Viel deutet nämlich darauf hin, daß der ganze assyrische Kupferhandel unter der ständigen Kontrolle der Regierung stand, wenn nicht sogar von ihr gelenkt worden ist. Bei aller Freizügigkeit, die dem Handel eingeräumt wurde, könnte die Bedeutung der Kupferversorgung für die Wirtschaft des Landes doch Grund genug dafür gewesen sein, die Anlieferung und die Preisgestaltung ständig zu überwachen.

Es gab verschiedene Handelssorten. Für gewaschenes und verfeinertes Kupfer erhielt man das fünfundvierzig- bis siebzigfache Gewicht des Silbers, für schlechtere Sorten das hundert- bis zweihundertfache und für das sogenannte Schwarzkupfer noch mehr. Geliefert wurden Barren und auch Draht. Wieder bestätigten Stempel und versiegelte Begleitscheine Menge und Qualität. Ein Betrug war so ausgeschlossen.

Erst die Kolonien machten Assyrien zu einem Handelsreich

Das assyrische Handelsreich ist ohne die Niederlassungen in Kleinasien kaum denkbar. Für sie hatten die Assyrer ein System entwickelt, das bis dahin unbekannt gewesen war. Zunächst beschränkte man sich auf ein einziges Nachbarland – Kleinasien –, das nach allem, was sich in Erfahrung bringen ließ, die besten Voraussetzungen für einen Erfolg in beiden Richtungen bot. Es besaß große Mengen Kupfer, das in Assur und in ganz Mesopotamien dringend gebraucht wurde, und war dazu ein ständiger Großabnehmer von Erzeugnissen, die man im Überfluß selbst herstellte, nämlich Stoffe, Gewebe und Kleidung, oder ohne besondere Schwierigkeiten beschaffen konnte: Zinn.

Die Assyrer beließen es in ihrem Außenhandel jedoch nicht bei den üblichen losen Geschäftsbeziehungen, sondern bauten in Kleinasien mit friedlichen Mitteln ein ganzes Netz von Faktoreien oder Handelsniederlassungen auf, denen von den einheimischen Fürsten und Regierungen eine Selbstverwaltung nach assyrischem Recht zugestanden wurde. Aus den aufgefundenen Tontäfelchen kennen wir die Namen von ein paar Dutzend. Alle waren eng miteinander verknüpft: Die Fäden liefen in Kanisch, der wichtigsten Niederlassung, zusammen, wo der gesamte amtliche Verkehr zwischen der Hauptstadt und den Faktoreien abgewickelt wurde. Sendboten brachten die Weisungen, Anordnungen, Befehle und Ratschläge Assurs nach Kanisch, das alle Botschaften weiterleitete. Es übermittelte umgekehrt alle Bitten um Hilfe und Rat, Beschwerden, Berichte über Verhandlungen und Abkommen mit den kleinasiatischen Herrschern für die Bestätigung durch den Fürsten und den Rat.

Alle öffentlichen Einrichtungen Assurs hatten in den Niederlassungen Geltung, das Verwaltungssystem Assurs war auch das ihre; ohne Assur geschah nichts von Bedeutung. Assur und seine Außenstellen bildeten eine Einheit. Dabei konnte von einer politischen Hegemonie Assurs über die Kleinfürstentümer, in denen die Niederlassungen lagen, keinesfalls die Rede sein. Im Gegenteil. Die lokale Souveränität wurde nicht angetastet, und dem örtlichen Herrscher wurden stets die von ihm geforderten Abgaben entrichtet.

In Kleinasien gefundene Siegel deuten an, daß sich schon um das Jahr 3000 v. Chr. herumziehende mesopotamische Händler über den Taurus vorgetastet hatten. Die Nachrichten über geschäftliche Möglichkeiten, die sie heimbrachten, sprachen sich wahrscheinlich schnell herum. Als das Geschäft in Gang kam, mag dem einen und anderen der Gedanke gekommen sein, jemand in dem fremden Land zu lassen, der sich ständig seiner Interessen annahm. Daraus entwickelten sich mit der Zeit permanente Handelsgemeinschaften. Von ihnen ist schon um das Jahr 2400 die Rede. Es sollte allerdings noch mehrere Jahrhunderte dauern, bis sie als rein assyrische Handelskolonien voll in Schwung kamen. Dann war ihr Aufstieg nicht mehr aufzuhalten. Dies verdankten sie dem Rückhalt und der Weitsicht des altassyrischen Staates. Die großen Jahre der kappadokischen Handelskolonien unter den Königen der 1. Dynastie Irisum I. (1940 – 1901 v. Chr.), Ikunum (1900 – 1872 v. Chr.), Sarum-ken (1871 – 1849 v. Chr.) unter Puzur Assur II. (1848 – 1824 v. Chr.) und noch einmal unter dem Usurpator Schamschi-Adad (1813 – 1781 v. Chr.) und dessen Sohn Isme Dagan (1780 – ? v. Chr.) fallen mit Assurs größter Stärke zusammen.

Politische Wirren in ganz Kleinasien machten der ersten Blüte Kanischs, der größten assyrischen Kolonie, gewaltsam ein Ende; mit der Stadt wurde auch die Handelskolonie zerstört. Den meisten anderen Kolonien, von deren Existenz wir wissen, ging es nicht besser. Doch die Assyrer ließen sich nicht entmutigen und bauten wieder auf. Der Handel kam noch einmal in vollen Gang, mochten auch in Assur neue Herren die alte Dynastie verdrängt haben. Ihnen lag an den Einkünften ebensoviel wie ihren Vorgängern. Dann ging es langsam bergab: In Kleinasien bauten die Hethiter behutsam ihr Reich auf und brachten durch Verträge oder mit Gewalt die Kleinfürsten und Kleinkönige unter ihre Herrschaft; in den Grenzgebirgen des Zweistromlandes fingen die Hurriter an, die Handelswege zwischen Kappadokien und Mesopotamien zu stören und unter ihre Kontrolle zu bekommen. Wie ein Meteor stieg das altbabylonische Reich auf und wurde zur ersten Großmacht an Tigris und Euphrat. Für Kleinstaaten war kein Platz mehr. Um das Jahr 1750 v. Chr. eroberte Hammurabi von Babylon

Assur und machte Altassyrien zu einem Vasallenstaat, den fortan ein prinzlicher Gouverneur nach den Weisungen Babylons verwaltete.

Viel Freude hatten die Nachfolger Hammurabis an dem assyrischen Handelsreich nicht. Sie wurde ihnen von den Hethitern, den Hurritern und den jungen unabhängigen Kleinstaaten Syriens verdorben. Die assyrischen Handelskolonien verloren ihren Sinn, die Bevölkerung wanderte ab, das große Kanisch führte am Ende nur noch ein Schattendasein. Die Hethiter, deren neues Großreich beinahe ganz Kleinasien umfaßte, traten die Nachfolge an.

Die assyrischen Handelskolonien Kappadokiens haben in den vielleicht zwei Jahrhunderten ihrer vollen Entfaltung und Blüte aus Assur keine Großmacht im politischen Sinne gemacht. Dafür gaben sie ein Beispiel für den Wert internationaler Beziehungen, wenn man es versteht, sie richtig zu nutzen.

Ein Erdhügel gibt Aufschluß

Beinahe alles, was wir über die assyrischen Handelskolonien und den assyrischen »Welthandel« wissen, verdanken wir den weit mehr als zehntausend Tontäfelchen, von denen die meisten in dem Erdhügel »Kültepe« gefunden wurden. Allerdings ist bis jetzt kaum mehr als ein Drittel übersetzt worden. Der durch die Ausgrabungen bekanntgewordene Erdhügel liegt ungefähr 20 Kilometer nordöstlich von Kayseri an der Straße nach Siwas, mitten in der anatolischen Ebene. Dieses Kayseri, wichtigste türkische Stadt Kappadokiens am Fuß des Erciyas Dag, des antiken Argäus, hieß einmal Eusebeia und auch Masaca und wurde nach der Eroberung durch den römischen Kaiser Tiberius in Caesarea umbenannt.

Der Erdhügel Kültepe mißt ungefähr 550 Meter in der Länge und 450 Meter in der Breite und ist bis zu 23 Meter hoch. Er bedeckt die kleine Hauptstadt eines örtlichen Fürsten; ein anschließender flacherer Erdhügel, eine Art Ableger des größeren, höheren, überzieht die assyrische Handelskolonie Kanisch, den Verwaltungssitz und geschäftlichen Mittelpunkt von mehr als zwanzig assyrischen Handelskolonien auf der kleinasiatischen Hochebene, die wir aus Ausgrabungen oder aus den Tontäfelchen dem Namen nach kennen. Irgendein Kanisch mag schon um die Mitte des dritten Jahrtausends existiert haben. Aber von seiner Geschichte bis zur Ankunft der Assyrer wissen wir nichts, und auch über die Geschichte des assyrischen Kanisch sind wir bis jetzt nur unvollkommen unterrichtet.

114

Die Niederlassungen trugen je nach ihrer Bedeutung verschiedene Namen. Nach den Täfelchen gab es in Kleinasien elf Kolonien, die »karum« und ungefähr zehn, die »wabaratum« hießen. An den Namen lassen sich Rang, Einfluß und Befugnisse des Gemeinwesens ablesen. Ein »karum« galt viel mehr. Unter den kappadokischen »karum« stand Kanisch an erster Stelle.

»Karum« ist ein semitisches Lehnwort aus dem sumerischen »kar« und bedeutet »Mole, Flußdamm«. Damit waren ursprünglich Lagerhäuser an den Flüssen gemeint, aus denen sich mit der Zeit Marktplätze entwickelten, die wiederum den Zusammenschluß der Kaufleute und Händler zu Berufsgemeinschaften zur Folge hatten. Für alle wurde das Wort »kar« angewendet, das zu »karum« wurde und unter dem man in Mesopotamien das Marktviertel und seine Bürger verstand.

Dabei blieb es. Die Assyrer legten das Wort viel weitläufiger aus. Eine kappadokische Handelskolonie war eine Handelsgemeinschaft und gleichzeitig eine assyrische Gemeinde in einem fremden Land; sie übte die Gerichtsbarkeit aus und vertrat Assur bei dem einheimischen Fürsten. Verträge regelten Rechte und Pflichten. Stets lag die Kolonie neben der Stadt, außerhalb ihrer Befestigungswälle. Ihre Bewohner sprachen und schrieben ihre eigene Sprache, benutzten ihren Kalender, ihre Gewichte und Maße, rechneten in ihrem Geld, lebten nach ihren Bräuchen, verehrten ihre eigenen Götter und befolgten die assyrischen Gesetze. Sie kamen nicht umhin, sich der einheimischen Lebensart anzupassen und auch Hattisch, die Landessprache, zu sprechen.

Die Überlegenheit der eigenen semitischen Kultur stand für sie zwar außer Frage, aber sie pflegten Umgang mit ihren nichtsemitischen Nachbarn und nahmen sich aus deren Reihen gern Zweitfrauen, wenn die legitime Ehefrau in Assur lebte. Sie wohnten offenbar recht eng nebeneinander in zweistöckigen Häusern, um kleine Innenhöfe; es muß bei ihnen ungefähr so ausgesehen haben wie in einer mittelalterlichen europäischen Kleinstadt. Sie besaßen ihre eigenen Tempel, Lagerhäuser und Ställe, ihre Büros und natürlich ein »Bît Karim«, das Gemeindehaus. Einheimische Bauern lieferten ihnen, was sie brauchten, und auf einheimische Arbeiter und Handwerker waren sie ständig angewiesen.

Nichts deutet darauf hin, daß die Assyrer je den Versuch gemacht hätten, das so begehrte Kupfer selbst abzubauen. Viel Gewicht legten sie dagegen auf eigenes Weideland für ihre vielen Karawanenesel. Ein guter Esel war teuer. Er kostete zwischen 17 und 37 Schekel, während ein Rind nur 7 bis 19 und ein Schaf nicht mehr als einen bis fünf Schekel einbrachten. Räumten die Assyrer der einheimischen Bevölkerung Darlehen oder Kredite gegen Sicherheit und Zinsen ein, die anscheinend das damals übliche Maß von 30 Prozent noch weit überstiegen – und sie taten es offenbar sehr bereitwillig, wenn der Schuldner ihnen brauchbare Sicherheit bot –, errechneten sie die Dauer und die Fälligkeit nach Aussaat und Ernte, hier und da auch – und das deutet auf einen frühen Weinbau in Kleinasien hin – nach der Weinlese. Einem gingen sie aus Vorsicht geflissentlich aus dem Wege: nie mischten sie sich in die politischen Angelegenheiten des Gastlandes ein. Sie betrieben ihre Geschäfte und beließen es dabei.

Die gescheiten Assyrer gingen sogar noch einen Schritt weiter: dem einheimischen Fürsten wurde stets ein kleines Stück von dem großen Kuchen der Handelsgewinne zugestanden. Das füllte seine Taschen und hielt ihn bei guter Laune. Sein Palast war so etwas wie eine Durchgangsstelle für alle Ein- und Ausfuhrgüter. Sie gingen durch eine Tür hinein und kamen durch eine andere wieder heraus, wenn der vereinbarte Zoll und die üblichen Gebühren bezahlt waren. Mit dem für die Ausfuhr nach Assur bestimmten Kupfer wurde es genauso gehalten, nur die Richtung wechselte. Erst wenn alles erledigt war, konnten die assyrischen Kaufleute über die Ware verfügen. Von dem Versuch einer Zollhinterziehung ist in keinem Täfelchen die Rede.

Man hat lange geglaubt, die Assyrer hätten mit Kupfer lediglich gehandelt. Der Fund einer großen Werkstatt in Kanisch hat diese Annahme inzwischen erschüttert. Die Assyrer waren nicht nur Händler, sondern auch Fabrikanten, die in großem Stil die anscheinend sehr einträgliche Herstellung von Waffen und Geräten aus Kupfer und Bronze betrieben und sie, wie es den Anschein hat, durch eine Verkaufsorganisation im Lande absetzten und auch in die Nachbarländer ausführten. Sie müssen wirklich einen ungewöhnlichen Spürsinn für Geschäfte und Gewinn besessen haben.

Gewiß war Kanisch stolz auf seinen eigenen Stadtrat. Trotzdem war es kaum mehr als eine bessere Amtsstelle Assurs, das seine ständige Kontrolle durch Legaten ausübte, die sich durch das sogenannte »Stadttäfelchen« als bevollmächtigte Abgesandte des Rates der Hauptstadt auswiesen. Daran war nie zu rütteln: die Handelskolonien gehörten zum assyrischen Reich und die Hauptstadt war Assur. Was es wollte, wurde getan. Kanisch leitete lediglich die Weisungen des Souveräns an die übrigen Kolonien weiter.

Der Imperialismus macht allem ein Ende

Die bis in alle Einzelheiten durchdachte Organisation der kappadokischen Handelskolonien brach zusammen, als zum erstenmal in der Geschichte Großmächte auftauchten, die ihren Willen mit überlegener militärischer Stärke durchsetzten und mit den Kleinstaaten aufräumten. Für die assyrischen Kaufleute hatten die aufsteigenden Hethiter keine Verwendung; sie wiesen sie zwar nicht aus, machten ihnen das Geschäft jedoch schwer. Sie sperrten Verkehrswege, unterbrachen die Kupferlieferung, erhöhten Preise und Abgaben und hielten sich nicht mehr an die von den längst unterworfenen Kleinfürsten abgeschlossenen Verträge.

Die wendigen Assyrer haben wahrscheinlich nicht abgewartet, bis man ihre Unternehmen »nationalisierte«, sondern sich rechtzeitig nach Ausweichstellen umgesehen und ihre Vermögen, so gut es ging, in Sicherheit gebracht. Als sie gingen, kam bereits das Eisen auf, und es ist gut möglich, daß die tüchtigsten und weitblickendsten unter ihnen aus dem Eisen sehr rasch ebensoviel Nutzen zu ziehen verstanden wie ihre Väter und Großväter aus dem Kupfer- und dem Zinnhandel. Zuzutrauen wäre es ihnen.

Mari, am Rande von Wasser und Wüste

Der Palast von Mari

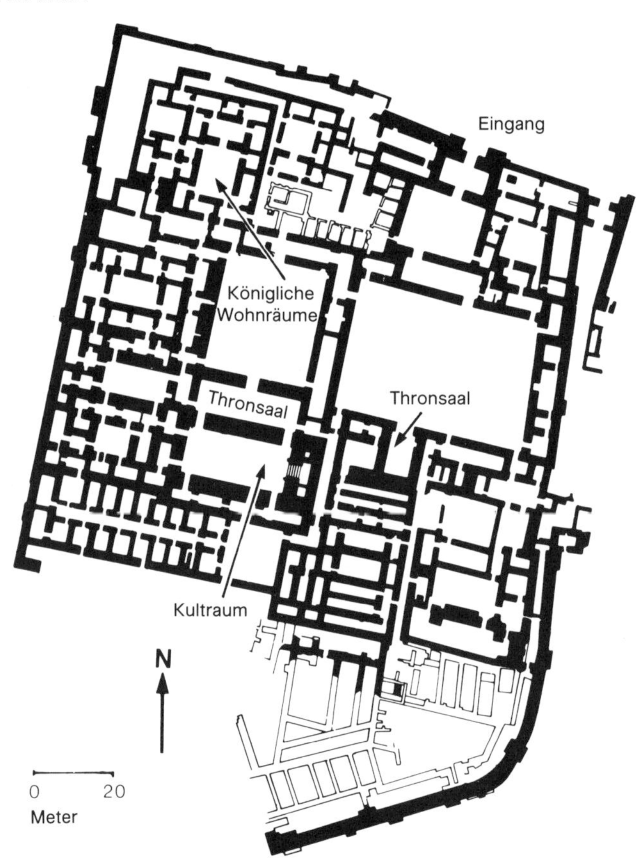

Wo der Euphrat nach Nordwesten einbiegt und die alten Handelswege, die
das Mittelmeer mit dem Zweistromland verbanden, aufeinander trafen, lag
Mari, das enge diplomatische und geschäftliche Beziehungen zu den Stadt-
staaten im Süden und den Fürstentümern Syriens und sehr wahrscheinlich
auch zu Zypern und Kreta unterhielt, vielleicht sogar Kontakte zur Insel
Dilmun im Persischen Golf hatte, zeitweilig einen sehr ansehnlichen Teil
Nordmesopotamiens beherrschte und Umschlagplatz für Zinn, Kupfer,
Tuch, Holz, Harz, Steine, Duftstoffe, Olivenöl und Wein war.

Als im Dezember 1933 am Tell Hariri die Spitzhacken angesetzt wurden,
ahnte niemand, daß eine der wichtigsten Städte der frühen Zeit ans Tages-
licht gebracht würde. Was gaben Geröll und Sand nicht alles her: die Geschichte einer ganzen Dynastie, der zehnten nach der Sintflut; eine erstaunliche Gebäudeanlage von dreihundert Zimmern und Höfen über einer
Fläche von zweieinhalb Hektar mit den letzten Errungenschaften von Zivilisation und Komfort, Bädern, Toiletten.

Hier hatten, wie man später herausfand, einmal achthundert männliche
und weibliche Bedienstete, ein Intendant und ein Haushofmeister gearbeitet. Büros und Ministerien fand man, alles hinter einer Mauer von sehr be-
trächtlicher Höhe und Dicke, die wohl für uneinnehmbar gehalten wurde
und es auch bis zu dem Sturmangriff Hammurabis um das Jahr 1758 v.
Chr. blieb.

Der große Palast wurde damals in Brand gesteckt, die großen Statuen zu
Boden geworfen, verstümmelt oder enthauptet, der König Ischtup-Ilum
von einer hohen Empore gestoßen, die Göttin mit dem Wasserkrug in drei
Stücke zerschlagen und ihr Kopf in ein Wasserbecken geworfen, wo man
ihn fast völlig erhalten fand. Die Wandmalereien, die die Höfe schmückten
und älter als die kretischen waren, wurden zerschnitten und verkratzt. Nur
gegen die Archive waren die Hacken und Hämmer sowie das Feuer macht-
los: Fünfundzwanzigtausend Tontäfelchen, eine der größten Keilschrift-
Bibliotheken, überlebten. Die Flammen härteten und erhielten sie so. Das
Ergebnis der Entzifferung, die noch längst nicht abgeschlossen ist, hat unsere Kenntnis der Zeit zum Teil völlig geändert. Ein Hammurabi, dessen
Lebenszeit um das Jahr zweitausend datiert worden war, ist »jünger« geworden; heute steht fest, daß er etwa zwischen 1792 und 1750 v. Chr. regierte. Dieser Berg von Dokumenten von diplomatischen, geschäftlichen
und auch privaten Briefen und Aufzeichnungen, das Riesenarchiv einer
großen Staatsverwaltung gibt uns nach und nach Aufschluß über Vor-
kommnisse, die uns bis dahin völlig fremd waren.

Mehr und mehr kommt langsam aus dem zweiten vorchristlichen Jahrtausend zum Vorschein. Über achttausend Kubikmeter Erde, Sand und

Geröll wurden schon bewegt; mehr als das Doppelte deckt noch die Erde. Was darunterliegt, mag bis zum Jahr dreitausend zurückreichen.

Um diese Zeit dürfte Mari schon existiert haben; es ist nicht ausgeschlossen, daß seine ersten Anfänge bis weit in das vierte Jahrtausend zurückgehen. Einen ersten Höhepunkt erlebte die Stadt im frühen dritten Jahrtausend. Dann muß ein König von Lagasch und vermutlich auch der große Sargon von Akkad sie niedergehalten und ihre Entwicklung als Handelsstadt stark behindert haben. Mit welchen Mitteln, ist unbekannt. Eine Umleitung der Handelskarawanen hätte jedoch schon genügt. Während der nächsten drei oder vier Jahrhunderte machte die Stadt kaum von sich reden; sie muß im Windschatten der Ereignisse gelebt haben. Um das Jahr 2300 v. Chr. lebte sie dann fast über Nacht wieder auf: Ein neuer Monarch ließ die Tempel wiederherstellen, der Fürst von Mari tat sich mit dem König des siebenhundert Kilometer entfernten Stadtstaates Isin zusammen und verschaffte sich die Kontrolle über den mittleren Euphrat und damit über die großen Handelsstraßen zwischen dem Süden und dem Norden mit den Anschlußverbindungen nach Syrien und dem Mittelmeer. Im sumerischen Süden wurde von »Mari, der Beherrscherin der großen Nordstraße« gesprochen. Um die Zeit der dritten Dynastie von Ur schienen der Fürst von Mari trotzdem kaum mehr als ein äußerst tüchtiger Gouverneur und Mari nur eine Provinzhauptstadt des großen Königreiches von Ur gewesen zu sein.

Das änderte sich um das Jahr 1900 v. Chr., als Westsemiten, die wahrscheinlich aus der Gegend um Halab (Aleppo) kamen, Mari besetzten und es zur Hauptstadt eines Königreiches machten, das sich schon bald von der Mündung des Khaburflusses bis nach Anah (Hanat) am Euphrat entlangzog.

Der erste König dieser amoritischen Dynastie war ein gewisser Iaggid-Lim, ein Zeitgenosse des assyrischen Königs Ila-Kabkabu von Assur am Tigris, mit dem er feierliche Eide der Freundschaft austauschte. Sie kann allerdings nicht von Dauer gewesen sein. Die Tontäfelchen berichten, die Assyrer hätten die Burg von Mari dem Erdboden gleichgemacht und Iaggid-Lims Sohn Iahdun-Lim sei gezwungen gewesen, das Königreich mit viel Mühe zurückzuerobern. Dieser neue Herr Maris ist offenbar ein sehr unternehmungsfreudiger Mann gewesen.

In einer Inschrift rühmt er sich:
»Ich eroberte das Land am Ufer des ›Ozeans‹ (das heißt ›des Mittelmeeres‹), zwang es, meinen Befehlen zu gehorchen und sich mir zu unterwerfen. Ich erlegte ihm einen ewigen Tribut auf, der regelmäßig geleistet wurde.«

120

Diese Erfolge haben anscheinend dem assyrischen Nachbarn, Scham-schi-Adad, einem Mann von Format, der auf seinen Feldzügen gegen den Westen selbst schon bis an das Mittelmeer gekommen war, mißfallen. Ob er der Anstifter der Palastrevolte in Mari war, in der Iahdun-Lim von seinen Dienern umgebracht wurde, ist nicht klar. Jedenfalls nahm er die Gelegenheit wahr und besetzte schleunigst Mari, das einer seiner Söhne, der schwächliche Iasmah-Adad, bis zum Jahr 1780 v. Chr. verwaltete. In einem Täfelchen seines Vaters heißt es: »Du bleibst ein Kind, auf deinem Kinn gibt es keinen Bart, keine Familie hast du gegründet; während dein Bruder in Kriege zieht, liegst du mit schlechten Frauen zusammen; werde endlich ein Mann.« Er war bereits Zeitgenosse Hammurabis, dem er allerdings trotz vieler höflicher Briefe nicht ganz traute, seit ihm zugetragen worden war, der »Mann in Babylon« hege schlechte Absichten. Zwar beruhigte ihn nach einem Täfelchen aus dem Archiv von Mari einer seiner Spione: »Das Herz meines Herrn kann jetzt ruhig sein, denn der Mann von Babylon wird meinem Herrn nie ein Leid zufügen.« Erst Jahre später eroberte und zerstörte Hammurabi die Stadt, die seinen Plänen im Weg stand. Aber zu der Zeit war der Assyrer längst nicht mehr in Mari.

Zimri-Lim

Zimri-Lim, der Sohn des ermordeten Königs von Mari, war nach dem syrischen Halab geflüchtet, als die Assyrer das Land besetzten, und hatte die Prinzessin Sibtu, eine Tochter des Königs Iarim-Lim von Iamhad, geheiratet. Sie kam mit ihm im Jahre 1780 nach Mari, als er die Stadt mit der Hilfe seines Schwiegervaters zurückeroberte. Unter ihm erreichte Mari einen außerordentlichen Wohlstand, seine größte Ausdehnung und einen gewaltigen politischen Einfluß. Über die Schönheit der Stadt und ihre Bauwerke sprach man ebenso in den Städten am Mittelmeer wie in Assur und in Babylon.

Die Königin Sibtu, zweifellos eine ungewöhnliche Frau, muß auf Zimri-Lim einen starken Einfluß ausgeübt und im Lande eine wichtige Rolle gespielt haben. Gewiß besaßen die Frauen Maris, darin den Frauen Babylons ähnlich, beträchtliche Rechte: Sie konnten Geschäfte betreiben, Geld anlegen, Darlehen aufnehmen und Verträge abschließen. Der König gestand seiner Ehefrau aber noch weit mehr zu: Sie vertrat ihn, wenn er abwesend war, sie überwachte ständig die Palastverwaltung, die Tempel, die Arbeitsstätten, sah in der Stadt nach dem Rechten und erstattete ihm Bericht über alles, was vor sich ging. Sie scheint über alle außenpolitischen Fragen genau unterrichtet gewesen zu sein und Zimri-Lim als engster politischer Berater gedient zu haben. Sicher lag die letzte Entscheidung stets bei ihm. Es ist jedoch erstaunlich, daß um diese Zeit eine Frau derartigen Einfluß auf den König auszuüben vermochte, der Nebenfrauen hatte und nicht nur in Mari, sondern in jeder Provinzhauptstadt einen Harem unterhielt.

Zimri-Lim muß sich für alles, was in seinem Lande geschah oder zu tun war, interessiert haben. Seine Regierungsweise war, das bezeugen die Täfelchen, ausgesprochen patriarchalisch. Ständig erhielt er Briefe und Berichte von seinen Gouverneuren, von militärischen Befehlshabern, Verwaltern, Botschaftern, Verwaltungsbeamten, Aufsehern, Stammeshäuptlingen, Zoll- und Steuereinnehmern, Geschäftsleuten, Karawanenführern, Baumeistern, Priestern, Inspektoren der staatlichen Güter und der Bewässerung, Bürgern und Bürgerinnen. Berichte, Bitten um Rat, Beschwerden: nichts ließ er unbeantwortet. Er gab Ratschläge, Anordnungen, Befehle, ersuchte um zusätzliche Informationen, schlichtete Streit, gab Lob, übte Kritik und verhängte Strafen, söhnte Nomaden miteinander aus, ließ Beamte zu einer persönlichen Rücksprache nach Mari kommen und nahm sein Amt als höchster Richter ungemein ernst.

Und dabei beließ er es nicht: Kinder mußten richtig erzogen, Gefangene passend beschäftigt, Kriegswagen und Waffen erzeugt, Preise richtiggestellt, Karawanen gut beschützt, kranke Frauen behandelt, Töchter standesgemäß verheiratet werden. Über alles erhalten wir Aufschluß in den Täfelchen, oft in einem trockenen Amtsstil, der sich von dem unserer Tage in nichts unterscheidet.

In einem Täfelchen heißt es, die Töchter des Königs seien jetzt erwachsen und man müsse ihnen Musikunterricht erteilen. In einem anderen Täfelchen kündigt der Gouverneur Terqas Körbe voll gesammelter Heuschrecken an, um den »Gaumen seines Herrn zu erfreuen«.

Ein gewisser Iaqqim, der Gouverneur von Sagaratim, hat einen Löwen gefangen, ihn in einen hölzernen Käfig gesteckt und nach Mari geschickt.

Eine weibliche Sklavin ist aus dem Palast entflohen; die Gouverneure erhalten Befehl, sie ausfindig zu machen und unter Bewachung zurückzuschicken.

Eine nach Harran verbannte Frau ist unglücklich und bittet Zimri-Lim: »Könnte mein Herr ein paar Worte schreiben, damit sie mich zurückbringen und ich das Gesicht meines Herrn wiedersehe, den ich so vermisse?«

Oder jener Brief Zimri-Lims an seine Gemahlin Sibtu: »Mir ist zu Ohren gekommen, daß die Dame Nanname krank geworden ist. Sie trifft viele Leute im Palast und erhält den Besuch vieler Damen in ihrer Wohnung. Gib bitte strenge Befehle, daß niemand aus ihrem Becher trinkt, niemand ihren Sitz und niemand ihr Bett benutzt. Sie sollte andere Damen in ihrer Wohnung nicht mehr empfangen. Diese Krankheit ist ansteckend.«

Man fragt sich, woher der König die Zeit nahm, um sich mit allem zu beschäftigen und, wie aus den Täfelchen klar hervorgeht, alles ohne sonderlichen Verzug auch zu erledigen. Sein Amt sah Zimri-Lim offenbar im Licht der nomadischen Tradition. Die Beziehungen zwischen Mari und Sumer waren gewiß uralt und hatten sich in Bräuchen, Kleidung und vielem anderen niedergeschlagen. Aber die Bevölkerung Maris blieb zwiespältig. Nomadentum und Seßhaftigkeit, Stamm und Stadt existierten nebeneinander in einer latenten Spannung, und immer blieb das Amoritische vorherrschend. Die Lim-Dynastie erinnerte sich stets ihrer Wurzeln, des Stammes, aus dem sie kam.

Die Könige waren stolz auf diese Erbschaft. Deshalb regierten sie anders als die Könige im Süden des Zweistromlandes; sie beriefen sich weniger auf die Gnade Gottes als auf das Vertrauen des Volkes, in dem sie einen großen Stamm sahen, dessen Häuptling und Patriarch sie waren. In Mari gab es freie Bürger, Sklaven und eine dritte Gruppe, die sogenannten »Muschkenum«. Die Bürger waren frei, im Rahmen des Gesetzes zu tun, was ihnen beliebte. Ihre Pflicht war es, den Staat zu verteidigen; sie stellten die Beamten, die Priester, ihnen waren alle öffentlichen Ämter vorbehalten. Die Sklaven, fast ausschließlich Kriegsgefangene, die zwischen dem Monarchen und seiner Armee aufgeteilt wurden, waren ziemlich billig. Deshalb gab es sie in großer Zahl, so daß sich die Nachfrage nach billigen Arbeitskräften in engen Grenzen hielt. Über ihren Status sagt der Brief eines hohen Richters an Zimri-Lim alles aus: »Die männlichen und die weiblichen Sklaven, die Ochsen und die Esel haben kein Recht auf die Anrufung eines Gerichts, sie stehen außerhalb des Gesetzes, sie sind gesetzlos.«

Über sie wurde nach Gutdünken ihrer Herren verfügt. Darüber gibt ein Täfelchen Aufschluß, in dem Zimri-Lim der Königin die Anweisung erteilt, alle nach Mari gebrachten weiblichen Gefangenen – Frauen galten ebenso als Kriegsbeute wie die Männer – in die Textilwerkstätten zu schikken und die dreißig schönsten vorläufig einmal für den Harem in Obhut zu nehmen.

Man muß wissen, daß die Herstellung von Textilien aller Art in Mari ein königliches Monopol war. In den Werkstätten waren fast ausschließlich Sklavinnen beschäftigt, und man brauchte viele Arbeiterinnen, weil die Nachfrage nach Stoffen infolge des wachsenden Wohlstandes der Bevölkerung und des guten Absatzes in anderen Ländern ständig zunahm. Es gibt auf Täfelchen lange Listen von Weberinnen, die in Wirklichkeit nichts anderes waren als gefangene Frauen, die als Sklavinnen in den königlichen

Werkstätten gehalten wurden und aus ihren Arbeitssälen wahrscheinlich nur in ihre Schlafsäle hinüberwechselten, um bei Tagesanbruch wieder den Weg zurückzugehen. Die »Muschkenum« waren Plebejer, Besitzlose, die zu niedrigen Arbeiten herangezogen wurden, einer Reihe von Verpflichtungen und Einschränkungen unterlagen, dafür aber einige Privilegien besaßen. So war ihnen verwehrt, in der Stadt zu wohnen, und sie hatten, obwohl frei, keine Bürgerrechte.

Eine Klasse für sich waren die vielen Prophetinnen und Propheten, Traumdeuterinnen und Traumdeuter. Es gab solche, die in den Tempeln und andere, die als »freie Unternehmer« arbeiteten. Die weiblichen waren weit in der Überzahl. Alle deuteten Träume und gaben Orakel, natürlich gegen ein entsprechendes Entgelt: Orakeln von Frauen der oberen gesellschaftlichen Schicht kam mehr Bedeutung zu; dafür waren sie allerdings teurer. Ob auch Zimri-Lim, immerhin ein überdurchschnittlich begabter, gescheiter und nach allem, was wir von ihm wissen, realistisch denkender Mann, von der prophetischen Gabe dieser Frauen Gebrauch machte, ist nicht bekannt. Dafür sind wir gut über die Geschäfte unterrichtet, die Mari reich machten.

Ein gutgehender Kupferhandel

In großen Mengen wurde Kupfer gehandelt, sogenanntes »gewaschenes Kupfer«, für das in den Täfelchen die Bezeichnung »reines« und auch »sauberes« Kupfer gebraucht wird. Dieses Kupfer war anscheinend nicht nur für die Herstellung von Bronze, sondern auch für Legierungen mit Silber und Gold sehr gesucht. Mehr als einmal wird ausdrücklich davor gewarnt, nicht zu versuchen, der Sendung etwa aus dem Bergwerk kommendes Erz unterzumischen, dem noch Mutterstein anhafte. Die Vertreter waren angewiesen, solche Lieferungen strikt zurückzuweisen.

Man fragt sich, woher dieses Kupfer kam. Erwähnt werden Teima im Nordwesten der arabischen Halbinsel und auch Zypern. Nun wurde auf Zypern Kupfer abgebaut und auch raffiniert. Von Kupfervorkommen in der nördlichen arabischen Wüste ist jedoch nichts bekannt. Möglich ist deshalb, daß Teima herangebrachtes Kupfer raffinierte oder ganz einfach ein großer Umschlagplatz für Kupfer war. Es ist bekannt, daß Teima von den Kupferminen im Tal »Araba«, den viel später als »Minen Salomons« gerühmten Bergwerken, beliefert wurde. Diesem Teima-Kupfer wird in den Texten verschiedentlich eine besondere Reinheit und eine ausgezeichnete Qualität bescheinigt.

124

Zieht man die gewaltige Entfernung von gut tausend Kilometern zwischen Mari und Teima und die mühselige und kostspielige Wüstenreise in Betracht, muß die Beschaffenheit des Teima-Kupfers wirklich hervorragend gewesen sein. Dafür spricht auch, daß in den Werkstätten des Palastes von Mari ausschließlich damit gearbeitet wurde und die Palastverwaltung nur mit ihm Handel trieb.

An große Entfernungen scheint man überdies in Mari gewöhnt gewesen zu sein. Aus den Archiven ergibt sich, daß sein geographischer Horizont von Elam im tiefsten Süden des Zweistromlandes bis zu den Hethitern am Halys im Norden Kleinasiens und vom iranischen Hochland bis an das Mittelmeer und darüber hinaus bis nach Zypern und Knossos reichte. Die Beziehungen zu Zypern und Knossos auf Kreta wurden wohl über syrische Handelshäuser oder eigene Agenten gepflegt und Waren in den Handelsstädten an der Mittelmeerküste umgeschlagen. Halab (Aleppo) und Qatna (Mischrif), etwas weiter im Inland, dürften bei der Güterverladung eine maßgebliche Rolle gespielt haben, denn sie waren durch eine Gebirgsstraße mit der Küste verbunden und in ihnen nahm die große Handelsstraße nach Mari und Mesopotamien ihren Anfang.

Den geschäftlichen Unternehmen waren keine Grenzen gesetzt. Die Wüsten waren den unternehmungsfreudigen Händlern aus Mari gut bekannt; sie jagten ihnen keinen Schrecken ein, und mit den Nomaden – dafür sorgte die nomadische Verwandtschaft – standen sie auf gutem Fuß, was allerdings nicht verhinderte, daß auch ihre Karawanen dann und wann von Räubern angegriffen und ausgeplündert wurden. Ob die Güter aus dem Westen und Osten, aus dem Süden und Norden in Mari umgeladen werden mußten, ist aus den Täfelchen nicht klar ersichtlich. Es ist aber anzunehmen, denn Mari hat sich kaum den beträchtlichen Gewinn entgehen lassen, den ein Warenumschlag mit sich brachte. Umgeladen wurden zweifellos Schwergüter, wie Metalle, Steine und Holz, deren Transport auf Schiffen den Euphrat hinunter nach Sumer schneller und wesentlich billiger war. Für diese Flußschiffahrt spielte Mari eine ungemein wichtige Rolle als Endpunkt des schiffbaren Teiles des Euphrat, der sich oberhalb Maris schnell verengt und gefährliche Stromschnellen aufweist.

Ein Täfelchen – eines der vielen, die nichts anderes sind als Blätter einer umfangreichen Buchhaltung – gibt Aufschlüsse über den Zinnhandel, den Mari betrieb und der sehr groß gewesen sein muß, führte doch die mesopotamische Zinnstraße an Mari vorbei. Die Stadt konnte ohne ihn überhaupt nicht auskommen.

Zunächst ist von eingegangenen Zinnladungen die Rede, anschließend sind säuberlich alle Abgänge aus der königlichen Schatzkammer zur Beförderung in die verschiedensten Mittelmeerstädte aufgezeichnet. Daraus ergibt sich eindeutig, daß die königliche Verwaltung den Zinnhandel in großem Umfang für eigene Rechnung betrieb. Offen bleibt, ob sie ein Monopol des Zinnhandels besaß. Möglich wäre es. Unter den Empfängern ist einige Male auch die kanaanitische Stadt Ugarit unweit des Fenchelkaps an der nordsyrischen Küste erwähnt.

Ugarit und Mari müssen zueinander ausgezeichnete Beziehungen unterhalten haben. Die Könige schickten sich Briefe und Geschenke, und der König von Ugarit kündigte in einem den Besuch eines Gesandten an mit der Bitte, ihm auch den königlichen Palast zu zeigen.

Zur Aufrechterhaltung dieser Beziehungen gehörten, wie es scheint, Zinngeschenke an hohe Würdenträger. So werden eine Geschenksendung von Zinn des Königs Zimri-Lim an die Dame Gasera, die Gemahlin des Königs von Halab, ihren Sohn und einige Persönlichkeiten des Hofes, aber auch an Bedienstete Seplarpaks, des Königs von Susa, und seinen »Bruder« Zimri-Lim in Mari in Täfelchen ausdrücklich erwähnt. Zinn muß also um jene Zeit besonders wertvoll gewesen sein.

Auch Palästina wurde von Mari mit Zinn beliefert, und die Häufigkeit der Lieferungen läßt darauf schließen, daß die als Empfängerin immer wieder genannte Stadt Hazazar oder Hazor damals ein ganz bedeutender Handelsplatz war, der das gelieferte Zinn – sicher nicht ohne einen Aufschlag – an Ägypten und die südarabischen Königreiche verkaufte. Ebenfalls eine Rolle in dem so weitläufigen Zinnhandel spielte die syrische Stadt Qatna im Süden Aleppos, die Residenz eines Kleinfürsten, in der sich Händler aus dem ganzen Vorderen Orient trafen.

Einer großen Zinnladung nach Qatna wurde in Mari vorsorglich ein Dolmetscher mitgegeben, was vermuten läßt, daß es sich bei dem Empfänger um einen kleinasiatischen Karier handelte. Überhaupt scheint die Verwendung von Dolmetschern nichts Unübliches gewesen zu sein. Gewöhnlich wurden sie in Ugarit, das eine kosmopolitische Stadt gewesen sein muß, angeheuert. Sie sprachen und schrieben mehrere Sprachen, so Hethitisch, Akkadisch, Hurritisch und auch Griechisch, von phönizischen Dialekten ganz abgesehen. Ihr Honorar legte man im voraus fest; gezahlt wurde allerdings erst, wenn die Geschäfte vollständig abgewickelt waren.

Ausdrücklich wird eine große Zinnsendung im hohen Wert von zwei Talenten für den Fürsten von Hazor erwähnt, der ein Dolmetscher und ein besonderer Beauftragter des Königs von Mari beigegeben waren, und die in einer Festung einer hohen Persönlichkeit übergeben werden mußte, deren Namen im Text leider nicht genannt wird.

Aus allem ergibt sich, daß Zinnkarawanen ständig unterwegs waren und Mari um jene Zeit unbestrittener Mittelpunkt des Zinngeschäftes gewesen sein muß, das einen weit größeren Umfang hatte, als man glauben möchte. Ob es in Mari so etwas wie eine Zinnbörse gab, läßt sich den Täfelchen nicht eindeutig entnehmen, wird aber für möglich gehalten. In jedem Fall dürfte die Preisbildung von der königlichen Verwaltung weitgehend bestimmt worden sein, die ja mit Hilfe ihrer großen Vorräte, ihrer langfristigen Lieferverträge und ihrer Karawanenkontrolle in der Lage war, nach Belieben Angebot und Nachfrage zu steuern.

Konkurrenten waren Larsa zwischen Uruk und Ur, Eschnunna am Unterlauf des Diyalaflusses am mittleren Tigris und schließlich Assur am oberen Tigris, von Mari durch die Dschesirah getrennt. Eschnunna, ein Stapelplatz des Metalls – von Mari stets mißtrauisch beobachtet –, hätte gerne das große Geschäft mit den Mittelmeerländern selbst gemacht, war aber auf Mari angewiesen, das nun einmal die viel bequemeren Wege nach dem Westen kontrollierte. Der einzige Ausweg, die den Tigris hinauf und dann in einem großen Bogen um Steppe und Wüste führende sogenannte »Nordstraße«, bot sich nicht als Ersatz an. Sie war kostspielig, zeitraubend und dazu gefährlich.

Eschnunna hatte schon früher einmal den Versuch unternommen, die Länder am oberen Tigris zu erobern und sich einen Brückenkopf am Euphrat zu sichern, um die große Handelsstraße unter ihre Kontrolle zu bringen, ohne allerdings einen Erfolg von Dauer zu erzielen. Um die Zeit Zimri-Lims war es längst von vier mächtigen Staaten – Babylon und Larsa im Süden, Assur im Norden und Mari im Westen – eingekreist, die jedem Versuch einer Ausdehnung unüberwindliche Hindernisse entgegensetzten. Trotzdem fühlte sich Zimri-Lim in Mari nie ganz sicher und fürchtete den »Mann von Eschnunna«, wie der König in den Täfelchen etwas verächtlich genannt wird. Ihm wurde nachgesagt, ständig am Oberlauf des Euphrat und des Tigris Verschwörungen anzuzetteln; er hatte bereits einmal eine allerdings erfolglos gebliebene große militärische Expedition gegen Harran unternommen, um das ganze Hinterland von Mari abzuschneiden und die Karawanenstraße in seine Hand zu bringen.

Das hinderte Mari und Eschnunna jedoch nicht, Partner im Zinngeschäft zu bleiben, das zu betreiben hier wie dort Vorrecht des Palastes war. Dabei ist es natürlich auch zu Streitigkeiten gekommen. In einem Täfelchen ist die Rede von einer Zinnkarawane, die ein Provinzgouverneur Maris anhielt und nicht den eingeschlagenen Weg zu einem unbekannten Ziel fortsetzen ließ, sondern nach Mari zu Zimri-Lim weiterleitete.

Die Zinnkarawanen waren groß; hundert und mehr Packesel waren die Regel. Damit das kostbare Metall nicht in falsche Hände geriet, wurden sie stets von Schutzmannschaften begleitet.

Woher das Zinn kam, welchen Weg es nahm, bevor es Mari erreichte, wird im Brief eines gewissen Meptum, eines hohen Beamten in Mari, erzählt: Drangian, Susa, Eschnunna. Das bestätigt die Angaben Strabos, der als Herkunftsland des Zinns ebenfalls Drangian nennt. Damit sind wohl die elamitischen und iranischen Berge gemeint, aus denen die Kaufleute Susas das Zinn herbeischafften, um es dann auf den damaligen Weltmarkt zu bringen. Mari kam dabei die Rolle des Umschlagplatzes zwischen Mesopotamien und dem Westen sowie die des großen Zwischenhändlers zu. Wieviel Geld dabei verdient wurde, sagt kein Täfelchen; es muß aber ein lukratives Geschäft für den König, diesen und jenen Tempel und einige ausgesuchte Kaufleute gewesen sein.

Anderswo war es gewiß ebenso. Überall war der Zinnhandel ein Staatsbzw. ein Palastmonopol; zumindest übte der Staat eine sehr genaue Kontrolle aus. Das ist verständlich, denn Zinn war für die Herstellung von Bronze unerläßlich. Aus ihr wurden Waffen hergestellt, die letzten Endes die politische Macht sicherten und eine Verwirklichung weitgehender politischer Pläne möglich machten. Ein Zimri-Lim war sich dessen bewußt und ließ ständig alle Wege sorgsam durch militärische Streifen überwachen, um jeden Schmuggel zu unterbinden.

Eingang zum Palast, Thronsaalgruppe, Mari

Wandmalerei „Opferführer" im Palast des Königs Zimri-Lim, Mari, 18. Jh. v. Chr.

Nachfolgende Seite: Statue der Göttin mit dem Wassergefäß, aus dem Thronsaal des Palastes von Zimri-Lim, Mari, 18. Jh. v. Chr.

Abseits vom Zinnhandel

Natürlich beschäftigte man sich in Mari nicht nur mit dem Zinnhandel.

Zahllose Täfelchen berichten über Immobiliengeschäfte und Kreditoperationen. Boden und Häuser, die dem Palast, einem Tempel oder einem Stamm gehörten, waren unveräußerlich, nicht beleihbar und unterlagen nicht dem Privatrecht; sie konnten im besten Fall in eine Art Erbpacht gegeben werden. Die Vermietung von Häusern war anscheinend ein weit verbreitetes, gutes Geschäft.

Recht viel erfahren wir über das Kreditwesen. Genau vorgeschrieben waren Form und Inhalt von Darlehensverträgen, Garantien und Bürgschaften. Kredite und Darlehen konnten kurz- und langfristig sein. Geliehen wurde Geld für die Finanzierung eines Geschäftes, den Bau eines Hauses und auch für die Überbrückung einer Notlage, zum Beispiel bis zur neuen Ernte. Ausgezahlt wurden entweder eine bestimmte Menge Getreide oder Geld, stets gegen Zins. Geldgeber waren die königliche Kasse, die Tempel und reiche Privat- oder Geschäftsleute.

Welcher Bevölkerungsschicht oder welchen Berufen die Geldnehmer angehörten, wird nur in den seltensten Fällen gesagt; bei großen Beträgen handelte es sich zweifellos um Kredite für die Finanzierung von Geschäften; kleine Beträge liehen sich Mitglieder der unteren Klasse oder Bauern. Die Zinsen waren gewöhnlich hoch; sie beliefen sich auf dreißig bis vierzig Prozent. Kein Gesetz setzte eine Grenze nach oben; wie in Babylon, war auch in Mari der Begriff Wucher völlig unbekannt. Ohne Sicherheit wurde kein Geld gegeben; Sicherheit konnte notfalls auch die eigene Frau sein, die verpflichtet wurde, bis zur Rückzahlung des Darlehens im Hause des Gläubigers zu bleiben und statt eines Zinses für ihn zu arbeiten.

Sehr wenig sagen die Täfelchen über die Organisation und die Stellung der Kaufleute aus. Wir wissen, daß ihre Existenz vom Staat anerkannt war, der lokale Handel weitgehend in ihren Händen lag und sie auch im Außenhandel, wenn auch mit Einschränkungen, beteiligt waren, aber der Palast und die Tempel im Ein- und Ausfuhrgeschäft die überragende Rolle spielten.

Ausgezeichnet war die öffentliche Verwaltung organisiert; sogar eine Katasterbehörde fehlte nicht. Die Beziehungen zu fremden Mächten und Höfen wurden durch Botschafter gepflegt, die zwar im allgemeinen als unverletzlich galten, aber doch hier und da in eine bedrängte Lage kommen konnten, wie jener Botschafter, den Hammurabi fortziehen und dann unterwegs verhaften ließ, weil er ihn verdächtigte, gegen ihn Spionage betrieben zu haben, oder jener andere, der in den Verdacht eines Diebstahls geriet und sich glücklich preisen konnte, daß man nach wenigen Wochen den wirklichen Dieb fand.

Im dunkeln befinden wir uns über den Handel mit Edel- und Halbedelsteinen wie Türkis, Beryll, Karneol und vor allem Lapislazuli. Wir wissen auch nicht, wie Perlmutter seinen Weg nach Mari fand. Wahrscheinlich war dieses Geschäft den Kaufleuten überlassen worden und blieb deshalb in den Archiven des Palastes unerwähnt. Die Steine kamen von sehr weit her; Perlmutter kann nur Dilmun geliefert haben. Nichts deutet jedoch darauf hin, daß Kaufleute aus Mari Steine unmittelbar aus Zentralasien über die sogenannte »Große Khorassanstraße« oder über die nach Susa führende südliche große persische Überlandstraße selbst nach Mari brachten. Das hätten die Stein- und Perlmutterhändler in Südmesopotamien, die das Geschäft seit Jahrhunderten fest in Händen hielten, nicht zugelassen. Der Markt Mari mag für solche kostspieligen Unternehmungen auch viel zu klein gewesen sein, und an eine Weiterausfuhr in die Mittelmeerländer und nach Ägypten war kaum zu denken; diese besorgten die alten Firmen und Schleifereien Südmesopotamiens selbst. Man muß also annehmen, daß sich die Händler aus Mari bei den alten Einfuhrfirmen im Süden eindeckten und die Steine und das Perlmutter mit den Zinnkarawanen nach Mari bringen ließen.

Gesuchtester Schmuckstein war Lapislazuli. Er zierte Halsketten, Ringe und Armbänder und wurde in Kämme und Ohrgehänge eingelegt; vor allem diente er als Pupille für Statuen und war ungemein beliebt als Amulett. In die Wandziegel des Ischtar-Tempels von Mari hatte man Bruchstücke des Steines zusammen mit Gold und Perlmutter eingelegt, um eindringlich darauf hinzuweisen, daß die Ziegel der Göttin geweiht waren.

Semiten und Sumerer

Noch steht nicht endgültig fest, zu welcher Rasse die frühesten Bewohner Maris gehörten, obwohl wir aus Personennamen in gefundenen Inschriften mit einiger Sicherheit darauf schließen können, daß das Gebiet um Mari semitisch war. Dafür sprechen auch verschiedene ausgegrabene Bauten – vier Tempel und eine Zikkurrat – aus jener ersten Zeit. Von den Tempeln ist einer eindeutig der Göttin Ninni-Zaza geweiht gewesen. Der in den Trümmern gefundene konische Monolith, das semitische Zeichen für die Anwesenheit der Gottheit, hätte ebensogut in einem phönizischen Heiligtum beheimatet gewesen sein können.

Dagegen weisen Wandfüllungen mit in Erdpech gesetzten Silhouetten aus Muscheln und Perlmutter eine überraschende Ähnlichkeit mit denen der Tempel von Ur und Kisch auf. Mehr noch: die semitischen Könige und Bürger von Mari stifteten ihren Göttern als Weihgaben kleine Statuen, die sie mit einem rasierten Kopf und dem sumerischen Wollrock in derselben frommen Haltung mit den gefalteten Händen wie in Sumer darstellen, von dem sie doch fast tausend Kilometer getrennt waren. Sumerisch war sogar das in Mari gebrauchte Schriftsystem. Und doch hielt sich der Einfluß Sumers stets in Grenzen. Mari blieb ein Mittelpunkt der semitischen Zivilisation; den großen Wetter- und Sturmgott Dagan vermochte keine sumerische Gottheit je zu entthronen; er blieb für die Menschen Maris stets der »Herr aller Götter«.

Die gemeinsame semitische Herkunft erklärt wenigstens zum Teil das ausgesprochen freundschaftliche Verhältnis zwischen Zimri-Lim und den Monarchen der syrischen Fürstentümer, die allerdings auch unter dem politischen Einfluß gestanden haben dürften, den das große und mächtige Mari damals ausstrahlte.

Botschafter gingen ständig hin und her, Geschenke wurden ausgetauscht, Heiraten abgesprochen. »Wein und sehr schöne Kleider« schickte der König von Karkemisch seinem »königlichen Bruder« in Mari und überließ ihm dazu noch die Nutzung einiger Kupferbergwerke »ganz nach seinem Gutdünken«. Ein anderes Mal zeigte sich der König von Mari gegenüber dem von Iamhad besonders gefällig, als er aus dem Westen gekommenen Nomaden bereitwillig Boote zur Verfügung stellte, damit sie und ihre Schafe den Euphrat überqueren konnten. Für diese Geste bedankte sich der Herrscher von Iamhad mit wohlriechendem Öl in einer kostbaren Vase.

Um diese Zeit hatten die kleinen Königreiche Syriens – Iamhad, Qatna, Karkemisch – unter dem ständigen mesopotamischen Einfluß, den Mari an sie weitergab, erstaunliche Fortschritte gemacht. Paläste und Tempel entstanden, und um sie wurden befestigte Städte gebaut. Die Statuen ihrer Künstler wetteiferten mit denen des Zweistromlandes. Die im Palast des Königs Iarim-Lim von Alalah machen das deutlich. Es sieht ganz danach aus, als hätte es damals in dem weiten Gebiet zwischen dem Mittelmeer und dem Persischen Golf eine große Gemeinschaft amoritischer, also semitischer Staaten gegeben.

Der Palast, das Weltwunder der Zeit

Dem königlichen Palast, dem sogenannten »Großen Haus« der Akkader, kam auch in Mari eine besondere Bedeutung zu. Eine Konzentration der Macht in der Hand des Monarchen, die Bedürfnisse einer völlig zentralisierten, öffentlichen Verwaltung und nicht zuletzt die Erfordernisse des Prestiges und der Repräsentation machten aus einer bis dahin mehr oder weniger bescheidenen Residenz eine riesige Anlage, die mit ihren dreihundert Empfangs- und Wohnräumen, Büros, Arbeitsstätten, Lägern, Höfen und Verteidigungsmauern, die man aus Gründen der Sicherheit für unerläßlich hielt, eine Fläche von zweieinhalb Hektar einnahm. Dieses »Weltwunder«, wie die Anlage am Mittelmeer und in Mesopotamien genannt wurde, fanden die Ausgräber in einem überraschend guten Zustand vor.

Angesichts der harmonischen Planung, der Ausstattung, der Schönheit des Wandschmucks und der ausgezeichneten baulichen Arbeit sprechen die Archäologen längst von einem »Juwel der frühen Architektur«. Sie unterscheiden sich darin also in nichts von der Meinung der Zeitgenossen Zimri-Lims, von denen einer, der König von Ugarit, einmal sogar einen seiner Söhne auf die lange Reise über mehr als fünfhundert Kilometer von der Mittelmeerküste nach Mari schickte, um sich das »Große Haus« anzusehen. Der Bericht eines seiner Botschafter hatte ihn offenbar neugierig gemacht.

Noch steht nicht fest, ob sogar die Minoer aus Kreta herüberkamen und in Mari lernten. Die Bäder, die Wasserleitungen, die sanitären Anlagen, die offenen Innenhöfe, die Ziegelbögen und die Bauweise könnten gut das Vorbild zu ihren Palästen auf der Insel Kreta gebildet haben, so offensichtlich ist die Ähnlichkeit. Das ist aber nicht alles. Wie die Künstler von Mari malten die minoischen auf Stuck, und die Art der Darstellung läßt den Gedanken zu, die Wandmalereien von Mari könnten als Vorbilder für die von Knossos und Phaistos auf Kreta gedient haben, obwohl die dargestellten Themen voneinander abweichen. Aber das sind bis jetzt nur Vermutungen, die noch nicht erhärtet werden konnten.

Was haben nun die einundzwanzig Grabungskampagnen zwischen den Jahren 1933 und 1975 an den Tag gebracht?

Der Palast von Mari ist im Grunde ein Erweiterungsbau, durch den eine frühere Anlage, in der Zimri-Lim wahrscheinlich noch lebte, verdoppelt wurde. Aus früherer Zeit stammen ein Heiligtum, Lager- und Arbeitsräume, ein Audienzsaal und ein großer, 48 mal 32,5 Meter messender rechteckiger Hof, der sogenannte »Palmenhof«. Der westliche, von Zimri-Lim errichtete neue Teil der Anlage ist ein einheitlicher Bau um einen rechteckigen Hof, dessen südliche Wand Malereien schmückten. Eines der Motive in den Farben Rot, Schwarz und Ocker mit Darstellungen von Kulthandlungen gehört wahrscheinlich einer älteren Zeit an; eine zweite in ziemlich bunten Farben stellt die Investitur Zimri-Lims dar.

Ein hohes Portal öffnete den Weg in den Thronsaal und über drei elegant gekurvte Stufen zu dem erhöhten Thronplatz. Seitlich dahinter lagen die bequemen Wohnräume der königlichen Familie mit Bädern, Toiletten und heizbaren Kaminen, mit Zierleisten aus Stuck und Wandmalereien. Daran schlossen sich Lager- und Wirtschaftsräume, die Büros, das Archiv und die Arbeitsstätten an; auf beiden Seiten des großen Eingangstores lagen Gästezimmer, die Aufenthaltsräume der Palastwache, des Palastverwalters und anderer Hofbeamten. Sogar eine zweiräumige Schule mit Bankreihen aus gebrannten Tonziegeln fehlte nicht; auf dem Boden wurden Übungstäfelchen gefunden. Vom Ehrenhof führten verschiedene Korridore zu einem Heiligtum, das der Göttin Ischtar geweiht war.

Die Umfassungsmauern, die ungewöhnlich dick und durchweg gut vier, zeitweise bis zu fünf Meter hoch waren, standen auf steinernen Grundmauern und waren aus großen Erdziegeln gebaut, die an den Außenseiten noch durch ein paar Lehmschichten und einen wahrscheinlich weißen Verputz verstärkt wurden. In vielen Räumen, vor allem in den Bädern und Waschräumen, sicherte eine Schicht Erdpech die Böden und die unteren Wandhälften gegen Feuchtigkeit. Kein Fenster wurde gefunden. Man nimmt an, daß die Räume entweder durch die weiten und hohen Türen oder durch runde Deckenöffnungen beleuchtet wurden, die mit runden Stöpseln verschlossen werden konnten. Aus den gefundenen Resten einer Treppe schließt man auf die Möglichkeit eines Obergeschosses in einzelnen Teilen des Palastes. Die Abwässer wurden durch unter dem Boden liegende Ziegelrinnen und dann durch in Erdpech gewickelte Tonröhren um die zehn Meter tief in den Boden geleitet. Das System war so geschickt geplant und so ausgezeichnet angelegt, daß das Wasser eines heftigen Regensturms während der Ausgrabungen in wenigen Stunden völlig aus dem Gelände geschafft war – und das nach bald vier Jahrtausenden, in denen die Anlage unter dem Geröll gelegen hatte.

Die Wandmalereien des Palastes von Mari haben uns neue Erkenntnisse über die Kunst der alten Zeit gebracht. Auf dem älteren der beiden Bilder im Audienzsaal befindet sich ein Vizekönig von Mari, der ein Vasall Urs gewesen sein dürfte und dem Mondgott von Ur huldigt. Das andere, von dem heute ein mühselig wiederhergestelltes Bruchstück im Louvre aufbewahrt wird, gibt die Investitur Zimri-Lims wider.

Gegenüber der kriegerischen Ischtar, der Schutzgöttin Maris, steht der König Zimri-Lim, den eine Göttin führt. Die Ischtar, in einem geschlitzten Rock in den Farben Weiß, Rot und Grün und einer kurzärmeligen, am Hals dreieckig ausgeschnittenen weißen Bluse, steht mit dem rechten Fuß auf einem Löwen, ihrem Tier. In der rechten Hand hält sie einen weißen Stab und einen roten Ring, in der linken ein gekrümmtes Schwert; eine Keule und Krummhölzer, über der Brust von Bändern gehalten, ragen über die Schulter hinaus. Ihren Kopf schmückt die sogenannte Hörnerkrone, das Zeichen der Gottheit. Sie trägt einen kostbaren Halsschmuck und Reifen an den Armen.

Der König ihr gegenüber ist in ein ockerfarbenes Gewand gekleidet; ein Ende fällt über den linken Arm; auf dem Kopf trägt er eine hohe, runde, nach oben zulaufende Mütze.

Die Göttin reicht ihm Stab und Ring und der König hebt anbetend die rechte Hand, streckt aber gleichzeitig die linke Hand so weit vor, daß sie Stab und Ring der Göttin leicht berührt – eine Geste, die als Investitur durch die Göttin gedeutet wird. Die zwei Begleiterinnen der Ischtar, mindere Göttinnen in hochgeschlossenen, unten in Falten auslaufenden Gewändern, sehen der Szene bewegungslos zu.

Im unteren Bildteil stehen sich zwei wasserspendende Göttinnen in langen, längs gestreiften Gewändern gegenüber, auf den Köpfen Hörnerkronen, in den Händen Vasen, aus denen je ein Palmblatt ragt. In einem hohen Bogen fließt über sie Wasser hinweg, an dem Fische auf- und niedersteigen. Die sinnbildliche Bedeutung liegt nahe: Wasser, das Leben, Fruchtbarkeit und reichen Fischfang gibt.

Die beiden Bildstreifen der Mitte werden links und rechts von zwei sich gleichenden Bildstreifen gerahmt. Sie sind stark beschädigt. Immerhin ist auf dem einen noch ganz deutlich eine Palme erkennbar, auf die zwei Männer klettern, um die herabhängenden Datteln zu pflücken. Neben der Palme steht eine Göttin in einem langen Gewand, die gehörnte Krone auf dem Kopf; ihr schwarzes Haar ist im Nacken zu einem Knoten gebunden. Aus einem zweiten Baum am Bildrand sprießen unter einer Krone aus gefächerten Blüten Knospen. In ihm glaubt man die stilisierte Darstellung einer Agave zu erkennen, die ja der Landschaft nicht fremd war. Zwischen den beiden Bäumen stehen übereinander drei Fabeltiere, deren Köpfe leider schwer beschädigt sind. Das unterste könnte ein menschenköpfiger Stier mit einem Fuß auf einer Erdscholle, das nächste eine Sphinx oder ein Greif mit einem Löwenleib und einem Adlerkopf und das oberste eine geflügelte Sphinx mit einem Löwenleib, einem Menschenkopf und einer Federkrone sein.

138

Auf einem anderen Bruchstück ist im Profil ein schwarzhaariger Fischer
mit einem Kinnbart dargestellt, der an einer langen Stange einen Fisch
trägt. Was übriggeblieben ist, gibt noch immer einen Begriff von der ursprünglichen Schönheit. Der zweifelhafte Ruhm, diese Wandmalereien zerstört zu haben, kommt Hammurabi zu, dem viel gefeierten Gesetzgeber der
alten Welt.

Von den vielen verstümmelten Statuen sind die schönsten und wohl am
besten erhaltenen der Kopf eines Kriegers aus Alabaster, der Betende aus
Gipsstein, der eine junge Ziege darbringt, der großartige, Wache haltende
Bronzelöwe und die Statue der Göttin mit dem Wassergefäß aus Kalkstein,
die alle im Museum der syrischen Stadt Aleppo aufbewahrt werden.

Diese »Göttin mit der sprudelnden Vase«, die »Wasserspenderin«, wie
die fast lebensgroße, ursprünglich bemalte Statue der »Göttin mit dem
Wassergefäß« auch gern genannt wird, wurde zwischen dem Schutt im großen Hof des Palastes gefunden und ist beinahe gänzlich der Verstümmelung entgangen.

Eine einfache Hörnerkrone weist sie als eine niedere Göttin aus. In den
Händen hält sie eine runde Vase mit einem angesetzten Hals. Göttin und
Vase sind von oben nach unten durchbohrt und waren einmal durch ein für
den Beschauer unsichtbares Rohr mit einem Wasserbehälter verbunden.
Die Göttin ist sehr sorgfältig gekleidet. Ihr langes Kleid läßt gerade die Füße frei; sie trägt einen breiten Halsschmuck und Armbänder; ihr Haar ist
im Nacken zu einem Knoten gebunden. Sie steht ganz natürlich, lebensnah, anspruchslos, menschlich und anmutig da und strahlt doch Hoheit
aus.

Das aus dem Gefäß sprudelnde Wasser hat sicher die Pilger tief beeindruckt, die kamen, um von der Göttin Fruchtbarkeit zu erflehen.

Die Künstler Maris um die Zeit Zimri-Lims sind aber nicht nur ausgezeichnete Architekten, Bildhauer und Maler gewesen, sondern waren auch
ungemein geschickt in der Verwendung von Muscheln und Perlmutter für
die Herstellung von Bildtafeln. Ihre Lehrmeister waren die Sumerer, die
großen Liebhaber von Tafeln dieser Art, auf denen ganze Szenen durch
Einlagen von Muscheln und kleinen Steinen in eine gerahmte Unterlage
dargestellt wurden. Am bekanntesten und am besten erhalten ist die sogenannte »Standarte von Ur« im Londoner Britischen Museum mit ihrer
Darstellung von Krieg und Frieden.

Eine weitgehend zerstörte Tafel dieser Art hat man nun in den Palasttrümmern Maris gefunden und mit viel Mühe, Geduld und Einfühlungsvermögen wieder zusammengeflickt. Bei elf Figuren ist das ausgezeichnet
geglückt, von neun anderen waren leider nur Kopf oder Oberkörper erhal

ten; Kleidung, Beine, Arme gaben eine Vorstellung von einem Dutzend anderer Figuren. Wie in Ur waren alle einmal in eine Unterlage aus Erdpech hineingedrückt, die ein Holzrahmen zusammenhielt; kleine Stücke eines grauschwarzen Schiefers müssen einmal die Zwischenräume zwischen den Silhouetten ausgefüllt haben.

Dieses Mosaik, das sich heute zur Hälfte im Museum von Aleppo, zur Hälfte im Louvre befindet, verfehlt seine Wirkung nicht. André Parrot, der Ausgräber Maris, glaubt in ihm eine Erinnerungstafel an einen semitischen Sieg in einer der vielen kriegerischen Auseinandersetzungen zwischen Sumerern und Semiten erkennen zu können.

Die völlig nackten, mit Stricken gebundenen sumerischen Gefangenen marschieren mit auf den Rücken gebogenen Armen in ihr Schicksal ergeben langsam vorwärts. Die siegreiche Mannschaft ist bekleidet und bewaffnet. Die Soldaten tragen jedoch statt des üblichen Fellrockes einen Kittel, den ein dicker Knoten auf dem Rücken zusammenhält und der unten in Fransen ausläuft; er ist ziemlich lang, reicht hier bis zur Mitte der Wade, dort nur bis zum Knie; eine Schulter ist nackt. Über dem Kittel trägt der Soldat ein breites Lederstück, das Brust und Bauch schützt. Eine randlose Ledermütze oder ein metallener Helm vervollständigen die Uniform. Während die Köpfe der Gefangenen ganz rasiert sind, tragen die Soldaten Rundbärte, die Lippen und Kinn freilassen.

Der Zug der Sieger und Besiegten marschiert auf eine Gruppe in großer Aufmachung zu, in der man den König und seine Söhne vermutet. Sie stehen da in langen, in Fransen auslaufenden Gewändern, auf der Schulter eine Axt, auf dem Kopf ein flaches Barett. Ihre Haltung ist stolz und ihr sorgfältig gekämmtes Haar reicht weit über die Schultern und endet in einer schön gerollten Locke. Würdenträger stehen rundum. Unter ihnen gibt es einen mit nacktem Oberkörper und rasiertem Kopf, der anscheinend die Rolle eines Ansagers spielt und, wohl als Zeichen des Amtes, eine Fahnenstange oder Schildstütze oder ein Schild in der Hand hält. Das dazugehörige Endstück ist aber nicht gefunden worden. Ob eine kleine Muschelreihe mit der Silhouette eines vorbeischreitenden Stiers das fehlende Stück darstellt, konnte bisher nicht geklärt werden.

Das Tafelbild von Ur und das von Mari stehen sich sehr nahe. Der gute Zustand des von Ur hat deshalb die Einordnung der Einzelstücke des Mosaiks von Mari ungemein erleichtert. Das ist nicht verwunderlich, denn beide sind um dieselbe Zeit, nämlich um das Jahr dreitausend, entstanden.

Man weiß, daß die Sumerer sich für die Niederlage rächten und ein König von Lagasch Mari eroberte. Wahrscheinlich haben seine Soldaten die Tafel zerstört, die ihre frühere Niederlage verewigen sollte.

Wie man sich in Mari anzog

Die Kleidung der Männer glich der der Sumerer: Ein ziemlich langer Rock
aus Schaffell, der später offensichtlich durch einen Stoffkittel ersetzt wurde. Während früher der ganze Oberkörper nach sumerischer Sitte nackt
war, blieb jetzt höchstens eine Schulter frei. Der Schädel war glattrasiert,
der Mann trug gewöhnlich einen zugeschnittenen Kinnbart, der die Lippen
freiließ. Um die Zeit Zimri-Lims sind die unteren Stoffränder nicht mehr
mit Fransen, sondern mit Quasten besetzt, die mit der Zeit anscheinend zu
richtigen Borten wurden. Nur der König scheint ein langes Gewand getragen zu haben.

König Iku-Schamaqan, aus dem Tempel
der Göttin Ninni-Zaza in Mari, um 2400
v. Chr.

Weihstatue einer Beterin, aus dem Tem-
pel der Göttin Ischtar in Mari, um 2400
v. Chr.

Das schmucklose Kleid der Frau reichte bis zu den Füßen, ließ entweder die rechte Schulter frei oder wies am Hals einen kleinen Ausschnitt auf. Es gab offenbar auch eine Art Umhang mit zwei langen, oft mit einer Bordüre eingefaßten Stoffbahnen vorn, einem runden Ausschnitt, einem kleinen Kragen und zwei Ärmelschlitzen. Als Schmuck wurden Ohrringe, Armreifen und Halsketten aus Metall, Edel- und Halbedelsteinen und Perlmutter getragen.

Sehr viel Zeit und Mühe verwandten die Frauen Maris offensichtlich auf ihre Frisur.

Drei Arten lassen sich aus den Statuen und unzähligen Statuetten mehr oder weniger ableiten. Das Haar konnte in einem langen Zopf um Stirn und Schläfen gelegt oder am Hinterkopf in einen schweren Knoten gebunden werden, der in eine Art Netz oder in einen gefalteten Stoffstreifen eingewickelt war. Mit dieser schlichten und wenig Zeit erfordernden Haartracht begnügten sich die einfachen Frauen. Die Frisur scheint aber nicht nach dem Geschmack der eleganten und wohlhabenden Frauen gewesen zu sein. Die an den Statuen erkennbaren nach oben über die Ohren und die Schläfen gekämmten Löckchen haben sogar die Frage aufgeworfen, ob das Haar nicht schon damals mit heißen Metallstäbchen in die gewünschte Form gebracht worden ist. Bei einer anderen Frisur scheint man sich das Haar kurzgeschnitten, gelockt und dann in Girlanden über die Schläfen gelegt zu haben. Bänder hielten die kunstvollen Frisuren an ihrem Platz. Um den Nacken lag das länger gehaltene, aber stets in Locken gelegte Haar.

Die Kopfbedeckung der Frau bestand aus einer nach oben fast spitz zulaufenden, runden Stofftiara, die unter dem Kinn mit einem Band gehalten wurde.

So gekleidet, durften sich Männer und Frauen der Gottheit im Tempel nähern, allerdings in der respektvollen Haltung, die einem Diener gegenüber seinem Herrn und seiner Herrin geziemte. In ihr Belieben war es gestellt, ob sie sitzen oder stehen wollten. Die Hände mußten stets gefaltet sein. Die stumme Sprache der Hände scheint genügt zu haben, um der Frömmigkeit Ausdruck zu geben; Knien war in Mari unüblich.

Der Untergang

Die königlichen Archive von Mari geben uns nicht nur Aufschluß über Geschäfte, Familienangelegenheiten und eine hochorganisierte öffentliche Verwaltung. Sie sind auch unsere wichtigste Informationsquelle über den

Ablauf der Geschichte unter dem letzten König Zimri-Lim und seinem Freund und späteren Todfeind Hammurabi, dem König von Babylon.

Zimri-Lim war wohl bewußt, daß Mari kaum zu verteidigen war. Obwohl er den Assyrern, die er ja aus Mari verjagt hatte, sicher nicht gewogen war, schien es ihm ein Gebot der Klugheit, sich gegenüber Assur freundlich zu verhalten. Nachdem er sich in ein paar schnellen, erfolgreichen Feldzügen die Kontrolle über die Nachbargebiete – die Täler des Khabur- und des Balikhflusses oder, wie ein Täfelchen sagt, »das Oberland« – gesichert hatte, ließ er die unruhigen Nomaden seine harte Hand spüren und zerschlug den aufrührerischen Stamm der Bene-Iamina, deren Häuptlinge er, wie ein Täfelchen berichtet, kurzerhand umbringen ließ.

Herzlichkeit herrschte im Umgang mit dem Westen. Königssöhne kamen nach Mari. Zimri-Lim besuchte Aleppo und widmete dem Schutzgott der Stadt eine Statue. Vom Westen her war also nichts zu befürchten. Zwischen Mari und Assur gab es dann und wann kleine Grenzgefechte. Doch schien auch von Assur keine Gefahr zu drohen. Nur Eschnunna weiter im Süden mußte ständig beobachtet werden.

Besorgt über den König von Eschnunna und seinen Verbündeten, den König von Elam, war auch Hammurabi, der König von Babylon, Zimri-Lims bester Freund. Weil Babylon und Mari den ganzen Euphrat kontrollierten, konnten die beiden durch ein enges Zusammengehen nur gewinnen. Über alles, was in Babylon vor sich ging, wurde Zimri-Lim von seinem ganz offensichtlich sehr geschickten Botschafter unterrichtet. Umgekehrt berichtete der babylonische Botschafter am Hof von Mari Hammurabi alles, was er sah und hörte. Ein diplomatisch getarnter gegenseitiger Spionagedienst mit dem Wissen und auch der Zustimmung der beiden Könige, die sich gegenseitig trotzdem Soldaten ausliehen – einmal ließ Zimri-Lim sogar Hilfstruppen aus Aleppo holen, um Hammurabis Babylon zu retten – und sich alle Gefälligkeiten erwiesen, die unter Freunden und guten Nachbarn üblich sind.

Es scheint, als sei bei Hammurabis großer Herzlichkeit ein gutes Stück Berechnung im Spiel gewesen. Es ist nicht ausgeschlossen, daß er seinen Freund und Verbündeten in Mari geschickt dazu benutzte, seine eigene Machtstellung zu konsolidieren. Je mehr Täfelchen des Archivs entziffert werden, desto klarer schält sich Hammurabi als ein geduldiger, schlauer Realpolitiker heraus, der einmal auf diesen und ein anderes Mal auf jenen Fürsten setzte, sorgsam beobachtete und nur auf den passenden Zeitpunkt wartete, um mit guter Aussicht auf den Sieg loszuschlagen.

Seine Gegner scheinen sich entschlossen zu haben, ihm zuvorzukommen. Im 29. Jahre seiner Regierung griffen die verbündeten Elamiter, Guti, Assyrer und Eschnunna – die Bündnisverhandlungen müssen dem sonst so gut unterrichteten König entgangen sein – Hammurabi in seiner Hauptstadt Babylon an. Ob Zimri-Lim von dem Bündnis Kenntnis hatte, ist unbekannt. Hammurabi mag es vermutet und ihm nachgetragen haben. Zu Hilfe kam ihm sein Freund in Mari jedenfalls nicht; vielleicht war ihm der ständige Machtzuwachs Babylons unheimlich geworden.

Über den Ausgang des kurzen Krieges berichtet ein babylonisches Täfelchen: »Der von Marduk geliebte Herrscher besiegte die großen Armeen Assyriens, Elams, der Guti und Eschnunnas mit Hilfe der mächtigen Götter und erweiterte die Grundlagen von Sumer und Akkad.«

Im Jahr darauf ging Hammurabi zum Gegenangriff über, eroberte das Königreich Larsa und verjagte den König Rim-Sin nach einer Regierungszeit von sechzig Jahren. Im Jahre 1762 v. Chr. besiegte er schnell hintereinander seine alten Feinde, die dabeiwaren, eine neue gemeinsame Armee gegen ihn aufzustellen, zog den Tigris bis zur assyrischen Grenze hinauf und machte Eschnunna ein Ende.

Aus dieser Zeit stammt ein stark beschädigtes, unleserliches, offensichtlich aber an Zimri-Lim gerichtetes Täfelchen, das mit den Worten beginnt »So spricht Hammurabi, dein Bruder.« Ob es Hammurabi darum ging, seinen Freund in Sicherheit zu wiegen und seine Pläne zu verschleiern, wissen wir leider nicht. Er war jedenfalls nicht der Mann, sich mit Süd- und Mittelmesopotamien zu begnügen. Er hatte die Wiederaufrichtung des alten Reiches von Sumer und Akkad im Sinn, als er seinen alten Freund in Mari ohne Grund aus heiterem Himmel angriff. »Mari überwältigte er im Kampf und brachte es durch eine freundschaftliche Übereinkunft dazu, von nun auf seine Befehle zu hören«, berichtet ein babylonisches Täfelchen. Das ist alles, was über diesen kurzen Krieg bekannt ist. Die Schreiber Maris schweigen sich aus.

Die Worte scheinen jedoch anzudeuten, daß Zimri-Lim nicht seinen Thron verlor, sondern zu einem Vasall Hammurabis wurde. Schon zwei Jahre später, um das Jahr 1758 v. Chr., kamen wieder babylonische Truppen nach Mari, dieses Mal, um eine Rebellion niederzuschlagen. Die alte Freundschaft zählte nicht mehr. Die Stadt wurde geschleift, der Palast Zimri-Lims geplündert und in Brand gesteckt und die große Metropole am mittleren Euphrat für immer in ein Trümmerfeld verwandelt.

Die Ausgrabungen haben das Geschehen deutlich gemacht. Die Götter- und Menschenstatuen wurden verstümmelt und auf den Boden geworfen, die Wandmalereien zerfetzt, die Nasen der Götterstatuen säuberlich zerschlagen, um ihnen jede Kraft einer Vergeltung zu nehmen. Alles, was irgendeinen Wert besaß, galt als Kriegsbeute und wurde nach Babylon ge-

144

bracht. Furchtbar muß man in dem Archiv gehaust haben. Weil es schwer war, die Täfelchen zu vernichten, beließ man es dabei, sie umherzuwerfen.

Von Zimri-Lim und seiner Familie fehlt jede Spur. Sind sie in den Flammen umgekommen? Hat man sie an Ort und Stelle umgebracht oder nach Babylon geschleift? Die Täfelchen Babylons schweigen dazu. Mari war besiegt, vernichtet und konnte sich nicht wieder erholen.

Jahrhunderte später residierten assyrische Gouverneure in dem kleinen, anspruchslosen Garnisonstädtchen, dessen einzige Bedeutung darin lag, an der großen Militär- und Handelsstraße liegen, die Assyrien überwachte. Nur deshalb gab es diesen assyrischen Posten, dessen Beamte und Soldaten sich in ihrer trostlosen Langeweile, wie die assyrischen Annalen berichteten, mit der Bienenzucht und der Pflege der Dattelpalmen die Zeit vertrieben.

Die Weihrauchstraße

Frühe Händler

Als sich der Vorhang der Geschichte über dem heißen Sand Arabiens hob, hatte sich die große Halbinsel schon lange die Rolle einer Handelsbrücke zwischen den Kulturen im Osten und denen im Westen angeeignet. Um das Jahr 1000 v.Chr. lief eine der Hauptstraßen der Welt vom westlichen Ausläufer des Indischen Ozeans durch den Hinterhof Jemens entlang der Küste des Roten Meeres durch das Hedschas bis nach Ägypten und zum Mittelmeer. Schon sehr viel früher, um das Jahr 2800, hatten sich ägyptische Kaufleute auf ihren gebrechlichen Fahrzeugen bis an die südarabische Küste vorgetastet. Zu ihr hatten, von der anderen Seite her, auch Händler aus Indien von Hafen zu Hafen den Weg gefunden. Es wird in früher Zeit bei gelegentlichen Begegnungen und einem kleinen Austausch von Gütern geblieben sein. Die Küstenbewohner begriffen schnell, welche Gewinnmöglichkeiten sich ihnen boten. Die Ägypter hatten ursprünglich nur an den Weihrauch gedacht, den sie für ihre Tempel, und an die Myrrhe, die sie zum Einbalsamieren ihrer Toten brauchten. Sie sahen nun eine Unzahl von Dingen, für die sie Verwendung hatten oder die ihre Begehrlichkeit reizten: Zimt und Gewürze für die Konservierung von Fleisch, Perlen aus dem Golf, Steine aus Indien und Afghanistan, Farben und Seide. Die indischen Seefahrer waren froh, daß sie sich den Golf, diese unsichere Umladestelle für ihre Güter, ersparen und näher an den Handelsweg in den Westen gelangen konnten. An der südarabischen Küste wurde ihnen angeboten, was sie suchten und für das sie auch hohe Preise zu bezahlen bereit waren: feine ägyptische Stoffe, Leder- und Metallarbeiten, nubische Sklaven, afrikanisches Elfenbein, Straußenfedern und auch Affen.

Die Araber begnügten sich im Anfang vermutlich mit einigen Gebühren und einem Marktgeld. Dabei blieb es nicht lange; schnell stiegen sie zu Maklern auf, die sich unentbehrlich machten. Von da zum Transithändler, der für die eigene oder für Rechnung anderer Waren, die einen guten Ge-

winn erwarten ließen, hohe Beförderungskosten trugen, nicht allzu schwer
wogen und nicht zu sperrig waren, über weite Strecken hierhin und dorthin
brachte, war es nur noch ein Schritt. Sie brauchten sich gar nicht aufzu-
drängen; das Geschäft spielten ihnen ohnehin die Seeräuber im Roten
Meer zu, die den Transport zu Wasser zu einem gefährlichen Unternehmen
machten. Überdies blieb der lange, beschwerliche und auch nicht gefahrlo-
se Landweg, und diese südarabischen risikofreudigen, auf großen Profit er-
pichten Händler waren bereit, ihn zu gehen. Sie werden die vorausschauba-
ren Gewinne errechnet und sich die Hände gerieben haben. Was würde
dann erst in Zukunft der Weihrauch einbringen, den nur Südarabien her-
vorbrachte und der Tag für Tag in den Tempeln des Niltals und des Zweistromlandes zu Ehren der Götter abgebrannt wurde: Die Händler konnten
damals nicht ahnen, welches große Geschäft und welcher Reichtum auf sie
zukamen. Um die Nachfrage brauchten sie nicht besorgt zu sein; religiöse
Vorstellungen und Gedanken hielten sie wach, sie brauchte nicht künstlich
geschaffen zu werden; Werbung erübrigte sich, der Markt war da.

Ein wohlriechendes Harz

Schon in sehr früher Zeit ist wohlriechender Rauch verwendet worden. Ihn
atmeten Prophetinnen ein, bis sie unter Schreien, Grimassen und Zuckun-
gen in einen schlafähnlichen Zustand fielen. Man glaubte, der Geist kom-
me über sie, und betrachtete die Worte als Orakel, als Aussage des Gottes,
die er ihnen zuflüsterte, während ihr Geist vorübergehend abwesend war.
Die Prophetinnen Apollos wurden umräuchert, ehe sie weissagten. Rauch
schützte vor allem Bösen und vor schlechtem Einfluß. Man beräucherte
fremde Abgesandte und ihre mitgebrachten Geschenke, ehe sie vom König
empfangen wurden, um Zauberkräfte, die sie vielleicht mitbrachten, zu
brechen und böse Geister zu verscheuchen, die in der Luft leben konnten,
die sie umgab. Weihrauch verbrannten die Hebräer zu Ehren der Königin
des Himmels, die niemand anders war als die Ischtar. Weihrauch wurde
während der Adonisfeiern abgebrannt, und eine Legende will, der jugend-
liche Gott sei aus einem Myrrhebaum geboren worden, dessen Rinde nach
einer Schwangerschaft von zehn Monaten barst und vom Stoßzahn eines
Ebers aufgerissen wurde, um dem Kind den Weg freizumachen, während
eine andere behauptet, die schöne Mutter habe »Myrrhe« geheißen und sei
nach der Zeugung in einen Myrrhebaum verwandelt worden.
   Weihrauch brannte schon im dritten vorchristlichen Jahrtausend in
ägyptischen Tempeln, wie wir aus Papyri wissen, und fehlte auch nicht bei

den Fruchtbarkeitsfestlichkeiten in den alten Städten des Zweistromlandes. Weihrauch verbrannten die Juden in ihren Tempeln, und es ist überliefert, auf Befehl Neros sei bei den Bestattungsfeierlichkeiten seiner Gattin Poppäa, die er mit einem Fußtritt umgebracht hatte, eine ganze Jahreslieferung Weihrauch verbrannt worden.

Gottheiten mußten günstig gestimmt, die Wirkung großer öffentlicher Zeremonien erhöht werden. Dafür bot sich der wohlriechende Weihrauch besser an als die Myrrhe, die bei der Herstellung von Schönheitsmitteln, Wohlgerüchen und Heilmitteln verwendet wurde. Eine Mischung von ihr und Wein linderte Schmerzen; man gebrauchte sie als Breiumschlag, mit Alaun vermischt als Mundwasser, als Heilmittel gegen Blasensteine, Hämorrhoiden, Ohrenentzündungen und Geschwüren, bei der Leichenwaschung und im alten Ägypten bei der Einbalsamierung. Weihrauch und Myrrhe waren Artikel des täglichen Bedarfs.

Die assyrischen Großkönige, gleichzeitig Herrscher und Hohepriester, opferten Weihrauch dem Baum des Lebens, den sie dabei mit Wein besprengten. Herodot erzählt, um die tausend Talente habe man für den Weihrauch ausgegeben, der zu Ehren des Bel an den Tagen seines Festes auf dem großen Altar des Tempels in Babylon abgebrannt wurde, und die Monumente von Persepolis und die Münzen der Sassaniden geben den untrüglichen Beweis dafür, daß man ihn auch im alten Persien für gottesdienstliche Zwecke verwendete. Also Opfergabe! Aber auch Tribut. Jahr für Jahr brachten die Araber Weihrauch im Werte von tausend Talenten als Tribut nach Persepolis. So versichert jedenfalls Herodot. Große Verbraucher waren die Römer. Ohne Weihrauch keine religiöse Zeremonie, kein öffentlicher Triumph, und der Fromme brachte ihn Tag für Tag dem »lar familiaris«, dem »Schutzgeist des Hauses« dar. Plinius schätzt, daß von den hundert Millionen Sesterzien, die im Jahre für Güter aus dem Orient von Rom ausgegeben wurden, fast die Hälfte der Weihrauch verschlang.

Die enorme Nachfrage, die Monopolstellung, eine eingeengte Erzeugung, die dazu von der ständigen Pflege der Büsche und Bäume abhängig war, die Länge und die Gefahren des Transportweges durch eine abweisende Landschaft, die unzähligen Wegzölle und erzwungenen Gebühren, die Verluste durch räuberische Überfälle, die Mensch und Tier auferlegte Bürde eines entsetzlichen Klimas den ganzen Weg entlang machten Weihrauch zu einem kostspieligen Gut.

Plinius erzählt anschaulich, wie die Lagerhäuser am Mittelmeer Tag und Nacht bewacht und die Arbeiter beim Weggang genau durchsucht wurden, und rechnet uns vor, daß jede Kamelladung bis zum Mittelmeer um die

148

688 Denare kostete. Ob der für die Ware ursprünglich festgelegte Preis darin einbegriffen war, bleibt allerdings offen. Nimmt man einmal an, daß einem Kamel zwischen 130 und 180 Kilo Weihrauch aufgeladen werden konnten, was der heutzutage üblichen Salzladung eines Kamels entspricht, müßten sich die Kosten für ein Kilo Weihrauch in römischer Zeit, aus der ja die Angaben des Plinius stammen, auf 3,75 bis 5 Denare belaufen haben. Rechnet man dazu den Gewinn des Karawanenhändlers, die Unkosten und den Gewinn der Packerei in einem der Mittelmeerhäfen, die weiteren Transportkosten, sonstige Ausgaben und Gewinne der Groß- und Kleinhändler, nimmt es nicht wunder, daß in Rom ein Kilo der besten Qualität um die dreizehn, der zweiten um elf und der dritten Qualität sieben Denare kostete.

Es ist natürlich nicht ohne weiteres möglich, diese Preise mit unserem Einkommen und unseren Lebenshaltungskosten durch eine einfache Umrechnung des Geldes in die richtige Beziehung zu bringen. Was bedeuteten diese Preise aber für einen durchschnittlichen Römer? Weil wir manche Einzelheiten nicht kennen, kann es sich nur um mehr oder weniger gute Schätzungen handeln. Immerhin geben sie eine ungefähre Vorstellung. Vorsicht bleibt allerdings angebracht.

Uns ist bekannt, daß gegen Ende des ersten nachchristlichen Jahrhunderts die strikten Lebenshaltungskosten sich im römischen Vorderasien jährlich auf 100 bis 140 kaiserliche Denare beliefen. Das heißt, daß bei einem angenommenen Durchschnitt von 12 Denaren der Preis für ein Kilo Weihrauch immerhin bis zu zehn Prozent der Lebenshaltungskosten ausgemacht hätte. Wie kostspielig das wohlriechende Harz war, wird also ohne weiteres klar. Beziehen wir nun einmal die Zahlen auf unsere Zeit, müßte ein Kilo Weihrauch ein paar hundert Mark kosten. Davon kann aber keine Rede sein; Weihrauch ist heutzutage nur noch einen Bruchteil dieses Betrages wert. Der Markt ist sehr klein geworden.

Nach Salala, dem alten Siagrus, einer kleinen Hafenstadt an der Südküste Arabiens, dem Hauptort der omanischen Provinz Dhofar, kommen noch kleine Kamelkarawanen – mehr als vier oder fünf Tiere sind es selten – und bringen »mughur«: Weihrauch aus den Qara-Bergen hinter dem Hügelland, das vom Meer her aufsteigt. Man sagt in Salala, auf dem Markt habe der Weihrauchhandel heutzutage kaum mehr Bedeutung als der mit Ziegen oder Brennholz. Seinen Preis bestimmen Farbe, Reinheit und die Größe des Harzbällchens; er schwankt, so wird versichert, zwischen vierzig und dreihundert Dollar pro Tonne.

Die Myrrhe wird aus dem Balsamodendron, der Weihrauch aus dem Olibon (Boswellia Carteri und Boswellia Bhudadjiana) gewonnen. Wie Gummibäume werden die silbrigen Büsche und kleinen Bäume, früher einmal in Hainen sorgfältig gepflegt, angezapft. Das gewonnene Harz ist wohlriechend. Weihrauch kann bernsteingelb bis gelblichbraun und auch blaßgrün sein; frisches Harz ist durchsichtig. Die Körner werden fast undurchsichtig, wenn man sie gegeneinander schüttelt. Viel hängt davon ab, daß es rein ist. Schon sehr früh ist offenbar versucht worden, durch Beimischungen von Kies das Gewicht zu erhöhen und die Harzkörner zu verfälschen. Der Rauch der Harzkörner ist ungemein wohlriechend. Die Myrrhe hat eine rötlichbraune Farbe, gibt wenig Rauch, der dazu lange nicht so aromatisch ist. Die Harzkörner werden in der Sonne getrocknet. Sie wurden früher vor der Verschickung in über das Land verteilten Lagerhäusern aufbewahrt. Vor ein paar Jahren hat man eins in Hanun, rund fünfzig Kilometer im Norden von Salala, in einem alten, ziemlich heruntergekommenen Weihrauchwäldchen gefunden: Neun Schuppen auf der einen und ein großer Raum, wohl für die Wachmannschaft, auf der anderen Seite.

Der beste Weihrauch kam aus den Tälern der dem Ozean abgewandten Nordhänge der Qara- und Qamarin-Berge. Die Sage geht, vor sehr langer Zeit habe dort sogar die Erde einen süßen Duft ausgeströmt. Um ihn zu spüren, dürften aber wohl überempfindliche Nasen notwendig gewesen sein. Temperatur, Luftfeuchtigkeit und Bodenbeschaffenheit spielten sicher eine wichtige Rolle bei der Anlage der Haine in einer Höhe von durchweg neunhundert Metern. Angezapft werden die Bäume heute noch im Spätfrühling und Frühsommer, bevor der Monsunregen einsetzt.

In der Glanzzeit des Weihrauchhandels, die zweitausend und mehr Jahre zurückliegt, gehörten die Bäume, wie berichtet wird, dreitausend Familien. Geradezu eine religiöse Handlung muß das Anritzen der Rinden gewesen sein. Die Arbeit war ein ererbtes Vorrecht der männlichen Mitglieder von etwa tausend Familien. Die Männer und jungen Leute galten als geweiht und durften während der Ernte und der Trocknung des Harzes sich nicht verunreinigen, also weder einer Frau beischlafen, noch Berührung mit einem Toten haben. Heutzutage ist das ganz anders: Arbeiter werden gegen Lohn angeheuert und werfen die getrockneten Körner in Säcke. Cana, der alte Weihrauchhafen am Indischen Ozean, ist längst vom Sand zugedeckt. In Salala und im südjemenitischen Aden sortieren heute Frauen die Weihrauchkörner. In der Luft liegt ein ganz leichter, kaum wahrnehmbarer Duft.

150

Der Weihrauch geht auf die Reise

Wie es mit dem Weihrauch in Südarabien und der langen Reise nordwärts weiterging, erzählt Plinius, dem allerdings vorgehalten werden kann, sein Wissen stamme vom Hörensagen:

»Ist der Weihrauch gesammelt, wird er auf Kamelrücken nach Sabota – Schabwa – gebracht, wo nur ein Tor offensteht. Während des Marsches von dem Weg abzuweichen ist nach dem herrschenden Gesetz ein Verbrechen, das sehr schwer bestraft wird. In Sabota beanspruchen die Priester nach dem Maß, nicht nach dem Gewicht, ein Zehntel für ihren Gott, den sie ›Sabis‹ nennen. Erst wenn dieser Tribut erlegt ist, kann über den Weihrauch verfügt werden. Aus dem Zehntel bestreitet man alle öffentlichen Ausgaben und die Gottheit unterhält großzügig alle Fremden, die eine sehr lange Reise gemacht haben, um das Land kennenzulernen. Nur durch das Land der Gebaniter kann der Weihrauch ausgeführt werden, und auch ihrem König ist eine Abgabe zu entrichten. Aber das ist noch nicht alles. Weihrauchgeschenke müssen auch den Priestern und den Sekretären des Königs gemacht werden, und auch die Lagerhalter, die Torhüter und verschiedene andere Beamten haben ein Anrecht auf Geschenke, alle in Weihrauch. Den langen Weg entlang muß für die Wasser- und Futterplätze, für Unterkunft, für sicheren Durchlaß und unzählige andere Dinge bezahlt werden, so daß sich am Ende die Kosten für jede Kamelladung, wenn sie schließlich an die Küste unseres Meeres kommt, auf nicht weniger als 688 Denare stellen. Dann sind die Zahlungen an die Zoll- und Steuereinnehmer unseres Reiches zu leisten.«

Wir wissen noch immer kaum etwas über die Abmachungen zwischen den verschiedenen südarabischen Stadtstaaten, örtlichen Potentaten, Nomadenhäuptlingen und Stammesältesten, die getroffen wurden, um den Weihrauch- und Myrrhefluß zwischen den Hainen und den Sammelplätzen in Gang zu halten. Sie gab es ganz gewiß, denn niemand, auch keiner der zeitweise mächtigen Stadtstaaten, besaß uneingeschränkt für lange Zeit die Kontrolle über die Erzeugung und den Handel. Ebensowenig wissen wir über die Abreden mit den zahllosen Staaten und Stämmen, durch deren Gebiete der lange Karawanenzug hoch in den Norden führte. Man schützte sich, so gut es ging, gegen Raub und Überfälle und überhöhte Durchlaßgebühren durch eine Vereinbarung hier, ein bezahltes Geleit dort. Die Beträge wurden ausgehandelt; über ihre Höhe feilschte man wahrscheinlich genauso, wie es bis heute in jedem orientalischen Basar üblich ist. Wieviel bezahlt worden ist, können wir noch nicht einmal erraten. Gewiß ist nur, daß es auf den Warenpreis geschlagen wurde, nicht anders als heute. Die Wegführung wechselte und paßte sich den politischen Verhältnissen und natürlich den wirtschaftlichen Erwartungen und Erfordernissen an. Das galt sowohl für den großen Überlandweg, die eigentliche »Weihrauchstraße«, als auch für die sogenannten »Zubringerstraßen«, auf denen man das kostbare Harz, sei es nun die Myrrhe oder der Weihrauch, von den »Erzeugerstätten«, den Wäldchen und Hainen in den Gebirgstälern, zu den großen Verteilerstellen brachte. Im Grunde dürfte es genauso gewesen sein wie heute; man muß nur an die Stelle des Lastwagens das Kamel setzen.

Die jemenitische Myrrhe brachte man der Bequemlichkeit halber zu den Häfen am Eingang des Roten Meers, wo sie von den indischen und afrikanischen Kaufleuten übernommen wurde, oder zu den inländischen Sammelplätzen, von denen aus sie, zusammen mit dem Weihrauch, über die große Straße in den Norden befördert wurde. Der Handel mit Myrrhe hat jedoch anscheinend stets nur eine untergeordnete Rolle gespielt.

Über die Wegführung der Zubringerstraßen für den Weihrauch, die wichtigste Handelsware, fehlen sichere Angaben. Sie mag aus diesem oder jenem Grund mehr als einmal gewechselt haben, und es ist nicht ausgeschlossen, daß verschiedene Wege gleichzeitig benutzt wurden. Es gibt auch Andeutungen über Querverbindungen. Die großen Sammelplätze lagen in Hadhramaut. Es galt als das Weihrauchland schlechthin, obwohl es das kostbare Harz nicht selber erzeugte, sondern nur handelte und auf die Weltmärkte brachte. Zu dem langgestreckten Tal führten deshalb alle Zubringerstraßen. Viel Weihrauch wurde anscheinend die Hänge der Qara-Berge hinunter zu kleinen Küstenplätzen am Ras Fartak und von ihnen in kleinen Booten nach dem Hafen Cana gebracht. Die Trasse der heutigen Straße von Tarim nach dem Küstenstädtchen Shihr kann gut ein solcher Weg gewesen sein. Aber es gibt noch andere. Zweifellos wurde Weihrauch auch über die schwierigen Berghänge direkt nach Cana geschafft. Von dem Hafenplatz führten ein paar Wege durch Wadis nach Norden in das westliche Hadhramaut. Wie sie genau verlaufen sind, läßt sich schwer ausmachen. Alte Inschriften auf flachen Wegsteinen sind alles, was einen Hinweis geben könnte. Sie sind ausgetreten und geradezu poliert von den Füßen unzähliger Wanderer. Ortsnamen wie »Molar Matar« erinnern an den lange vergangenen Schrein eines alten Regengottes. Was lag näher, als ihn in diesen Bergen zu suchen, die so oft in Wolken gehüllt sind! An jedem heiligen Platz, und es gab ihrer sicher viele, haben die Menschen, die diesen Weg zogen, den Göttern und Geistern Opfer und Geschenke niedergelegt und dabei Athtar Scherqan, den Hüter der Tempel und Gräber, angefleht, darüber zu wachen, daß frevelhafte Hände sie nicht schändeten. Die Kathiri, Beduinen mit langem, wirrem Haar und einem dunkelblauen Tuch um die Hüften, dessen eines Ende über die Schulter geworfen ist, halten es noch heute so. Sie gelten als tüchtige Händler und lassen sich zuweilen in Salala auf der anderen Seite der südjemenitischen Grenze sehen.

Es gab anscheinend auch Händler, die von der Küste und Cana nichts wissen wollten und das kostbare Harz in dreißig Tagen durch das unwirtliche Gebiet der Mahra im Hochland hinter dem Küstengebirge über einen Pfad, der heute noch begangen wird, von Dhofar bis nach Hadhramaut bringen ließen. Welche Rechnung besser aufging, die erste oder die zweite, wird nicht berichtet.

Ein Treffpunkt am Indischen Ozean

Das längst versandete und vergessene Cana, von dem vermutet wird, es habe in der Nähe des heutigen Ras al Kalb im Westen Mukallas gelegen, muß einmal ein sehr geschäftiger Hafen gewesen sein. Man weiß, daß von Cana schon früher Schiffe westwärts durch die Straße von Bab al Mandab nach südjemenitischen Häfen und ostwärts nach der Serapis-Insel segelten.

Schon sehr früh, um die Zeit der elften Dynastie, tasteten sich ägyptische Schiffe durch das von Seeräubern heimgesuchte Rote Meer auf der Suche nach »Punt« an der südarabischen Küste entlang vor und kamen bis nach Cana. Wo das sagenhafte »Punt« eigentlich lag, ob an der somalischen Küste Afrikas, was möglich scheint, oder in Südarabien, ist noch immer nicht ganz geklärt.

Einen Hinweis gibt die Darstellung einer im 15. Jahrhundert v. Chr. von der Königin Hatschepsut befohlenen Expedition auf Reliefs in dem von ihr gebauten Tempel Deir al-Bahari bei Luxor in Oberägypten. Die auf ihnen abgebildeten Weihrauchbäume sind ebenso unzweifelhaft arabisch wie das abgebildete Vieh. Weil aber die Bildhauer sehr wahrscheinlich nach den Beschreibungen von Mitgliedern dieser Expedition gearbeitet haben, läßt sich aus den Reliefs kein unbedingt schlüssiger Beweis ziehen. Die Annahme, Punt sei an der somalischen Küste zu suchen, hat nach wie vor ihre Berechtigung.

Jedenfalls tauschten die Ägypter in Cana feine Stoffe gegen Weihrauch, Myrrhe, Perlen, Steine und Gewürze ein. Cana muß also schon damals ein großer Umschlagplatz für den Handel mit Indien gewesen sein, den sich wie es scheint die indischen und südarabischen Schiffer teilten, die das Geheimnis des Monsuns kannten und unterwegs alten Urkunden zufolge auch den Persischen Golf anliefen.

Weiter als Cana kamen die Ägypter offenbar nicht. Auf der Heimreise,
für die sie wegen des starken Nordwindes ein halbes Jahr gebraucht haben
sollen, liefen sie vielleicht noch einmal die arabische Hafensiedlung in der
Mitte des Roten Meeres an, um ihre Vorräte zu ergänzen und einige seltene
afrikanische Erzeugnisse gegen Weihrauch günstig einzutauschen, den die
südarabischen Monopolisten ihren Landsleuten für den Küstenhandel mit
Arsinoe und Myos Hormos auf der ägyptischen Seite des Roten Meeres gegen eine Gewinnbeteiligung bei genauer Abrechnung in vorsichtig dosier-
ten Mengen überließen.

Der große Karawanenhafen

Unter den arabischen Stadtkönigreichen hat das von Hadhramaut keine
besondere Rolle gespielt. Die geographische Lage, eine wohlwollende Natur und menschliche Tüchtigkeit verhalfen ihm aber zu einer zentralen Stellung im Weihrauchhandel, die ihm von Anfang bis Ende verblieb.

Hadhramaut ist ein langgestrecktes, breites grünes Tal zwischen der Wüste im Norden und den Bergen im Süden. Wo das Tal aufhört, steigen steile
Felsklippen in die Höhe. Auf grünen Feldern und in Obstgärten stehen
zwischen Palmen Dörfer und Städte: Saiwun, Schibam und Tarim. Die sie-
ben- und achtstöckigen Häuser sehen viel höher aus, weil über der Fenster-
reihe jedes Stockwerks noch eine zweite Reihe von kleinen Fenstern um-
läuft, die der Entlüftung dienen. Ein Land der Kontraste mit wohlhabenden Saijids und armen Bauern, weißen Palästen und armseligen Hütten,
unruhigen Stämmen, Blutfehden und Banditen. »Es gab Riesen hier in den
frühen Tagen«, erzählen sich die Leute.

Drei Stämme – die Qarra, Mahra und Harsu –, die in dem Gebiet leben
und herumwandern, sprechen Dialekte eines gemeinsamen Ursprungs und
heißen bei den Arabisch sprechenden Nomaden »Ahl al Hadar«. Die Dialekte sind eng verwandt mit den alten semitischen Sprachen der Minäer,
Sabäer und Himyariten. Man hat geglaubt, in »Hadar« vielleicht jenen
»Hadoram« wiedererkennen zu können, der in der Genesis als einer der
Söhne Joktans, eines Abkömmlings des Shem, genannt ist, und manche
Forscher halten es sogar für möglich, »Hadhramaut«, der Name des Tales,
das im Osten in das Land der Mahra ausläuft, habe etwas mit Hazarmaveth, dem Bruder des Hadoram, zu tun.

Viel bestimmter gibt sich die christliche Legende. Sie erzählt, jene drei
Könige aus dem Morgenland, die Gold, Weihrauch und Myrrhe nach
Bethlehem brachten, seien in Sessania Adrumetorium, eben Hadhramaut,

154

Hadhramaut

begraben gewesen, und die Kaiserin Helena habe ihre Gebeine nach Konstantinopel gebracht. Viel später schaffte man sie nach Mailand, von wo Erzbischof Reinald von Dassel sie im Jahre 1164 nach Köln brachte.

Davon weiß der Nomade von heute nichts, der vorgibt, stets als Waffenträger, Bauer und Kamelzüchter, als Nomade oder als Siedler in Hadhramaut gelebt und geherrscht zu haben. Er weiß auch nicht, daß vom dritten bis zum sechsten Jahrhundert die Abessinier über das Land herrschten, im

Jahre 570 n. Chr. endgültig niedergeworfen wurden und die Subier, die Leibeigenen, Nachkommen der besiegten abessinischen Eindringlinge sind.

Im Jahre 844 kam Ahmed bin Isa al Mohadschir, der Ahnherr der Saijidis, die vorgeben, von dem Propheten Mohammed und Abrahams Sohn Ismael von der Hagar abzustammen. Diese Saijidis nahmen lange eine geistliche Stellung ein; sie herrschten aufgrund ihres geheiligten Amtes und ihrer angeblichen Abstammung unangefochten. Mit Ahmed waren auch die Städter gekommen und nach ihnen, ganz zum Ende, die Jafa'is. Aber sie haben nie zu den Ureinwohnern gezählt. Diese buntgewürfelte Gesellschaft befindet sich seit der Gründung der volksdemokratischen Republik Südjemen in voller Auflösung. Von Aden aus, der neuen Hauptstadt, wird mit Nachdruck die Auflösung der alten Klassen gefördert. Die Sultane sind geflüchtet, die Saijidis spielen keine Rolle mehr. An ihre Stelle sind die politischen Kommissare getreten; Handel betreibt nur noch der Staat.

Die Welthandelsstraße

Wo Hadhramaut nach Westen zu in die Wüste ausläuft und in der Wüste selbst lagen die Städte, in denen die großen Weihrauchkarawanen ausgerüstet wurden. Sie brachten allerdings nicht nur das kostbare Harz, sondern auch Perlen, Straußenfedern und Gewürze – Güter von hohem Wert und geringem Gewicht – in den Norden. Unternehmer taten sich zu Konsortien zusammen, denn ein einzelner Händler wagte nicht, das Risiko zu übernehmen, konnte doch der Verlust einer Karawane den Ruin bedeuten.

Hinter den Konsortien standen tüchtige, starke Regierungen politisch, wirtschaftlich und sozial gut organisierter Staaten, die, weil der Karawanenhandel ihre Existenz erst möglich machte, ständig im Streit mit den Nachbarländern über die Kontrolle der Straßen lagen, für die Unterhaltung von Wegen und Häfen sorgten, Sicherheitsmaßnahmen trafen und Verträge abschlossen.

Dort unten fing die Welthandelsstraße an. Ihre Basis war der Wunsch nach Gewinn. Ihr Rückgrat war der Handel mit einer gesuchten, kostspieligen Ware. Sie und die politischen Schöpfungen, deren einzige Grundlage die Wirtschaft war, brachen zusammen, als der Weihrauchhandel niederging.

Über ihr Alter wissen wir recht genau Bescheid; sie muß schon um die Mitte des zehnten Jahrhunderts v. Chr. benutzt worden sein. Aber ihre ge-

156

naue Wegstrecke kennen wir noch immer nicht. Das wird erst möglich sein, wenn Forschungsreisen unternommen werden können. Bis dahin sind wir auf alte Berichte und auf die spärlichen, zufällig gefundenen Inschriften angewiesen.

Ein wichtiges Kopfstück könnte eine Straße gewesen sein, die einer ausgetretenen, heute noch benutzten Fährte folgt. Auf ihr brachte man wahrscheinlich aus dem jemenitischen Hafen afrikanische Erzeugnisse zu einem der Sammelplätze im Innern für den Transport nach dem Norden. Das erste Wegstück durch den fünfzig Kilometer breiten Küstenstreifen, die Tihama, bietet sich für Nachforschungen kaum an. Die Tihama ist heiß, malariaverseucht, baum- und strauchlos, ein bald von Wüste, bald von schmutzigen Gräben durchzogenes Land mit armseligen Lehmhütten auf ein paar bebauten Feldern, auf denen durch eine ständige Vermischung mit schwarzen Sklaven degenerierte Araber, Abkömmlinge der Zarinqis, arbeiten. Der Weg windet sich dann hinauf nach Ibb durch die Berge nach dem jemenitischen Grenzort Beihan al Qasab, zieht sich an der Wüste Ramlet Sabatain entlang und läuft im Westen Hadhramauts aus.

Die große Straße nahm ihren Anfang in Schibam, Schabwa oder Timna, wich der berüchtigten, undurchquerbaren Rub al Khali aus, mußte dafür aber mit den Ausläufern der leeren, windigen und wilden Wüste »Ramlet Sabatain« fertigwerden. Dann nahm sie den Weg durch Marib, Ma'in dem Osthang der jemenitischen Berge nach Nadschran entlang und in die große arabische Wüste. Yathrib, das Medina der Muselmanen, lag am Wege. Dafür wurde Mekka nicht berührt. Ein Rastplatz war Tabala, welcher einen berühmten Venus-Tempel besaß, eine wichtige Zwischenstation die Oase Taima, das Tema Jobs, das Thaim des Ptolemäus. Von Taima bog eine Straße nach Mesopotamien ab. Bis nach der Oase Dedan, dem heutigen Al Ula, sollen die Karawanen fünfundsechzig Tagereisen gebraucht haben.

Die Straße fächerte sich dann noch einmal auf: Eine führte nach Petra, eine andere über Älana, das israelische Eilat, nach Gaza am Mittelmeer. Es ist wahrscheinlich, daß eine zweitrangige Straße auch von Hadhramaut unmittelbar in nordöstlicher Richtung nach Gerrha am Persischen Golf führte, wo chaldäische Kaufleute den Weihrauch in Empfang nahmen und bis zum Kopfende des Golfs verschifften. Es heißt, man habe für diese Straße eine Reisedauer von ungefähr vierzig Tagen gerechnet.

Die Wegführung im Süden wurde stark von den politischen Verhältnissen beeinflußt, denn jeder Staat sah darauf, die Kontrolle über die gesamte Straße in seine Hand zu bringen. So führte in qatabanischer Zeit die große Straße von Timna her durch Nisiyin, dann vom Ende des Wadis Beihan über den ungemein schwierigen Mablaqa-Paß – vielleicht der »Nagd Mar-

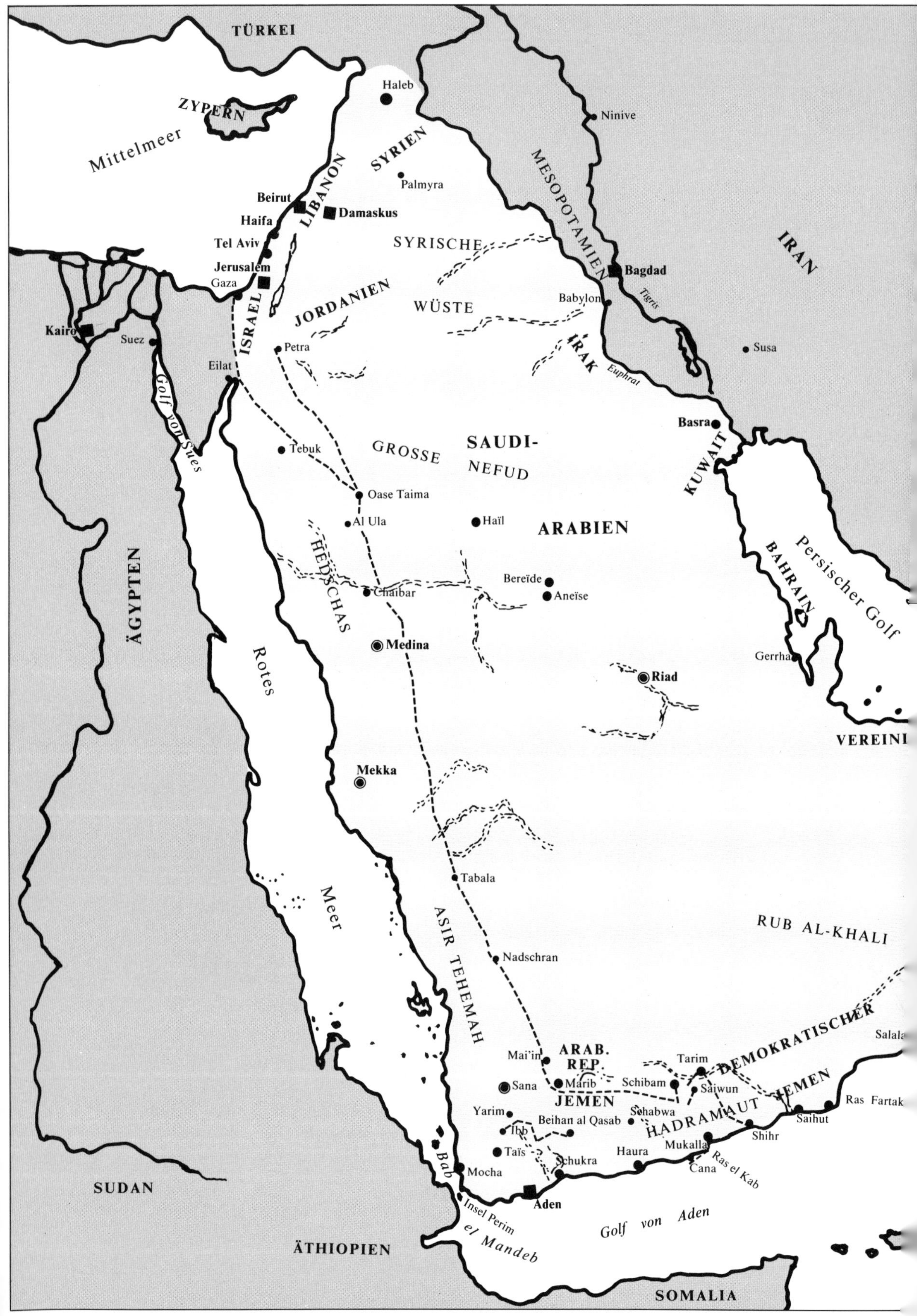

TÜRKEI
ZYPERN
Mittelmeer
Haleb
Ninive
SYRIEN
MESOPOTAMIEN
Palmyra
Beirut
LIBANON
Damaskus
Haifa
SYRISCHE
Tel Aviv
Jerusalem
Gaza
ISRAEL
JORDANIEN
WÜSTE
Bagdad
Babylon
Tigris
IRAN
IRAK
Kairo
Suez
Petra
Susa
Eilat
Euphrat
Golf von Suez
Basra
ÄGYPTEN
Tebuk
GROSSE
SAUDI-
NEFUD
KUWAIT
Oase Taima
Al Ula
Haïl
ARABIEN
BAHRAIN
Persischer Golf
Bereïde
Rotes
HEDSCHAS
Chaibar
Aneïse
Medina
Gerrha
Riad
VEREINI
Mekka
Meer
Tabala
RUB AL-KHALI
ASIR TEHEMAH
Nadschran
DEMOKRATISCHER
Salala
Mai'in
ARAB.
Tarim
REP.
Sana
Marib
Schibam
Saiwun
JEMEN
HADRAMUT
JEMEN
Ras Fartak
Yarim
Schabwa
Bab
Ibb
Beihan al Qasab
Mukalla
Saihut
Shihr
Taïs
Haura
Ras el Kab
Mocha
Schukra
Cana
SUDAN
Insel Perim
Aden
el Mandeb
Golf von Aden
ÄTHIOPIEN
SOMALIA

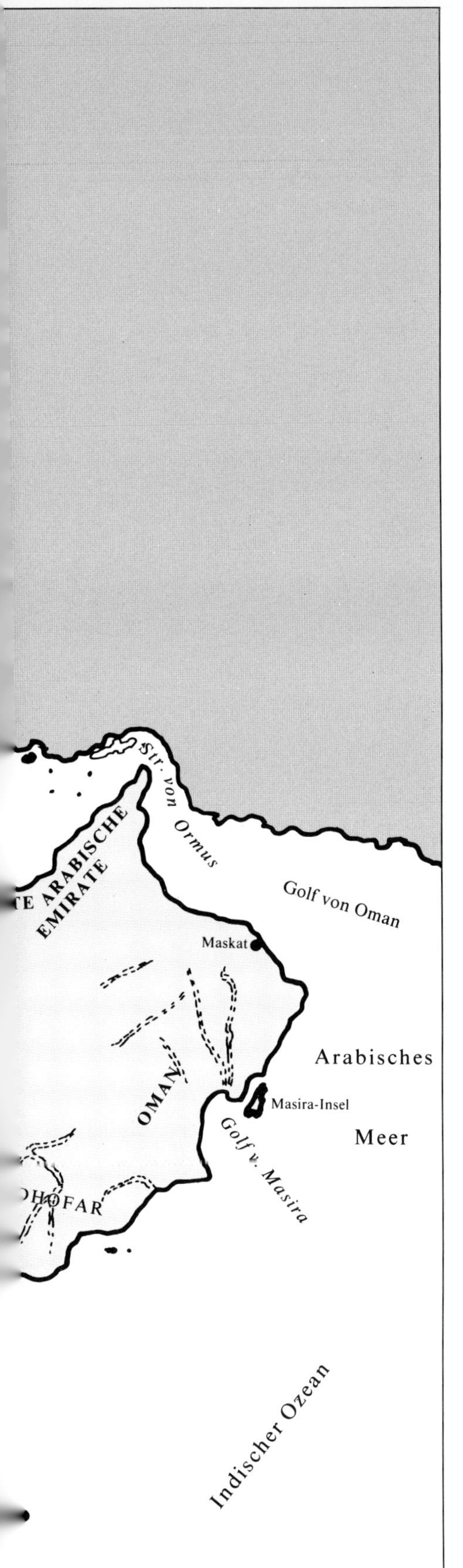
VEREINIGTE ARABISCHE EMIRATE
Str. von Ormus
Golf von Oman
Maskat
Arabisches
Masira-Insel
Meer
Golf v. Masira
DHOFAR
OMAN
Indischer Ozean

qa« – in das jemenitische Wadi Harib nach Marib und von da durch das
Wadi Dschauf in nordwestlicher Richtung nach Nadschran.

Man sieht der Paßstraße noch heute an, daß sie von Menschen geschaffen wurde. Sie ist vielleicht fünf Kilometer lang, steigt und fällt und über-
windet die Höhenunterschiede in engen Haarnadelkurven, die auf Terrassen angelegt wurden, deren Außenecken durch lange Mauern verstärkt
sind. Die Straße ist manchmal nur knapp drei Meter, an manchen Stellen
bis zu fünfzehn Metern breit und mit großen Bruchsteinen belegt. Sehr steile Anstiege werden durch Stufen überwunden. Die Steine sind ausgetreten
und verwittert. Über sie gingen vor fünfundzwanzig Jahrhunderten zu Tausenden die mit Weihrauch beladenen Kamele, deren Hufe aus Vorsicht
umwickelt waren. Unterhalb der Paßhöhe wird der Weg so steil, daß die
Anlage von Terrassen unmöglich wurde und diesen frühen Straßenbauern
nichts blieb, als über die Länge von dreißig Metern, eine Breite von fünf
und eine Höhe von zwölf Metern den Felsen durchzuschlagen. Mit den
einfachen Werkzeugen muß das eine ungeheure Arbeit gewesen sein, die
Bewunderung hervorruft.

Warum nahm Qataban die Mühe und die sicher enormen Kosten für den
Bau dieser so schwierigen Paßstraße auf sich, wenn es nur ein paar Kilometer weiter im Norden möglich war, nach der Durchquerung einer ungefährlichen ebenen Strecke bequem von Timna nach dem Wadi Harib und
Marib zu kommen? Das wäre zwar ein Umweg gewesen, hätte aber viel
Geld gespart. Qataban ging es jedoch um die Kontrolle des Weihrauchhandels und die Abgaben, die von den Karawanen erhoben wurden, denn
sie vermehrten den Reichtum des Königreiches. Ob ein besonderer Wege-
zoll für die Benutzung der Straße erhoben wurde, weiß man nicht. Möglich
ist es. Immerhin stehen am nördlichen Fuß der Straße, kurz bevor sie in
das Wadi Harib einbiegt, auf einem Erdhügel noch einige Häuser einer
qatabanischen Stadt.

Eine Zeitlang spielte das ungefähr zweihundert Kilometer westlich von
der alten hadhramautischen Stadt Schibam gelegene Schabwa als Karawanenhafen eine prominente Rolle. Wahrscheinlich besaß es sogar vorübergehend während seiner kurzen Glanzzeit als Hauptstadt des Königreiches Hadhramaut eine Monopolstellung im gesamten Weihrauchhandel.
Von Schabwa, das er Sabota nennt, erzählt Plinius, es sei die Weihrauch-
hauptstadt gewesen, habe auf einem Hügel gestanden und sei durch sechzig
marmorne Tempel und seinen unvorstellbaren Reichtum berühmt geworden. Die Tempel zerfielen, der Wohlstand verging, als der Weihrauchhandel andere Wege einschlug, der vordringende Sand nach und nach die
Stadt zudeckte und die Bewohner fortzogen.

Das hadhramautische Schibam, nicht ganz so alt wie Schabwa, trat die Nachfolge an. Sein früherer Name soll nach dem islamischen Autor al Hamdani »Schibat« gewesen sein, was in Himyaritisch »Rast, Ruhe« bedeutet.

Wo das alte Schabwa lag, weiß man. Es ist unter dem Sand begraben. Ein paar Mauerreste sollen herausragen und vier noch lesbare Inschriften in die Hütten der Bewohner eingebaut sein. St. John Philby, der zum Islam übergetretene britische Berater des Königs Ibn Saud und Wüstenreisende, war einmal dort. Schabwa ist heute schwer und nur auf Kamelen zu erreichen. Außerdem wollen die mißtrauischen Beduinen, die »Ahl Bureik«, von Fremden nichts wissen, von denen sie glauben, daß sie im Sand verborgene Schätze suchen, die doch ihnen, den Beduinen, nach altem Recht gehören. Sie fördern Steinsalz, das schon in alten Büchern erwähnt wird und wegen seiner ausgezeichneten Qualität sogar längs der ganzen Küste bekannt ist, und bringen es in langen Kamelkarawanen regelmäßig nach Schibam auf den Markt. Eifersüchtig wachen sie darüber, daß nur ihre Leute die Kamele auf dem langen, harten Marsch begleiten.

Mächtige Königreiche

Die Organisatoren der Straße und des Geschäfts wechselten während der Jahrhunderte. Viele Händler hatten wahrscheinlich als Räuber angefangen, die Karawanen angegriffen und sich später für eine Weile, weil dieser Erwerb ungefährlicher und auch einbringender war, mit Abgaben für ein sicheres Geleit begnügt. Eines Tages fanden sie heraus, daß ihre große Chance das Geschäft selber war. Weil sie wußten, wie man sich vor Räubern und überflüssigen Abgaben schützen mußte, machten sie sich daran, Befestigungen anzulegen, Wege zu verbessern und für sichere Wasser- und Rastplätze zu sorgen. Dabei stellten sie fest, daß eine große Gemeinschaft mehr erreichen konnte, als kleine Gruppen. Aus der Überlegung zogen sie die Konsequenzen und schlossen sich zusammen. Es entstanden Stadtkönigreiche, die nacheinander die unbestrittenen Herren einer der wichtigsten und ertragreichsten Handelsstraßen der alten Welt waren und dadurch reich und mächtig wurden.

Das früheste von ihnen war das von Ma'in am Rand der wasserlosen Wüste Rub al Khali, das zwischen 950 und 650 v. Chr. fast ganz Südarabien unter seiner Kontrolle hielt. Man hat die Namen von sechsundzwanzig Königen entziffert, und die Ruinen lassen die Vermutung zu, daß die Stadt von beachtlicher Größe und wohlhabend war. Schon dehnte sich der politische Einfluß, ein Ergebnis des Geschäftes, nach Norden aus. Minäische Kolonien lassen sich im nördlichen Arabien ausmachen. Die wichtigste ist wohl Dedan gewesen, das heutige Al Ula im Nordhedschas, wo man ein paar Hundert minäische Inschriften gefunden hat.

Als beinahe so alt wie Ma'in gilt Timna, die Hauptstadt des Königreiches Qataban im Wadi Beihan unweit der heutigen Grenze zwischen den beiden Jemen und Harib. Hier trafen offenbar die von der Küste heraufkommende und die aus dem Hadhramaut herführende Straße zusammen und bogen in die große Straße nach Norden ein.

Im Wadi Beihan ist im Jahr 1936 eine Inschrift gefunden worden, die so beginnt: »Ich, der König von Qataban, in meiner Stadt Kohlan...«. Es folgt eine Aufzählung der Gebiete, die er als Teile seines Landes beansprucht, geschrieben in einer Sprache, die eine enge Verwandtschaft mit denen von Ma'in und Hadhramaut aufweist. Man schließt daraus, daß um jene Zeit der Aufstieg der Sabäer eingesetzt hatte.

Schon im Jahre 1924 hatte ein österreichischer Gelehrter alle damals bekannten qatabanischen Inschriften gesammelt und nachgewiesen, daß der Erdhügel Hadschar Kohlan im Wadi Beihan das alte Timna war. Der Sand hat die Stätte fast zugedeckt. Aber die Umrisse von Häusern und großen Gebäuden lassen sich unschwer ausmachen. Überall liegen große, schön geglättete Steine in den verschiedensten Farbtönungen. In der Mitte des früheren Stadtplatzes steht ein mit Inschriften bedeckter Obelisk, der mehr als fünf Meter hoch sein dürfte. Man hat ihn nur zum Teil ausgegraben. Auch die Terrasse eines Tempels steht noch.

Qataban muß viel später auf der Höhe seiner Blüte gewesen sein, als man einmal angenommen hat. Heute spricht man nicht mehr vom fünften oder sogar sechsten Jahrhundert, sondern vom zweiten und auch vom ersten Jahrhundert v. Chr. Die Verbindung zum Aufstieg der Sabäer läßt sich jedoch nur schwer herstellen. Ein in Timna ausgegrabenes Haus kann, wie man glaubt, nicht vor dem Jahre 150 v. Chr. gebaut worden sein. Um diese Zeit müßte also auch der König Schahr Jagil Jhargib geherrscht haben und nicht, wie man annahm, Jahrhunderte früher. Vieles bleibt verworren. Manche Zeitangaben halten nicht mehr stand, und was man früher in das siebte Jahrhundert datierte, wird heute in das vierte gesetzt. Dagegen sprechen jedoch wieder Inschriften aus einer früheren Zeit; sie gehen zum Teil sogar einige Jahrhunderte zurück.

Nach den Resten alter Bewässerungsanlagen um Timna zu urteilen, muß das Wadi Beihan auf der Höhe der qatabanischen Macht ein großer Garten gewesen sein, in dem Getreide, Gemüse und Obst angebaut wurde. Das könnte nach den an den alten Schleusentoren gefundenen frühen und spä-

ten Inschriften zwischen dem fünften und dem ersten Jahrhundert v. Chr.
gewesen sein, als man in Qataban den Mondgott als einen Halbmond dar-
stellte. Eine in Timna gefundene Halskette aus Gold gibt dafür einen an-
schaulichen Beweis. Wann Timna zerstört wurde, ist nicht genau bekannt.
Man glaubt jedoch, die Jahre um Christi Geburt mit einiger Berechtigung
nennen zu können.

Ma'in, Schabwa und Timna wurden überschattet von dem Aufstieg Maribs, der Hauptstadt des sabäischen Königreiches im heutigen Jemen, rund
hundert Kilometer im Nordwesten Timnas mitten an der Weihrauchstraße.
Die sabäischen Anfänge gehen in das sechste Jahrhundert v. Chr. zurück;
die Blüte dauerte rund fünfhundert Jahre. Die Sabäer häuften einen uner-
meßlichen Reichtum an, den sie hauptsächlich aus dem Weihrauchhandel
zogen. Niemand ist in Südarabien reicher gewesen. Sie gebrauchten den
Reichtum nicht nur, um zu bauen und üppig zu leben, sondern auch für die
ständige Erweiterung ihres politischen Einflusses, den sie wiederum dazu
benutzten, die Weihrauchstraße, die Lieferung des Harzes, man könnte sagen, das gesamte Geschäft von der Erzeugung bis beinahe zum Verbraucher, unter sabäische Kontrolle zu bringen.

Seit 1951 amerikanische Archäologen in Marib Ausgrabungen gemacht
haben, weiß man etwas mehr über die Stadt und den legendären Damm.

Marib war vielleicht zehnmal größer als das immerhin schon nicht gerade kleine Timna. Man ist auf eine Länge von etwa einem und eine Breite
von etwa einem halben Kilometer des Erdhügels gekommen, neben dem
das heutige jemenitische Dorf sich geradezu winzig ausmacht. Dessen Häuser sind aus den geglätteten und behauenen alten Steinen gebaut, die der
große »Steinbruch« nebenan billig geliefert hat.

Neun Meter hoch sind die noch stehenden viereckigen Säulen des dem
Mondgott Ilumquh geweihten und nach einer Inschrift »Bara'am« genannten ovalen Tempels. Er hat die ganz erstaunliche Länge von 120 Meter, eine Breite von 75 Metern und einen Umfang von 300 Metern. Die 17 mal
22,5 Meter messende Vorhalle war einmal überdacht und wurde auf der
Außenseite von einer Mauer, auf der Innenseite von zweiunddreißig mo-
nolithischen Säulen getragen. Alles ist gefugt, kein Mörtel verwandt. Auf
mit Bronze eingelegten Stufen betrat der Besucher durch zwei wieder mit
Bronze eingelegte Tore den eigentlichen ovalen Tempel. Die Ausgräber
glauben, daß die Bauarbeiten viele Jahre in Anspruch nahmen, und die
frühesten Anfänge vielleicht bis in das achte vorchristliche Jahrhundert zurückgehen.

Berühmtestes Bauwerk Maribs war der Damm. Das Wort führt allerdings leicht in die Irre, denn es handelte sich um ein Dammsystem, hinter

dem Regenwasser gesammelt wurde, welches man den Feldern zuleitete. Das Mauerwerk der Ruine ist heute noch gut erhalten; die Steine sind so behauen, daß sie genau ineinanderpassen. Die Scheitelhöhe der großen Mauer beträgt fünfzehn, ihre Länge 1500 Meter, eine enorme Leistung für jene Zeit. Inschriften besagen, daß der Damm in den Jahren 449/450 und noch einmal in den Jahren 542/543 n. Chr. – die Länge der Lebensdauer läßt auf die Güte der Arbeit schließen – ausgebessert wurde. Er brach ein paar Jahre später, als die Abessinier in Südarabien herrschten. Um die Zeit waren die Sabäer schon lange in Vergessenheit geraten.

Woher sie kamen, wissen wir nicht mit Sicherheit, aber wahrscheinlich aus dem Norden. In einer minäischen Inschrift wird von einem sabäischen Angriff auf eine Weihrauchkarawane im Norden Arabiens gesprochen. Vielleicht haben auch die Sabäer, wie viele andere, als Räuber angefangen. Immerhin müssen sie sich schon früh zu einem Staat zusammengeschlossen haben: In den assyrischen Annalen ist von einem sabäischen Tribut an Sargon II. die Rede, und unter Senacherib wird im Jahre 685 v. Chr. ein sabäischer König erwähnt. Es fällt jedoch schwer, den Angaben ganz Glauben zu schenken, denn in den Annalen hat man es mit den Namen der so fremden Völker Südarabiens nicht gerade genau genommen.

Dafür wissen wir mit einiger Bestimmtheit, daß die Sabäer gute Ingenieure und hervorragende Handwerker waren. Aus dem im Land in großen Mengen vorkommenden Alabaster, der sich sonst nirgendwo fand und für viel Geld an fremde Kaufleute in den Häfen verkauft wurde, schufen sie schöne Figuren und schnitten hauchdünne Scheiben, die als Fenster in den Häusern der Reichen dienten. Sie vergoldeten Säulen, fertigten kunstvolle Möbel, stellten schöne Gefäße aus Stein und Metall her. Leider wissen wir kaum etwas über ihre Lebensart und ihre Kultur, weil die Inschriften darüber fast nichts aussagen. Merkwürdig mutet an, daß anscheinend die Töpferscheibe nie benutzt wurde. Kannte man sie nicht? Das wäre bei dem so hohen Stand der anderen Handwerke erstaunlich. Lag es daran, daß Tongefäße, wie es aussieht, wenig und nur im Hause gebraucht wurden? Religiöse sabäische Texte fehlen. Die Sabäer verehrten aber, wie die übrigen Semiten, die Gestirne und den Mondgott – Amm Anbay, Ilumquh – und die Sonne – Schams, Athtar.

Es gibt eine Überlieferung, nach der die Könige ihren Palast unter der Drohung, zu Tode gesteinigt zu werden, nicht verlassen durften. In einer Wand des Palastes war jedoch ein Fenster, aus dem eine lange Kette hing. Glaubte jemand, ihm sei Unrecht geschehen, zog er an der Kette. Dann sah der König aus dem Fenster, rief ihn zu sich und gab sein Urteil. Es kann sich dabei um einen Ausdruck der Sorge für den gehandelt haben, der für das Wohlergehen des Staates die Verantwortung trug. Ob es sich allerdings wirklich um einen sabäischen Brauch handelte, weiß niemand zu sagen.

Die Handelsbeziehungen der Sabäer reichten viel weiter als die ihrer Vorgänger. Sie müssen ungemein unternehmungslustig gewesen sein und ihre Agenten saßen in allen Häfen des östlichen Mittelmeers. Sie berichteten ihnen ständig über neue Geschäftsmöglichkeiten, die Marktlage, politische Spannungen, Intrigen, Freundschaften und Feindschaften. Sie wickelten für die großen Handelsherren im Süden die Geschäfte ab, wachten über die Zahlungsfähigkeit der Kunden und waren dabei Wirtschaftsspione ersten Ranges. Leider sind keine ihrer Berichte erhalten. Nur eine Grabinschrift mit einer Widmung wurde auf der Insel Delos und eine andere bei Kairo gefunden. Das ist zu wenig, um sich einen Begriff von diesem Agentennetz machen zu können.

Bis in das Zweistromland haben sich die Sabäer vorgetastet. Dies läßt sich ganz klar aus der hinterlassenen Korrespondenz eines großen jüdischen Handelshauses in Nippur entnehmen. Unterhielten sie zum Schutz der Karawanen unterwegs sogar eigene militärische Posten? Man ist fast versucht, es anzunehmen, denn nichts wurde versäumt, um das Weihrauchmonopol, den Lebensnerv des ganzen Wohlstandes, abzusichern. Sogar die Gottheiten sind dabei nicht vergessen worden: Aus einer in Jathis, dem alten Beragisch, gefundenen Inschrift geht hervor, daß die Mitglieder eines Konsortiums, das mit Ägypten Handel trieb, wohl um die Gewinne der tüchtigen Zwischenhändler in Gaza einstecken zu können, Atha-Dhû-Gabdin einen Tempel bauten und Opfer darbrachten, um ihre Dankbarkeit für den Schutz zu bezeugen, der ihnen während eines großen Krieges, wahrscheinlich zwischen Ägypten und Persien, gegeben worden war.

Gegen Ende des zweiten Jahrhunderts v. Chr. verloren die Sabäer an Bedeutung, und das Machtzentrum verlagerte sich nach dem Südwesten in das jemenitische Hochland. Die Gründe dafür sind unbekannt. Es ist wohl so gewesen, daß in den unaufhörlichen harten Auseinandersetzungen zwischen den südarabischen Völkern um die Kontrolle des Weihrauchhandels und der Weihrauchstraße die vielleicht zu selbstsicher gewordenen und auch verweichlichten Sabäer schließlich den noch unverbrauchten Jemeniten den Platz lassen mußten.

Sie, die Himyariten, machten Tzadar oder Zofar in der Nähe der heutigen jemenitischen Stadt Yarim, die an der Bergstraße zwischen Taiz und Sana liegt, zur Hauptstadt des letzten großen südarabischen Stadtkönigreiches. Für die Wahl war sehr wahrscheinlich die Überlegung maßgeblich, daß sich so am besten die am Osthang der Berge entlangführende Weihrauchstraße unter Kontrolle halten ließ, und der aufstrebende Seehandel, dessen Entwicklung die Himyariten offensichtlich voraussahen, nicht vernachlässigt würde.

Diese Himyariten, die »Homeriten« der klassischen Schriftsteller, müssen begabte, vorausschauende und tüchtige Politiker und Kaufleute gewesen sein, die auch militärische Macht für ihre Zwecke zu gebrauchen verstanden. Ihr Königreich reichte um Christi Geburt vom Roten Meer und dem Indischen Ozean quer durch Hadhramaut und Dhofar bis an den Persischen Golf.

Jemen, das Herzland des himyaritischen Reiches, nannte man damals »Land der Schlösser«. Die arabischen Chronisten berichten, das schönste Schloß, »Ghumdan« in der Stadt Sana, sei aus Granit, Porphyr und Marmor gebaut und zwanzig Stockwerke hoch gewesen. In den vier Ecken des flachen Daches hätten bronzene Löwen gestanden, die brüllten, wenn der Wind durch sie blies, und durch die dünne alabasterne Decke habe man dem Flug der Vögel zugeschaut. Al Hamdani, der arabische Historiker des achten Jahrhunderts, verstieg sich in seiner Begeisterung zu dem Ausruf: »Das Schloß hatte Wolken als Turban und Marmor als Gürtel«.

Auf diesen Burgen lebte eine feudale Aristokratie, die in einer Weise über ihre leibeigenen Bauern herrschte, die sich wahrscheinlich von der des vorrevolutionären Jemen nicht sehr unterschied.

Gegen Ende des ersten nachchristlichen Jahrhunderts war das himyaritische Handelsmonopol praktisch gebrochen, die Zeit der großen Gewinne vorbei. Vorausschauende Kaufleute, die spürten, was auf sie zukam, wanderten in den hohen Norden ab, wo sich die findigen Nabatäer schon niedergelassen hatten. Energische himyaritische Könige schlugen einen anderen Weg ein, um das ihnen entgleitende Stück an dem Welthandel zurückzugewinnen. Sie dehnten ihre Kontrolle bis an die Küste des Indischen Ozeans und über das Rote Meer hinweg nach Ostafrika aus. Dabei gerieten sie in Streit mit den Abessiniern, aus dem sie mit ihrer großen Geschicklichkeit schnell ein Bündnis zu machen verstanden. Vielleicht haben sie die Abessinier davon überzeugt, daß es besser für beide sei, sich gegen die große Konkurrenz aus dem Norden zusammenzutun.

Unterdessen hatten von Kaiser Konstantios, dem Sohn Konstantins des Großen, geschickte Missionare das Christentum nach Südarabien gebracht, das in Jemen weite Verbreitung fand. Ihm gegenüber stand der auch aus dem Norden in den Jemen gekommene Judaismus. Dessen Einfluß wuchs so, daß Dhu Nuwas, der letzte himyaritische König, ein Jude war. Als er sich anschickte, die Christen in der damals jemenitischen, heute saudischen Stadt Nadschran im Jahre 523 n. Chr. auszurotten, baten die jemenitischen Christen den christlichen Kaiser Abessiniens um Hilfe. Die arabischen Christen erzählen, die Abessinier hätten eine Armee von siebzigtausend Mann nach Jemen geschickt, die alles vor sich herfegte, »bis Dhu Nuwas Hals über Kopf zu Pferd über den Sand der Küstenebene floh, in die Wellen sprang und nie mehr gesehen wurde.« Mit seinem Tod im Jahre 525 endete das himyaritische Königreich.

Die Abessinier verlegten die Hauptstadt des unterworfenen Landes nach Sana und bauten um das Jahr 550 eine prächtige Kathedrale aus Steinen, die sie aus dem schon zerfallenen Marib heranschaffen ließen. Die Karawanen suchten andere Wege, der Wohlstand ging zurück. Streitigkeiten zwischen den Stämmen und die ständigen erfolglosen Kriege gegen die abessinischen Eindringlinge brachten die Vernachlässigung und schließlich den Zusammenbruch der kunstvollen Bewässerungs-Anlagen mit sich. Das Land verarmte. Die arabischen Chronisten schreiben darüber kaum etwas.

Dafür berichten sie ausführlich über den Bruch des großen Dammes von Marib um die Mitte des sechsten Jahrhunderts. Die Nachricht muß wie ein Lauffeuer durch ganz Südarabien gegangen sein. Den Zusammenbruch erklärten sich die Menschen auf ihre Weise: Ratten hatten den Damm unterminiert. Nun hält man es nicht für ausgeschlossen, daß ein in der Gegend noch heute vorkommendes, Gänge bauendes kleines Nagetier tatsächlich die Katastrophe verschuldet hat. Ingenieure sind jedoch der Meinung, der Zusammenbruch sei nichts anderes als das Ergebnis einer langen Vernachlässigung des Bauwerkes gewesen.

Angriffe auf ein lästiges Monopol

Weihrauch war das Zauberwort, das den legendären Wohlstand brachte. Mit der Kontrolle über die Handelsstraße stiegen und fielen das mináische, das sabäische, qatabanische, hadhramautische und himyaritische Königreich. Ihre Politik war von ihrem Gewinnstreben geprägt. In der Wahl der Mittel war man nicht zimperlich. Wieviel verdient wurde, läßt sich nicht ausrechnen. Es muß aber eine erhebliche Summe in einer Zeit gewesen sein, in der alle Welt nach Weihrauch rief und den Preis bezahlte, den die südarabischen Monopolherren diktierten. Es ist also begreiflich, daß Ägypter, Assyrer und Seleukiden wiederholt den Versuch machten, das lästige Monopol durch Angriffe auf die Weihrauchstraße zu brechen. Sie blieben erfolglos. Ausgeschickte mesopotamische Armeen kamen nicht weit, und der assyrische König Senacherib konnte froh sein, einen abenteuerlichen Wüstenfeldzug nicht mit dem Verlust einer ganzen Armee bezahlen zu müssen.

Mehr Glück hatte Nabonidus, der letzte König von Babylon, der bis nach Taima kam und in der Oase einen Palast bauen ließ, der allerdings schnell verfiel, als er Babylon und den Thron an den persischen Cyrus verlor.

Auch die Römer machten einen Versuch. Aber sie steckten das Ziel höher. Ihnen war daran gelegen, die Länder zu erobern, aus denen das wertvolle Harz kam. Der Handelsweg würde ihnen dann als reife Frucht von selbst in den Schoß fallen.

Nur fünf Jahre ließen sie verstreichen, nachdem sie im Jahre 30 v. Chr. Herren Ägyptens geworden waren, dann schickten sie eine Flotte von 130 Schiffen mit zehntausend römischen Soldaten, einer nabatäischen Hilfstruppe von tausend Mann und fünfzig Juden als Dolmetscher und wirtschaftliche Berater unter Aelus Gallus, dem Präfekten Ägyptens, nach Arabien.

Als Führer hatten die Römer einen Nabatäer, einen gewissen Syllaeus, verpflichtet. Die Truppen wurden nach einer Segelfahrt von zwei Wochen in Leuce Kome am mittleren Roten Meer ausgeschifft und machten sich dann auf den Marsch nach Süden. Welche Wege sie nahmen, läßt sich nicht mit Sicherheit feststellen. Fünfzig Tage hindurch folgten sie Syllaeus durch eine wasserlose Wüste und man glaubt, daß dem Nabatäer daran lag, die Römer nicht zu weit kommen zu lassen. Nach sechs Monaten gaben sie auf. Sie waren vielleicht bis Mariaba unweit Marib gekommen. Ein paar Gefechte hatten sie gewonnen. Aber dem Geheimnis des Weihrauchlandes kamen die Römer nicht auf die Spur; die Träume von einem Abkommen mit den Himyariten, von einer Garnison in Aden und von gewaltigen Schätzen waren endlich zerronnen. Enttäuscht traten sie den Rückzug an. Der Geograph Strabo, der als Kriegsberichterstatter die Expedition mitmachte, erzählt, Syllaeus sei als Gefangener nach Rom geschickt und als Verräter öffentlich enthauptet worden. Nie wiederholten die Römer den Versuch, das legendäre Land tief im Süden der arabischen Halbinsel zu erobern.

Vielleicht ließ sich dem Weihrauchmonopol auf dem Seeweg beikommen. Schon sehr früh hatten ihn die Ägypter ausgekundschaftet, und sie versuchten immer wieder auf diese Weise ihr Glück, um wenigstens einen Teil der sehr hohen Gewinnspannen der arabischen Zwischenhändler einzusparen. Aber bei Versuchen blieb es. Die Schiffahrt mit den kleinen Fahrzeugen war ein gefährliches Unternehmen. Wüste umschloß auf beiden Ufern das Rote Meer; zahllose, unübersehbare Korallenriffe lagen vor den Küsten; von den Koralleninseln gingen die ewig hungrigen Nomaden mit Leidenschaft der Seeräuberei nach, die sie als eine andere Art der Wüstenüberfälle ansahen; gute Häfen fehlten, und dazu blies auf der Heimfahrt ein böser Nordwind während des ganzen Jahres den Schiffen entgegen.

Ptolemäus II. Philadelphus, der zwischen 285 und 246 v. Chr. über Ägypten herrschte und den berühmten Leuchtturm von Alexandria bauen ließ, verbrachte viel Zeit mit der Erforschung des Seeweges und der afrikanischen Küste des Roten Meeres. Ihm war allerdings nicht so sehr um den Weihrauch zu tun als um den Erwerb von Elefanten, den Panzern der Antike, die er den indischen Elefanten seiner Gegner, der Seleukiden entgegenstellen wollte. Auf sein Geheiß wurden ägyptische Kolonien an der äthiopischen Küste gegründet, von der man Elefanten nach Berenice verschiffte, dem Ausgangspunkt einer Straße nach Koptos, die in regelmäßigen Abständen von Garnisonen beschützt wurde und auf der es Rast- und Wasserplätze gab.

Auf Ptolemäus gehen sehr wahrscheinlich auch die Reise des griechischen Schiffers Aristonder, der von Suez bis nach Bab al Mandab segelte, und die Versuche zurück, den Golf von Aqaba wieder für die Schiffahrt zu erschließen. Seine Nachfolger setzten sie offenbar hartnäckig fort. Das läßt sich den Angaben des um etwa 110 v. Chr. lebenden Alexandriners Agatharchides entnehmen, die in Auszügen in den Werken des Diodorus Siculus und des Photius nachgelesen werden können. Von einem wirklichen Erfolg konnte trotzdem keine Rede sein. Dafür sorgten schon die Nabatäer, die das Nordende der Weihrauchstraße kontrollierten. Der Einbruch in den arabischen Karawanenhandel glückte nicht, und es scheint, daß arabische Schiffer sogar direkt nach Ägypten segelten, nachdem sie sich Geleitbriefe der Seeräuber verschafft hatten. Das Monopol ließ sich anscheinend nicht durchbrechen.

Eine Entdeckung von großer Tragweite

Zwischen den Jahren 120 und 110 v. Chr. segelte ein gewisser Eudoxos aus Cyzikos von Ägypten nach Indien. Daran wäre an sich nichts Besonderes. Aber sehr wahrscheinlich kam auf dieser Reise ein anderer Grieche, Hippalos, dem Geheimnis des Monsuns auf die Spur. Man hatte lange geglaubt, das sei erst viel später, um die Zeit des römischen Kaisers Claudius, geschehen. Neue Untersuchungen haben aber ergeben, daß die Entdeckung, deren Bedeutung sehr schnell erkannt wurde, in die spätptolemäische Zeit gehört. Möglicherweise war Hippalos der Lotse, der Eudoxos begleitete. Das ist jedoch nicht ganz sicher. Gewiß ist dafür, daß Hippalos die Entdeckung machte, und das bestimmt nicht später als in den letzten Jahren des zweiten vorchristlichen Jahrhunderts, also lange vor der römischen Zeit, in der man längst mit dem Monsun vertraut war und ihn für die Schiffahrt zu nutzen wußte.

Der Wert der Entdeckung des Hippalos kann nicht hoch genug angesetzt werden. Aber was entdeckte er eigentlich? Sicherlich nicht die Existenz des Monsuns. Sie war nämlich den Griechen schon seit der Rückkehr des Niarchos, des Admirals Alexanders des Großen, aus Indien im Jahre 326 oder 325 v. Chr. bekannt. Und wäre es nicht der Fall gewesen, hätten andere griechische Seefahrer, die den Indischen Ozean zwischen dem Persischen Golf und der Mündung des Indus befuhren, darüber etwas in Erfahrung gebracht. Gewiß versuchten Araber und Inder aus verständlichen Gründen, das Geheimnis für sich zu behalten. Aber das war unmöglich, da auch andere die Reise unternahmen.

Deshalb wollten griechische Verfasser des »Periplos« und Plinius von einer »Entdeckung« des Hippalos nichts wissen; man fuhr ja schon längst in einer Jahreszeit nach dem Osten und in einer anderen nach dem Westen, weil der Wind in die passende Richtung blies. Das schmälert indessen nicht die Beobachtung des Hippalos. Der erfahrene Seemann, der die Reise wahrscheinlich schon einige Male gemacht hatte, erkannte jedenfalls als erster die Regel, die der Änderung der Windrichtung zugrundeliegt, die Zeitdauer, in der der Wind aus dieser und jener Richtung blies, und das Gesetz der Naturerscheinung. Noch mehr, Hippalos war wohl der erste, der nach der genauen Zeitdauer der Winde die günstigste Fahrtzeit für ein Schiff errechnete und die rauhe See, die der Wind mit sich brachte, so zu nutzen verstand, daß er die Fahrzeit verkürzen konnte.

Ein Reiseführer

Über die erste Seefahrt im Roten Meer und im westlichen Indischen Ozean hat in den ersten Jahren nach Christi Geburt ein unbekannter griechischer Seefahrer aus Alexandria, der offenbar auch Geschäfte für seine eigene Rechnung betrieb, ein sehr unterhaltsames Buch geschrieben. Sein »Periplos des Erythräischen Meeres« ist eigentlich eine Anleitung, eine Art Führer für Seeleute und Kaufleute.

Sieht man allerdings genauer hin, meint man eine Reisebeschreibung und die Geschichte eines höchst romantischen Handels vor sich zu haben.

Da ist die Rede von einem südarabischen Staat, den er »Ausan« nennt, der schon längst vergangen war, aber einmal mächtig gewesen sein mußte, nannte man doch noch in der Zeit des Autors die Küste von Sansibar »Ausanitische Küste«. Eudaemon Arabia – Aden – schildert er als ein Dorf am Meer, das aber, wie er sagt, »gute Ankerplätze und besseres und süßeres Wasser hat als Ocelis gegenüber Diodoros (die Insel Perim). Aden gehört zum Königreich Charibaels«. Damit war wohl der himyaritische König Kariba-ol-Watar Yuhannim gemeint, dessen Beiname »Kariba-ol« nichts anderes bedeutet als »Gott segne ihn«.

Hinter Aden lebten in den Küstendörfern, wie anschaulich erzählt wird, »Nomaden und Fischesser«. Und wenn man weiter nach dem Osten fuhr, kam man schließlich nach »Cana im Königreich des Eleazus, hinter dem das Weihrauchland liegt, das gebirgig und abschreckend und ständig in dicke Wolken und Nebel eingehüllt ist.«

Dieser Mann muß eine seltene Beobachtungsgabe besessen haben. Er erzählte so kurzweilig und anschaulich über »die Männer, die Elfenbein, Affen, Pfauen, Gold und Steine, Weihrauch und Myrrhe, die kostbaren Gewürze aus dem fernen Osten und auch die schwarze menschliche Fracht für den Dienst der Reichen, vom frühen Morgen bis zum späten Abend handeln und auch am Feiertag nicht ruhen.«

Wir tappen noch immer im dunkeln

Den wenigen Grabungen, die gemacht werden konnten, läßt sich entnehmen, daß die südarabischen Städte in der Größe und auch im Aussehen mit denen anderer Kulturen des Vorderen Orients durchaus wetteifern konnten. Immerhin bedeckt der Erdhügel über dem alten Timna eine Fläche von ungefähr zwanzig Hektar. Er ist also viermal größer als der des biblischen Megiddo. Die Bausteine sind nicht schlechter zugerichtet und behauen als in Ägypten. Die Bauten weisen Schmuck aus Marmor, Stuck und Kalkstein auf. Von einheimischen Arbeitern gegossene Bronzen zeugen von handwerklichem Können, gefundene Werkzeuge geben Aufschluß über den Stand technischen Könnens. Die Tempel scheinen denen Ägyptens, Syriens und Mesopotamiens kaum nachgestanden zu haben. Sie, sowie Inschriften auf Stein, bezeugen einen hochentwickelten religiösen Kult.

Wie in den großen Flußkulturen Ägyptens und Mesopotamiens wurden die Gestirne verehrt und angebetet. Wie dort hatte man auch in Südarabien herausgefunden, daß regelmäßig wiederkehrende Ereignisse in der Natur mit dem Erscheinen eines Sternbildes und seiner Stellung am Himmel zusammenfielen, und glaubte, sie bestimmten den Gang der Dinge. Hoch in der Verehrung standen die Plejaden, das Siebengestirn, das den Regen schickte. Der weibliche Mond war unter verschiedenen Namen Herrin der Götter, die Sonne, vielleicht ihr Mann, manchmal Lat geheißen, Herr unter den Göttinnen.

Götter konnten Übel schicken, wenn sie, sei es auch unbewußt, beleidigt wurden; sie erzürnten, wenn der Mensch verbotene Speisen zu sich nahm, die Moral verletzte, den Feiertag und die für ihn geltenden Gebote nicht achtete. Die Angst, die Götter herauszufordern und ihren Zorn auf sich zu ziehen, muß das Verhalten der Menschen stark beeinflußt haben. Es gibt Inschriften, die nichts weiter als Anleitungen für ein den Göttern wohlgefälliges Verhalten sind. Waren sie gekränkt, blieb nur die Versöhnung mit ihnen.

Dafür gab es Tempel, Opferaltäre und hilfreiche Priester. Die Größe des Opfers richtete sich nach der Schwere des Vergehens: eine Ziege, ein Schaf, ein Rind, ein Kamel; Weihrauch und Duftstoffe gehörten immer dazu. Später, als die Kultur sich verfeinerte, das Denken sich läuterte und die ständige Berührung mit den Mittelmeerkulturen einwirkte, scheinen auch die Götter sich der Zeit angepaßt und sich mit Statuen und Inschriften zufriedengegeben zu haben. Die Reichen beließen es nicht dabei und errichteten teure Stelen, wenn ihnen an der Gunst der Götter besonders lag. Die Armen pilgerten weiter zu den Wallfahrtsstätten.

Aberglaube war weit verbreitet. Es wird erzählt, in früher Zeit hätten einige Stämme Hadhramauts magische Kräfte besessen, sich bei besonderen Anlässen in Geier, Drachen und raubgierige Wölfe verwandeln und ebenso schnell die menschliche Gestalt wieder annehmen können. Geister lebten überall. Es war gefährlich, den Mimosenstrauch zu berühren, denn der in ihm lebende Geist rächte sich mit Gewißheit für die ihm durch die Berührung zugefügte Kränkung. In Bäumen lebende Geister wurden zu Giftschlangen, wenn man sie durch Schütteln aufscheuchte und dazu zwang, ihr Versteck zu verlassen. Bäumen und Büschen schrieb man übernatürliches Leben und eine geheimnisvolle Macht zu. Wie überall, wohnten dem Menstruationsblut übernatürliche Kräfte inne, und der hohe Wert eines Hasenfußes als Amulett kam aus dem Glauben, dieses Tier menstruiere. Gerade das wurde auch mit Bestimmtheit der Hyäne nachgesagt, der man große magische Kräfte und sogar eine Verwandtschaft mit dem Menschen zuschrieb.

Übernatürlich waren alle auffallenden Erscheinungen in der Natur: In Sandstürmen tobten sich ganze Dämonenheere aus; Vulkanausbrüche kündigten großes Unheil an, und im Rumpeln eines hadhramautischen Kraters glaubte man das Stöhnen verlassener Seelen zu hören.

Wir tappen im dunkeln: Nicht viel ist über das vorgeschichtliche Arabien bekannt, kaum etwas wissen wir über den Ursprung der hochentwikkelten Kulturen in den Weihrauchländern.

Es ist schade, daß die vielen gefundenen Inschriften nur Aufschluß über die Sprache geben und die Namen vieler Könige enthalten, die sich miteinander vergleichen lassen. Dadurch ist es immerhin möglich, den geschichtlichen Ablauf grob zu umreißen. Wir können uns auch ein Bild von der politischen Organisation der Königreiche machen und wissen, daß eine feudale Aristokratie – sicher eine des Geldes – darauf bedacht war, die Könige in Schranken zu halten, und das Gros der Bevölkerung kein Mitspracherecht besaß. Demokratisch waren die Weihrauchstraßen sicher nicht.

Es gibt Anzeichen für mesopotamische Einflüsse in der frühen Zeit, und manche Forscher bestehen sogar darauf, Handelsbeziehungen zwischen dem Zweistromland und Südarabien habe es schon in der ältesten Zeit der mesopotamischen Kultur gegeben. Einen klaren Beweis gibt es dafür jedoch nicht. Gewiß sind ein paar Ornamente und Siegel mesopotamischer Herkunft. Aber das ist auch alles. Wäre der Einfluß groß gewesen, hätte man sicher in Südarabien die Keilschrift gekannt. Das ist jedoch nicht der Fall. Es gibt nur ein paar Kleinigkeiten, die an Mesopotamien erinnern.

Die Schrift ist schön, symmetrisch, graziös; das Alphabet, das aus einem unerfindlichen Grund das »sabäische« heißt, hat neunundzwanzig Buchstaben. Wie in allen semitischen Sprachen wird von rechts nach links gelesen, aber manchmal läuft die Schrift auch abwechselnd einmal nach links und einmal nach rechts. Das südsemitische Alphabet war ohne Zweifel schon gegen Ende des zweiten vorchristlichen Jahrtausends im Gebrauch. Ob die Schrift, die mit der phönizischen verwandt ist, sich aus ihr oder unabhängig von ihr aus einer der beiden gemeinsamen Urschrift entwickelt hat, ist nicht bekannt. Die Sprache ist verwandt mit dem klassischen Arabisch und Äthiopisch. Tausende von steinernen Inschriften sind längst entziffert, aber viele Wörter bleiben bis heute unverständlich.

Die Königin von Saba

Schon im sechsten Jahrhundert v. Chr. war die südarabische Kultur voll entwickelt. Sie muß also ein paar Jahrhunderte älter sein. Über diese frühe

Zeit ist wenig bekannt. Die Geschichte von der Königin von Saba und Salomon könnte ein aufschlußreiches Dokument sein, wäre die Person der Königin gesichert. In den sabäischen Inschriften ist von keiner Königin die Rede, obwohl nach den assyrischen Annalen die Nordaraber Königinnen als Staatsoberhäupter gekannt haben, und zwei, Zabibe und Samsi, sogar namentlich erwähnt werden.

Die Königin von Saba kann in Marib gelebt haben, mögen auch die Äthiopier daran festhalten, sie sei eine abessinische Prinzessin gewesen. Um die Zeit Salomons, der zwischen 961 und 922 v. Chr. regierte, führte Jerusalem große Mengen Weihrauch, Gewürze und auch Seide aus Südarabien ein. Damals war Schabwa der Sammelplatz der großen Karawanen, die in den Norden zogen. Ob sie Königin der Sabäer war, ist durch nichts belegt. Es gibt keine Inschrift, die darauf hinweist. Aber das bedeutet allerdings nicht viel, denn was wurde bis jetzt schon in Marib ausgegraben? Eine Inschrift, die Klarheit bringt, könnte eines Tages gefunden werden.

Die ersten Herrscher werden um das Jahr 800 erwähnt, »Mukarribs« – in den Inschriften mit »MKRB« nach der semitischen Schreibweise, die ja nur Konsonanten festhält, bezeichnet –, Priesterkönige, wie es sie in der Frühzeit vieler Staaten gab. Als die Königin von Saba zu Salomon reiste, war das Kamel gewiß noch nicht lange gezähmt, wurde aber schon als Reit- und Packtier gebraucht. Das Geschäft Südarabiens mit Jerusalem blühte, und es hat etwas für sich, daß eine Prinzessin eine lange und mühsame Geschäftsreise unternahm. Vielleicht ging es darum, die Absatzmöglichkeiten für andere Waren festzustellen, bessere Bedingungen auszuhandeln, Niederlassungsrechte zu erhalten, kurz, einen vollständigen Handelsvertrag abzuschließen. Das Land, aus dem sie kam, muß bekannt und mächtig, die Weihrauchstraße über ihre 2400 Kilometer bereits gut organisiert und gesichert gewesen sein. Eine hohe Standesperson hätte man sonst nicht nach Palästina reisen lassen.

Schon damals kannte man offenbar den Wert von Geschenken für die Erfüllung von Aufgaben dieser Art. Das »Buch der Könige« zählt hundertzwanzig Goldtalente, Edelsteine und kostbare Parfüms auf. Unwahrscheinlich klingt das nicht. Offenbar stand viel auf dem Spiel, und reich waren die Weihrauchkönige ja. Es würde sich gewiß auszahlen, ein Gespräch mit dem »weisesten Mann der Welt« zu führen.

Reiche Leute

Um die Zeit der legendären Königin, also im frühen ersten Jahrtausend, müssen die Südaraber längst seßhaft und wohlhabend gewesen sein. Über den Wohlstand der Sabäer erzählt Diodorus Siculus, der griechische Geschichtsschreiber aus der Zeit des Kaisers Augustus: »Ihr Wohlstand und ihre Verschwendung übertreffen nicht nur die ihrer arabischen Nachbarn, sondern auch die aller anderen Menschen, weil sie im Handel die höchsten Preise für ihre Güter erzielen, die samt und sonders nur ein geringes Gewicht haben. Die abgeschlossene Lage ihres Landes begünstigt sie in jeder Weise. Seit Generationen haben sie nicht unter einem Krieg gelitten. Sie benutzen Becher aus getriebenem Gold und Silber. Ihre Liegebetten und Tische stehen auf silbernen Füßen; ihre Einrichtungsgegenstände sind aus teurem Material, ihre Feсträume von Säulen gerahmt, aus deren Kapitellen silberne Figuren vorspringen; mit Elfenbein verschönern sie ihre Räume ...«

Man muß das nicht wörtlich nehmen, darf aber auch nicht vergessen, daß Diodorus selbst Südarabien nie gesehen hat, sondern niederschrieb, was von reisenden arabischen Händlern in den Häfen des Mittelmeers erzählt wurde. Und jene haben in der orientalischen Freude an Übertreibung sicher ihrer Phantasie freien Lauf gelassen. Aber der Wohlstand ist immerhin so erstaunlich gewesen, daß überall von ihm die Rede war. Dasselbe dürfte auch für die Jahrhunderte vorher gegolten haben.

Die unaufhörlich hereinfließenden großen Gewinne aus dem Weihrauchhandel machten eine Einfuhr von Kunstgegenständen möglich; die ständige Berührung mit fremden Ländern gab dem einheimischen Kunsthandwerk Anregungen und Auftrieb. Einheimische Grabsäulen aus Alabaster gehen auf fremde Vorbilder aus der ersten Hälfte des ersten Jahrtausends zurück. Formen und Fertigungsweise von Tongefäßen sind oft entlehnt. Die Statue eines Jünglings, der ein Löwenfell trägt, weist phönizisch-syrische und ägyptische Merkmale auf, die vom siebten Jahrhundert bis zum Ende des zweiten Jahrtausends zurückreichen, und die Art von manchem Mauerwerk ist sehr wahrscheinlich von einem findigen südarabischen Kopf den Assyrern des achten Jahrhunderts abgeschaut worden. Bronzestatuen wurden in hellenistischer Zeit eingeführt, oder, was ja der Geschäftstüchtigkeit der Weihrauchhändler besser zusagte, in aus Alexandria gebrachten Formen im Lande gegossen.

Was die einheimischen Arbeiter gelernt hatten, die vielleicht in die alexandrinischen Werkstätten geschmuggelt worden waren, sieht man an dem im qatabanischen Timna gefundenen Paar Bronzelöwen, auf denen Putten reiten. In diese Zeit gehören auch die Bruchstücke einer Alabasterstatuette der Isis, die gelungene Nachahmung eines gewiß griechischen Vorbildes, und Münzen, bei deren Prägung deutlich die griechisch-römische Welt Pate gestanden hat. Unter dem Sand und dem Geröll der vielen Jahrhunderte mögen noch aus Gold gebildete Tiere, Schrifttafeln aus Stein und Statuen aus Alabaster liegen, die nur auf den Entdecker warten.

Nach dem Jahre 600 gerieten die Weihrauchstraße und die alte südarabische Kultur in Vergessenheit. Die Straße wurde allerdings noch eine Zeitlang benutzt. Al Hamdani berichtet über den Untergang einer großen Karawane auf dem Weg nach Nadschran. Dann sprach kaum noch jemand von ihr. Die Zeit des Weihrauchs war abgelaufen, und der Handel zwischen Asien und dem Mittelmeer schlug andere Wege ein.

Es dauerte mehr als tausend Jahre, bis Europa etwas von dem alten Weihrauchland erfuhr. Das war im Jahre 1772, als der Däne Carsten Niebuhr einen ersten Bericht über die Existenz südarabischer Inschriften veröffentlichte.

Eine Wasserstelle wird zur Handelsmetropole

Eine gut gelegene Wasserstelle

Als um die Mitte des sechsten Jahrhunderts v. Chr. Nabonidus, der letzte
König des geschwächten und schon auseinanderfallenden neubabyloni-
schen Reiches, sich anschickte, durch die Einrichtung von Militärkolonien
und Polizeiposten zwischen der Stadt Yathrib, dem späteren Medina, und
der Oase Taima, dem Schnittpunkt zweier wichtiger Handelswege – der
von Süden heraufkommenden Weihrauchstraße und der vom Persischen
Golf und aus Mesopotamien heranführenden Wüstenpiste –, den Karawanenhandel unter seine Kontrolle zu bringen, müssen die in dem Gebiet
lebenden Nomadenstämme gespürt haben, daß es für sie Zeit war, weiter-
zuziehen. Wahrscheinlich hatten sie die mageren Erträge ihres Hirtenle-
bens, wo es ging, jahrelang durch die gelegentliche Plünderung einer Karawane und willkürlich erhobene Wegezölle aufgebessert. Nun machten ihnen babylonische Soldaten das Leben schwer.

Auf der Suche nach besseren Weiden waren einige Gruppen schon früher nach dem Nordwesten gezogen und hatten das alte verlassene Königreich Edom nach der harten Wüste sicher ungemein einladend gefunden.
Jetzt machten sich die Zurückgebliebenen auf die Wanderung; niemand
hielt sie zurück. Mit sich nahmen sie ihre Herden, ihre augenscheinlich große Anpassungsfähigkeit und ihre ausgesprochene Begabung für den Handel und – eine bei Nomaden eher unerwartete Eigenschaft – den Sinn für
eine geordnete Verwaltung. Sie mögen anfänglich auch noch in Edom ein
Hirtenleben geführt haben. Sie rechneten sich jedoch ziemlich schnell aus,
daß es viel einträglicher sein mußte, für den Schutz der Handelsstraßen
und der Karawanen Sorge zu tragen und auch selber Handel zu treiben.
Anders als die Edomiter, die ein kleines Wadi – Tal – am Rand des Gebirges unbeachtet gelassen hatten, erkannten sie die großen Möglichkeiten,
die es bot, und machten aus der anfänglich kleinen Siedlung eine Stadt, die

in ihrer viel späteren Glanzzeit die für die damalige Zeit erstaunliche Zahl von ungefähr dreißigtausend Einwohnern gehabt haben dürfte. Diese nordarabischen Nomaden, über deren Ursprung noch immer heftig gestritten wird, nannte man die »Nabatäer«.

Die Wasserstelle, die zur Handelsmetropole wurde, liegt ganz versteckt in den Bergen, am östlichen Rand des furchteinflößenden Wadis Arabah. Das Gebirge, von dem diese wenigen Berge nur ein Teil sind, zieht sich an der Küste des Roten Meeres entlang nach Süden, schiebt sich durch Jemen in die Höhe und fällt dann schnell gegen den Indischen Ozean ab. Nach Norden folgt es anfänglich dem Jordan, wird zum Libanon und Anti-Libanon und verläuft sich in der syrischen Wüste. Wo es nur ging, benutzte die aus dem tiefen Süden der schützenden Berge kommende alte Weihrauchstraße den Ostrand. Weil es auf der Ostseite des Toten Meeres, das 390 Meter unter dem Meeresspiegel liegt, mehr Wasserstellen gab als auf der westlichen, zog sich schon früh ein Handelsweg von Damaskus und Aleppo der Weihrauchstraße entgegen. Diese Straße, die alte »Königsstraße«, wird noch heute benutzt. Von Osten her gab es durch die Wüste den Handelsweg aus Mesopotamien und von den Handelsplätzen am oberen Persischen Golf; ein anderer nahm seinen Anfang in Aqaba in der Nordostecke des Roten Meeres und schließlich ein dritter in Gaza, dem großen Stapelplatz am Mittelmeer, wo die für Ägypten bestimmten Güter umgeschlagen wurden.

Etwas anderes kam hinzu. Die Wiegen der frühen menschlichen Kultur – das Niltal und das Zweistromland – suchten, obwohl stets Rivalen und einander feindlich gesinnt, die Berührung. Das war nicht leicht. Zwischen ihnen lagen Wüsten und Berge. Problematisch war die fünfzehnhundert Meter hohe Gebirgskette, die sich am Ostufer des Jordan und des Toten Meeres hinzog, das Rückgrat der alten Königreiche Edom und Moab, das letzte Hindernis zwischen der Wüste und dem Mittelmeer.

An dem Gebirge stießen sich Handelsstraßen und Kontakte; kein Weg führte darum herum. Man mußte einen Durchgang finden, sollten Handel und Kontakte in Gang kommen. Der Weg wurde dort entdeckt, wo sich das Wadi Musa durch die Felsen windet, bevor es in das Wadi Arabah ausläuft. Genau dort liegt auch der Platz, dessen hebräischer, biblischer Name »Sela« und dessen späterer griechischer Name »Petra« ist, was dasselbe bedeutet, nämlich »Felsen«. »Felsspalte« ist eigentlich richtiger, denn um eine solche handelt es sich, und das arabische Wort »sela« hat auch diese Bedeutung.

Von den Handelsleuten ist der Weg wahrscheinlich schon sehr früh benutzt worden; aber der Ort war wohl nicht mehr als eine höchst willkommene Wasserstelle, an der man sich zufällig traf. Gerade das Wasser spielte jedoch eine bestimmende Rolle, als der Karawanenhandel zunahm. Aus der Wasserstelle wurde um die Mitte des ersten vorchristlichen Jahrtausends ein Rast-, Stapel- und Handelsplatz.

Die Gewißheit, regelmäßig mit genügend Wasser versorgt zu werden, muß die kühnsten Hoffnungen und Träume der Karawanenleute weit übertroffen haben. Sie begriffen schnell, daß es sich dazu noch leicht sammeln ließ. Der Gebirgskamm im Osten beschreibt nämlich einen weiten Halbkreis, und gleichlaufende Arme strecken sich nach Westen, dem Wadi Arabah zu. Da die beiden Armenden leicht in die Höhe streben, bilden sie ein natürliches Becken, in das sich Wasser durch das enge Wadi Musa ergoß und auch heute noch während der heftigen Winterregen strömt. Hält man es nicht fest, fließt das Wasser durch das Wadi Sijagh langsam in das Wadi Arabah wieder ab. Die ersten Siedler begnügten sich damit, kleine Kanäle in die Felsen zu schlagen und durch sie Wasser für den Sommer in steinerne Zisternen zu leiten. Sie sind noch überall zu sehen.

Die Edomiter, die Erbfeinde der Judäer

Wer die frühesten Siedler waren, ist unbekannt, wahrscheinlich die Horiter, deren Name »Bergbewohner« bedeutet. Die ersten, von denen wir etwas wissen, waren die Edomiter, die allerdings auch kaum in dem eigentlichen Petra, sondern in den Hügeln rundum wohnten. Ihr Land nannten sie »Edom«, was ganz einfach »rot« heißt – vielleicht wegen der Farbe des Gesteins, aus dem sie Kupfer gewannen, das sie zu bearbeiten verstanden.

Das Alte Testament ist nicht gut auf sie zu sprechen. Scharf verdammt es die Edomiter, weil ihr König Rekem den Juden den Durchgang durch sein Land verweigerte. Es nützte ihnen nichts, daß sie David Unterschlupf gewährt hatten, als er vor Saul auf der Flucht war. Kaum König geworden, griff er sie an, unterjochte sie und befahl seinem General Joab, jeden männlichen Edomiter umzubringen, den er finden konnte. Nur Schaden hatten die Edomiter aus den vielen Bündnissen mit ihren Nachbarn im Norden, den Moabitern und Ammonitern, die von den Judäern rücksichtslos zerschlagen wurden. Schlimmer noch: zwei Dinge reizten die judäische Begehrlichkeit. Die Edomiter hielten die aus der Wüste kommende Handelsstraße nach Gaza unter ihrer Kontrolle und besaßen dazu noch, was Judäa fehlte: Kupfererz, das sie am Rande des Wadis Arabah in Mengen abbauten.

Als die Edomiter zum erstenmal die Bekanntschaft der Israeliten machten, waren sie ihnen weit überlegen. Sie beherrschten die Metallbearbeitung; die Neuankömmlinge wußten weder Werkzeuge zu fertigen, noch sie zu schärfen. Längst bauten sie selbst Kupfer im Wadi Arabah ab und verhütteten es anscheinend an Ort und Stelle. Die gefundenen Schlackehaufen deuten darauf hin. Die Arbeitsstätten waren gegen Eindringlinge und das Entweichen von Sklaven gut durch Mauern abgesichert.

Die Neuankömmlinge begriffen schnell, wieviel Kupfer und Handel einbrachten. Was lag also näher, als Edom zu bekriegen und zu versklaven? Die Eroberung verschaffte die Kontrolle über die Handelsstraßen und Kriegsgefangene als billige Arbeitssklaven für die Kupfergewinnung. Die Juden hielten es damit wie die anderen Völker der Zeit: Ein unterjochtes Volk wurde versklavt; als sie Palästina besetzten, versklavten sie die einheimische Bevölkerung als ihnen von Gott gegeben. Das Buch Leviticus 25,44:46 gibt darüber genauen Aufschluß. Mit den Edomitern, deren man habhaft werden konnte, wurde nicht anders verfahren.

Einmal im Besitz der Kontrolle über Edom, trachtete der geschäftstüchtige König Salomon danach, den so einträglichen Handel zu entwickeln. Der alte edomitische Hafen Eloth genügte ihm nicht mehr. Sein neuer Hafen hieß Ezion Gaber, wohl das heutige »Dschesiret Faraun«, weiter im Süden der sinaitischen Küste des Golfs von Aqaba. In Gold mußten die Kaufleute ihre Abgaben bezahlen; Luxusgüter wurden eingeführt. Der Warenverkehr muß damals ganz beträchtlich gewesen sein.

Die judäische Kontrolle schien festgefügt. Aber die Edomiter erholten sich von dem Schlag und machten ihren Feinden die Kupferbergwerke und die Handelskontrolle immer wieder streitig. Bei einem großen Plünderungszug wurden sie vom König von Juda, Amaziah, entdeckt, der in den ersten Jahrzehnten des achten Jahrhunderts v. Chr. regierte. Das biblische »Buch der Chronik« läßt offen, ob es sich um Armeen oder um bewaffnete Banden handelte, berichtet aber, die Edomiter seien durch den Wadi Arabah in ihre letzte Feste, das biblische Sela, geflüchtet. Der König habe sie im Sturm genommen und zehntausend Edomiter die Felsen hinunterstürzen lassen (Chronik 25,2, Buch der Könige 14).

Die Geschichte klingt in dieser Form nicht unbedingt glaubwürdig. Man hat einmal gemeint, den über Petra stehenden dunklen Berg Umm al Bidschara als Sela ausmachen zu können. Doch die auf ihm gefundenen Reste einer edomitischen Siedlung gehen höchstens auf das siebte vorchristliche Jahrhundert zurück, und die Amaziah-Geschichte ereignete sich viel früher. Dazu ließ sich der Berg schlecht erstürmen, und man konnte kaum zehntausend Gefangene hinaufbringen, um sie hinunterzustürzen.

Überhaupt »zehntausend«: Die biblischen Erzähler liebten, wie man seit langem weiß, große Zahlen und übertrieben gern. Mit der Bibel verhält es sich wie mit vielen anderen alten Chroniken: Sieht man genauer hin, lassen sich die großen Zahlen nicht aufrechterhalten; genaue Untersuchungen haben ergeben, daß viele angeblich große Heere in Wirklichkeit recht klein waren. Kann es da wirklich wahr sein, daß Amaziah in dem kleinen Ausläufer des Wadis Arabah am Südrand des Toten Meeres an die zehntausend Edomiter erschlagen hat?

Die Archäologen, die sich nur von ihren Erkenntnissen aus den mühsam zusammengebrachten Tatsachen leiten lassen, glauben, die berühmte Bibelgeschichte habe sich etwa so abgespielt:

Die Männer einer edomitischen Gemeinde von einigen Dutzend Familien machten sich auf eine Plünderungsfahrt oder einen Überfall nach Judäa. Die Familien blieben in einem leicht zu verteidigenden Schutzplatz, wahrscheinlich auf einer der vielen Felsklippen über dem Wadi Arabah. Die plündernde edomitische Bande stieß unerwartet auf eine stärkere Gruppe judäischer Soldaten unter Amaziah, der – Nachrichten sind seit jeher im Orient ungemein schnell gelaufen – über das Kommen der Eindringlinge bereits unterrichtet war. In dem Gefecht wurden die meisten Edomiter umgebracht. Den paar Flüchtenden folgten die Verfolger auf dem Fuß. Sie stürmten den Platz und drängten die Familien über den Rand der Klippe in den Abgrund. Das war das Ende dieser kleinen Gemeinde, aber sicher nicht das der Edomiter, die früher oder später die Toten rächten.

Wir kennen die Edomiter nur aus den Chroniken und Aufzeichnungen ihrer Todfeinde, der Judäer. Von ihnen selbst ist nichts überliefert. Sie einfach als Barbaren abzutun, heißt, ihren Gegnern leichtfertig Glauben schenken.

Sie haben sich nicht so leicht besiegen lassen, und Barbaren waren sie ebensowenig. Sogar bei den Juden galten sie als weise, und sie verstanden auch zu schreiben. Sie fertigten Tuch an, was heißt, daß ihnen Spinnen und Weben bekannt war. Ihre Frauen nahmen einen achtbaren Platz in der Gesellschaft ein. Wie die Ausgrabungen ergaben, waren sie schlechte Maurer und Bauleute, dafür aber ausgezeichnete Töpfer, die fast ebenso dünne Schalen herstellten wie ihre Nachfolger, die Nabatäer. Ihre Götter sind offenbar denen der frühen Hebräer recht ähnlich gewesen. Plätze der Verehrung sind uns nicht bekannt.

Der Ägypter Ramses III. besiegte die Edomiter und eroberte das Land. Der Sieg ist auf den Mauern seines Tempels Medinet Habu dargestellt: Der Häuptling von Schasu kniet mit sechs gefangenen Landsleuten vor dem Pharao. Von einem König der Edomiter wird nicht gesprochen. Es ist also

möglich, daß Edom ein loser Bund von Städten und Gemeinden war und
jede Gemeinde von einem Ältesten selbständig verwaltet wurde. Nicht ausgeschlossen ist, daß das erst jüngst ausgegrabene Tawilan oberhalb Ain
Musa und dem Eingang zum Siq eine größere edomitische Stadt und vielleicht das in der Bibel erwähnte Teman war. Jedenfalls war diese Stätte
vom Ende des neunten bis in das sechste Jahrhundert v. Chr. hinein bewohnt.

Als Jerusalem im Jahre 587 v. Chr. von den Babyloniern erobert und zerstört wurde und nach der Wegführung der Juden in die Gefangenschaft
ganz Judäa leer und schutzlos dalag, müssen die Edomiter, für die Jerusalem das Symbol jüdischer Tyrannei war, große Schadenfreude empfunden
haben. Von ihren unwirtlichen Hügeln sahen sie hinunter auf die grünen,
leeren Felder und die sanfte wellige Landschaft. Zuerst zögernd, als trauten
sie ihrem Glück noch nicht recht, zogen sie hinunter, anfänglich nur wenige, mit allem, was sie besaßen, um das Land ihrer alten Feinde in Besitz zu
nehmen. Als sie sich davon überzeugt hatten, daß der Weg frei und das
Land wirklich leer war, kamen sie in Scharen in das so einladende Land,
um ein ganz neues Leben anzufangen – ohne ihre Erbfeinde, die Juden. So
mag es wohl gewesen sein.

Die Edomiter, die sich in dem von ihren Feinden verlassenen Land angesiedelt hatten, gründeten ein neues Königreich, das die Griechen »Idu-
mäa« nannten – statt »Edomäa«, wie es eigentlich hätte heißen sollen. Sein
Ende kam, als die nach dem persischen Edikt (538 v. Chr.) zurückgekom-
menen Juden stark genug geworden waren. Bis dahin vergingen allerdings
noch einige Jahrhunderte. In einem sehr schnellen Feldzug warf dann der
Makkabäer Johannes Hyrcanus (135–105 v. Chr.) die Edomiter, denen um
diese Zeit sogar Hebron gehörte, zu Boden und zwang sie nicht nur zur
Aufgabe ihrer staatlichen Eigenständigkeit, sondern dazu noch zur Annahme der jüdischen Religion.

Begabte Nomaden

Als die Nabatäer in das leer gewordene edomitische Hügelland einrückten,
scheinen sie die zurückgebliebenen Edomiter nicht vertrieben, sondern sich
mit ihnen nach und nach vermischt zu haben. Sie merkten schnell, wieviel
sie von den Edomitern lernen konnten, entdeckten bald, welche Fertigkei-
ten sich ihre Stammesgenossen angeeignet hatten.

Die Besiedlung und Seßhaftmachung nahm viele Jahrzehnte in Anspruch. Deshalb spricht einiges dafür, daß die Anfänge eines nabatäischen

Staatswesens und der nabatäischen Stadt Petra nicht weiter als bis zum fünften Jahrhundert zurückgehen. Um diese Zeit waren das Land zwischen dem Toten Meer und dem Golf von Aqaba und die Gebiete der früheren moabitischen und ammonitischen Königreiche, also das heutige Transjordanien, wohl in ihrem Besitz, und ihr Einfluß reichte in die arabische Wüste hinein, aus der sie gekommen waren.

Was mit den Handelsstraßen, mit Handelskarawanen und Handel zu verdienen war, wußten die begabten Nabatäer längst. Es dürfte nicht lange gedauert haben, bis sie beträchtlichen Gewinn aus der Wasserstelle zogen und feststellten, daß die Karawanen aus dem Süden, dem Osten, Norden und Westen keinen anderen Weg als den durch dieses Tal nehmen konnten.

Mit einem untrüglichen Spürsinn für das Geschäft machten sich diese seßhaft gewordenen Nomaden daran, aus der Wasser- und Lagerstelle eine Handelsstadt, eine Warenbörse und einen richtigen Wüstenhafen zu machen, in dem nichts fehlte, weder Unterkünfte für die Menschen noch Ställe für die Kamele, weder Lagerhäuser, Büros noch Läden; sogar Vergnügungsstätten fehlten nicht.

Die Nabatäer taten ein übriges, um sicher zu sein, daß ihnen nichts von dem Geschäft entging: Sie machten den Platz zu einer Art Endstation aller zusammenlaufenden Straßen, auf der alles umgeladen werden mußte. Die Karawanen aus dem Süden übergaben hier ihre mitgebrachten Waren, damit sie nach dem Norden und dem Westen weitergeleitet wurden. Durch das organisatorische Geschick der Nabatäer entwickelte sich die ehemalige Wasserstelle zu einem Handelsplatz mit weltweiten Beziehungen und der reichen Hauptstadt eines zeitweise mächtigen und einflußreichen Staates.

Eine Stadt hinter den Bergen

Die Stadt Petra, deren Namen von dem Felsen oder von der Felsspalte, an deren innerem Ende sie in einem runden Tal liegt, herrührt, war fast uneinnehmbar. Der einzige Zugang, die Schlucht Siq, schlängelt sich über zweitausend Meter zwischen den Felsen hindurch, die zuerst kaum fünfzig Meter hoch sind, aber dann langsam bis zu zweihundert Metern aufsteigen. Der Pfad verengt sich, je weiter man geht. Betrug die Breite anfänglich um die zehn Meter, geht sie später auf knappe vier zurück. Zahllose Kurven und Krümmungen, in die Felsen geschlagene Wasserkanäle; Darstellungen des Gottes Duschara in Felsnischen, aus dem Stein gehauene kleine Blöcke und Obelisken; in den Rissen viel Oleander und wilde Feigenbäumchen;

Ein immer schmaler werdender Pfad führt durch die Felsen nach Petra

die kläglichen Reste eines Triumphbogens; hier und da ein paar ausgetretene Stufen, die nirgendwo hinführen; einige Inschriften; eine Felsnische mit dem verwitterten Bild einer Göttin zwischen zwei Leoparden und dem Namen eines offenbar griechischen Kaufmanns Sabinos Alexandros. Die Farben der gebänderten Felsen rechts und links reichen von einem Perlweiß über ein zartes Gelb bis zu einem matten Rot und blassen Violett. Mitten hindurch läuft der Telefondraht. Bald ein Stückchen Himmel und Sonne, bald dunkler Schatten. An der engsten Stelle hängen die Felsen so über, daß kein Fleckchen Himmel zu sehen ist. Hier war vor zweitausend Jahren ein ständiges Kommen und Gehen von Menschen.

Wie man sich den »Siq« erklärt: Gewaltige Naturkräfte müssen einmal den Berg in die Höhe gehoben haben; der Felsen barst, und durch den schmalen Riß fand das Wasser des Wadis Musa, das »Tales des Mose«, seinen Weg und weitete ihn Stückchen für Stückchen aus.

Petra kündigt sich ganz plötzlich und unerwartet durch das Stück einer klassischen Fassade in einem schmalen senkrechten Lichtstreifen an. Tritt man wenige Minuten später aus der Dunkelheit in die sehr helle Sonne, steht man vor dem vielleicht schönsten und sicher bekanntesten Bauwerk dieser so merkwürdigen Stadt, dem »Khazneh«, der »Schatzkammer«. Ganz rosarot ist sie und tief in die Felsen gehauen. Ihre Maße sind eindrucksvoll: vierzig Meter vom Sockel bis zum Giebel, und darüber steht noch die mehr als drei Meter hohe steinerne Urne, die dem Bauwerk den Namen gab: »Khazneh al Faraun«: »Schatzkammer des Pharaos«.

Zu dem arabischen Namen ist es durch eine Legende der Beduinen gekommen. Nach ihr ist ganz Petra die Schöpfung eines großen schwarzen Zauberers – für die Beduinen ist Moses der größte weiße Zauberer, der sogar die Naturkräfte beherrschte –, der als Pharao seine Zauberkraft in Bauten offenbarte und seinen großen Schatz in der Urne hoch oben verbarg, damit er für die Habgier der Menschen unerreichbar bleibe. Warum der Zauberer soviel Zeit für den Bau der Fassade verschwendete, wird allerdings nicht gesagt.

Die Urne weist zahllose Kugellöcher auf. Ganze Generationen von Nomaden haben offensichtlich versucht, sie aufzuschießen; denn nach der Legende soll der glückliche Schütze mit einem Goldsegen überschüttet werden.

Nichts ist nabatäisch an dieser Fassade. Vielleicht hat sie ein zugereister Künstler geschaffen, als Aretas III., der Philhellene, zwischen 84 und 56 v. Chr. nabatäischer König war. Sicher machte sie jedem Ankömmling klar, daß er seinen Fuß in eine reiche Stadt setzte. Welchem Zweck das Gebäude diente, weiß man noch immer nicht. Eine ganze Auswahl von Mei-

Die Schatzkammer des Pharaos in Petra

nungen steht zur Verfügung; bewiesen ist keine. War die »Khazneh« ein Tempel? Und wenn ja, wem war er geweiht? Der Schutzgöttin Petras, einer Manat oder Manathu, einer nabatäischen Fortuna? Sche'a Alqum, dem Schutzgott der Karawanen, oder der Muttergöttin Al Uzza? War das Gebäude das Tempelgrab eines nabatäischen Königs, obwohl nichts darauf hindeutet, daß es je als Grab benutzt wurde?

Wie die Nabatäer die Griechen abwehrten

Um die Zeit, in der der »Khazneh« gebaut wurde, war Petra längst eine
richtige Stadt. Man glaubt, daß es hier schon viel früher ein stadtartiges
Gemeinwesen gab, etwa um das Jahr 300 v. Chr., mag auch Diodorus Siculus anderer Meinung sein. Er benutzte jedoch, wie man weiß, seleukidische
Berichte für seine Beschreibung, der er die unterhaltende Geschichte eines
mißglückten Angriffs auf die Karawanenstadt hinter den Bergen anschließt.

In einem nächtlichen Überfall auf Petra, den der Diadoche Antigonos,
einer der Generäle, die sich um das Erbe Alexanders stritten, im Jahre
312 v. Chr. anordnete, fielen den Griechen fünfhundert Talente Silber und
ganz erhebliche Mengen Weihrauch und Myrrhe in die Hände. Sie machten sich mit ihrer Beute schleunigst davon.

Ihre Meinung von den bestohlenen arabischen Kaufleuten muß nicht
sehr hoch gewesen sein. Jedenfalls glaubten sie, eine Rast verdient zu haben. Doch die Nabatäer überraschten die Griechen schon am frühen Morgen im tiefen Schlaf, nahmen ihnen die Beute ab und machten alle außer
fünfzig Reitern nieder, die entkamen. Anschließend schickten die Nabatäer eine alles erklärende Entschuldigung an Antigonos, und dieser versicherte ihnen in einer liebenswürdigen Antwort, sein General Athenaeos
habe eigenmächtig gehandelt und werde dafür die verdiente Strafe erhalten.

Das war natürlich gelogen; die Nabatäer wußten zu gut, wie viel Antigonos daran lag, wenigstens einen Teil des Gewinns aus dem Handel, der
über Petra ging, in die eigene Tasche zu stecken, wenn es schon nicht möglich war, die Stadt und die Karawanenstraßen selbst zu übernehmen. Sie
täuschten sich nicht. Es dauerte nicht lange, bis Demetrios, ein anderer General des Antigonos, mit stärkeren Kräften den Versuch wiederholte, Petra
in griechische Hände zu bringen. Er scheint nicht mehr Erfolg gehabt zu
haben; jedenfalls ließ er sich, reich beschenkt, zum Abzug überreden.

Die Nabatäer brauchten den Frieden und waren stets bereit, ihn notfalls
zu erkaufen. Krieg und Handel paßten schlecht zueinander. Aus der Erzählung ergibt sich allerdings, daß die Nabatäer damals keine richtigen Städter waren, sondern noch halb der nomadischen Lebensart verschrieben gewesen sein müssen. Sonst hätten sie nicht so schnell alle Wertsachen zusammenraffen und in die Berge rundum flüchten können. Übrigens behauptet Diodorus Siculus, es sei ihnen durch ein Gesetz ausdrücklich verboten gewesen, Korn zu säen, einen Obstbaum zu pflanzen, Wein zu trinken und ein Haus zu bauen. Das läßt auf Reste nomadischen Lebens

schließen und sogar die Annahme zu, daß sie um das Jahr 300 v. Chr. noch
in Zelten lebten. Für die Zeit, in der Diodorus schrieb, also für das Augusteische Zeitalter, traf das jedoch mit Sicherheit nicht mehr zu.

Geschickte Diplomaten

Um 150 v. Chr. breitete sich die hellenistische Kultur im ganzen Orient aus
und wurde überall mit großer Bereitwilligkeit übernommen. In Petra
mischten sich syrische und mesopotamische Überlieferungen und Bräuche
mit dem Neuen, das die Nabatäer, diese konservativen und mißtrauischen
Nomadenabkömmlinge, wenn auch langsam und zögernd, übernahmen,
sobald sie feststellten, daß es ihren Geschäften zum Nutzen gereichen würde.

Am Ende gab der hellenistische Einfluß ihrem Leben und Denken ein
neues Gesicht. Geschickt zogen sie außerordentlichen Nutzen aus den
Kriegen zwischen den Ptolemäern in Ägypten und den Seleukiden in Vorderasien. Sie erweiterten den Bereich ihrer Geschäfte, vergrößerten ihren
Einfluß und brachten es sogar fertig, ihren Staat nach Norden hin auszudehnen. Unter ihrem König Aretas III., dem Philhellenen, gehörte den Nabatäern sogar das stolze Damaskus.

Damit begnügten sie sich indessen nicht. Aus den Berichten ihrer Spione
und der vielen nach Petra kommenden Kaufleute und Karawanenführer
wußten sie, daß in Südarabien nicht alles zum besten stand. Anzeichen
deuteten auf einen langsamen Niedergang der Stadtkönigreiche; die Himyariten lösten die Sabäer ab. Es war Zeit, den Einflußbereich auch nach Süden weiter auszudehnen.

Wie die Nabatäer vorgingen, weiß man nicht. Es ist möglich, daß sie sich
dabei des Mittels der stillen Infiltration in ein kleines nomadisches Staatswesen, das sogenannte Königreich Lihyan bedienten, das nach ihrem Wegzug nach und nach in der mittelarabischen Oase Dedan, dem heutigen Al
Ula, entstanden war. Sicher ist jedenfalls, daß die Himyariten langsam jeden Einfluß auf Mittelarabien und damit auf den Karawanenplatz Dedan
verloren und sich gezwungen sahen, anfänglich die Handelsgewinne mit
den Nabatäern zu teilen und ihnen schließlich den Hauptanteil zu lassen.

Die Nabatäer selbst waren klug genug, politischen Gebilden der ungebärdigen Nomaden Mittelarabiens einen Schein der Unabhängigkeit zu belassen, um den Karawanenhandel nicht durch Aufruhr zu gefährden. In
unserer Zeit würde man wohl von einem Protektorat, vielleicht auch von
einem Mandat sprechen.

Das darf allerdings nicht zu der Meinung verleiten, sie seien nur Karawanenunternehmer und habgierige Händler gewesen. Einmal besaßen sie
einen ungewöhnlichen Unternehmungsgeist, der sie in die Ägäis und nach
Italien führte – Steintafeln mit Widmungen an ihre Götter bezeugen es –,
zum anderen erreichten sie eine Kulturstufe, die anderen der Zeit kaum etwas nachläßt.

Wie man in Petra lebte

Strabo gibt eine anschauliche Beschreibung der Nabatäer. Er war allerdings nie in Petra. Alles, was er weiß, hat ihm Ahenodorus, der Erzieher
und Freund des Kaisers Augustus, erzählt, der im ersten Jahrhundert
v. Chr. einige Zeit bei den Nabatäern in ihrer Hauptstadt verbrachte, die
sich »Reqem« und auf Nabatäisch »Raqmu« nannte. Strabo berichtet:
»Die Nabatäer sind maßvoll und ungemein fleißig. Öffentliche Strafen
werden über die verhängt, die durch ihre Schuld ihr Vermögen verkleinern; Ehre wird denen zuteil, die es vergrößern. Weil sie aus diesem oder
jenem Grund nur wenige Sklaven haben, lassen sie sich von Verwandten
bedienen, bedienen sich untereinander oder bedienen sich selbst, und dieser Brauch ist sogar für ihre Könige gültig. Bei ihren Unterhaltungen und
Gastgebereien sehen sie stets darauf, daß sich je dreizehn Menschen zu einer Gruppe zusammentun, die von zwei Musikern unterhalten wird. Der
König bewirtet in seinem großen Haus viele solcher Gruppen auf einmal.
Niemand trinkt mehr als elf kleine Becher Wein nacheinander. Ihr König
ist ein Demokrat, bedient er doch nicht nur sich selbst, sondern auch andere. Seine Ausgaben unterbreitet er dem Volk zur Billigung, und manchmal
wird sogar auch sein Lebenswandel öffentlich überprüft.
Die nabatäischen Häuser sind aus Steinen gebaut, ihre Städte haben keine Mauern. Sie besitzen viele Früchte, aber Oliven haben sie nicht. Wohl
deshalb gebrauchen sie Sesamöl. Ihre Schafe geben eine feine, weiße Wolle, und ihre Ochsen sind groß und stark. Pferde züchten sie nicht. Dafür
haben sie viele Kamele, die mancherlei Dienste tun. Ihre Könige gehen in
Pantoffeln umher, sind aber gekleidet in Purpur.
Sie denken, Leichen seien nicht mehr als Dünger. Sie halten sich anscheinend an das Wort Heraklits, ›Leichen sollen eher fortgeworfen werden als ein Misthaufen‹, und begraben deshalb sogar ihre Könige neben
den Toiletten. Sie verehren die Sonne, stellen in jedem Haus einen Altar
auf, bringen auf ihm Tag für Tag Trankopfer dar und gebrauchen dabei

sehr viel Weihrauch, von dem sie Unmengen besitzen. Die nabatäische
Hauptstadt ist das sogenannte Petra. Es heißt so, weil Felsen es rundum
schützen, die nach außen schroff und steil sind, aus denen nach innen zu
aber ständig klares Quellwasser fließt, das auch einen Gartenbau möglich
macht . . .«

Nicht alles, was Strabo schreibt, ist durch die Ausgrabungen bestätigt
worden. Es bleibt auch zweifelhaft, ob Ahenodorus alles richtig begriff,
was ihm erzählt wurde. Er verstand die Sprache schlecht, kam aus der griechischen und römischen Kultur und war dazu noch blind. Er konnte also,
was er hörte, nicht nachprüfen. Mit der orientalischen Lebens- und Denkart war er nicht vertraut, manches blieb ihm sicher unverständlich, vieles
fremd. Die erwähnten Zahlen mögen einen religiösen Sinn gehabt haben.

Unter der nabatäischen Demokratie dürfen wir uns nicht eine Regie-
rungsform in unserem Sinne vorstellen. Sehr wahrscheinlich war, wenigstens in früher Zeit, der nabatäische König kaum mehr als ein besserer Be-
duinenscheich, dessen Lebensführung sich in nichts von der aller Mitglieder des Stammes unterschied. Das ist bei den Beduinen heute noch so, wie
sich auch in vielen Familien des Orients der Brauch erhalten hat, daß der
Gastgeber seine männlichen Gäste bei Tisch eigenhändig bedient, um ihnen seine besondere Aufmerksamkeit zu bezeugen, selbst, wenn er über
viel Personal verfügt. Die Nabatäer lebten sicher so, wie sie es seit Generationen gewohnt waren, und es ist durchaus möglich, daß sie die alte Überlieferung, alle Mitglieder des Stammes seien einander ebenbürtig, und die
überkommenen Sitten der Gastlichkeit und der Ehrerbietung gegenüber
dem Gast im öffentlichen und im privaten Leben und bei allen ihren religiösen Zeremonien beibehielten, um die Gemeinschaft zwischen dem Volk
und dem König deutlich herauszustellen.

Vor der römischen Zeit sah Petra wahrscheinlich nicht anders aus wie jedes von der Modernisierung noch nicht geplagte orientalische Landstädt-
chen von heute. Die kleinen Häuser besaßen ein Erdgeschoß und ein
Stockwerk darüber; die Fenster waren klein, die Dächer flach, an der Sonne gebrannte Erdziegel das gebräuchliche Baumaterial. Die Häuser drängten sich in engen, gewundenen Gassen. Mehr Licht und Raum gab es nur
auf dem Markt und um die Tempel, deren Mauern ohne Zierat, aber anscheinend verputzt und bunt bemalt waren. Von einer Baukunst in unserem
Sinne kann man nicht sprechen.

In römischer Zeit, richtiger wohl schon im ersten Jahrhundert v. Chr.,
hatte sich in Petra viel unter dem ständigen und wahrscheinlich auch mit
offenen Augen aufgenommenen ausländischen Einfluß geändert. Die Ausgrabungen belegen aus dieser und auch aus späterer Zeit die Existenz von

Häusern aus Stein. Das Innere entsprach dem kleineren oder größeren Wohlstand des Besitzers.

Auf den sozialen Stand läßt sich jedoch aus der Inneneinrichtung kaum ein Rückschluß ziehen. Die Nabatäer waren Materialisten; Geld zählte, und Geld wurde im Handel verdient. Wer nicht über Geld verfügte – die Angestellten der großen Unternehmen oder die Beamten und Priester sowie die Intellektuellen –, mochte vielleicht eine angesehene Stellung einnehmen, wurde gebraucht, sogar aus diesem oder jenem Grunde umworben. Zu der Geldgesellschaft zählte er nicht. Die ließ ihre Häuser innen und außen mit Stuckarbeiten verzieren und anscheinend oft in leuchtenden Farben bemalen. Gipsbruchstücke deuten jedenfalls darauf hin, wie die in dem sogenannten »Gemalten Haus« in dem Siq al Barid und auf einer Säule der Bäder neben dem Temenostor.

Die Inneneinrichtung der gewöhnlichen Häuser war eher einfach: kleine Teppiche aus Ziegenhaar oder Wolle lagen auf dem Boden; Tische und Stühle wurden wahrscheinlich kaum gebraucht. Wegen der Kleinheit der Fenster waren die Räume dunkel und auch schlecht gelüftet; die stark rauchenden Öllampen müssen das Leben ungemein erschwert haben. Es sah kaum anders aus als in einer alten kleinen arabischen Wohnung von heute.

Kann man Strabo glauben?

Unverständlich bleiben die Angaben Strabos über das Verhalten der Nabatäer gegenüber ihren Toten. Begräbnisriten und -bräuche müssen bei ihnen eine große Rolle gespielt haben. Die sorgfältig gearbeiteten Felsgräber lassen sogar auf einen regelrechten Totenkult schließen. Die zahllosen Gräber machen die Felswände zu einem regelrechten Friedhof. Manche sind klein und namenlos, andere groß und prächtig gearbeitet, wie das sogenannte Palastgrab, die Königsgräber, das korinthische Grab, die Stätte der vierzehn Gräber, das eindrucksvolle Urnengrab mit seinem Vorhof, den aus dem Stein geschlagenen Säulen und dem breiten und tiefen Innenraum.

Es ist zwar vorgebracht worden, die großen Felsgräber könnten Behausungen oder auch Warenläger gewesen sein. Aber das ist durch nichts bewiesen und hat auch wenig für sich. Vor dem Siq, der Zugangsschlucht zu der Stadt, steht das große Obeliskengrab, so wegen seiner vier massiven Obelisken von je fast sieben Metern Höhe genannt. Es muß von jemand oder für jemand gebaut worden sein, der mit den architektonischen Gedanken im ptolemäischen Ägypten gut vertraut war.

Wurden die nabatäischen Könige also wirklich, wie Strabo behauptet, neben ihren Toiletten begraben? Wenn das so war, müssen ihre Toiletten besonders prächtig gewesen sein. Von ihnen ist jedoch bis jetzt trotz vieler Mühe keine gefunden worden. Mehr noch: Strabo gibt sich zwar sehr bestimmt; ihm muß aber entgangen sein, daß Petra recht schnell unbewohnbar geworden wäre, hätte es alle seine Toten so begraben, wie er vorgibt.

Könnte es nicht möglich gewesen sein, daß man in Petra teilweise dem persischen Brauch folgte und die Toten auf hochgelegenen Plätzen aussetzte? Immerhin dienten ja manche dieser aufgefundenen, mit Platten belegten Plätze keinen religiösen Zwecken. Der Gedanke läßt sich nicht ohne weiteres von der Hand weisen. Aber vieles spricht gegen ihn, und einen Beweis gibt es nicht. Was geschah also mit den Toten? Wurden sie begraben, muß es große Friedhöfe gegeben haben, und dafür gab es Platz nur außerhalb der von den Bergen eingeschlossenen, in ihrer Blütezeit ohnehin schon überbevölkerten Stadt, in der die Menschen sich gedrängt haben müssen. Von Friedhöfen hat man jedoch bis heute nicht die geringste Spur entdeckt.

Das Rätsel bleibt also, sehr zum Leidwesen der Archäologen, noch immer ungelöst. Eine Zeitlang hat man geglaubt, eine Gruppe von Grabsäulen in der von Ägypten und Phönizien entlehnten Form der Pyramide am Eingang zum Wadi al Muzlim, einem Seitental des Wadis Musa, deute einen Grabplatz an. Aber die Hoffnung verflog schnell. Zwar gab eine Inschrift zum erstenmal Aufschluß über den semitischen und nabatäischen Namen Petras: »Reqem« und »Raqmu«, aber die eingemeißelte Widmung macht ganz klar, daß die erwähnte Person nicht an diesem Platz, sondern in der Stadt Dscherasch begraben wurde, und es sich nicht um einen Grabstein, sondern nur um ein Zeichen der Erinnerung handelt. Von da zu Abbé Starckys Erklärung des Sinnes der vielen kleinen Grabsteine, der sogenannten »Nefesche«, die aus den zahllosen Felsvorsprüngen herausgemeißelt oder in sie eingeschlagen sind, war nur noch ein Schritt. Es sind Erinnerungssteine.

Wie sie bauten

Trotz seiner vielen kleinen und großen, schlichten und prunkvollen Erinnerungsstätten für die Toten, sogar eine für den Römer Sextus Florentinus, ist Petra nicht etwa eine große Totenstadt. Ein Blick von oben genügt, um festzustellen, daß die Stadt einmal voller Leben war. Ein ganzes Netz von Tonröhren versorgte sie mit frischem Wasser. Sie hatte ihre Tempel, öffentlichen Bäder, Gymnasien, einen königlichen Palast, ihre Märkte und Stadtmauern, ein Theater für ungefähr viertausend Zuschauer, einen Brunnentempel und auch ihre Säulenstraße. Um dem Zuschauerraum des Theaters eine Rückwand zu geben, wurden fast alle Hausfassaden einer Straße eingerissen, und nicht viel besser erging es früheren Gebäuden, als man die Säulenstraße anlegte.

Zierwerk aus Stuck und Farben liebten die Nabatäer anscheinend sehr. Gute Bauhandwerker waren sie jedoch nicht. Was aus der vorrömischen Zeit stammt, ist erstaunlich schlecht geraten. In den Felsen arbeitete man von oben nach unten; die Anlage einer Steindecke über einem in seinen Maßen bescheidenen Raum muß für sie ein Alptraum gewesen sein; Schub und Stütze waren ihnen fremd. Die Gesetze des Bauens lernten sie erst später, als sie sich dem Hellenismus zuwandten. Dann schufen sie allerdings ein meisterhaftes, monumentales Bauwerk, den großen Tempel, der heute »Kasr al Bint Faraun« heißt.

Sind die hohen weit auseinanderstehenden, römischen Säulen der Säulenstraße schlank und aus wenigen runden Einzelstücken zusammengefügt, bauten die Nabatäer ihre untersetzten, plumpen Säulen aus zahllosen flachen Steinscheiben. Sie sahen ungemein stark aus und waren es auch. Daß sie viel zu stark waren und ihre Bauweise viel Zeit verschlang, scheint den Nabatäern entgangen zu sein. Sie litten offenbar unter derselben Furcht vor dem Raum wie die frühen Ägypter; wie sie stellten sie die Säulen eng nebeneinander, um ganz sicher zu sein, daß sie das Dach auch hielten.

Dafür scheinen sie Meister im Tunnelbau gewesen zu sein und die Wasserbewirtschaftung großartig beherrscht zu haben; ihre Technik der Heranführung von Wasser, die Kontrolle, Speicherung und Regulierung durch Kunstbauten aller Art sind selbst von den Römern nicht übertroffen worden.

Töpferei, so fein wie Porzellan

Meister waren sie oder eine Handwerkerzunft jener Edomiter, die sich in Petra angesiedelt hatten und Nabatäer geworden waren, auch in der Töpferei. Die flachen Schalen sind hauchdünn wie feines Porzellan, mit dem sie ohnehin jeden Vergleich aushalten. Die Töpfer müssen ungemein geschickte Hände gehabt und ihr Handwerk großartig beherrscht haben, wird doch der Ton auf die Töpferscheibe geworfen, gedreht und dann geglättet, während Porzellan in einer Form gegossen wird. Dazu gilt die flache Schale als die Form, die zu drehen mit am schwersten ist und die geschicktesten Hände verlangt.

Die Farbe der Bemalung schwankt zwischen einem Rotbraun, einem Schwarzbraun und Schwarz, immer auf einem helleren oder dunkleren ziegelroten Grund. Ein Schmuckmuster verknüpft Palmetten mit sich berührenden, stets schräg geneigten Doppeldreiecken, die sich entgegen dem Uhrzeiger drehen. Da diese Doppeldreiecke ziemlich groß sind, sich schlecht in das Ornament einfügen und deshalb kaum nur als füllende Elemente gedacht sein können, liegt es nahe, nach ihrem Sinn zu fragen.

Ihre Ähnlichkeit mit den kleinen dreieckigen Obelisken, die nichts anderes sind als die allen Semiten vertrauten Steinidole, gibt vielleicht einen Schlüssel zur Deutung: Wäre es nicht möglich, daß sie Symbole für die zwei Hauptgottheiten der Nabatäer, Duschara, den Herrn der »Schera«-Berge, und Allat, Al Uzza, die Göttin schlechthin, sind? Wurden diese hauchdünnen Schalen vielleicht für gottesdienstliche Bräuche benutzt und dann zerbrochen, um jede weitere Verwendung zu verhindern? Das könnte erklären, warum praktisch immer Scherben und nur sehr, sehr selten einmal Hälften einer Schale gefunden werden. Aus einem Scherbenhaufen eine Schale richtig zusammenzusetzen ist ein Geduldspiel.

Bedeutsame Steinblöcke

Nicht ohne Mühe und nur mit halbem Erfolg ist es gelungen, einiges über die religiösen Begriffe und die gottesdienstlichen Bräuche der Nabatäer herauszufinden. Die steinernen Inschriften geben einige Andeutungen und gelegentlich auch den Namen einer Gottheit. Man hat Weihrauchbrenner aus Stein und Ton gefunden; es gibt die Obelisken, tragbare kleine Idole, Altäre und die Berichte der antiken Autoren, die aber keineswegs stets glaubwürdig sind. Die Archivare haben ihre Aufzeichnungen wahrscheinlich mitgenommen, als der geschäftliche Niedergang Petras unübersehbar wurde und die Nabatäer nach Alexandria, Damaskus und Palmyra abwanderten. Das längste Schriftstück ist ein bei dem Ort Muraba'at am Roten Meer zufällig gefundener Papyrus. Trotzdem ist es mit Hilfe von Rückschlüssen, antiken Berichten, Funden, Vergleichen, Urkunden von Nachbarvölkern und vielen Beobachtungen gelungen, eine ganz anschauliche Vorstellung von den religiösen Begriffen und Bräuchen der Nabatäer zu gewinnen. Sie spielten bei ihnen sicher dieselbe große Rolle wie bei allen Völkern jener Zeit, auch wenn wir sie uns nur mit Mühe vorstellen können.

194

Die Nabatäer verehrten zwei Hauptgötter, Duschara und Al Uzza, eine ganze Reihe anderer Götter und »Dschinns«: Geister, die in etwa den christlichen Schutzengeln und Schutzpatronen entsprochen haben könnten. Duschara hatten die Nabatäer wahrscheinlich von den Edomitern übernommen, leitet sich doch sein Name von Dhu esch Schera ab, was »Herr von Schera« bedeutet. Er war ein lokaler Gott; die Berge um Petra heißen heute noch die »Schera«-Kette. Schera ist das »Seir« des Alten Testaments. Jehovah, der Gott der Hebräer, hieß auch »El (Herr) von Seir«, der in einem Felsen – »Beth El« –, also im »Haus des Herrn« wohnte.

Den Duschara versinnbildlichte meist ein viereckiger Steinblock. Der Fels und der Stein nahmen in den religiösen Vorstellungen der Nabatäer wie bei allen semitischen Völkern des alten Orients eine besondere, man könnte fast sagen entscheidende Stellung ein.

Anders als Ägypter und Mesopotamier waren die frühen Israeliten und die semitischen Völker auf der anderen Jordanseite und der arabischen Halbinsel künstlerisch zu wenig begabt und interessiert, um ihren Idolen menschliche Formen zu geben. Bei den Israeliten hat sich daraus vielleicht eine Abneigung gegenüber Idolen überhaupt entwickelt, die sich durch die Erinnerung an ihre Knechtschaft in Ägypten noch verstärkt haben kann. Die Unfähigkeit, ihren Gott bildlich darzustellen, mag zu dem Glauben geführt haben, dies sei ohnehin verboten.

Die Nabatäer hatten von den Edomitern den Gott Petras, »Edom«, den Ahnen der Edomiter – den die Hebräer mit Esau, dem Bruder Jakobs, gleichsetzten – und mit ihm auch das Verbot eines Bildnisses übernommen, wogegen ein Steinblock unkompliziert war. Seine sinnbildliche Bedeutung wurde von jedermann leicht verstanden: »Der Herr ist mein Fels«.

Was bedeutete der Steinblock nicht alles: Darstellung der Gottheit und ihre Wohnung, aber auch ihren Thron und damit der ihr geweihte Altar.

Aus der kleinen lokalen Gottheit Duschara wurde ein großer Gott, als die Nabatäer anfingen, ihre Landesgrenzen zu erweitern. Sie nahmen ihn überallhin mit. Unter dem Einfluß der hellenistischen Kultur bekam er nach und nach menschliche Züge, und die Griechen setzten ihn ihrem Dionysos gleich. In Petra änderte sich jedoch nichts: Es blieb bei der Darstellung durch den Stein.

Die Größe des »Gott-Blocks« scheint keine Rolle gespielt zu haben – vorausgesetzt, die Maßstäbe entsprachen genau den religiösen Forderungen. Das »heilige Bild« konnte also groß sein und einen festen Stand haben oder klein und tragbar; die durchweg üblichen Formen waren der viereckige Block, der spitzzulaufende Obelisk und auch die Säule. Nach dem griechischen Lexikographen Suidas, der im zehnten Jahrhundert unserer

Zeitrechnung lebte, war »das heilige Standbild ein großer schwarzer Stein
von vier mal zwei mal einem Meter Umfang in einem mit Votivgeschenken
reich geschmückten Raum«. Gesehen hat er ihn bestimmt nicht, und es ist
sehr wahrscheinlich, daß damit der große schwarze Stein in der Kaaba von
Mekka gemeint war. Ihn ließ Mohammed, der Prophet des Islams, wohl
weil er zu schwer war, stehen, nachdem er um die dreihundertsechzig steinerne Idole hatte umwerfen lassen, die zu seinem Ärgernis rund um den
Tempel aufgestellt und verehrt worden waren.

Zu Ehren der Götter

Die gottesdienstlichen Festlichkeiten zu Ehren des Duschara haben anscheinend eine ungewöhnliche Anziehungskraft auf die Erzähler der Antike gehabt. Trotzdem kann man ihnen nur bedingt Glauben schenken. Wer
von den Erzählern war schon selbst in Petra?

Weil Duschara ein männlicher Gott und allem Anschein nach ein
Fruchtbarkeitsgott war, dem die Stärke und die Männlichkeit seines Tieres,
des gehörnten Stieres, zu Gebote standen, kann der Phallus bei seinen Festlichkeiten eine Rolle gespielt haben. Es mag auch zu den bei Fruchtbar-
keitskulten nicht ungewöhnlichen Begattungsorgien gekommen sein. Ob sie
allerdings mit den Dionysosfeiern gleichgesetzt werden können, wie griechische Autoren es taten, bleibt sehr zweifelhaft. Zumindest in ihrer frühen
Zeit waren die Nabatäer dem Wein kaum zugetan. Es gibt auch keine Anhaltspunkte für eine geheiligte Prostitution. Nicht auszuschließen ist allerdings, daß die Festlichkeiten viel später – unter hellenistischem Einfluß –
doch in Orgien ausgeartet sind, wie die des phönizischen Adonis, die zu öffentlichen Lustbarkeiten wurden.

Gottheit des Volkes war Allat, was »Herrin« bedeutet. Sie wurde in Petra zur »Al Uzza«, »Die Mächtige«. Sie galt als Mutter aller Götter,
Schutzgöttin des Volkes und Gottheit der Quellen und des Wassers. Ihr
Tier war der Löwe, aber auch der Halbmond spielte eine Rolle. Das ist
auch beinahe alles, was wir über sie wissen. Noch nicht einmal die Bedeutung der wenigen verwitterten Löwenreliefs steht auch nur annähernd fest.

Hat man ihr und ihrem Sohn Duschara auf dem Gipfel eines der Berge,
die Petra umschließen, Opfer dargebracht? Der Weg hinauf geht über ganze Fluchten von in die Felsen geschlagenen Stufen steil hinauf. Ein mühse-
liger Prozessionsweg! Eine tiefe, ganz schmale Spalte teilt den Gipfel des
Bergrückens. In dreißig Meter Entfernung voneinander ragen von Westen
nach Osten ausgerichtet zwei mehr als sechs Meter hohe Obelisken auf. Sie

196

sind erstaunliche Schöpfungen: Die Nabatäer haben ganz einfach die
Bergspitze weggemeißelt, bis die Obelisken übrigblieben, und den ganzen
Gipfel rundum dann abgeflacht. Es muß eine gewaltige Arbeit gewesen
sein. Die Obelisken versinnbildlichen die beiden Gottheiten Duschara und
Al Uzza und sind sicher nach Osten ausgerichtet, weil die Venus, das ge-
liebte und ebenso gefürchtete Gestirn der Al Uzza, im Osten aufgeht.

Am Nordrand des abgeflachten Berggipfels, der immerhin tausend Meter hoch ist, steht die Ruine eines alten Turmes, der vielleicht einmal den
Zugang zu dem heiligen Platz und dem Opferaltar überwachte. Es wird gesagt, die Anlage sei der am besten erhaltene aller geheiligten Plätze der alten Religionen. Nichts ist gebaut, alles hat man aus dem nackten Felsen geschlagen und danach geglättet.

Blutopfer

Hier oben sind Blutopfer dargebracht worden, denen sicher ein anderer
Sinn zukam, als wir heutzutage annehmen. Wir sprechen von einem barba-
rischen Brauch, vom Tod durch Gewalt. In der alten Zeit dachte der
Mensch anders: Das Opfer erwirkte Gnade, in ihm wurde eine Erneuerung
der Beziehungen zwischen dem Menschen und der Gottheit gesehen, wenn
man so will, eine Art von Vereinigung mit der Gottheit. Blut galt nicht als
Symbol von Leid, sondern von Leben, ja die Quelle jedes Lebens, und
durch das Vergießen von Blut im gottesdienstlichen Opfer erwarteten die
Gläubigen für sich eine Erneuerung des Lebens und den göttlichen Schutz.
Blut gehörte der Gottheit allein, es zu trinken war bei schwerer Strafe verboten. Wer aber mit dem Blut des Opfertieres seine Familie, seine Freunde
und sein Haus besprengte, rief die Gottheit um die Fortdauer ihres Wohl-
ergehens an.

Die Nabatäer waren gewiß kein blutrünstiges Volk. Blutopfer waren für
sie nichts weiter als ein Gnadenmittel, ein Ausdruck des Dankes, den man
der Gottheit schuldig war. Abbé Starcky, der die Nabatäer so gut kennt,
bestreitet ganz entschieden, daß sie je Menschenopfer dargebracht haben,
sondern ist ganz sicher, daß sie sich auf Tieropfer beschränkten.

Es gibt allerdings eine nabatäische Inschrift, die dem zu widersprechen
scheint. Sie lautet: »Abd al Wadd – der »Sklave, Diener oder auch Priester
Wadds« – und Zayd Wadd haben den Knaben Salim geweiht, um dem
Gott Dhu Gabat geopfert zu werden.« Man vermutet auch, daß Al Uzza in
ihrer Rolle als Morgenstern Knaben und Mädchen als Opfer dargebracht
wurden, und der alexandrinische Philosoph Porphyrius, ein Schüler Plo-

tins, berichtete im dritten Jahrhundert n. Chr., in der Oase Dumat, die allerdings ungefähr dreihundert Kilometer von Petra entfernt lag, sei einmal im Jahr einem Knaben zu Ehren einer Gottheit die Kehle durchgeschnitten worden. Seine Berichte gelten zwar nicht als unbedingt glaubwürdig, aber etwas nicht Alltägliches muß ihm doch zu Ohren gekommen sein.

Zu dem Opferaltar auf dem Bergrücken Petras führen drei Stufen; er steht fast einen Meter über der großen ovalen Plattform. Für den Abfluß des Blutes ist ebenso gesorgt wie für die rituellen Waschungen. Das Steinidol der Gottheit wurde wohl in ein kleines Loch gelegt; in einem anderen Loch sind wahrscheinlich in geweihtem Wasser die heiligen Gefäße gesäubert worden. Nichts läßt sich über das Alter dieses heiligen Platzes sagen. Vielleicht geht er auf die Zeit zurück, in der die Edomiter noch die Herren der Berge um Petra waren, und die Nabatäer haben ihm dann zu der Form verholfen, die ihren Vorstellungen und Zwecken entsprach.

Erfolgreiche Politiker

Die Nabatäer müssen ein ungewöhnliches Volk gewesen sein. Sie beließen es nicht bei dem Geschäft und einer vorteilhaften Anlage ihrer gewaltigen Gewinne. Als sie merkten, wie sehr die Sicherung der Handelsstraßen von einer starken Autorität abhing, machten sie aus dem losen Stammesverband einen Staat und fingen an, Politik zu treiben.

Sie taten es mit Erfolg. Der erste König, von dem wir wissen, ist Aretas I., der in der ersten Hälfte des zweiten vorchristlichen Jahrhunderts in Petra regierte. Zu ihm floh aus Jerusalem der Hohepriester Jason, als man ihn vertrieb. Obodas I. besiegte um das Jahr 90 v. Chr. den Makkabäer Alexander Jannäus, eroberte Moab zurück und brachte das ganze weite Gebiet im Osten des Jordans unter nabatäische Herrschaft. Aretas III., sein Sohn, erweiterte das Königreich bis nach Damaskus. Machtpolitische Erwägungen sind kaum dafür entscheidend gewesen, denn Auseinandersetzungen mit den Großmächten jener Zeit gingen die Nabatäer gewöhnlich aus dem Weg. An Damaskus lag ihnen, um die Kontrolle über die Handelsstraße nach dem Norden, die, wie sie merkten, von Jahr zu Jahr an Bedeutung gewann, fest in ihre Hände zu bekommen und auch Nutzen aus dem Handel zu ziehen, der sich zwischen der alten Stadt am Rande der syrischen Wüste über das aufstrebende Palmyra und dem Persischen Golf abwickelte.

Den Römern scheint diese Gebietsausdehnung eines vorderasiatischen Kleinstaates mißfallen zu haben. Schon Pompejus schickte unter Scaurus, einem seiner Generäle, eine Armee aus, um Petra zu erobern und das Herz dieses lästigen nabatäischen Staates zu treffen. Der Plan mißlang offenbar, denn die Nabatäer erkauften sich mit vielen Geschenken noch einmal den römischen Abzug.

Ihre Könige führten Kriege gegen ihre Nachbarn schöner Frauen wegen: Obodas III. gegen Herodes, der ihm seine Schwester Salome nicht zur Frau geben wollte, und Aretas IV. gegen Herodes Antipas, der seine Frau, eine nabatäische Prinzessin, verstoßen hatte, um Herodias, die Frau seines Bruders, zu heiraten – jene Herodias, die sich durch ihre Tochter den Kopf Johannes des Täufers erbat. Der Krieg hätte für die Nabatäer schlecht ausgehen können, wäre Kaiser Tiberius nicht plötzlich gestorben und die römische Armee zurückgezogen worden.

Aretas IV. nannte sich selbst »Rahem Ammon«: »Freund des Volkes«. Ob mit Berechtigung, wissen wir nicht. Unter ihm erlebten die Nabatäer jedenfalls noch einmal eine Zeit außerordentlichen Wohlstandes. Das Geschäft blühte; ihre Agenten, Posten und Faktoreien, die alle Handelsbewegungen genau beobachteten und zu nutzen wußten, müssen Tag und Nacht schwer gearbeitet haben; die Kontrolle der Handelsstraßen ließ nichts zu wünschen übrig; jedem harten politischen Zusammenstoß, der sich nachteilig auf das Geschäft hätte auswirken können, ging man aus dem Weg, und tüchtige Mittelsmänner – wohl das Gegenstück einer modernen Lobby – halfen in der geeigneten Weise nach, um die Mächtigen bei guter Laune zu halten. Wie groß das Netz der Intrigen war, entzieht sich unserer Kenntnis; es muß jedenfalls weit gereicht haben und fein gesponnen gewesen sein.

Eine Erbschaft bringt das Ende

Nicht die Nabatäer, sondern der unersättliche, nicht zuletzt von politischen Erwägungen bestimmte Ausdehnungsdrang des Römischen Reiches führte das Ende des nabatäischen Königreiches herbei. Seine Eingliederung war in Rom schon seit Jahren ernstlich erwogen, aber immer wieder vertagt worden. Die diplomatische Geschicklichkeit der Nabatäer mag dabei eine Rolle gespielt haben. Das Ende kam mit dem Tod des letzten Königs Rabbel II., der von 71 bis 106 n. Chr. regiert hatte.

Der römische Gouverneur in Syrien, Cornelius Palma, erhielt von Kaiser Trajan den Auftrag, das Königreich kurzerhand zu besetzen und der Provinz Arabia einzuverleiben. Für Kleinkönigreiche war kein Platz mehr. Alles ging ganz friedlich vor sich. Wahrscheinlich hatten die Römer dem

Land die Unabhängigkeit bis zum Tod Rabbels zugebilligt, der, wie lange
vor ihm Attalos III. von Pergamon, das Königreich dann in seinem Testament den Römern vermachte. Für diese Vermutung fehlt allerdings der eindeutige Beweis. Jedenfalls hörte Petra am 22. März 106 n. Chr. auf, die
Hauptstadt eines unabhängigen Staates zu sein. Nicht einmal der Rang einer Provinzhauptstadt wurde ihm gelassen. Das syrische Bosra bot sich dafür wegen seiner vorteilhaften geographischen Lage besser an.

Die Römer in Petra

Dem kulturellen Leben Petras scheint die römische Verwaltung neue Anregungen gegeben zu haben. Dagegen begann der Handel unter römischem
Einfluß andere Wege zu gehen. Die nördliche Karawanenstraße vom Persischen Golf nach Damaskus wurde gefördert; Palmyra auf halbem Weg
zwischen dem Euphrat und der großen syrischen Stadt lief dem abseits gelegenen Petra schnell den Rang ab. Die geographische Lage der Stadt wurde bedeutungslos, als die Römer ganz Vorderasien in eine große wirtschaftliche Einheit zusammenfaßten. Handelsstraßen dienten den Interessen des
Römischen Reiches, nicht mehr denen irgendeines Kleinstaates. Die Römer betrieben römische Wirtschaftspolitik, für Rücksichtnahme war in ihr
kein Platz.

Viele Nabatäer begriffen das schnell und wanderten, um ihre Geschäfte
nicht zu verlieren, in die aufstrebenden neuen Handelszentren ab. Die meisten gingen nach Palmyra. Petra leerte sich; die unter den Römern
schrumpfenden Stadtgrenzen machen es ganz deutlich.

Die Römer haben wahrscheinlich einiges getan, um den Niedergang Petras aufzuhalten. Tatsächlich besaß die Stadt, nach Inschriften zu urteilen,
noch lange eine gewisse Bedeutung. Es scheint sogar, als habe es bis in das
vierte Jahrhundert hinein eine Art von Stadtleben gegeben. Trotzdem wurde aus der betriebsamen Handelsstadt nach und nach ein kleines, schläfriges Gemeinwesen. Im Jahre 130, als Kaiser Hadrian Petra besuchte, war es
noch ganz anders: Die Rolle war noch nicht ausgespielt, es wurde sogar
noch gebaut.

Für die vierte römische Legion, die »Martia«, die damals in der Gegend
lag, war Petra mit seinen schönen Straßen und Bauwerken, die Zeugnis
vom Ruhm Roms ablegten, sicher ein durchaus anziehender Platz, sehr geeignet für Zeremonien und auch Unterhaltung, wenn auch vielleicht etwas
langweilig. Die jahrhundertealte Aufgabe der Nabatäer übernahmen jetzt
die römischen Legionäre: Sie sorgten für die Sicherheit und wachten über

200

die Karawanenstraßen, sie prüften die Gewichte und kassierten Abgaben
und Zölle. Die nabatäischen Beamten waren arbeitslos geworden. Trotzdem scheinen noch im dritten Jahrhundert in Petra Menschen gelebt zu
haben, die wohlhabend genug waren, um für die Kunst etwas ausgeben zu
können. Erst als die Legionen abgezogen wurden, begriffen auch die letzten Nabatäer, daß Petra zu einem langsamen Tod verurteilt war.

Der Vorhang fiel, als die Araber im Jahre 636 kamen. Das Ende der
Stadt kam, als die letzten Bewohner nach einer Naturkatastrophe fortzo-
gen, die um die Mitte des achten Jahrhunderts die Stadt völlig zerstörte.
Von Petra sprach niemand mehr.

Kurze Zeittafel
um 168 v. Chr. Aretas I.,
ca. 110–95 v. Chr. Aretas II.,
um 93 v. Chr. Obodas I.,
84–56 v. Chr. Aretas III., der Philhellene,
8 v. Chr. – 40 n. Chr. Aretas IV., Philopatris,
71–106 n. Chr. Rabbel II.
(nach Abbé Starcky)

Eine Handelsmetropole in der syrischen Wüste

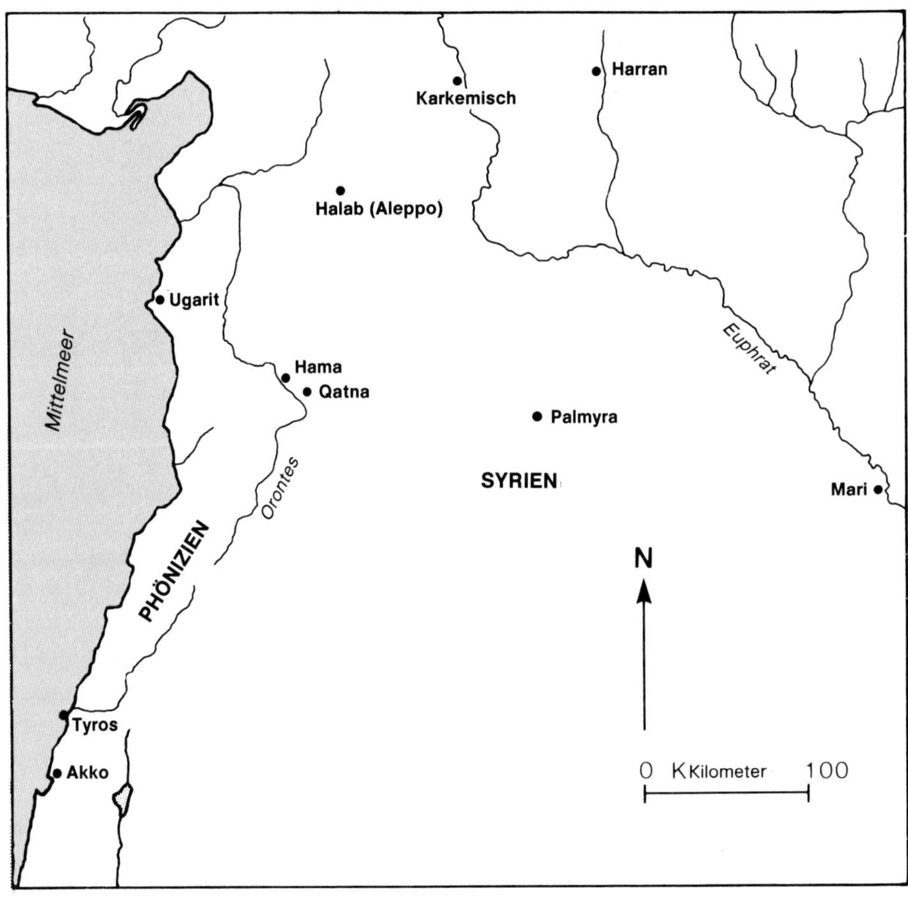

Die syrische Wüste oder Wüstensteppe ist eine Fortsetzung der großen arabischen Wüste nach Norden zu. Städte wie das alte Beroea, das heutige Aleppo, oder Hamath, das heutige Hama, und die älteste von allen, Damaskus, besitzen keinerlei Hinterland, und der laute Lärm ihrer Märkte verliert sich in einem großen Schweigen.

Das Nordstück dieser Wüste, die »Palmyrena«, ist ein gleichschenkliges Dreieck mit Aleppo als Spitze. Der Euphrat im Osten und die Grenze des besiedelten Kulturlandes im Westen bilden die Seiten, und die Grundlinie reicht über mehr als vierhundert Kilometer von Damaskus bis an den Euphrat.

Das Gebiet ist eine Hochebene, die sich zum Euphrat hin senkt. Ein etwas stärkerer Regenfall als in anderen Landesteilen führte dazu, daß sich Menschen schon seit sehr früher Zeit an einigen Stellen ansiedelten.

Aus einer dieser Siedlungen wurde Palmyra.
Römische Wirtschaftspolitik brachte den Niedergang Petras mit sich. Palmyra verdankte seinen märchenhaften Aufstieg politischen, militärischen sowie wirtschaftlichen Überlegungen sowie dem Wunsch Roms nach einer besseren Sicherung des Handels und einer Straffung seiner Macht in Vorderasien.

Die große seleukidische Handelsstraße, die Seleukia am Tigris mit der Hauptstadt Antiochia verband, umging die syrische Wüste. Auf sie stieß in Beroea, dem späteren Halab, dessen verwestlichter Name Aleppo ist, die aus Ägypten über Damaskus heraufkommende andere alte Handelsstraße. Die große Euphratstraße war eine Art Lebenslinie für die Seleukiden. Sie sicherte die Verbindung zwischen Kleinasien und Großsyrien, den Kernländern ihres Reiches, und den Satrapien in Mesopotamien und noch weiter im Osten.

Für ihren Schutz taten sie deshalb alles: Sie bauten in regelmäßigen Abständen Forts, gründeten Kolonien, von denen das 280 v. Chr. zum erstenmal erwähnte Dura am Euphrat die wichtigste war, und hellenisierten die einheimische Bevölkerung, so gut es ging. Sie wußten sehr gut, daß der Weg vom Euphrat zur Mittelmeerküste durch die syrische Wüste kürzer und deshalb auch billiger war, waren aber nie an ihm interessiert. Das phönizische Küstenland war in den Händen ihrer Rivalen und Feinde, der ägyptischen Ptolemäer, die dazu auch die Kontrolle über Damaskus besaßen. Das änderte sich, als Antiochos III. in den Jahren 201 bis 198 v. Chr. den Ptolemäern Phönizien und Palästina abnahm. Aber die Seleukiden blieben bei ihrer gutgesicherten Handelsstraße. Diese aber geriet ernstlich in Gefahr, als die Parther aus dem Hochland in die mesopotamische Ebene kamen, die in der zweiten Hälfte des zweiten vorchristlichen Jahrhunderts

schon ganz in ihren Händen war. Irgendwann in den letzten Jahren des
zweiten oder den ersten des ersten Jahrhunderts muß Dura am Euphrat in
ihren Besitz gefallen sein. Ob dadurch schon der Handel nach dem Westen
auf die Piste durch die syrische Wüste gedrängt und der spätere Aufstieg
Palmyras eingeleitet wurden, läßt sich nicht feststellen. Möglich ist es, denn
mit dem Niedergang der Seleukiden, der mit der gegen die Römer verlore-
nen Schlacht bei Magnesia im Jahre 190 v. Chr. einsetzte, ließ auch die Sicherheit der großen Handelsstraße nach. Nach schweren Unruhen tauchten
neue Kleinstaaten am oberen Euphrat und in den Nachbargebieten auf, die
aus dem seleukidischen Reich ausbrachen. Richtige Zweckverbände von
Räubern und Banditen bildeten sich, neue Grenzen erschwerten den seleukidischen und parthischen Karawanen den Weg.

Es ist also nicht auszuschließen, daß seleukidische und parthische Kaufleute den beschwerlichen Weg durch die Wüste vorzogen und von Dura
nach Osten abbogen. Trotzdem dürfte das spätere zweite Jahrhundert für
Palmyra nicht sonderlich gewinnbringend gewesen sein. Der Handel kam
beinahe zum Erliegen, als die Parther anfingen, Syrien zu bedrängen, das
der geschwächte Hellenismus in einer letzten großen Anstrengung zu retten
versuchte. Über die dadurch entstandenen wirtschaftlichen Schäden sind
wir nur sehr mangelhaft unterrichtet, weil von den seleukidischen Urkunden fast nichts erhalten geblieben ist. Immerhin waren die letzten seleukidischen Könige noch reich genug, um mit goldgriffigen Löffeln ihre Suppe
zu essen. Rom hatte für sie nichts übrig, sie standen seiner imperialisti-
schen Asienpolitik im Weg, die dahin ging, sich gegen den anstürmenden
Osten durch einen ganzen Kranz abhängiger Kleinfürsten abzusichern.
Den letzten Schritt tat es, als Pompejus das seleukidische Kernland Syrien
im Jahre 64 v. Chr. zu einer römischen Provinz machte. Den Verlauf der
Handelsstraßen bestimmte von nun an die römische Reichspolitik.

Eine Politik friedlicher Koexistenz

Die vernichtende Niederlage des Crassus bei Carrhae, dem heutigen Harran, unweit Edessa in der Nähe des Balikh-Flusses – wo Abraham um das
Jahr 1800 v. Chr. den Tempel des Mondgottes besucht hatte und wohin
sehr viel später die letzten Assyrer nach der Zerstörung Ninives flüchte-
ten –, und die erfolglosen Anstrengungen des Antonius weniger als zwei
Jahrzehnte später hatten Rom zu der Einsicht gebracht, daß an eine Eroberung des parthischen Reiches nicht gedacht werden konnte und das
Euphratgebiet nicht einmal mit kriegerischen Mitteln zu gewinnen war.

204

Auf der anderen Seite sahen die Parther die Nutzlosigkeit weiterer Angriffe auf Syrien ein, das ihnen Rom nicht überlassen konnte, ohne seinen ganzen vorderasiatischen Besitz zu gefährden. Weil aber wichtige Handelsinteressen auf beiden Seiten auf dem Spiel standen, befreundete man sich hier wie dort mit dem Gedanken an eine Vereinbarung, die einen Zustand friedlicher Koexistenz herbeiführen sollte und in der beide Parteien zusagten, dem Warenaustausch keine Hindernisse in den Weg zu legen und für den notwendigen Schutz der Handelsstraßen auf den von ihnen kontrollierten Gebieten zu sorgen.

Den Antrieb zu den Verhandlungen gab Kaiser Augustus, der an die Abgaben und Zölle dachte, die ein ungehinderter Fluß der in Rom so begehrten Luxusgüter aus dem Osten der römischen Staatskasse einbringen würde. Augustus, der Enkel eines Bankiers, glaubte an die Wirtschaftspolitik. Seine Unterhändler brachten das Geschäft mit einer Art Pax Romana und einer Pax Parthia zustande und erreichten die volle Wiederaufnahme des Karawanenhandels.

Es wurden keine Verträge im eigentlichen Sinne des Wortes abgeschlossen; man beschränkte sich auf eine Reihe formloser Absprachen und Zusicherungen, die ein Briefwechsel bestätigte. Der römische Gouverneur Syriens und der parthische Satrap Mesopotamiens erhielten die erforderlichen Weisungen für eine reibungslose Durchführung der getroffenen Vereinbarungen. Dokumente aus der Zeit lassen klar erkennen, daß Palmyra und dem kleinen palmyrenischen Wüstenstaat eine neutrale Stellung eingeräumt wurde; man verpflichtete sich, die Grenzen zu achten und auf die Sicherheit zu sehen. Dem Handelsverkehr zwischen zwei in amtlicher Feindschaft lebenden Staaten mit Palmyra als Verschiebebahnhof stand nichts mehr im Weg. Diese politische Verständigung machte die Stadt in der Folge schnell zu einer der wohlhabendsten, luxuriösesten, elegantesten und einflußreichsten Städte Vorderasiens.

Der Ort Tadmor, in der Bibel erwähnt und schon den Assyrern bekannt, liegt mitten in der syrischen Wüste, etwa halbenwegs vom Euphrat auf der einen und Damaskus auf der anderen Seite. Gelegentlich werden wohl Händler nach der Einführung des Kamels diesen Wüstenweg genommen und an den Quellen in der kleinen Oase gerastet haben. Irgendein Nomadenstamm baute ein Tempelchen und ein kleines Dorf. Niemand machte ihnen die Besitzansprüche streitig. Die wenigen gelegentlichen Karawanen machten aus Tadmor zwar noch keine Karawanenstadt. Immerhin nahm es aber einen Aufschwung mit der zunehmenden Unsicherheit entlang der Euphratstraße, die mit dem Niedergang der Seleukiden einsetzte und sich bis zum Durchbruch der römischen Macht ständig vergrößerte. Einem

Marcus Antonius war Tadmor schon wohlhabend genug, um einen allerdings erfolglosen Überfall darauf zu wagen. Aus Tadmor wurde Palmyra, das im Jahre 32 v. Chr. Geld genug besaß, um die Grundmauern zu einem großen Tempel zu legen.

Die Bewohner der Stadt waren Abkömmlinge der aus dem nordöstlichen Arabien zugewanderten Aramäer, also Araber, die als ein Hauptzweig der semitischen Völkerfamilie betrachtet werden. Ihr Aramäisch wurde im Laufe der Jahrhunderte zur »lingua franca« Vorderasiens und blieb es für bald ein Jahrtausend. Die persischen Achämeniden machten es zu einer der Amtssprachen ihres Reiches; auf Aramäisch verständigten sich die Kaufleute Vorderasiens und Indiens. Aramäisch war die Muttersprache Jesus' und der Apostel und wahrscheinlich auch die ursprüngliche Sprache der Evangelien.

Palmyra war schon unter den Kaisern Augustus und Tiberius eine ansehnliche Stadt und wuchs zusehends in den Jahrzehnten darauf. Sein endgültiger Aufstieg begann, als Kaiser Trajan im Jahre 106 n. Chr. Petra der neuen Provinz Arabia Petraea einverleibte, die Handelsstraße zwischen Petra und dem unteren Mesopotamien nach und nach aufgegeben wurde und sich schließlich Rom um die Mitte des Jahrhunderts noch die Kontrolle über Dura Europos verschaffte, das von da an die Flanken der syrischen Wüstenstraße und der Euphratstraße absicherte.

Nachdem die Römer sich über die politische, militärische und wirtschaftliche Bedeutung der vorderasiatischen Provinzen mit dem Kernland Syrien klar geworden waren, taten sie mit ihrer gewohnten Gründlichkeit systematisch alles, um sie und die Handelswege zu entwickeln.

Höchster Beamter war ein in Antiochia residierender römischer Legat, vier Legionen lagen in den Garnisonen in ständiger Bereitschaft. Der Schutz der Karawanenstraßen oblag dem römischen Kamelreiterkorps, unterstützt von einer Sondertruppe Palmyras, die nach der Sicherheit der Karawanen sah und für die Unterhaltung der Karawansereien und der Wasserplätze sorgte. Über sie sind wir nur mangelhaft unterrichtet.

Es kann sein, daß der Schutz der Karawanen den »Synodiarchen«, reichen und prominenten Bürgern Palmyras, anvertraut war. Schutzherren dieser Synodiarchen und der Begleitmannschaften waren die Götter Arsu und Azizu. Unbekannt ist auch, ob diese Geleittruppe in die städtische Miliz eingegliedert war oder ob es sich um bezahlte Mannschaften handelte, die von Fall zu Fall von den Unternehmern angeheuert wurden.

Eine gutausgebildete und anscheinend vorzüglich bewaffnete palmyrenische Miliz sorgte für Ordnung im ganzen Staatsgebiet und galt als ausnehmend tüchtig. Sie unterstand dem »Strategus«, dem höchsten Beamten

der Stadt. In Notzeiten ernannte die Bürgerschaft mit dem Einverständnis
des römischen Legaten einen besonderen Beamten zum Befehlshaber aller
bewaffneten Streitkräfte, dem fast unbeschränkte Machtbefugnisse eingeräumt wurden. Wir wissen von einem, der die Berechtigung erhielt, alle
ihm richtig scheinenden Maßnahmen zu ergreifen, um der aufsässig gewordenen Nomadenstämme Herr zu werden.

Weil es auch Grenzen für die Entfernungen gibt, die ein Kamel ohne
Wasser zurückzulegen vermag, wurde, wo es nur ging, an den Karawanenstraßen in Abständen von vierzig Kilometern nach Wasser gegraben, und
es ist bezeichnend für die römische und die palmyrenische Hartnäckigkeit,
daß die Arbeit fortgesetzt wurde, bis man Wasser fand.

Eine Reihe von Straßen wurde angelegt. Drei Straßen liefen von der Karawanenstadt nach Osten zum Euphrat, eine nördliche nach Raqqah, eine

Befestigte Straße in der Nähe von Antiochia

andere nach Circesium an der Mündung des Aborras (Khaburs) in den
Euphrat und eine dritte nach Hit weiter im Süden. Sie war an die 480 Kilometer lang; sie ist noch heute bei den Arabern als »Straße der Ungläubigen« bekannt. Nach Westen zu führte eine ganze Gruppe von Straßen über
Bosra und auch Petra nach Ägypten und über Homs, Hama oder Damaskus an die Mittelmeerküste. Eine andere Straße lief schnurgerade von Damaskus hinunter zum Roten Meer.

Ein eindrucksvolles Stück der aus 80 Zentimeter dicken großen Stein-
blöcken gebauten Straße von Aleppo nach Antiochia ist heute noch nahe
der Landstraße zu sehen, die von Aleppo nach dem türkischen Iskenderun
führt. Auf ihr marschierte an einem Frühlingstag im Jahre 363, an dem, wie
Ammianus Marcellinus, sein Geschichtsschreiber sagt, »der Himmel sehr
hell war«, Kaiser Julian, den man den Apostaten nennt, in den Tod am
Euphrat.

Das große Geschäft

Palmyra war die Karawanen- und Handelsstadt schlechthin. In den ersten
drei Jahrhunderten n. Chr. vermochte keine andere vorderasiatische Stadt
es mit ihr aufzunehmen. Ihr Einfluß, ihre Beziehungen reichten über das
gesamte Römische Reich und weit darüber hinaus. Die Palmyrener unterhielten Niederlassungen in allen wichtigeren Städten; eine große palmyrenische Kolonie gab es in Rom, die sogar ihre eigenen, den Göttern der Wü-
stenstadt geweihten Tempel mit Statuen und Altären besaß, und eine andere in Puteoli, dem heutigen Pozzuoli, im Süden der italienischen Halbinsel.
In den großen parthischen Handelsstädten Babylon, Vologesia und Spasinu Charax am Persischen Golf standen Kolonien in voller Blüte; an der
Donau, in Dacien, Gallien, Ägypten und in Spanien besaßen die palmyrenischen Handelshäuser und Bankiers ihre eigenen Agenten und Vertreter.
Das Netz war beinahe über die ganze damalige Welt gezogen, und wo sich
eine Lücke zeigte, wurde sie unverzüglich gefüllt.

Eine palmyrenische Flotille war am unteren Euphrat stationiert und beobachtete die Schiffsbewegungen am oberen Persischen Golf. In den mesopotamischen Handelsstädten warteten die Kaufleute aus Palmyra auf die
Karawanen, die aus Persien und von der chinesischen Grenze herkamen,
um von ihnen Seide und Jade zu übernehmen; in Babylon, wo die Palmyrener schon im Jahre 24 n. Chr. ein großes Kontor besaßen, luden sie die
indischen Handelsgüter um: Musselin, Gewürze, Elfenbein, Ebenholz,
kostbare Steine. Diese Handelskontore, großflächige Anlagen, die gleich-

zeitig Büros, Läger und Wohnungen für Kaufherren und Angestellte waren, besaßen meistens Vorrechte der verschiedensten Art, und ihre Bewohner führten ein eigenes Leben inmitten der fremden Städte. Sie müssen so ähnlich organisiert gewesen sein wie die Kontore der mittelalterlichen italienischen Stadtrepubliken und die der Hanse. Die meisten dieser Kontore lagen im parthischen Bereich. Die Gründe dafür kennen wir nicht. Es mag sein, daß die Römer bei einer Einräumung von Sonderrechten sich stets Zurückhaltung auferlegten, oder Palmyra aus dem Handel mit Parthien seine größten Gewinne zog.

Um das Risiko zu verringern, hatte man ein regelrechtes Geleitzugsystem ausgearbeitet, das einen Abmarsch der Karawanen zu festgesetzten, regelmäßigen Zeiten vorsah. Strabo erzählt, daß diese oft dreitausend Kamele zählenden riesigen Handelskolonnen, die durch Spähtrupps vorn, Bogenschützen rechts und links und einer berittenen Nachhut abgesichert waren, wie eine Armee durch die Wüste dahinzogen.

Kein Kaufmann besaß die Mittel, um Unternehmen dieses Umfangs allein zu finanzieren. Die erforderlichen Kapitalien wurden von Banken beschafft, die, wie aus Dokumenten hervorgeht, auf Einsätze im Karawanenhandel mit Mesopotamien bis zu 50 Prozent Gewinn garantierten und selbst noch eine ansehnliche Summe einstrichen.

Eine im Jahre 1881 von dem russischen Prinzen Lazarew entdeckte zweisprachige, in Palmyrenisch und Griechisch abgefaßte Inschrift aus dem Jahre 137 n. Chr. enthält den palmyrenischen Zolltarif und die Abgabenordnung. Der Text von 162 Zeilen gibt sehr viel Aufschluß über den Umfang und die Abwicklung von Geschäften, die Lebenshaltung und die Einnahmen des Karawanenstaates. Auf alles, was der Karawanenstrom fast tagein, tagaus nach Palmyra brachte, wurde ein Zoll, auf jedes in Palmyra getätigte Geschäft, auf jeden Darlehens- oder Beteiligungsvertrag, auf die Unterkunft eines Fremden und eines Kamels eine Abgabe erhoben. Sklaven, Lebensmittel, Purpurstoffe, Bronzestatuen, Duftstoffe wurden nach dem jeweiligen Verkehrswert verzollt, für den man die Richtlinien immer wieder neu festsetzte. Leder, Metallwaren, wilde Tiere und Öl unterlagen besonderen Bestimmungen. Man möchte gern die Gründe kennen, aber sie werden nicht genannt. Dafür wissen wir, daß Duftstoffe und Myrrhe in kostbaren Alabasterkrügen einem höheren Zoll unterlagen als in Ziegenhäuten, auf viele Güter ein Ausfuhrzoll, auf durchziehende Karawanen eine Transitgebühr erhoben und Ladenbesitzer ebenso besteuert wurden wie die Dirnen.

Eine vielgesichtige Stadt

In Palmyra wurden nicht nur wagemutige Kaufleute, tüchtige Bankiers und
Finanzleute reich, sondern auch der Staat. Was der einzelne verdiente, welche Vermögen auf dem Wüstensand gebaut wurden, machen die Zahl und
die Aufwendigkeit der Grabanlagen deutlich. Die Geschäftsleute, die Makler, Wechsler und Geldverleiher saßen in ihren Büros, organisierten, rechneten, rüsteten Karawanen aus, kauften und verkauften und starben reicher, als sie je zu träumen gewagt hätten.

Römische Kaiser wurden mit großem Pomp empfangen: der friedlieben-
de Hadrian (117–138 n. Chr.), der den Handel und die Industrie förderte
und die Verwaltung des Reiches reformierte; der halbsemitische Septimius
Severus (193–211 n. Chr.), dessen Gemahlin Julia Domna die Tochter des
Hohenpriesters des Sonnengottes von Emesa war. Sie scheinen Palmyra ge-
mocht zu haben. In ihrem Gefolge gab man sich gewiß recht hochmütig gegenüber diesen palmyrenischen Emporkömmlingen, ohne den aufkommenden Neid über soviel Reichtum ganz unterdrücken zu können.

Doch das zur Schau getragene Gefühl aristokratischer Überlegenheit dieser vornehmen Römer hat die Stadt wahrscheinlich ziemlich gleichgültig
gelassen, in der Handel und Gewinn so ehrenwert waren, daß sogar die ge-
ringeren Götter sich herabließen, ein Interesse am Geschäft zu nehmen.
Die Gottheiten Arsu und Azizu ritten auf Kamelen. Als Kamelreiter wurden sie dargestellt, und ihre wohltuende Macht kam den Karawanen zugute, die auf ihren Rücken die Waren der palmyrenischen Geschäftsleute in
alle Welt trugen. Nicht der Kriegsmann, sondern der Bürger, der den
Wohlstand förderte, wurde geehrt, nicht der siegreiche General, sondern
der Förderer des Karawanenverkehrs erhielt ein Denkmal.

Eine von Poidebard im Süden Palmyras in der Wüste gefundene Weg-
säule weist diese Inschrift auf:
»Der Senat und das Volk Palmyras ehren Soados, den Sohn des Boliades,
den gottesfürchtigen Mann, der sein Land liebte, der bei vielen Gelegenheiten für die Wahrung der Interessen der Kaufleute, Karawanen und seiner in Vologesia lebenden Mitbürger alles tat, was in seiner Kraft stand,
wie es die Briefe des Gottes Hadrian (gemeint ist der nach seinem Tod zum
Gott erhobene Kaiser) und des göttlichen Kaisers Antonius Pius, seines
Sohnes, bezeugen. Zum Gedächtnis seiner zahllosen Dienste stellte sein
Land für ihn vier Statuen in Palmyra, eine in Spasinu Charax, eine in Vologesia und eine in der Karawanserei Gennaes auf.«

Die Bevölkerung dieser Stadt, die in ihrer Glanzzeit ungefähr dreißigtausend Einwohner gehabt haben dürfte, war vorwiegend semitischer Ab-

kunft. Es gab aber offenbar nicht wenige Griechen und Perser. Während
nun die Griechen als Ausländer galten, wurden die Perser, die der einheimischen Aristokratie zugehörten, als Palmyrener angesehen. Wo soviel
Menschen aus allen möglichen Ländern zusammenkamen und sich auch
niederließen, konnte es nicht ausbleiben, daß sich zahllose Einflüsse nie-
derschlugen: semitische, römische, parthische, griechische und viele andere. Alle gebildeten Menschen waren zweisprachig; sie beherrschten Aramäisch und Griechisch, und auch Latein wurde von sehr vielen verstanden.
Man schrieb in Aramäisch und benutzte dafür ein eigenes palmyrenisches
Alphabet. Aber unzählige Dokumente sind zweisprachig und nicht wenige
Inschriften sogar in drei Sprachen abgefaßt.

Während das geistige Leben sich auf Griechenland stützte, waren Kleidung und Hausrat von parthischer Art. Die Männer trugen die weiten Beu-
telhosen und bestickte Jacken; die Frauen waren nach persischer Art von
Kopf bis Fuß ʼmit schwerem Schmuck behangen. Ihre Diwane bedeckten
Teppiche und Decken; sie mochten mit Steinen verzierte Becher und Fi-
beln; sie liebten Hausrat mit Ornamenten aus Silber und Gold und besaßen anscheinend eine besondere Vorliebe für Stickereien.

Ihre an babylonische Vorbilder erinnernden Tempel und Häuser waren
stark hellenisiert. Die Innenwände der Häuser und Tempel waren nach
griechisch-römischer Art bunt bemalt. Nur ein paar Bruchteile sind erhalten geblieben, aber aus den in Dura Europos gefundenen Wandmalereien
läßt sich schließen, daß die Innenräume einen fröhlichen Eindruck gemacht haben müssen.

Alles wurde äußerlich übernommen. Eine kleine Gruppe mag zwar wirklich hellenisiert gewesen sein. Im Grunde blieb man jedoch orientalisch, semitisch, und es sieht sogar aus, als habe in der oberen reichen Schicht der
gewaltige Wohlstand und der einzigartige Charakter der Stadt ein Gefühl
feindseliger Unabhängigkeit und Abwehr gegenüber der klassischen Welt
mit sich gebracht, aus der aus Zweckmäßigkeit dieses und jenes übernommen, aber auf die eigenen Verhältnisse zurechtgerichtet worden war. Man
sperrte sich nicht gegen die Übernahme von Methoden oder einer Lebens-
und Verhaltensweise, blieb aber im Innern von ihnen unberührt. Das erin-
nert sehr an die Orientalen von heute, die eifrig westliche Methoden, Tech-
nologie und auch Mode kaufen und übernehmen und dabei nichtsdestowe-
niger einen tiefen Groll gegen den Westen hegen.

Eine Klassen- und Sippenherrschaft

Palmyra kannte ein nach dem Vermögen eingeteiltes Klassensystem. Man
mußte also über ein bestimmtes Vermögen verfügen, um das Bürgerrecht
und mit ihm das Mitspracherecht in allen öffentlichen Angelegenheiten zu
besitzen. Die soziale Struktur war semitisch, die Gliederung nach Sippen
deutlich gewahrt.

Es scheint allerdings, daß nur etwa vier Dutzend Sippen eine besonders
herausragende Stellung einnahmen. Ob die Mitglieder dieser Sippen ausschließlich politische Vorrechte besaßen, ob aus ihnen die Räte, die hohen
Beamten und die hochangesehenen Führer der Karawanen ausgesucht
wurden, wissen wir nicht. Die Sippen werden oft und meistens sicher aus
geschäftlichen Erwägungen Hand in Hand gearbeitet haben. Andererseits
darf auch als sicher gelten, daß die mächtigen Sippen nicht stets in Frieden
miteinander lebten. An den bei den Semiten üblichen Fehden, die sich von
Generation auf Generation vererben, hat es gewiß nicht gefehlt. Licht auf
eine von ihnen wirft eine Inschrift aus dem Jahre 21 n. Chr., die auf Kosten
von zwei Sippen, den Bene Komara und den Bene Mattabol, angefertigt
wurde, deren Namen oft in der palmyrenischen Geschichte auftauchen
und die über einen beträchtlichen Einfluß verfügt haben müssen:

»Haschasch hat Frieden zwischen den zwei Sippen gestiftet. Er wird von
nun an Sorge für ihre enge Zusammenarbeit in allen Dingen tragen, mögen
sie nun groß oder klein sein.«

Eine merkwürdige Priesterhierarchie und ihre Gastmähler

Eine mächtige Gruppe muß die stark verzweigte, schwer durchschaubare
Hierarchie der Priester der verschiedenen Gottheiten und Kulte gewesen
sein. Die einen amtierten in Tempeln, andere dienten religiösen Vereinen
oder Körperschaften mit einem Tempel oder einem alten Stammesheilig-
tum als Mittelpunkt. Was es damit und mit dem priesterlichen Amt in Palmyra auf sich hatte, ist unbekannt. Die vielen Büsten von männlichen Mitgliedern maßgeblicher und bekannter palmyrenischer Familien in priester-
licher Aufmachung haben allerdings zu der Vermutung geführt, diese Männer könnten gleichzeitig ihren Geschäften nachgegangen sein und priesterliche Funktionen bei bestimmten Gelegenheiten ausgeübt haben. Sie könnten aber auch ein Hinweis dafür sein, daß in Palmyra das Priestertum nicht
– wie im alten Ägypten, in Babylonien oder sogar bei den Persern – erb-

lich, sondern, wie in Griechenland und in Rom, ein Ehrenamt war und es als eine besondere Auszeichnung galt, Priester zu sein.

Hier und da ist die Rede von einem »Symposiarchen«. Er scheint gleichzeitig eine priesterliche und eine weltliche Funktion ausgeübt zu haben. Der Titel galt jedenfalls einem hochgestellten Mann, der den Vorsitz bei einem religiösen Bankett führte und von einem ganzen Gefolge begleitet war. Auf diesen Banketten scheint von Göttern und Sterblichen viel Wein getrunken worden zu sein. Auf einer Inschrift rühmt sich der Symposiarch, auf dem von ihm geleiteten Bankett sei ausschließlich sehr alter Wein den himmlischen und irdischen Gästen gereicht worden. Alle Teilnehmer, ob nun Götter oder Priester, erhielten kleine, auf Ton geschriebene »Einladungskarten«. Aus bestimmten Gründen gab man diese heiligen Festmähler jedoch nicht nur zu Ehren der Götter oder irgendeines Gottes: Die Palmyrener glaubten nämlich, ihre Toten würden in die göttliche Familie aufgenommen und zu Halbgöttern, zu heiliggesprochenen Wesen. Ihnen zu Ehren veranstaltete man Totenfestmähler, an denen sie, wie geglaubt wurde, teilnahmen. Die Einladungstäfelchen zu diesen Banketten ergingen an die Mitglieder der Familie des Verstorbenen, an seine alten Freunde und alle, die ihm nahegestanden hatten, an die Mitglieder seiner Sippe und der religiösen Gemeinschaft, der er angehört hatte. Ob es sich bei diesen Erinnerungsmählern um einen auf griechische Einflüsse zurückgehenden Brauch handelte oder ob sie auf ähnliche Zusammenkünfte im parthischen Mesopotamien zurückgingen, weiß man nicht mit Bestimmtheit zu sagen.

Eine Oligarchie mit römischem Anstrich

Den maßgeblichen Einfluß auf die Verwaltung und alles, was den Staat und das öffentliche Leben betraf, bestimmte eine kleine Gruppe reicher Familien. Sie stellte die »Archemporoi«, die Präsidenten der Handels- und Finanzgesellschaften, und die »Synodiarchen«, die Leiter der riesigen Handelskarawanen. Was sie wollten, wurde getan. Ihre Paläste um von Säulen gerahmte Innenhöfe müssen prächtig gewesen sein. Wie die bescheidenen Häuser des Mittelstandes, der in Zünften zusammengeschlossenen Handwerker und der Arbeiter aussahen, ob sie neben den Palästen der Reichen oder, was eher anzunehmen ist, in besonderen Vierteln standen, entzieht sich unserer Kenntnis.

Die prominenten Palmyrener wurden römische Bürger und sogar in die römische Aristokratie aufgenommen. Ihren semitischen Namen fügten sie römische Familiennamen, wie Aelius oder Ulpius, hinzu. Mit Zustimmung des Rates lag in der Stadt eine kleine römische Garnison, und es gab eine Art ständigen Botschafter des römischen Senats.

Rom setzte jedoch weder die Zölle fest, noch ließ es sie durch einen Prokurator erheben. Palmyra war zwar eine Vasallenstadt, besaß aber ein beträchtliches Maß an Selbständigkeit, mag auch nichts von wirklichem Belang ohne das Einverständnis Roms getan worden sein.

Palmyra zeigte sich natürlich erkenntlich und belieferte im zweiten nachchristlichen Jahrhundert die römische Armee mit ganzen Divisionen berittener Bogenschützen, die es in dem größer gewordenen Hoheitsgebiet rekrutierte und die in alle Teile des Reiches geschickt wurden. Längst besaß Palmyra alle Vorrechte einer »römischen Kolonie«. Seine Verfassung war äußerlich griechisch-römisch, und nach römischem Vorbild gab es auch einen palmyrenischen Senat. In der Praxis wurde der viel älteren semitischen Stammesorganisation lediglich ein römischer Mantel übergezogen. Der palmyrenische Senator war und blieb ein Häuptling, der Sippenälteste mit dem römischen Namen besaß die überlieferte unbeschränkte Autorität, gegen die sich niemand auflehnte. Man paßte sich Rom an, weil es zweckmäßig war. Dabei blieb es.

Götter aus der halben Welt

Dem entsprachen auch der palmyrenische Götterhimmel und die Kunst.

Die Götter kamen von überall her, aus Babylon und Petra, aus Phönizien und Anatolien, aus Parthien und Arabien. Nur griechische und römische Götter gab es nicht, und die wenigen griechischen Namen, die in Griechisch verfaßte Inschriften aufweisen, galten orientalischen Göttern. Auffallend ist aber, daß auch nichtpersische Götter gern in parthischer Kleidung und mit parthischen Waffen abgebildet wurden.

Die Palmyrener müssen ihren alten Überlieferungen sehr ergeben gewesen sein. Die Verehrung von Göttern aus der alten, lange vergangenen Nomadenzeit war noch immer lebendig. Im Jahre 85 n. Chr. stifteten Lisams und Zebida, die Söhne des Maliku, des Sohnes des Nesa aus der Sippe der Migdath, eine Votivtafel dem arabischen Schams, »dem Gott ihrer Vorfahren«.

Zu Bel und Bel Schamin, den Göttern der Oberwelt, gesellten sich Jarhibol und Aglibol, die Gottheiten der Sonne und des Mondes. Bel Schamin galt in römischer Zeit als »der Gesegnete in Ewigkeit, der Gnädige, der

Gute«. Eine merkwürdige Figur war Malakbel, der »Rote Bel«, der Diener
Bels, sicher ein Babylonier wie Bel selber. Aus Babylon kamen auch die
Ischtar, die zu der phönizischen Astarte wurde, und Nergal, der Gott der
Unterwelt, aus Anatolien die mächtigen Gottheiten Hadad und Atargatis.
Da gab es die auch in Dura Europos verehrte halb-elamitische Göttin Nanaia und jenen freundlichen und wohlwollenden Gott Schai-al-Qaum, der
aus Arabien kam und vom Wein nichts wissen wollte – das Gegenstück der
ebenfalls arabischen Gottheit Duschara oder Dusares, dem Dionysos der
Araber. Ihren eigenen Tempel hatten die Karawanengötter Arsu und Azizu. Der erste kam wahrscheinlich aus Südarabien und wurde auch in Petra
verehrt, der zweite aus Edessa, wo sein Gegenstück die Gottheit Minimos
war. Beide sind Diener des Sonnengottes, des arabischen Schams, der bei
den Arabern weiblich war, aber in Palmyra mit dem babylonischen Schamasch gleichgesetzt wurde; der eine, der Morgenstern, ging der Sonne in
allen Prozessionen voraus; der andere, der Abendstern, folgte ihr nach. In
Palmyra blieben sie, was sie waren, die Schutzpatrone der Karawanen, ihre
heiligen Synodiarchen.

Westliche Formen, orientalischer Ausdruck

Mit der Kunst Palmyras verhielt es sich nicht anders als mit dem Götterhimmel: Ihre Formen waren aus Griechenland und Rom entlehnt. Eine
Vorliebe scheinen die Palmyrener für die üppigere korinthische Stilform
gehabt zu haben, bot sie sich doch am besten an, den Reichtum zur Schau
zu stellen. Hinter den äußeren Formen der westlichen klassischen Kunst
stehen jedoch die Einflüsse einer anderen Welt: aramäische, persische und
babylonische. Woher die Palmyrener die Vorbilder für ihre düsteren Grabtürme nahmen, ist bis heute nicht geklärt. Man hat Babylonien in Tempeln
und Häusern, Syrien und Anatolien in den Bildhauerarbeiten und Persien
in Wandmalereien, Stoffen und Geräten wiedererkannt.

Die vielen Statuen spiegeln ganz deutlich semitisch-orientalischen palmyrenischen Geschmack wider. Die männlichen Gesichter mögen glatt rasiert sein oder die römische Barttracht aufweisen, die Form der Augen und
die Anordnung des Haupthaares sind ganz orientalisch wie auch die feierliche Frontstellung. Viele Köpfe weisen vielleicht nicht die griechische Eleganz auf, sind aber dennoch nicht ohne Ausdruck.

Unter den dargestellten Frauen gibt es nur wenige »Schönheiten«. Sie
sind nicht langbeinig, die Köpfe wirken wie angeschraubt. Die großen

mandelförmigen Augen, die runden, vollen Wangen, die schweren Nasen
fallen auf. Der Blick der Männer und Frauen deutet auf ein fast introver-
tiertes Volk hin, das seine Poesie den Karawanen entnahm und dessen Ein-
bildungskraft genügend Beschäftigung in der Planung gewagter Geschäfte
und in der gedanklichen Begleitung der von Rastplatz zu Rastplatz durch
eine trostlose Wüste dahinziehenden Karawanen fand. Den Gesichtern der
Männer lassen sich großes Selbstvertrauen und harte Entschlossenheit ablesen, und die oft zusammengekniffenen Lippen deuten auf Härte und sogar Rücksichtslosigkeit hin, die in dem extremen Wettbewerb des Karawanenhandels sicher unerläßlich waren, wenn man Erfolg haben wollte.

Es gibt natürlich auch andere Typen, wie die behaglich aussehenden
Kaufleute, die sich offenbar nach harten Jahren des Geldanhäufens aus ihren Geschäften zurückgezogen hatten und jetzt ihre Zeit damit verbrachten, sich mit ihren Freunden zu unterhalten, an dem römisch zugeschnittenen sozialen Leben ihrer Klasse teilzunehmen, dann und wann nach dem
Rechten zu sehen und ihren Söhnen Ratschläge zu erteilen.

Da gibt es jene würdigen, mit Juwelen behangenen, in ihren steifen
Kopfdraperien feierlich aussehenden Matronen, die wahrscheinlich an ihren Haushalt, an Wäschetruhen und Schlüssel, an Töchter und Söhne
dachten und stolz auf den erworbenen Wohlstand waren. Ob sie sich von
Zeit zu Zeit einmal daran erinnerten, daß ihre Großmütter und Urgroß-
mütter noch mit den Zelten herumzogen und kaum besser lebten als ihre
Tiere?

Eine prächtige Stadt

Alle Karawanenwege mündeten, ob sie nun aus dem Osten oder aus dem
Westen kamen, in eine zehn Meter breite Prachtstraße ein, die von 375 ko-
rinthischen Säulen gerahmt war, von denen immerhin noch um die 150 stehen. Sie verlief nicht gerade, sondern änderte die Richtung nach einem unerwartet scharfen Knick und lief dann nach Süden, geradewegs auf den
großen Tempel des Bel zu. Die Stätte war schon seit frühester Zeit heilig;
sie zu verlegen, wäre eine Gotteslästerung gewesen. Also hatte die Karawanenstraße sich der Gottheit zu beugen, und sie tat es. Das kurze Stück von
der Krümmung bis zum Tempel scheint eine Art »Heilige Straße« gewesen
zu sein, durch die religiöse Prozessionen zogen, denen die Bevölkerung
von einer Tribüne auf der einen Straßenseite zusehen konnte.

Der scharfe Knick führte wahrscheinlich zum Bau des um das Jahr 200
n. Chr. errichteten sogenannten Triumphbogens, eines großen Bogens, den

216

auf jeder Seite ein kleinerer Bogen flankierte und stützte. Die Palmyrener haben sich das Tor etwas kosten lassen: Die Granitsäulen wurden aus Ägypten geholt; der Transport muß ein Vermögen verschlungen haben.

Auf vielen Straßensäulen standen einmal Statuen großer Wohltäter und reicher Kaufherren; einem gewissen Marcus Ulpius Jarkai, der um das Jahr 160 n. Chr. gelebt haben muß, sind nicht weniger als zehn gewidmet. Ob er wirklich so verdienstvoll war oder nur seinen Reichtum zur Schau stellen wollte, muß dahingestellt bleiben.

Der große Tempel des Bel beherrschte die Stadt zu Recht, denn er war ein Heiligtum, zu dem die Menschen von weither kamen. Außenmauer und Säulen aus den frühen Jahren des zweiten Jahrhunderts n. Chr. sind griechisch-römisch. Die Säulen krönten Imitiationen korinthischer Kapitelle aus vergoldeter Bronze, gegossen um einen großen steinernen Kern. Die Unechtheit der Architektur und die Denkart dieser Neureichen, denen der äußere Schein so wichtig war, kamen zutage, als sehr viel später die in der toten Stadt herumwandernden Beduinen die Bronze abschlugen und dabei den dicken steinernen Kern freilegten.

Dreieckige Zinnen überragten das Gebälk. Geben Vergoldung und Bronze der Säulenkapitele dem griechisch-römischen Stil des Tempels einen Anflug von orientalischem Luxus und plebejischer Fülle, erinnern die Zinnen ganz deutlich an die semitische Welt, und die Cella, der Innenraum mit dem Bild des Gottes, der noch aus der Zeit des Kaisers Augustus stammt, weist in seiner Enge und Dunkelheit durch seine fremden Maße ganz deutlich auf frühere semitische Heiligtümer hin.

Gewiß war der Tempel von Säulen gerahmt und auch ins Licht gerückt. Es hat jedoch den Anschein, als wäre den Bauherren sehr daran gelegen gewesen, soweit wie möglich die Form einer früheren heiligen Stätte zu erhalten. Das hieße, man wollte, nachdem die Stadt reich geworden war, im Grunde nur ein altes, ziemlich primitives Heiligtum vergrößern und mit dem Außenschmuck der neuen Zeit versehen. Vielleicht war es eine Art Dankesschuld, die dem Gott abgetragen wurde, der die Stadt hatte reich werden lassen. Immerhin macht der Tempel durch seine Größe Eindruck und wirkt dazu rätselhaft feierlich. Er scheint aus irgendeinem eigenen Recht weiterzuleben, obwohl er nur noch eine leere Hülle ist.

In einem engen Tal, durch das zwischen zwei Bergrücken eine Wüstenpiste, die alte Karawanenstraße läuft, stehen die Grabtürme, mehr als hundertfünfzig; manche sind zwanzig Meter hoch und haben vier Stockwerke, in deren Nischen Sarkophage stehen. Andere wohlhabende Palmyrener zogen ein Tempelgrab vor, und die Reichsten ließen sich unterirdische Mausoleen bauen – unterirdische Paläste mit Räumen, Gängen, steinernen

Bänken und Tischen, mit Sarkophagen und einer Bevölkerung von steinernen Persönlichkeiten.

Ein treuer Verbündeter Roms

Aufstieg und Untergang Palmyras sind eng mit Rom verknüpft. Die Machtkämpfe, die nach dem Tod des Kaisers Septimius Severus im Jahre 211 n. Chr. das Reich erschütterten, hatten die römische Stellung in Vorderasien geschwächt. Elf der Kaiser wurden umgebracht, im Osten waren an die Stelle der Parther, die von der geschichtlichen Bühne genauso leise verschwanden, wie sie gekommen waren, die Sassaniden getreten, deren einziges Ziel war, das alte persische Reich wieder zu erneuern. Das war um das Jahr 224 n. Chr.

Schon Ardaschir, der erste Sassanide, dachte nicht mehr daran, den Transithandel durch Mesopotamien in der bisherigen Weise zu erlauben. Sein Sohn Schapur vernichtete im Jahre 260 bei Edessa das römische Heer und nahm mit siebzigtausend Soldaten auch den Kaiser Valerian gefangen. Bis nach Antiochia und Tarsus kamen die Perser.

Mesopotamien hörte auf, ein Durchgangsland zu sein; der Hafen Charax, an der Mündung der Zwillingsströme, über den Palmyra so viele Geschäfte abgewickelt hatte, siechte dahin. Bürgerkriege und soziale Unruhen erschütterten das Römische Reich. Die Preise stiegen unaufhaltsam, das Geld verlor seinen Wert, das Räuberunwesen nahm dafür ständig zu. Syrien, das Mittelstück des römischen Besitzes in Vorderasien, war bedroht. Gegenkaiser standen auf, aus Kleinasien rückten die Goten, vom Euphrat her die Perser unter Schapur vor. Der verzweifelte Kaiser Gallienus, der Sohn und Nachfolger des gefangenen Valerian, wandte sich um Hilfe an Palmyra.

Die Nachfolger des Kaisers Septimius Severus waren von den Machtkämpfen und der Abwehr der Angriffe auf alle Teile des Reiches so in Anspruch genommen worden, daß sie dem Vasallenstaat in der syrischen Wüste kaum Beachtung geschenkt hatten. Ihnen waren ebenso seine ständige Gebietserweiterung und der Aufbau einer selbständigen Armee wie der Aufstieg einer der führenden Familien Palmyras, der Julii Aurelii Septimii, entgangen. Diese war inzwischen zu einer Dynastie von Kleinfürsten geworden, deren männliche Mitglieder offenbar eine Vorliebe für die Namen Odenath, Vaballath und Hairan hatten.

Einen von ihnen, Odenath, machte Gallienus zum »Augustus« des Ostens. Der ungemein fähige Soldat enttäuschte den Kaiser nicht. Er ergänzte das römische Heer durch seine berittenen Bogenschützen, trieb in jahrelangen Feldzügen die Perser über den Euphrat zurück, nahm die wichtige Grenzfestung Nisibis und auch Dura Europos ein und kam bis nach Ktesiphon. Das dankbare Rom machte ihn zum »Dux« und »Imperator«. Er selbst nannte sich nach persischer Art »König der Könige«, und es mag sein, daß er dabei an eine Nachfolge der parthischen Arsakiden dachte. Er war aber klug genug, die Grenzen des Möglichen zu erkennen, und blieb stets ein verläßlicher Verbündeter und Vasall Roms.

Während der langen Kriegszüge in Palmyra vertrat ihn ein Mitglied der palmyrenischen Aristokratie, ein gewisser Julius Aurelius Septimius, ein Mann von halbpersischer, halbrömischer Abkunft, der gleichzeitig »Prokurator« oder Gouverneur und »Iuridicus« oder oberster Richter nach römischer und »Aragapates« oder Militärgouverneur nach persischer Amtsart war. Kaum je ist das Doppelgesicht Palmyras klarer zu erkennen gewesen als in den Titeln dieses Mannes und auch in denen Odenaths.

Der palmyrenische »König der Könige«, der Palmyra noch einmal zu einem unerhörten Aufschwung verholfen hatte, wurde im Jahre 268 in der Nähe der syrischen Stadt Emesa zusammen mit seinem von ihm zum Nachfolger ausersehenen Sohn Hairan ermordet. Die Umstände und Gründe sind nie geklärt worden. Man hat zwar vermutet, seine Gattin habe die Hand im Spiele gehabt; aber Beweise gibt es dafür nicht.

Eine schöne Witwe ohne Sinn für das Maß

Für ihren minderjährigen Sohn Vaballath übernahm die Witwe Septimia bath Zabbai, »Septimia, die Tochter des Kaufherrn«, die Regentschaft. Sie ist unter ihrem hellenisierten Namen »Zenobia« in die Geschichte und die Legende eingegangen. Als der Engländer Wood im Jahre 1753 in London eine erste Beschreibung der Ruinen Palmyras veröffentlichte, lebte die Erinnerung an die Wüstenkönigin wieder auf. Man nannte St. Petersburg das »Palmyra des Nordens« und verglich Katharina die Große mit ihr.

Zenobia war eine ungewöhnliche Frau, schön, gebildet, intelligent, eine große Jägerin, militärisch überdurchschnittlich begabt, sprach mehrere Sprachen, teilte Entbehrungen mit ihren Soldaten und marschierte tage- und wochenlang mit ihnen. Sie galt als eine große Trinkerin und besaß einen brennenden Ehrgeiz.

Sie fühlte sich ganz als »Königin des Ostens«, wie sie sich selbst nannte. Zenobia gab vor, von den Ptolemäern abzustammen, zeigte sich in der Öffentlichkeit in der männlichen Kleidung eines römischen Kaisers, gab ih-

rem unmündigen Sohn den Titel eines »Augustus«, den ihm Kaiser Gallienus nicht verleihen wollte, und nannte sich selbst »Augusta«.

Das Hofzeremoniell war persisch, und jeder Besuch hatte sich nach persischer Art vor ihr auf die Erde zu werfen. Zu Fall brachte sie – und mit ihr
Palmyra – ihr maßloser Ehrgeiz, ein Anflug von Größenwahn und eine
völlige Verkennung der wirklichen Machtverhältnisse.

Noch zu Lebzeiten des Kaisers Gallienus war es zu einem bewaffneten
Zusammenstoß zwischen palmyrenischen Truppen und an der persischen
Grenze stehenden Einheiten einer römischen Legion gekommen. Aber die
geschickte Frau in Palmyra hatte es verstanden, den Zwischenfall, so gut es
ging, herunterzuspielen. Ein Rest von Mißtrauen blieb allerdings, und in
Rom fing man an, diese merkwürdige Königin und ihr Tun genauer zu beobachten. Zenobia glaubte jedoch, die Zeit für den großen Schlag sei gekommen und alles auf eine Karte setzen zu können, als Claudius II., der
kurzlebige Nachfolger des ermordeten Gallienus, von der Abwehr der Goten so in Anspruch genommen war, daß ihm für Asien keine Zeit blieb.

Zenobia erklärte im Namen ihres Sohnes Palmyra zu einem unabhängi-
gen Staat, fiel in Ägypten ein, eroberte Alexandria, besetzte weite Teile
Kleinasiens und schuf fast über Nacht ein palmyrenisches Reich, das vom
Nil bis beinahe an den Kaukasus reichte. Noch zögerte sie, den klaren
Trennungsstrich zu ziehen. Ob sie mit den persischen Sassaniden über ein
Bündnis verhandelte, ob ihr eine offene Herausforderung Roms zu gewagt
schien, läßt sich nicht sagen. Ihr Vorgehen wurde in Palmyra von ihren
Höflingen zwar bejubelt; es mißfiel aber den kühler denkenden Kaufher-
ren, die einen Rückhalt in den Parteigängern Roms hatten, von denen ständig der warnende Finger gehoben wurde. Die Königin trug dem zunächst
auch Rechnung.

Nach wie vor wurde von Alexandria das ägyptische Getreide nach Rom
verschifft. Der ungewisse Zustand zwischen Krieg und Frieden dauerte indessen nicht lange. Vor seinem Ende erlebte Palmyra allerdings noch ein
wenn auch kurzes, aber dafür glanzvolles intellektuelles Leben. Den Philosophen Longinus aus Emesa machte die Königin zu ihrem Minister und
politischen Berater. Er kam aus der Schule von Alexandria, hatte in Athen
gelehrt und war im Jahre 268 vor den Goten aus Griechenland geflüchtet.
Ihm ist fälschlich die Schrift »Über das Erhabene« zugeschrieben worden.
Zum palmyrenischen Hof gehörte auch Paul von Samosate, der häretische
Bischof von Antiochia. Die Königin, die offenbar das philosophische Gespräch liebte und sich auch für theologische Fragen interessierte, zeichneten die palmyrenischen Juden mit dem Titel »Schutzherrin der Rabbis«
aus.

Wandmalerei im Tempel der palmyrenischen Götter, 3. Viertel des 1. Jh. nach Chr.

Triumphbogen, Palmyra

Rechte Seite: Grabturm, Palmyra

Grabeingang, Palmyra

Über diesem glanzvollen Hof braute sich jedoch schon unmerklich das Gewitter zusammen. Der neue Kaiser, der Illyrier Aurelian (270–275 n. Chr.), ein ungemein tatkräftiger Mann, machte sich nach erfolgreichen Feldzügen in Italien und auf dem Balkan im Jahre 271 daran, in Vorderasien die römische Autorität wiederherzustellen. Die in Alexandria geprägten palmyrenischen Münzen mit seinem Bildnis auf der einen und dem Vaballaths auf der anderen, gerahmt von den Worten »König der Könige«, wurden noch hingenommen. Die Prägung von Münzen mit Vaballath im Kaisermantel und mit der Strahlenkrone als Augustus auf der einen und Zenobia als Augusta auf der anderen Seite aber nicht mehr. Aurelian entschloß sich, die »Königin des Ostens« und Palmyra zur Vernunft zu bringen.

Im Herbst des Jahres 271 setzte er über den Hellespont und warf die in Bithynien eingedrungenen palmyrenischen Streitkräfte zurück. Sein Feldherr Probus, der spätere Kaiser, ein Illyrier wie Aurelian, brachte unterdessen Ägypten wieder in römische Gewalt. Beinahe kampflos gewann Aurelian Kleinasien zurück; von ihm angebotene Verhandlungen wies die Königin, wie es heißt, auf Zuraten ihres Ministers Longinus, schroff ab.

Dann ging alles sehr schnell. Bei Daphne, in der Nähe Antiochias, erlitten die Palmyrener die erste Niederlage. Bei Emesa am Orontes wurde kurz darauf der palmyrenische General Zabdas entscheidend geschlagen – wie Aurelian glaubte, weil der emesische Sonnengott ihm gnädig war, dem er später in Rom einen Tempel weihte. In Wirklichkeit hatte die illyrische und maurische Reiterei den Sieg erfochten.

Zenobia sperrte sich weiter; sie hoffte wohl, die Wüste werde Palmyra vor einem römischen Angriff schützen. Aber der entschlossene Aurelian rückte im Mai 272 durch die Wüste auf die Stadt vor und schloß sie ein. Noch einmal bot der Kaiser großzügige Bedingungen an. Als Entsatzversuche fehlschlugen, Hunger sich bemerkbar machte und die Bevölkerung zu murren begann, entkam Zenobia mit einigen Begleitern durch die römischen Linien und flüchtete auf einem Kamel zum Euphrat, wo ihre berittenen römischen Verfolger sie in dem Augenblick festnahmen, als sie ein Boot besteigen wollte.

Aurelian erwies sich als großherziger Sieger. Zwar ließ er Longinus, Paul von Samosate und einige weitere Ratgeber der Königin hinrichten. Zenobia hatte sich wenig königlich verhalten, die Schuld für ihre so mißglückte Politik ihnen aufgebürdet und ihren Minister Longinus als den Verfasser der rüden Botschaft denunziert, die Aurelian als Antwort auf seine Friedensvorschläge erhalten hatte. Palmyra kam glimpflich davon. Rom legte eine kleine Garnison von sechshundert Bogenschützen unter einem Präfekten in die Stadt, der das ganze Gebiet bis zum Euphrat verwaltete. Außerdem wurde ihr eine angemessene Kriegsschuld auferlegt. Aber das war alles.

Die goldenen Ketten

Der Kaiser nahm Zenobia mit nach Rom. In goldenen Ketten marschierte sie hinter seinem Triumphwagen durch die Straßen. Es muß ihr bitter angekommen sein, daß ausgerechnet ein orientalischer Spaßmacher dazu ausersehen war, sie dann und wann zu stützen. Der nicht gerade mundfaule römische Pöbel wird es an höhnischen Bemerkungen nicht fehlen lassen haben.

Die Beschreibung des Triumphzuges gibt eine Vorstellung von dem Schaugepränge, das für Feiern dieser Art im dritten Jahrhundert aufgewendet wurde: Nicht Pferde zogen den Triumphwagen, sondern zahme Hirsche; zwanzig Elefanten und ein ganzes Heer von Gladiatoren, Tiger und mehr als zweihundert andere wilde Tiere marschierten in der Prozession, eine Vorankündigung für die erwarteten großen Spiele in der Arena.

In einer gefühlvollen Romanze ist beschrieben worden, wie die unglückliche Zenobia in einem Hungerstreik an gebrochenem Herzen starb. Nach den »Scriptores Historiae Augustae«, deren Echtheit und Genauigkeit allerdings stark angezweifelt wird, führte sie das Leben einer großen Dame in einer bequemen Villa in Tibur bei Rom, und ihre Töchter sollen römische Senatoren geheiratet haben. Es wird nicht berichtet, wie sie über den Aufstand dachte, der Palmyra ein Ende machte.

Das Ende

Noch im Herbst 272 empörte sich die Stadt ganz unerwartet und griff die römische Garnison an. Aurelian stürmte vom Balkan zurück und überraschte das auf einen Angriff völlig unvorbereitete Palmyra. Wieder in den »Scriptores Historiae Augustae« ist ein Brief des Kaisers an einen gewissen Corrodius Bassus erwähnt, nach dem fast alle Einwohner umgebracht wurden und Aurelian den Befehl erteilte, den von der dritten Legion geplünderten großen Tempel mit dem Gold und Silber der Palmyrener wiederaufzubauen.

So schlimm dürfte es jedoch nicht gewesen sein. Sicher kamen nicht wenige Leute um; zweifellos plünderten die Legionäre die Stadt, und das pal-

226

myrenische Gold und Silber nahm seinen Weg nach Rom. Palmyra bezahlte für den Aufstand, überlebte aber. Allerdings waren Einfluß und Glanz dahin.

Die alte Nordstraße kam wieder zu Ehren, als die Perser sich daranmachten, eigene Karawanen auf den Weg zu schicken. Allerdings ging der Handel infolge der sich ausweitenden Unruhen im Römischen Reich und der ungenügenden Sicherheit der Karawanenstraßen mehr und mehr zurück. Palmyra begann dahinzusiechen; die Bevölkerung wanderte langsam ab. Schließlich blieben die Karawanen ganz aus. Als die Araber im achten Jahrhundert kamen, war Palmyra längst zur Bedeutungslosigkeit abgesunken. Danach nahm der Sand wieder von ihm Besitz und fing an, die Säulen 30 Zentimeter über dem Boden abzuknabbern, wie er es noch heute tut.

Zwischen dem Euphrat und dem Mittelmeer

Das persische Großreich erlischt

Der Sieg in der Schlacht von Gaugamela unweit Erbil in Kurdistan am
1. Oktober 331 v. Chr. machte Alexander dem Großen den Weg nach Babylonien und Persien frei. Die persischen Soldaten in Babylon ergaben sich
widerstandslos, die Einwohner der alten Metropole empfingen ihn, wie gut
zweihundert Jahre früher den Perser Cyrus, mit Begeisterung als Befreier
und erkannten ihn als ihren König an.

Das Gegengeschenk ließ nicht auf sich warten: Der kluge Makedonier,
der sich der Wetterwendischkeit seiner neuen Untertanen wohl bewußt
war, opferte schleunigst ihrem großen Gott Marduk und ordnete den Wiederaufbau der von Xerxes zerstörten Tempel an. Die riesige Aufgabe wurde allerdings nie zu Ende geführt; ob mit – wie manche Geschichtsschreiber behaupten – oder ohne Wissen des Königs, der an anderes dachte,
denn schon nach einem Monat machte er sich nach der persischen Hauptstadt Susa und nach Indien auf, bleibt offen.

Als er nach neun Jahren zurückkehrte, war sein Kopf voller großartiger
Projekte: Babylon und Alexandria wurden zu Zwillingshauptstädten des
neuen Reiches gemacht, der Euphrat sollte bis zum Golf schiffbar werden,
Babylon einen großen Hafen erhalten, und er wollte die Küsten des Indischen Ozeans erforschen. Davon blieb beinahe alles Wunschgedanke: Am
13. Juni 323 starb Alexander in Babylon, wahrscheinlich an Malaria.

Die nach assyrischem Vorbild ausgerichtete persische Verwaltung hatte
den Zusammenbruch des Reiches überlebt. An die Stelle persischer waren
griechische Satrapen getreten. Auch ihre Autorität war, wie die ihrer Vorgänger, durch Militärgouverneure, Inspektoren und Steuereinnehmer ein-
geschränkt. Es galt ein einheitliches Gesetz; die Maße und Gewichte wurden verbessert und das Geldsystem reformiert; an der von Darius I. eingeführten Goldwährung hielt man fest; wichtigstes Zahlungsmittel blieb der
sogenannte »Gold-Darius«, der den Wert von zwanzig Schekeln Silber besaß.

Das unvergleichliche Straßennetz der Perser mit der »Königsstraße« als Rückgrat war intakt geblieben. Auf ihrer gesamten Länge von 2700 Kilometern zwischen Susa im Süden und Sardes im lydischen Kleinasien standen an den hundertundelf Poststationen für die Expreßreiter der Staatsverwaltung und die königlichen Kuriere Tag und Nacht Pferde zum Wechseln bereit. Eine Woche brauchten sie für die Strecke, neunzig Tage war die durchschnittliche Zeit für Karawanen, erzählen voll Staunen die alten Geschichtsschreiber.

Von der Königsstraße zweigte eine Straße nach Ephesus am Ägäischen Meer ab; Babylon war über eine verbesserte Straße nach Karkemisch, Syrien und Palästina mit Ägypten verbunden; die Verbindung mit dem Osten besorgte eine Straße, die über Bisutun nach Ekbatana führte und unter den Griechen zunächst bis zum Helmandtal und Kabul und später bis zum Indusbecken verlängert wurde. Alle waren gut unterhalten und polizeilich gesichert.

Wer Briefe aufgeben wollte oder erwartete, für den gab es in regelmäßigen Abständen Poststellen, und die Post funktionierte offenbar mit einer für jene Zeit erstaunlichen Pünktlichkeit und auch Schnelligkeit.

Mit den Griechen begann für den ganzen Osten ein Abschnitt wirtschaftlichen Aufstiegs, der allerdings schon unter der persischen Herrschaft eingeleitet worden war. Der Handel mit Griechenland kam in Gang, Südeuropa knüpfte zum erstenmal Beziehungen zu Vorderasien. Einen ungeahnten Auftrieb gab dem Bankwesen die Erfindung des gemünzten Geldes. Schon unter den Achämeniden wurden Banken in unserem Sinne gegründet, wie das Haus Egibi in Babylon, dessen Geschäftsbücher zum Teil erhalten sind. Es betrieb die Finanzierung des Fernhandels, die Entgegennahme von Einlagen und die Vergabe von Darlehen und Krediten, die Ausstellung von Kreditbriefen und Reiseschecks und die Eröffnung von Akkreditiven – Geschäfte, die, wie die Geschäftsbücher ausweisen, große Gewinne einbrachten.

Manche Forscher haben versucht, den Namen »Egibi« mit Jakob, einem nach Babylon deportierten Israeliten, zu identifizieren. Den einschlägigen Beweis dafür ist man jedoch bis jetzt schuldig geblieben. Noch in die persische Zeit fiel ein scharfer Preisrückgang für Erze aller Art: Anscheinend war es gelungen, den Schmelzprozeß zu vereinfachen und zu verbilligen.

Obwohl das große persische Reich fast alles erzeugte, was es brauchte, vergrößerte sich die Reichweite der Handelsbeziehungen, und mutige Kaufleute machten sich auf, um unbekannte Märkte und Lieferländer zu entdecken und zu erforschen. Über die Südküste des Schwarzen Meeres, die bis dahin keine nennenswerte Rolle gespielt hatte, wickelte sich das eben erst aufgekommene Geschäft mit den südrussischen Skythen ab. Der Handel mit Indien nahm schnell zu. Auf den Straßen wurden Wein, Öl, Honig, Schönheits- und Heilmittel in Krügen, Perlen, Stoffe, Waffen, Holz, Alabaster, Edel- und Halbedelsteine, ägyptisches Glas, Gewürze, Elfenbein, Lederwaren, Fertigkleidung und Metallarbeiten transportiert.

Trotzdem blieb der Welthandel auf einige wenige Plätze beschränkt; abgelegene Gebiete führten ein oftmals isoliertes Leben. Die weltweite Entwicklung des Handels stieß bei der ausgesprochen militärischen und bodenständigen persischen Aristokratie, die den regsamen Großkönig Darius einen »Höker« nannte, auf Widerspruch und Ablehnung, und weil der Handel bei ihr als ein verachtetes Gewerbe galt, blieb er bis zur Ankunft der Griechen weitgehend in semitischen Händen.

Etwas anderes stieß bei dieser eigenwilligen Aristokratie allerdings auf großes Interesse: Pferde. Man brachte sie aus Armenien. Sie waren zwar kleiner als die berühmte medische Rasse, aber bei weitem lebendiger und dazu ausdauernder. Strabo erzählt, der persische Satrap von Armenien habe Jahr für Jahr dem Großkönig zwanzigtausend Fohlen geschickt. Das mag übertrieben sein, läßt jedoch darauf schließen, daß armenische Pferde von der persischen Kavallerie gern benutzt wurden und der Pferdehandel mit Armenien ein großes Geschäft war, das allerdings nicht von den Armeniern, sondern auch wieder von semitischen Händlern betrieben wurde, mit denen sich die persischen Aristokraten allem Anschein nach nur ungern einließen.

Aus Armenien brachte man auch ein Gerstenbier, das durch einen Strohhalm getrunken wurde und so beliebt war, daß die persischen Amtsstellen es angezeigt fanden, vor einem allzu großen Verzehr zu warnen und für Trunkenheit sogar Strafen anzudrohen.

Ohne Schatten blieb der scheinbare Wohlstand allerdings nicht. Die hohen Steuern drückten, die wachsende Nachfrage nach Gütern aller Art ließ die Preise in die Höhe schnellen und die Zinsen stiegen. Als das letzte Jahrhundert vor der Ankunft der Griechen dem Ende zuging, hatten sich die Lebenshaltungskosten verdoppelt, und die einheimische Bevölkerung wartete darauf, die Perser loszuwerden. Sie empfingen die Griechen als Befreier. Damals wußten sie noch nicht, daß ihnen die Diadochenkriege bevorstanden.

Die Seleukiden schneiden sich ein großes Stück aus dem Erbe

Auf die Frage, wem er das Reich hinterlasse, soll der sterbende Alexander geantwortet haben: »Dem Würdigsten!« Dafür sah sich jeder der Generäle, der Diadochen, an. Sie teilten das Reich unter sich und führten zweiundvierzig Jahre hindurch Krieg miteinander; eifersüchtig wachten sie darüber, daß keiner von ihnen es wieder zusammenbrachte.

Babylonien, das Kernland des Reiches, wurde im Jahre 321 v. Chr. Seleukos, dem Befehlshaber der makedonischen Kavallerie, von den übrigen Generälen zugesprochen, nachdem sie Perdikkas, den nach dem Tod Alexanders bestellten Regenten, ermordet hatten. Aber schon fünf Jahre später verjagte Antigonos, der ehrgeizige Statthalter Phrygiens, den Kavalleriegeneral, der zu Ptolemäus nach Ägypten flüchtete. Nach vier Jahren eroberte er Babylonien jedoch zurück, nahm im Jahre 305 den Titel eines Königs an, schlug Antigonos bei Ipsus entscheidend – in der Schlacht kam Antigonos ums Leben – und verleibte schließlich Syrien und den westlichen Teil Kleinasiens seinem Reich ein. Ihn erdolchte nach dem Sieg über einen anderen Rivalen bei Korupedion in der Nähe der kleinasiatischen Stadt Sardes im Jahre 281 v. Chr. Lysimachos, ein Sohn des Ptolemäus.

Für die Babylonier war es ohne Belang, daß Seleukos erst im Jahre 305 den Königstitel angenommen hatte. Für sie begann die seleukidische Zeit – die »Silukku'-Jahre« – schon am Neujahrstag des Jahres nach seiner Rückkehr aus Ägypten am 1. April 311. Von da an rechneten sie zum erstenmal in fortlaufenden numerischen Daten.

Nach der Schlacht von Ipsus herrschte Seleukos unmittelbar oder mittelbar über ein riesiges Gebiet, das von den Grenzen Indiens bis nach Ägypten und vom Persischen Golf bis zum Schwarzen Meer reichte, dem jedoch der Zusammenhalt fehlte und das schon bald nach seiner Gründung auseinanderzufallen begann. Um das Jahr 200 v. Chr. hatten die Nachfolger des Seleukos die Provinzen und Schutzstaaten in Kleinasien und Persien praktisch verloren, und nachdem die Parther im Jahre 126 v. Chr. Babylonien erobert hatten, blieb nur Syrien, welches die Römer ohne Schwierigkeiten im Jahre 63 v. Chr. in ihren Besitz brachten.

Eigentlich war das seleukidische Reich, nachdem Seleukos im Mai 300 v. Chr. Antiochia am Orontes gegründet und zu seiner Residenz gemacht hatte, im Grunde stets ein syrisches Königreich gewesen. Krieg mochten die Seleukiden nicht. Sieht man einmal von den erfolglosen Versuchen Antiochos III. ab, die Gebiete im Osten zurückzuerobern, beschränkte sich die diplomatische und militärische Tätigkeit der seleukidischen Herrscher mehr oder weniger auf Ägypten, mit dessen Herrschern, den Ptolemäern, sie über den Besitz der phönizischen Küste und deren Hinterland in ununterbrochenem Streit lagen. Babylon trat in den Hintergrund, seit es aufgehört hatte, Hauptstadt zu sein. Das politische, kulturelle und wirtschaftliche Schwergewicht verlagerte sich endgültig vom Zweistromland zu der Küste des Mittelmeers.

Regsamkeit an allen Enden

Als die Seleukiden die Nachfolge in einem großen Teil von Alexanders Reich antraten, stellten sie rasch fest, daß sie nur eine winzige Minderheit in der unterworfenen einheimischen Bevölkerung waren. Wollten sie herrschen, bedurfte es nicht nur der Macht und Stärke, sondern der Überredung, der Anpassung. Deshalb übten sie eine kluge Toleranz in allen religiösen Fragen, änderten nur wenig an der überkommenen Verwaltung und beließen es bei den alten persischen Satrapien, die ihre »Strategen« nicht anders verwalteten als ihre persischen Vorgänger. Da für die griechische Kultur nur die Ober- und, mit Einschränkungen, die Mittelschicht der einheimischen Bevölkerung zu gewinnen waren, denen die Vorteile daraus natürlich nicht entgingen, beschränkten sich die Seleukiden auf die Städte, die so zum Rückgrat des aufkommenden Hellenismus wurden.

Das Herz des Staates schlug am Orontes-Fluß: in Antiochia, der Verwaltungshauptstadt, und in Apamea, dem militärischen Hauptquartier. Bis zu den beiden wichtigsten Häfen, Seleukia unweit Antiochia und Laodicea, dem heutigen Lattaqieh, war nur ein Sprung.

Die dauerhafteste Leistung der seleukidischen und der hellenistischen Herrscher überhaupt war die Gründung zahlreicher Städte nach dem Vorbild der griechischen »Polis« und ihre Besiedlung durch makedonische und griechische Einwanderer. Ob dadurch ein Netz von politischen und militärischen Stützpunkten geschaffen oder die griechische Lebensart und Kultur im Orient gefördert werden sollten, bleibt offen. Sicher ist, daß sie zu wirtschaftlichen und kulturellen Mittelpunkten wurden. Beinahe stets legte man sie in der Nähe alter Handelsstraßen unweit früherer Städte und Dörfer und nicht selten sogar auf deren Trümmern an. Planung und Architektur waren hellenistisch.

Zur größten hellenistischen Stadt wurde das von Antiochos I. im Jahre 274 gegenüber Ktesiphon gegründete Seleukia am Tigris, in seiner Glanzzeit fast eine Weltstadt mit durch kerzengerade Straßen im rechten Winkel getrennten großen viereckigen Wohnblöcken, nicht unähnlich den Wohnsilos von heute. Am oberen Ende des Persischen Golfs lag Charax, eine noch von Alexander gegründete und von den Seleukiden wiederhergestellte Stadt, die sehr viel später Spasinus, ein arabischer Kleinfürst, noch einmal zum Leben erweckte und deshalb nach sich »Spasinu Charax« nannte.

Plinius meint, in seiner Zeit, also um das Jahr 77, sei Charax eine ganz und gar arabische Stadt gewesen. Als Trajan gegen diesen Ort zu Felde zog, herrschte ein gewisser Athambelus, ein anderer arabischer Kleinfürst. Zwillingsstadt und Zwillingshafen von Charax war Apologos, ebenfalls eine griechische Gründung, die aber nur einmal in dem Buch »Periplus des Erythräischen Meeres« aus der Zeit zwischen den Jahren 51 und 60 n. Chr. erwähnt wird. Der Verfasser spricht von einer parthischen Marktstadt, die Handel mit Perlen, Purpur, Wein, Datteln und Sklaven treibe.

Charax und Apologos waren wahrscheinlich von Persern, Arabern, Chaldäern und einer griechischen Minderheit bewohnt. Bis hierhin kamen wohl auch die in den chinesischen Annalen der Han-Zeit erwähnten chinesischen Kaufleute, die wenigstens dem Namen nach auch Petra kannten, das sie »Ta-ts'in« und auch »Li-chien« nannten. Über einen regelmäßigen Handel mit Indien besteht kein Zweifel. Immerhin erzählt uns Plinius, Kaiser Trajan habe am Strand von Charax gestanden, als sich ein Schiff aufmachte, um nach Indien zu segeln, und laut bedauert, zu alt zu sein, die Reise mitmachen zu können.

Noch in seinem letzten Lebensjahr hatte Alexander drei Schiffe den Golf hinuntergeschickt, um mehr über ihn in Erfahrung zu bringen. Eines von ihnen beobachtete bei der Insel Dilmun (Bahrein) die Perlenfischerei. Keines der Schiffe kam jedoch über das Kap Musandam hinaus. Die Leute von Gerrha, eine längst untergegangene Stadt an der Küste der heutigen saudiarabischen Provinz al Hasa am unteren Golf – wahrscheinlich chaldäische Auswanderer, die als die tüchtigsten Kaufleute rundum galten –, ließen niemanden in ihr Geschäft hineinsehen. Sie unterhielten einen Karawanenhandel mit dem Weihrauchland und betrieben einen lebhaften Handel über Land und auch zu Schiff mit Seleukia, der Nachfolgerin Babylons, das damals anscheinend sogar für Seeschiffe erreichbar war. Wie sie mit den Transitkaufleuten in Teredon und besonders in Charax am Unterlauf der Zwillingsströme handelseinig wurden, weiß man nicht. Ohne eine Transitgebühr, wie sie sehr wahrscheinlich vom Warenwert erhoben wurde, ließen die auf ihren Vorteil sehr bedachten Geschäftsleute und die aufmerksamen Polizeibeamten von Charax sicher niemanden weiterfahren.

Gegen Gerrha unternahm im Jahre 205 v. Chr. Antiochos III. der Große eine militärische Expedition, deren vorzeitiges, von Antiochos angesichts der Strapazen sicher als Geschenk des Himmels empfundenes Ende die Gerrhäer mit einem reichen Tribut von Silber, Weihrauch und Myrrhe erkauften. Polybios berichtet darüber: »Die Leute von Gerrha baten den König, nicht zu zerstören, was ihnen die Götter gegeben hatten: Frieden und Freiheit.« Abgesehen von diesem halbherzigen Versuch unternahmen die Seleukiden nichts, um den Weihrauchhandel und die Schiffahrt im Golf und mit ihr den Weg nach Indien unter ihre Kontrolle zu bringen. Sie beließen es bei der ohnehin schon sehr ertragreichen Abwicklung der Einfuhrgeschäfte in Charax und Seleukia.

Es mag aber auch sein, daß weit mehr Güter auf dem Landweg von Indien gebracht wurden, der vielleicht noch höhere Gewinne abwarf und dazu den Vorteil besaß, verläßlich zu sein. Jedenfalls beschafften sich die Seleukiden über diesen Weg sogar die Elefanten, die sie für ihre Armee brauchten.

Parthisches Zwischenspiel

Die Wege nach dem Osten waren endgültig verschlossen, als wenig mehr als zwei Menschenalter später die Parther um das Jahr 140 v. Chr. Babylon und Seleukia eroberten, den Überlandverkehr mit Indien und China in die eigenen Hände nahmen und den Wasserweg sperrten. Sie wurden die großen Mittelsmänner, ohne die ein Geschäft mit dem Osten unmöglich war.

Nur einmal, sehr viele Jahre später, versuchten die Römer dieses für den Westen so kostspielige Monopol zu zerbrechen, als Trajan in einem schnellen Feldzug Mesopotamien eroberte und Charax im Jahre 116 n. Chr. besetzte. Aber der Erfolg war kurzlebig. Die Parther brachten das Gebiet ebensoschnell wieder in ihren Besitz zurück. Danach einigte man sich in langen Verhandlungen und ließ die Kaufleute von hüben und drüben mehr oder weniger unbelästigt zwischen den Grenzen ihren Geschäften nachgehen. Allerdings blieb denen aus dem Westen der Zugang zum Osten ebenso verwehrt wie den Kaufleuten aus Parthien der zum Mittelmeer.

Wer waren jene Parther, deren Widerstand auch die Römer trotz verzweifelter Anstrengungen nicht zu brechen vermochten?

Dieser Zweig der Skythen machte zum erstenmal von sich reden, als im frühen dritten vorchristlichen Jahrhundert ein Arsaces, der zum Gründer einer Monarchie werden sollte, seine Stämme aus der turkmenischen Steppe in den Norden Irans brachte, dort ansiedelte und gegen die Seleukiden aufstand. Fünfzig Jahre danach, um das Jahr 200, reichte das junge Königreich der Arsakiden bereits bis zum Südufer des Kaspischen Meeres, und

234

es dauerte nicht lange, bis die Parther ihre Zelte am Euphrat und am Indus aufschlugen. In die Führung des Landes teilte sich eine stolze Aristokratie. Die Arsakiden waren jedoch klug genug, die von den Seleukiden hinterlassene Verwaltung und Organisation beinahe unverändert beizubehalten und die hellenistischen Städte zu fördern und sogar Vasallenstaaten zu dulden. Die Beherrschung der Handelsstraßen zwischen Asien und der westlichen Welt verhalf ihnen zu einem ungeheuren Reichtum. Die Straßen, die Wasserzisternen und die Karawansereien hielten sie zu ihrem eigenen Vorteil gut in Ordnung.

Sie stießen zuerst auf die Seleukiden und bedrängten deren Staat, kamen aber, trotz vieler kriegerischer Versuche über Babylon nicht hinaus. Der gutorganisierte hellenistische Staat hielt stand.

Ein seleukidisches Mosaik

Dieses seleukidische Königreich war ein – wir würden sagen – universaler Staat, den allein die Person des Herrschers zusammenhielt. Er war Mittelpunkt und Band für eine Vielfalt von Völkern verschiedenster Herkunft und Kultur. Der Name Syrien als Bezeichnung für den Staat kam erst nach dem Verlust Kleinasiens, Babyloniens und Persiens auf. Ein seleukidischer König war nicht Herr des Landes wie ein Ptolemäer Herr Ägyptens war; er war lediglich der Souverän eines riesigen Gebietes, in dem es unzählige Völker und Zivilisationen gab, die nichts oder sehr wenig gemeinsam hatten außer eben der Person des Königs.

Ein Ptolemäer blieb stets König Ägyptens, mochten seine Soldaten auch den Euphrat erreichen und ganz Babylonien dem Staat am Nil einverleiben. Ein Seleukide war König von Syrien, weil er oder seine Vorgänger den anderen Teil des großen Erbes aus diesem oder jenem Grund verspielt hatten.

Die seleukidischen Urkunden sind ausgesprochen spärlich. Man weiß aber, daß ein seleukidischer Herrscher klug, geschickt und stark sein mußte, denn nur die Treue zur Dynastie ermöglichte es, das disparate Reich zusammenzuhalten. Der Erstgeborene hatte nicht unbedingt ein Anrecht auf die Nachfolge.

Emblem des Geschlechtes war ein Anker. Zeichen der königlichen Würde waren das Diadem und ein Purpurmantel. Der König war absoluter Herrscher, kleidete jedoch diesen Absolutismus gewöhnlich in gute Manieren. Barsch waren diese seleukidischen Herrscher höchst selten, im Gegensatz zu den späteren Herren des Landes, den römischen Prokonsuln. Seinen Berater- oder »Freundes«-Kreis suchte sich der König selbst aus. Die Männer, die ihm angehörten, hießen der roten Hüte wegen, die nur sie trugen, die »Purpurhüte«; sie waren Kronrat und Hof zugleich.

Dem Krieg zogen die Seleukiden stets die geduldige Verhandlung vor, in der sie Meister waren. Krieg war nur letztes Mittel, zu dem gegriffen wurde, wenn alle anderen Auswege endgültig verbaut waren. Besonders die sprichwörtliche Geduld der Gesprächspartner aus dem Osten stellten sie anscheinend oft auf eine harte Probe und machten deren Verhandlungsgeschick durch Spitzfindigkeit und Schläue wett. Politik und Wirtschaft waren immer eng miteinander verknüpft, aber die Wirtschaft hatte stets den Vorrang; sie beherrschte die politischen Überlegungen und Entschlüsse.

Auf Ordnung, Gerechtigkeit, Mut und Erziehung war man im seleukidischen Reich sehr bedacht, auf ihren hohen Stand ungemein stolz. Es wird erzählt, der Philosoph Apollonius sei einmal auf einer seiner Reisen an der Grenze von den Zollbeamten gefragt worden, was er aus dem Reich ausführe. Er soll geantwortet haben: »Tugenden.« Der mißtrauische Beamte habe ihm darauf bedeutet, diese weiblichen Sklaven, wie es die Vorschrift verlange, genau in das Register einzutragen. Ihm soll der Philosoph entgegnet haben: »Nein, es sind keine Sklavinnen, sondern Damen von Stand.«

Ein ganzes System von kleineren und größeren Festungswerken an allen wichtigeren Punkten verhalf dem Reich zum Schutz gegen Angriffe von außen und aufkeimende Revolten im Innern; ihre Garnisonen, denen auch die Wache über die Straßen und die Karawanen oblag, waren stark genug, um jeden feindlichen Einfall zunächst einmal abzuwehren und die stets unruhigen Nomadenstämme in Zaum zu halten. Jedes andere System einer Kontrolle des riesigen Gebietes hätte die Seleukiden finanziell ruiniert.

Die größte je aufgebrachte seleukidische Armee, die Antiochos III. vor der entscheidenden Schlacht gegen Rom bei Magnesia im Jahre 190 v. Chr. musterte, zählte zweiundsiebzigtausend Mann, eine gewaltige Zahl verglichen mit den fünfzigtausend Mann, die Rom drei Jahrhunderte später allein für den Schutz der Euphratgrenze in Friedenszeit aufwenden mußte. Aber sie blieb eine Ausnahme. Das seleukidische System einer verhältnismäßig kleinen Truppe mit dem Gedanken an einen Rückgriff auf Hilfsvölker und an die über das Land verstreuten Festungswerke und Beobachtungsposten genügte, um sich gegen Rivalen zu halten, deren militärische Organisation der seleukidischen ähnlich war. Stießen die Seleukiden dagegen auf eine andere, ihnen fremde militärische Organisation, wie die der Römer und Parther, war ihre Sache verloren. In der Schlacht von Magnesia mußten sie diese Erfahrung machen.

Als Glanzstück der Armee und entscheidende Angriffswaffe galten die Kriegselefanten. Sie standen bei allen Seleukiden in hohen Ehren. Von Seleukos I., dem Gründer der Dynastie (305–281 v.Chr.) bis zu Alexander Zabinas, einem Thronprätendenten (123–122 v.Chr.) wiesen die seleukidischen Münzen einen Elefanten auf. Während der von den Römern im Frieden von Apamea im Jahre 162 v.Chr. erzwungenen und von ihnen überwachten militärischen Abrüstung empörte nichts so die Bevölkerung wie die Abschlachtung der Tiere. Die Namen von einigen sind überliefert. Hundertneunundachtzig, den ganzen Bestand, hatte Antiochos abzuliefern, ohne sie ersetzen zu dürfen. So verlangte es der Vertrag. Er tat es, aber fand doch Mittel und Wege, um sich andere zu verschaffen, und sein Nachfolger Antiochos IV. setzte in seinem Feldzug gegen Ägypten bereits wieder Elefanten ein, die aber auf römischen Befehl ebenfalls abgeschlachtet werden mußten.

Apamea, eine Gründung des Seleukos, benannt nach seiner persischen Frau, die er, sehr im Gegensatz zu anderen Generälen, nie verstieß und mit der er sich offensichtlich ausgezeichnet verstand, war das Hauptquartier der seleukidischen Streitkräfte, Standort der Elitetruppe, der Kriegselefanten und des großen Gestüts, das die seleukidische Kavallerie mit Pferden versorgte. In den Urkunden wird ausdrücklich gesagt, daß für die nach antiken Geschichtsschreibern sechshundert Elefanten vorzüglich gesorgt war, sie eigene Pfleger, große Ställe und ihre Ausbildungsplätze hatten. Auf den weiten, heute verlassenen Hängen grasten die berühmten Pferde, der Stolz der seleukidischen Kavallerie.

Groß war diese hellenistische Stadt; sie zählte um die hundertzwanzigtausend Einwohner. Strabo beschreibt Apamea als »eine gut befestigte Stadt auf einem Hügel inmitten einer breiten Ebene, umspült von dem Orontes, wo die Seleukiden ihre Elefanten, dreißigtausend Stuten und dreihundert ausgesuchte Hengste halten.« Beim Anblick der mageren Ruinen, die man heutzutage sieht, fällt es schwer, sich vorzustellen, daß hier einmal eine Stadt stand, deren von Säulengängen gerahmte Hauptstraße die respektable Länge von anderthalb Kilometern besaß.

Beinahe unvorstellbar ist, daß in Apamea, diesem ausgesprochen militärischen Zentrum, auch eine zu ihrer Zeit weltberühmte neuplatonische philosophische Schule existierte. Einer ihrer Philosophen, Posidonius, galt als einer der einflußreichsten Lehrer und Philosophen zu Lebzeiten Ciceros, und Numentius, einer der fähigsten Kenner der hinduistischen Gedankenwelt in der Zeit religiöser Spekulation, die dem Christentum vorausging, beeinflußte stark den größten Denker des dritten nachchristlichen Jahrhunderts, den Neuplatoniker Plotin.

Säulenstraße bei Apamea

Diese philosophische Schule und ein berühmtes Orakel machten aus Apamea einen der letzten Stützpunkte des Heidentums. In der Zeit des militanten Frühchristentums riefen die Bürger der Stadt mehr als einmal die Bauern aus den Bergen zu Hilfe, um die alten Heiligtümer und Tempel vor den Angriffen und der Zerstörungswut der Christen zu schützen – allerdings nur mit vorübergehendem Erfolg.

238

Ein rebellischer Fluß

Das Einzugsgebiet des Orontes erlebte unter den Seleukiden zum erstenmal seit langem Frieden. Dieser Fluß wird seit früher Zeit »der Rebell« genannt, weil er, anders als andere Flüsse Vorderasiens, sich seinen Weg von Süden nach Norden bahnt. Seine Quelle ist ein Forellenteich in der libanesischen Hochebene Beka'a, in den Wasser aus der braunen Flanke des Gebirges tropft. Er zwängt sich durch Berge, Wüste und Sümpfe, stürzt in Wasserfällen herab, geht gemächlich durch Weiher und Seen, rennt durch Engen, kühlt Dörfer und bewässert Weiden und Äcker über seine Länge von vierhundertfünfzig Kilometern. In seiner Nähe, bei Kadesch, schlugen die Ägypter und die Hethiter im Jahre 1286 v. Chr. jene historische Schlacht, die unentschieden ausging, aber von Ramses II. als ein Sieg proklamiert wurde, obwohl er einer vernichtenden Niederlage mit viel Glück entgangen war. Erst kurz vor seiner Mündung biegt der eigenwillige Wasserlauf plötzlich nach Westen, bewässert noch die Amuk-Ebene und Antiochia und fließt dann ganz gemächlich ins Mittelmeer.

Die Landschaft um den Orontes war so etwas wie das Herzland des seleukidischen Reiches, von der jener hellenistische Geist ausstrahlte und wo die kulturellen Grundlagen gelegt wurden, die Rom noch für sich zu nutzen wußte.

Eine erfolgreiche Bewegung: der Hellenismus

Schnell faßten das von den Seleukiden eingeführte griechische Recht und die griechische Rechtsprechung so tiefe Wurzeln, daß sie nach vierhundert Jahren römischer Herrschaft noch immer in Gebrauch waren. Die so liberale Denkweise des Hellenismus gab der Initiative nach zwei Jahrhunderten absolutistischer persischer Herrschaft auf allen Gebieten einen solchen Auftrieb, daß sie als großartig gefeiert und überall laut begrüßt wurde. Und weil Griechisch zur Umgangssprache in der ganzen vorderasiatischen Welt geworden war, fanden die neuen Gedanken bald überall Eingang. Nach und nach fühlten sich die Menschen nicht mehr als Syrer, Palästinenser, Babylonier oder Assyrer, sondern zum erstenmal in der menschlichen Geschichte als Weltbürger. Die Frauen fingen an, eine Rolle in der Gesellschaft und im öffentlichen Leben zu spielen, die Griechen zeigten ihnen, daß sie ein Gehirn besaßen, um es zu gebrauchen.

Nun verbreitete sich der hellenistische Einfluß zwar weit in den Osten hinein und griechische Tragödien wurden sogar am parthischen Hof jenseits des Euphrats gespielt, ob die hellenistische Durchdringung allerdings überall tief griff oder an der Oberfläche blieb, ist nicht sicher. Die Parther waren jedenfalls kaum wirklich hellenisiert. Dafür spricht, daß es der parthische König während einer Vorstellung der »Bacchantinnen« des Euripides zuließ, den gerade überbrachten abgeschnittenen Kopf des in der Schlacht von Carrhae (53 v. Chr.) getöteten römischen Feldherrn Crassus als Bühnenrequisit zu benutzen. So jedenfalls berichten die antiken Geschichtsschreiber.

In dem seleukidischen Kernland Syrien verlief die Entwicklung anders. Die Ober- und Mittelklasse der städtischen Bevölkerung bekannte sich zum Hellenismus und sprach statt Aramäisch sogar Griechisch. Bei den Bauern und den meisten kleinen Leuten blieb Aramäisch jedoch die Umgangssprache, und mit der Sprache beließen sie es auch bei ihren alten Bräuchen und Sitten. Die Städte wurden griechisch, das Land blieb semitisch. Die mit sehr viel Eifer betriebene Kolonisierung brachte also nur einen halben Erfolg.

Die Seleukiden waren zu sehr mit dem Schutz ihrer Grenzen gegen die ägyptischen Ptolemäer, ihre Widersacher im Osten, und der Sicherung der Handelsstraßen beschäftigt und dazu durch einen immer wieder aufflakkernden dynastischen Zwist entzweit, um Zeit zu haben, das Gesicht Syriens so zu ändern, wie sie es eigentlich geplant hatten.

In der Provinz Babylonien hatte der Hellenismus unerwartete Auswirkungen. In den noch erhaltenen oder mit der Hilfe königlicher Zuweisungen wiederaufgebauten Tempeln legten die Astronomen und Astrologen wieder Berichte über ihre Beobachtungen der Bewegungen der Sterne an. Die Tempelschreiber verfaßten Chroniken über die Ereignisse der Zeitgeschichte, die sie mit allen Gerüchten ausschmückten, die ihnen zu Ohren kamen, und schrieben die alten Sagen, Legenden, Beschwörungsformeln, Riten und Hymnen säuberlich auf. Mehr und mehr nahmen sie griechische Namen an – ob aus Zweckmäßigkeit oder weil es nun einmal so Mode geworden war, weiß man nicht. Deshalb ist es heutzutage schwer herauszufinden, wer der Astronom, Astrologe oder Schreiber eigentlich war, ob ein richtiger Grieche, der die aramäische Sprache und die Keilschrift erlernt hatte, was schließlich nicht auszuschließen ist, oder ein hellenisierter Mesopotamier, was wohl wahrscheinlicher sein dürfte.

Jedenfalls scheinen sich die Griechen mehr und mehr für die alten Wissenschaften und leider auch für die Pseudowissenschaften der Chaldäer interessiert zu haben. Die alten Werke und Schriften, wie die Arbeiten des Kidinnus oder Cidenas, der um das Jahr 375 v. Chr. gearbeitet hatte, wurden ins Griechische übersetzt. Ein Stab von griechischen und mesopotamischen Astronomen und Mathematikern errechnete – eine erstaunliche Leistung – das Sonnenjahr mit einem Fehler von nur vier Minuten und 32 Sekunden.

Berossus, der Priester des alten Gottes Marduk, dessen Tempel in Babylon stand, schrieb auf Griechisch jene Mischung von Astrologie und historischen Erzählungen, die unter dem Titel »Babyloniaca« auf uns gekommen ist und Antiochos II. gewidmet war. Zweifellos wurden auf diese Weise wichtige wissenschaftliche Erkenntnisse und Überlieferungen der frühen Zeit gerettet. Leider drangen damit jedoch auch zweifelhafte Nebenerzeugnisse des babylonischen Glaubens wie die Vorausbestimmung, das unabänderliche Schicksal des Menschen, der Aberglaube und die Astrologie in den Bereich des westlichen religiösen Denkens ein und verdarben es in einem Maße, über dessen Umfang wir uns schwerlich eine richtige Vorstellung machen können.

Die alte Keilschrift hatte ausgedient. Was unter den Seleukiden von der alten sumerisch-akkadischen und der chaldäischen Kultur mit griechischem Zutun übriggeblieben war, geriet in Vergessenheit unter den Parthern, denen trotz einer großzügigen Toleranz jedes Verständnis dafür fehlte. Der letzte Keilschrifttext wurde im Jahre 74 oder 75 n. Chr. geschrieben. Übrig blieben wenige Kultstätten, die ein kümmerliches Dasein führten. Als der römische Kaiser Trajan im Jahre 115 n. Chr. Babylon besuchte, opferte er nicht mehr dem Marduk, wie es noch die Seleukiden – sei es auch nur aus politischen Erwägungen – getan hatten, sondern den Mannen Alexanders des Großen. Knapp vierundachtzig Jahre später fand Kaiser Septimius Severus eine gänzlich verlassene Stadt vor. Einen Platz, um ein Opfer darzubringen, gab es nicht mehr.

Wie das Eigentum unter den Seleukiden verteilt war, wissen wir kaum; die wenigen Unterlagen geben keinen genauen Aufschluß. Sicher sind nach der Gründung des Reiches Gefolgsleute durch große Schenkungen für ihre Treue belohnt worden; andere haben in der Wirtschaft und in hohen Staatsstellungen, als Steuerpächter und durch das Wohlwollen der Könige viel Geld verdient. Auf mehr als 1325 Gold-Stater, nach heutigen Begriffen mehrere Millionen Mark, wurde das Vermögen des Mnesimachos, eines Großgrundbesitzers in Sardes, geschätzt.

Polybios, der recht verläßliche Historiker, gibt an, Hermeias, der Minister Antiochos III., habe einmal den Sold für die königliche Armee vorgeschossen, um sie von einer Meuterei abzuhalten, und nach einer anderen Quelle besaß Dionysios, ein Bürger Antiochias, Silbergeschirr im Wert von einer Million Drachmen, das er Antiochos IV. für den von ihm veranstalteten Festzug lieh.

Ganze Gruppen reicher und wohlhabender Leute gab es in den alten phönizischen, syrischen, mesopotamischen und elamitischen Städten, zu denen auch die wohlhabenden hellenisierten Juden zählten. Wie groß die Mittelklasse war, auf die sich das seleukidische Regime weitgehend stützte, ist nicht bekannt. Immerhin muß ihr Wohlstand beträchtlich gewesen sein, denn sie besaß die Möglichkeit, sich die für alle Unternehmen und Geschäfte notwendigen amtlichen Genehmigungen leicht zu verschaffen, weil sie die Beamtenschaft beinahe ausschließlich stellte. Auf jeden Fall verdiente sie ausgezeichnet. Dafür spricht, daß ein Vermögen von zweitausend Talenten bei ihr zwar als erheblich, jedoch keineswegs als eine Ausnahme angesehen wurde.

Aus dem, was wir wissen, läßt sich herleiten, daß die Geldwirtschaft gang und gäbe war, eine Plutokratie existierte und diese zusammen mit den Königen und einer wohlhabenden Mittelklasse den Grundstock für den Glanz der Städte bildete.

Eine vielseitige Landwirtschaft

Wichtigste Wohlstandsquellen waren die Landwirtschaft, die Herstellung von Waren in großen Mengen, der Bergbau, das Bankengeschäft und der Handel, der einen bis dahin nicht gekannten Aufschwung erlebte.

Die Seleukiden betrachteten, wie die Regierungen von heute, die Landwirtschaft als einen Eckpfeiler des Staates. Dabei ging es ihnen wahrscheinlich weniger um ihren Beitrag zur Wirtschaft – der des Handels war ohne Zweifel weit größer – als um die ausreichende Versorgung einer Bevölkerung, von der sie wußten, daß Hunger und sogar schon eine mangelhafte Versorgung mit dem Nötigsten schnell schwere Ausschreitungen nach sich ziehen konnten, denen nicht leicht beizukommen war.

Weil auf den Regen kein Verlaß war, wurden die Bewässerungsanlagen repariert und neue Kanäle angelegt. Man brachte Pflanzen von einem Gebiet ins andere. Schon Darius hatte das getan, als er seinen Satrapen Gadates anwies, junge Obstbäume von Mesopotamien nach Kleinasien und Syrien zu schaffen. Weizen- und Gemüse-Saat wurde aus Iran herangebracht, um sie im Westen zu akklimatisieren. Dafür standen schon damals Versuchsgärten zur Verfügung, die sich der Staat viel Geld kosten ließ. Strabo erzählt zwar, die Seleukiden hätten die Traubenkultur in Mesopotamien eingeführt, und bemerkt dazu, das sei früher noch nie getan worden. Hier irrt er sich allerdings, denn Trauben gab es in Mesopotamien bereits seit langer Zeit. Dafür liefern die Tontäfelchen untrügliche Beweise.

Plinius erwähnt, schon Seleukos habe versucht, indische Obstbäume in Syrien heimisch zu machen, um die von ihm sehr geschätzten Früchte selbst zu erzeugen. Aber der Versuch sei – sehr zum Leidwesen des Königs – fehlgeschlagen. Auch mit Baumwolle und Reis scheinen die Seleukiden nur wenig Glück gehabt zu haben.

Großes Gewicht legte man offensichtlich auf eine Erhöhung der Erträge. Aus Berichten und Urkunden geht hervor, daß für die Verbesserung des Bodens durch Düngung und seine Untersuchung viel getan wurde. Sachverständige des Staates, die, mit besonderen Vollmachten ausgerüstet, herumreisten, rieten den Bauern, was sie anpflanzen sollten, um bessere Gewinne herauszuwirtschaften. Ihnen wurden moderne landwirtschaftliche Geräte vorgeführt, neue Pflüge und Saaten aus den staatlichen Zuchtgärten zur Verfügung gestellt und bessere Methoden der landwirtschaftlichen Arbeit von der Aussaat bis zur Ernte und der Lagerung gezeigt. Besonders wurden sie zum Anbau von Luzerne angehalten.

Um den Absatz brauchten sich die Bauern nicht zu sorgen: Die seleukidische Kavallerie war ein regelmäßiger und auch gut zahlender Abnehmer. Als bestes Viehfutter galt die Lupine, mit der man ein Fleisch gewann, das in den Städten sehr gefragt war. Im Austausch gegen die hochgeschätzten ägyptischen Bohnen wurde syrischer Saatweizen nach Ägypten geliefert, das erst später zur Kornkammer des römischen Reiches heranwuchs.

Einen großen Schritt vorwärts brachte eine in der historischen Literatur wenig beachtete hellenistische Erfindung: Statt den Boden ein Jahr brachliegen zu lassen, wie es die Bauern seit frühester Zeit gewohnt waren, pflanzte man nun wechselweise Weizen und Lupinen an.

Der Anbau von Hanf und Flachs erlebte einen großen Aufschwung mit der Massenanfertigung der überall gefragten vorderasiatischen Hanfseile und der wachsenden Nachfrage nach den in der damaligen Welt wegen ihrer hervorragenden Qualität bekannten Leinenerzeugnissen. Safran, der in keiner Küche fehlte und auch als Farbstoff gesucht war, wurde in besonderen, ständig bewachten Gärten gewonnen, wie überhaupt der Staat die Gewinnung von Färbepflanzen, die einen gewaltigen Gewinn einbrachten, immer wieder zu monopolisieren versuchte, doch ohne großen Erfolg.

Die Obsterzeugung wurde ständig verbessert. Das syrische Gemüse galt als qualitätvoller als das ägyptische und erzielte deshalb einen besseren Preis. Schon damals wurde den ägyptischen Pflanzen nachgesagt, sie seien wässerig und hätten keinen guten Geschmack. Ähnlich verhielt es sich mit den Galläpfeln, aus denen man das für die Gerberei notwendige Tannin gewann. In seleukidischer Zeit wurde für die kleinasiatischen und syrischen Galläpfel mehr bezahlt als für das ägyptische Konkurrenzerzeugnis.

Die Preise waren von Landschaft zu Landschaft sehr verschieden. Wir haben einige Angaben über Tierpreise. So kostete ein ausgewachsener Esel, der in Syrien je nach seiner Brauchbarkeit zwanzig bis achtzig Denare erbrachte, in Ägypten an die hundert, dafür in Mesopotamien nur knapp zehn Denare. Für ein Kavalleriepferd mußten an die siebenhundert, für eine Stute nur wenig mehr als hundert Denare bezahlt werden. Eine Milchkuh brachte in Mesopotamien zehn, aber auch dreißig Denare, in Ägypten zwischen zwanzig und hundert und in Syrien sogar zwischen hundert und zweihundert Denare. Es wird berichtet, dem Käufer habe das Recht zugestanden, während einer Woche festzustellen, wie hoch der tägliche Milchertrag war.

Eine fortschrittliche Warenfertigung

Der ganze Umfang technischer Neuerungen und Verbesserungen in der Herstellung von Massengütern läßt sich nicht feststellen. Es gab aber verschiedene Fortschritte; die eine oder andere Erfindung wirkt sogar bis in unsere Zeit nach. Gewiß ist, daß ein weiterer Schritt vom handwerklichen zum vorindustriellen Betrieb gemacht wurde und die Produktion gut organisiert war. Manche Forscher glauben sogar, man könne von den Anfängen einer Massenerzeugung in unserem Sinne sprechen. Man muß sich bei solchen Überlegungen allerdings hüten, an die uns vertrauten Zahlen und Umsätze zu denken.

Immerhin muß die Textilherstellung einen beachtlichen Stand der Perfektion erreicht haben. Das läßt sich aus Abbildungen der Herstellungsmethoden entnehmen. Daß die Textilproduktion den ersten Platz bei den Seleukiden einnahm, steht außer Zweifel. Zum überlieferten horizontalen Webstuhl war der vertikale gekommen, eine Erfindung von weittragender Bedeutung. An seiner Verbesserung hat man offenbar ständig gearbeitet, weil mit ihm feinere Stoffe hergestellt werden konnten, die einen bei weitem besseren Preis erzielten.

Verarbeitet wurden Wolle, Leinen und, in bescheidenem Umfang, auch Baumwolle. Man spann, walkte und bleichte zwar mehr oder weniger in der überkommenen Weise, aber in der Färberei stellte man soviel Versuche an, daß der Gedanke an Anfänge einer angewandten Chemie aufkommt, wenn man den Angaben antiker Autoren Glauben schenkt. Jedenfalls müssen neue bessere Methoden des Färbens entwickelt worden sein. Wie sie beschaffen waren, was erreicht wurde, entzieht sich unserer Kenntnis.

Wahrscheinlich waren sie Geschäftsgeheimnisse, die vor den auch schon
damals existierenden »Industriespionen« streng gehütet wurden.

Hauptziel war wohl die Verbilligung der Waren mit Hilfe preisgünstigerer Farbstoffe. Es sieht jedenfalls ganz danach aus, als habe gerade der
Preis für Farbstoffe in der Kalkulation der damaligen Textilhersteller eine
weitaus größere Rolle gespielt als der für Rohstoffe und Arbeitslöhne.
Mehr noch: Die Versuche mit den Farbstoffen führten zur Nachahmung
der so kostspieligen Purpurstoffe, gegen die sich die phönizischen Städte
energisch zur Wehr setzten, weil sie nicht ohne Grund eine Durchlöcherung ihres Monopols befürchteten. Ein Gesuch zum Schutz ihrer Erzeugnisse ist jedoch anscheinend abschlägig beschieden worden. Wer wollte,
konnte fortan ein purpurähnliches Tuch kaufen, das erschwinglich war
und in Mode kam.

Durch die Versuche kam man auch zu dem schon lange gesuchten gefärbten Glas, das schnell reißenden Absatz fand, weil auch die kleinsten
Leute einen Farbtupfer in ihre Wohnung bringen wollten.

Die Industrie machte ständig Fortschritte und brachte Waren einer ausgezeichneten Beschaffenheit auf den Markt. Für Massenerzeugung in unserem Sinne dürften jedoch die Einwohnerzahl und auch die Kaufkraft nicht
ausgereicht haben. Es gibt auch keine Anzeichen für eine Existenz wirklicher Fabriken; eher angebracht ist es wohl, von handwerklichen Großbetrieben zu sprechen.

Groß war die Parfümproduktion, deren Erzeugnisse in alle Welt ausgeführt wurden.

Ein nicht weniger wichtiger Gewerbezweig war die Metallverarbeitung,
in erster Linie die von Eisen. Silber und Gold wurden hauptsächlich in Antiochia zu Schmuck und Geschirr für die wohlhabende Klasse verarbeitet;
Kupfergegenstände benötigte auch der ärmste Haushalt. Die Bedeutung
dieser Metalle reichte jedoch bei weitem nicht an die des Eisens: Eisenerzeugnisse wurden in der Landwirtschaft ebenso gebraucht wie in der Güterproduktion und in der Schiffahrt. Das teure, verderblichere, für den Verschleiß anfälligere Holz trat zurück.

Größter Kunde war schon damals die Armee, und alles deutet darauf
hin, daß es richtiggehende staatliche Waffenfabriken in Antiochia, Damaskus und Edessa gab, deren Facharbeiter Regierungsbedienstete waren und
bevorzugt entlohnt wurden. Die Arsenale müssen eine respektable Größe
gehabt haben, wenn die Angaben Appians, des griechischen Historikers
des zweiten Jahrhunderts unserer Zeitrechnung, zutreffen.

Über die Bergwerke und wie man sie betrieb

Mit der ständig zunehmenden Nachfrage nach Metallen wuchs natürlich die Bedeutung der Bergwerke. Sie werden in den uns zugänglichen Texten zwar nur spärlich erwähnt. Ihnen muß aber die besondere Aufmerksamkeit der seleukidischen Könige gegolten haben, die sogar eigene Prospektoren in ihren Diensten hatten und sie in alle Teile des Reiches schickten.

Sorge machte der Schwund der Goldvorkommen, die sich nach und nach um so schneller erschöpften, als Gold und auch Silber von den Seleukiden als Barren im Staatsschatz aufgehäuft wurden. Das kleinasiatische Gold gehörte schon der Vergangenheit an. Das Gold des achämenidischen Staatsschatzes, das Alexander vorgefunden und großzügig verteilt hatte, war aus Sibirien gekommen. Aber bereits um die Mitte des dritten Jahrhunderts schlossen die wandernden asiatischen Völker die sibirischen Goldstraßen, und aus Westasien kam das begehrte Metall nur in geringen Mengen. Dagegen wurde die große Nachfrage nach Silber für die staatlichen Münzen und die Schmuckindustrie anscheinend zufriedenstellend gedeckt. Für Kupfer besaß Zypern beinahe ein Monopol, das es auszunutzen verstand: Wuchs der Bedarf, erhöhte die Insel den Preis, lehnte Verhandlungen über ihn rundweg ab und stellte kurzerhand die Lieferungen ein, bis die seleukidischen Einfuhrfirmen nachgaben und auch noch in die Zahlungsbedingungen einwilligten, die auf Bezahlung bei Übernahme der Ware in einem zyprischen Hafen lauteten.

Woher sollte Kupfer sonst bezogen werden? Ein dürftiger Ausweg blieb nur, es aus den schwer zugänglichen Berggebieten im Osten Kleinasiens auf einem langen Weg mit kostspieligen Karawanen heranzuschaffen.

Dafür wurde Eisen überall gefördert und im ersten vorchristlichen Jahrhundert zusätzlich von den Parthern auf den Markt geworfen, die es zum erstenmal über Merv von China erhalten hatten. Man kann sich gut vorstellen, welche Wirkung dieses unerwartete sensationelle Angebot größerer Mengen Eisen auf den Markt gehabt haben muß.

Arbeit in den Bergwerken leisteten Verbrecher und Sklaven. Niemand sonst hätte sich für sie hergegeben. Sie ist und bleibt der dunkelste Fleck in der Geschichte des Hellenismus. Strabo hat erschreckende Berichte über die Sterblichkeit in den kleinasiatischen Quecksilberbergwerken hinterlassen, und nach Agartharchides wurden in den von den hellenistischen Ptolemäern betriebenen nubischen Goldbergwerken nicht nur Sklaven und Strafgefangene – das war ja die übliche Praxis –, sondern auch Kriegsgefangene beschäftigt.

Die jüngeren Männer, die mit Stirnlampen dahinkrochen, bahnten sich einen Weg mit ihren Händen und einer primitiven Hacke durch das Quarzgestein. Dabei folgten sie den Goldadern. Den gebrochenen Quarz schleppten Kinder heraus; ältere Männer zerschlugen das Gestein mit Hämmern; die kleinen Stücke wurden dann vor dem Waschen in Mühlen zu Staub zermahlen, die nicht etwa Ochsen, sondern Frauen, drei an einer Stange, drehten. Sie waren angekettet und wurden von ihren bewaffneten nubischen Bewachern gepeitscht, wenn ihre Kräfte nachließen. Sie arbeiteten ohne Ruhepause, ohne jede Rücksichtnahme auf ihren Körper den ganzen Tag. Und alle, sagt Agartharchides, hießen den Tod willkommen, wenn er endlich kam.

Eine große Erfindung

Während Menschen unter der Erde zu Tode geschunden wurden, brachte der menschliche Erfindergeist außerordentliche Leistungen zustande.

So wurde im zweiten, vielleicht auch erst im ersten vorchristlichen Jahrhundert an der phönizischen Küste, wahrscheinlich in der alten Stadt Sidon, die Kunst des Glasblasens entdeckt. Das Ergebnis war die völlige Revolutionierung der Glasherstellung. Glas wurde billig und zu einem für viele erreichbaren Gebrauchsartikel. Die Kenntnis verbreitete sich schnell, und orientalische Firmen gründeten Werkstätten in verschiedenen Ländern Europas. Als der bedeutendste syrische Glasmacher galt im ersten Jahrhundert v. Chr. ein gewisser Ennion aus Sidon; von ihm signierte Gefäße sind überall in Europa gefunden worden. Es wird angenommen, daß sie aus der großen Werkstatt stammen, die er in der Nähe von Rom betrieb. Ein anderer Glasmacher aus Sidon scheint sogar bis an den Rhein gekommen zu sein und sich in Köln eine Werkstatt eingerichtet zu haben.

Straßen, Straßen, Straßen

Die Seleukiden hatten das Straßennetz Alexanders und das der Achämeniden übernommen. Von Ephesus, dem nördlichen Mittelmeerhafen, und dem lydischen Sardes kam die »Königsstraße« aus Kleinasien, die bei Melitene auf den Euphrat stieß, nach Nisibis weiterführte, bei Mosul in einer Furt den Fluß überquerte und in Ekbatana oder Susa auslief. Zwei weitere Straßen, eine über Edessa und Caphrena, die andere durch die Steppe nach Harran und das Sumpfgebiet des Khaburflusses, ergänzten die Kö-

nigsstraße. Sie überquerten den Tigris schon in der Ebene und stießen auf
die alte assyrische Handelsstraße, die bei Assur den Fluß überquerte. Von
allen gingen Querverbindungen aus, über die sich von Samosate, Karkemisch, Hieropolis und Thapsakus aus andere Euphratübergänge erreichen
ließen.

Der Weg zwischen Samosate und Edessa machte kaum Schwierigkeiten.
Zwischen Melitene und dem befestigten Platz Zeugma behinderten dagegen enge Schluchten das Weiterkommen so empfindlich, daß die meisten
Karawanen es vorzogen, sie auf Randwegen der Wüste zu umgehen. Es
blieb stets den auf Kamelen reitenden Karawanenlotsen, den »Scenitae«,
überlassen, den besten Weg herauszufinden, der je nach der Wetterlage
und den Sicherheitsverhältnissen unterschiedlich sein konnte.

Verschiedene Straßen verbanden das obere Euphratgebiet mit dem Mittelmeer. Es gab also eine Art durchgehendes Straßennetz zwischen Seleukia
am Tigris über Hatra, Nisibis, Edessa nach Antiochia und Seleukia Pieria
am Mittelmeer, ergänzt durch die sogenannte Nord-Süd-Straße, die den
Orontes entlang über Aleppo, Apamea und Damaskus Antiochia mit Palästina und Ägypten verband.

Drehscheibe war Seleukia am Tigris, wo die beiden großen Überlandstraßen aus dem Osten einmündeten, die Straße vom Persischen Golf her-
aufkam und die Straßen nach dem Norden und Westen ihren Anfang nahmen. Der Verkehr wurde von der Überlegung bestimmt, den Handel möglichst durch Gebiete zu leiten, die außerhalb des Einflußbereiches Ägyptens lagen, mit dem die Seleukiden in beinahe ununterbrochenem Streit
über Palästina und die südphönizische Küste standen.

Die Straßen waren teilweise schon sehr alt, viele kaum mehr als festge-
tretene Erde. Unter den Seleukiden, denen es um eine Beschleunigung des
Warenverkehrs ging, wurden wichtige Straßen befestigt und in Nordsyrien
sogar mit Basaltblöcken ausgelegt, um sie unempfindlicher gegen das Wetter zu machen. Teile dieser Straßen, die später von römischen Legionären
erneuert und verbessert wurden, haben sich bis heute erhalten.

Es waren oft gute Straßen. Eine Karawane brauchte von Seleukia am
Tigris bis nach Antiochia zwischen acht und neun Wochen; ein Fußgänger
legte am Tag bestenfalls dreißig Kilometer zurück; ein Reiter schaffte das
Doppelte; der Postdienst war natürlich viel schneller. Gereist wurde nur
am Tag, die Nacht wurde in einer Karawanserei verbracht.

Für die Straßensicherheit wurde viel getan. In gefährdeten Grenzgebieten, in schlecht überschaubaren Gegenden, an Flußübergängen und militärisch wichtigen Punkten bauten die Seleukiden befestigte Stützpunkte, und
zwar besonders am Oberlauf des Euphrats. Zeugma war einer, Dura Euro-

pos, das eine wechselvolle Geschichte durchmachte und ausgegraben werden konnte, ein anderer.

Ein Garnisonsstädtchen am Euphrat

An der Stelle einer früheren Siedlung gründete um das Jahr 300 v. Chr. der Gouverneur Nikanor im Auftrag des seleukidischen Königs Seleukos I. Nikator eine Grenzfeste, die er nach der kleinen makedonischen Geburtsstadt seines Königs »Europos« nannte. Sie wurde in der zweiten Hälfte des zweiten Jahrhunderts v. Chr. von den Parthern und viele Jahre später von den Römern besetzt und zur Provinz Syrien geschlagen. Europos war um das Jahr 167 n. Chr. römische Garnison, wurde hundert Jahre später von dem Sassaniden Adaschir belagert, von Schapur I. schließlich erobert, von den Persern kurze Zeit besetzt, dann aufgegeben und rasch von der Wüste zugedeckt. Der Kaiser Julian soll auf dem Feldzug gegen Schapur II. im Jahre 363 n. Chr. zwischen den Ruinen Löwen gejagt haben.

Bewohnt wurde Dura Europos nacheinander von Makedoniern, Einheimischen, Parthern und auch Römern; es war weder groß noch reich, sondern eine Grenzstadt, eine Garnison am Rande zweier Zivilisationen, der hellenistischen und der parthischen.

Was die Ausgräber in den zwanziger und dreißiger Jahren unseres Jahrhunderts fanden, hatte der Sand der Wüste erhalten: bearbeitete Steine, Keramik, Holzarbeiten, Textilien sowie Texte auf Papyrus, Pergament und vor allem auf Wänden.

Das Euphratufer ist bei Dura steil, der Fluß breit; er führt ein schlammiges Wasser; bis nach Deir es Zor, dem nächsten Städtchen, sind es neunzig Kilometer; hinter dem Tamariskenwäldchen gibt es noch ein paar Felder, dann fängt die Wüste an.

Die Zitadelle liegt auf der Kante eines Steilufers; ihre beherrschende Lage ist unübersehbar; der älteste Teil stammt wohl noch aus frühseleukidischer Zeit; an ihr herumgebaut haben die Seleukiden und natürlich auch die Parther. Aus späterer Zeit stammt ein Säulenhof, von dem das meiste längst in den Euphrat gestürzt ist.

Dura bewachte die beiden Euphratstraßen; dafür war es ja gebaut. Ob die erste der beiden Straßen durch das Städtchen lief, ist nicht sicher, jedoch möglich. Aber die zweite, der Verbindungsweg nach Palmyra, muß durch die hohe, gegen die Wüste gebaute Mauer geradenwegs auf das mächtige, dreibogige Tor zugelaufen sein. Dahinter wurde sie zur Haupt-

Reste des Mauerwalls und der Synagoge, Dura Europos

straße, von der, wie in allen hellenistischen Siedlungen, im rechten Winkel, wie auf einem Reißbrett, die Stadtgassen abzweigten.

Gefunden hat man die Reste eines Tempels der halbbabylonischen Artemis Nanaia, eines kleineren Tempels der syrischen Atargatis und außer der Synagoge eine schön ausgemalte christliche Kirche, die schon um die Jahre 232 bis 240 n. Chr. entstanden sein dürfte und als die älteste erhaltene christliche Kirche überhaupt gilt.

Dura war eine Mischung aus Garnison, Festung und Karawanenstadt. Über das Leben seiner Bewohner sagen die Wandmalereien viel aus. Da gibt es eine Opferszene mit Konon, einem offenbar prominenten Bürger und Mäzen, seiner Frau und ihren Kindern. Das Opfer wird geleitet von Priestern in hohen weißen, sich nach oben verjüngenden Hüten.

Auf einer anderen Wand ist ein von Kopf bis Fuß gepanzerter parthischer Reiter abgebildet; seine Rüstung, ein Kettenpanzer, gleicht fast aufs Haar der des frühmittelalterlichen Ritters. Da gibt es Darstellungen der gefürchteten Bogenschützen, die auf der Scheinflucht durch den gekrümmten linken Arm rückwärts auf ihre Verfolger schossen und Bilder parthischer Könige, Barone und Gouverneure auf Pergament.

In einem aufgefundenen Vertrag verpflichtet sich ein gewisser Barlaas gegenüber Phraates, dem parthischen Herrn eines Nachbardorfes, statt der schuldigen Darlehenszinsen eine bestimmte Zeit im Hause seines Gläubigers zu leben und jede Arbeit zu verrichten, die ihm aufgetragen wird.

In dem Städtchen lebten friedlich neben ihren neuen Nachbarn die Nachkommen der ersten griechisch-makedonischen Siedler unter ihren alten Namen und nach ihren Überlieferungen. Sie besaßen Land, verdienten am Karawanenhandel und kleideten sich gut; ihre Frauen trugen reichen Schmuck. Sie sprachen zwar immer noch Griechisch, hatten aber aufgehört, Griechen zu sein, und waren längst zu Levantinern geworden; ihre Frauen waren semitischer Herkunft. Den parthischen, semitischen, persischen und babylonischen Göttern, in deren Tempel sie gingen, gaben sie zwar griechische Namen, machten sie damit allerdings nicht zu griechischen Göttern.

Sie besaßen allem Anschein nach eine eingeschränkte Selbstverwaltung für Angelegenheiten ihrer Gemeinde, über die der Gouverneur jedoch aufmerksam wachte. Diese Abkömmlinge von Griechen und Semiten zeichneten sich durch große Wendigkeit aus. In römischer Zeit fügten sie schnell ihrem griechischen oder auch schon semitischen Namen einen Severus, Septimius oder Aurelius hinzu, stellten sich gut mit den neuen Herren und ließen sich das römische Bürgerrecht etwas kosten.

Als zu Anfang des dritten nachchristlichen Jahrhunderts das Karawanengeschäft über Dura infolge der Wirren und Kriege zum Erliegen kam, beschränkten sie sich auf die Verwaltung des ererbten Besitzes, liehen Geld und befaßten sich mit der Astrologie, der offenbar beliebtesten Freizeitbeschäftigung jener Zeit; die gefundenen Horoskope liefern dafür den untrüglichen Beweis. Hatten sie kein Papier zur Hand, schrieben sie alles – Horoskope, Rechnungen und Abmachungen – auf die weißen Wände ihrer Wohnungen; sie sind noch heute gut lesbar.

Reisende kamen auch nach dem Ende des Karawanengeschäftes noch nach Dura; man hat Namen auf den Wänden von Amtsstuben mit ergänzenden Angaben über das Woher und Wohin gefunden. Am Tor mußte dem Gebühren-Einnehmer, der das wenig angesehene Amt ererbt hatte, ein »Torgeld« entrichtet werden. Dann war die Reihe an der Polizei, die ebenso die Hände aufhielt wie der Torhüter. Der Biograph Philostratus hat sie, ihre Bestechlichkeit und den ganzen Ärger beschrieben, den der Reisende in Dura ertragen mußte, bevor er endlich in die Stadt gelassen wurde, in der ihn die Herbergen noch einmal kräftig schröpften.

Was in Dura gefunden wurde, ist im Museum von Damaskus maßgerecht und wirklichkeitsnah wieder aufgebaut worden. Man gewinnt den Eindruck, daß Maler und Zeichner in Dura eine besondere Rolle gespielt haben; sie signierten ihre Bilder mit dem vollen Namen – vielleicht auch nur, um sich bei Gott oder den Göttern in steter Erinnerung zu halten.

Soldaten und Reiseführer

Der Euphrat ist stets eine Grenze zwischen dem Westen und dem Osten gewesen. Das gilt ganz besonders für die Zeit zwischen Alexander dem Großen und dem Kommen der Araber, also für rund neunhundert Jahre. Den Fluß hinunter in das Niemandsland ist eine endlose Prozession von Armeen und großen und weniger großen Männern zum Sieg und auch zur Niederlage und in den Tod marschiert.

Die Frage lautete immer, wie man diese Wasserlinie im Westen schützen konnte. Sie hat alle beschäftigt, die Seleukiden ebenso wie die Römer. Die Verteidigung war der Landschaft angepaßt; nicht eine zusammenhängende Linie von Erdwällen und Gräben, sondern befestigte Plätze an strategisch wichtigen Punkten wie Zeugma, wo der Verkehr den Fluß überquerte oder Circesium, an der Mündung des Khaburflusses in den Euphrat, und schließlich Dura, um nur ein paar zu nennen.

Es müssen langweilige Garnisonen gewesen sein; die Soldaten blickten auf den Fluß und die leere Landschaft. Ihnen oblag es, darauf zu achten, daß der Handel nicht Schaden litt, der soviel Gewinn einbrachte, daß sich Städte wie Antiochia große Spiele, Umzüge und freie Mahlzeiten für die Bevölkerung leisten konnten. Erstes Gebot war deshalb, dafür zu sorgen, daß der unaufhörliche Zug der Karawanen, ohne die das gesamte Geschäft ja zum Erliegen gekommen wäre, planmäßig verlief, und die Wasserquellen sowie die Nachtquartiere für Mensch und Tier instand gehalten wurden, damit jeder Reisende, jede Karawane vorfand, was sie brauchten.

Für die Reisenden und die Karawanenführer gab es die »Periploi«, eine frühe Art von Reiseführern oder Reisebeschreibungen mit Hinweisen auf Halteplätze, auf die Beschaffenheit von Wegen, auf Sitten und Bräuche aus persönlichen Erfahrungen. Einige von ihnen sind erhalten. Unter ihnen nimmt die Beschreibung des Isidor von Charax von seiner Reise nach Kandahar in Afghanistan einen besonderen Platz ein. Sie haben den damaligen Kaufleuten sicher geholfen, ihre Reisen besser zu planen, waren amüsant und interessant geschrieben.

Der Handel und die Händler

Der Handel war grundsätzlich frei; nur der stets lebendige Wunsch des Staates, soweit wie möglich Selbstversorger zu sein und zu bleiben, hemmte ihn und legte ihm dann und wann Grenzen auf. Wenn der Staat glaubte, eine stärker geplante Wirtschaft könne seinen politischen Zielen förderlich sein, gab es auch schon einmal Schutzzölle, Ein- und Ausfuhrverbote und sogar Devisenkontrollen, die allerdings selten von langer Dauer waren. Schon damals mußte der Staat feststellen, daß findige Leute seine Vorschriften schnell durchlöcherten und auch die Androhung schwerer Strafen wenig half.

Stets verstand es der Handel, sich den jeweiligen Verhältnissen anzupassen; zum Stillstand kam er nie. Wie seine Organisation genau beschaffen war, ist nicht bekannt. Sie muß aber vortrefflich gewesen sein, denn sie funktionierte gut. Hochorganisiert waren die Karawanen, immer noch die Grundlage des Geschäftes. Über sie herrschte auf dem langen Weg unbeschränkt der Karawanenführer, der sie von einem Rastplatz zum anderen als Vertrauensmann großer Unternehmen und reicher Bankiers steuerte, die sich zusammenschlossen, um das gewaltige Risiko nicht allein tragen zu müssen. Darüber hinaus taten sie sich mit anderen Finanzgruppen und Rückversicherungen auf Gegenseitigkeit zusammen. Bei ihren Geschäften muß es sich um selbst für unsere Begriffe sehr ansehnliche Geldbeträge gehandelt haben.

Das Fußvolk dieser Finanz- und Handelsaristokratie waren die Geldwechsler, die, wie noch heute überall im Orient, hinter kleinen Tischen saßen und in allen Währungen der Welt handelten und die Geldverleiher, die Bankiers der kleinen Leute.

Die großen Umsätze gingen allerdings an ihnen vorbei. Sie fielen den Banken zu, die Einlagen gegen Zinsen annahmen, Konten führten, Kreditbriefe ausstellten, Akkreditive eröffneten, das Inkasso für ihre Kunden vornahmen, Kredite für die Finanzierung von Geschäften und Aufträgen einräumten und Darlehen gegen beweglichen Besitz oder Hypotheken hergaben. Dieses Bankgeschäft war in Ägypten in staatlichem, im seleukidischen Reich in privatem Besitz. Nicht bekannt ist, was aus früheren babylonischen Tempelbanken wurde; viel spricht allerdings dafür, daß sie griechische Teilhaber aufnahmen oder zumindest ihre Firmennamen hellenisierten. Alle Banken waren offensichtlich hervorragend organisiert und standen mit den Finanzinstituten der damaligen Welt in engen geschäftlichen Beziehungen.

Die Zinsen richteten sich, nicht anders als heute, nach der politischen und wirtschaftlichen Lage und natürlich nach Angebot und Nachfrage. War es ruhig, gingen die Geschäfte gut, lagen sie bei acht bis zehn Prozent; in schlechten Zeiten und bei einem überdurchschnittlichen Risiko konnte allerdings der Ausschlag nach oben ganz erheblich sein. Dann waren 15 und auch 20 Prozent keine Seltenheit.

Groß war die Nachfrage nach gemünztem Geld, weniger – sonderbarerweise – für das in Gold als das in Silber und Kupfer.

Die Höhe des Geldumlaufs bestimmten die gerade gültige Wirtschaftspolitik und die Versorgung mit Metall, in späterer Zeit auch die um sich greifende Hortung von Metallgeld als Schutz gegen die Preisinflation. Die Welt war in zwei Währungsgebiete gespalten: In das der noch von Alexander geschaffenen sogenannten attischen Drachme, die ebenso in Griechenland wie im seleukidischen Reich, Kleinasien und im Osten bis nach Indien gültig war, und das der von den Ptolemäern eingeführten Drachme, die auch in Karthago, Rhodos, Marseille und Syrakus umlief.

Die attische Drachme war etwas schwerer, und die Gewichtsdifferenz spiegelte sich im Kurs wider. Gängige Zahlungsmittel im internationalen Handel waren beide.

Die tüchtigsten und gefürchtetsten Kaufleute waren die Griechen, die Nabatäer, die Syrer, Phönizier und die Südaraber. Mit ihrem Unternehmungsgeist, ihrem geschäftlichen Spürsinn, ihrer Geschicklichkeit und ihrer Verschlagenheit konnte es niemand aufnehmen. Beweise dafür, daß die Juden damals im Handel eine besondere Rolle spielten, gibt es nicht. Erst in viel späterer Zeit kamen die römischen Händler auf.

Mit die ersten waren ein gewisser Serdon – wahrscheinlich ein italienischer Grieche, der um das Jahr 259 erwähnt wird – und ein Novius, der um das Jahr 250 v. Chr. in Delos auftaucht. Eine wirkliche Konkurrenz für die Griechen waren sie nicht. Aber sie weckten schnell Unzufriedenheit, weil sie bei Streitigkeiten das römische Recht für sich in Anspruch nahmen, das nur zu oft da, wo es, wie in Kleinasien, römische Gouverneure gab, zu ihren Gunsten ausgelegt wurde.

Das wurde um so bitterer empfunden, als Delos, eine der kykladischen Inseln, zeitweise der größte Transitplatz des damaligen Welthandels zwischen dem gesamten Osten und Europa war. Rom hatte es im Jahre 166 v. Chr. zum Freihafen gemacht, um der unerträglich gewordenen Selbstherrlichkeit der Insel Rhodos ein Ende zu bereiten.

Noch ein paar Jahrzehnte zuvor war Delos kaum mehr als eine heilige Insel gewesen, deren Handel sich jedoch mit der wachsenden asiatischen Prosperität von Jahr zu Jahr spürbar vergrößerte. Dafür gab es deutliche Zeichen: Die Pacht für Land fiel zusehends, während sich die Mieten für Wohnungen, Büros und Lagerhäuser verfünffachten und die Lebenshaltungskosten stark anstiegen. Nach einem von dem Verband der Kaufmannschaft mit Gewalt unterdrückten Sklavenaufstand im Jahre 130 v. Chr. schlossen sich die Bürger zu einer »Gemeinschaft Delos« unter einem von ihnen gewählten Gouverneur zusammen; die bisherige städtische Organisation hörte auf zu bestehen; alle Fragen des öffentlichen Lebens wurden fortan den Erfordernissen des Handels untergeordnet.

Für die Insel begann ein goldenes Zeitalter. Einzelpersonen und Korporationen nahmen die Bautätigkeit in die Hand; vorhandene Häuser wurden in Wohnungen aufgeteilt, Büro- und Lagerhäuser an der Wasserseite gebaut, die Kaianlagen aus Granit erhielt. Knapp fünf Jahre später war der große neue Kunsthafen fertig, und in den vielen Tempeln konnte jeder zu den Göttern seiner Wahl beten.

Delos war der größte Freihafen, der bedeutendste Umschlagplatz der damaligen Welt. Der größte Teil des neuen Reichtums stammte allerdings aus einem anderen, weniger achtbaren Geschäft.

Der in Vorderasien, Italien und Sizilien schnell um sich greifende Großgrundbesitz verlangte ganze Arbeiterheere, und Delos übernahm es in einem sehr unheiligen Bund mit den Seeräubern, das zu liefern, was mehr und mehr gebraucht wurde: Sklaven. Die Stadt wurde zum größten Sklavenmarkt, der je existierte, und der berühmte Apollo von Delos, der Schutzgott der Insel, schaute dem dunklen Geschäft unbeweglich zu!

Das einmal so heilige Delos rühmte sich ohne Scham, es sei mühelos in der Lage, täglich zehntausend Sklaven zu liefern. Den Handel betrieben vornehmlich Orientalen und – Römer. Es war begreiflich, daß die zeitgenössische Welt von einem göttlichen Strafgericht sprach, als im Jahre 88 v. Chr. ein General des parthischen Königs Mithridates die Insel plünderte und im Jahre 69 v. Chr. ein Seeräuberkapitän die Insel so zerstörte, daß sie sich nie wieder erholte.

Die große Palette des Warenangebotes

Zahllos waren die Warenarten, mit denen Handel getrieben wurde und die gewaltige Gewinne einbrachten. Unter den Lebensmitteln nahm Getreide den ersten Platz ein. Ob Babylonien mit Ägypten wetteiferte und was mit den beträchtlichen Überschüssen des Zweistromlandes geschah, wohin sie geliefert wurden, entzieht sich jeder Kenntnis. Trieben die Steuereinnehmer damit einen schwunghaften Handel? Kaufte der Staat sie auf, um sie an die bedürftige Bevölkerung zu verteilen? Wurden sie in das benachbarte, leicht zugängliche persische Hochland verkauft, das damals wie heute nur mit Mühe fähig war, sich selbst zu ernähren?

Der beste Wein kam aus Syrien, wo die Weingärten fünfmal soviel Gewinn einbrachten wie Getreidefelder, die deshalb von Jahr zu Jahr abnahmen. Speiseöl in guter Beschaffenheit lieferte Syrien; Käse kam aus den kleinasiatischen Bergen, ein berühmter Honig von den ägäischen Inseln, Nüsse kamen aus dem Pontus, der Südküste des Schwarzen Meeres, getrocknete Feigen aus Antiochia, wohlschmeckende Trauben aus Berytus (Beirut) und ausgezeichnete Pflaumen aus Damaskus.

Alexandria war der größte Exporteur von Leinenerzeugnissen; seine Konkurrenz waren das südliche Syrien und Judäa. Als das große Zentrum der Wollverarbeitung rühmte sich das kleinasiatische Milet, dessen Wolle als die beste der Welt galt. Eine Wollverarbeitung, die allerdings eine weniger feine Ware herstellte, gab es auch in Syrien. Pergamon genoß einen weiten Ruf durch seine Vorhänge, das Pergament und mit Goldfäden durchwirkte Gewänder, alle in staatlichen Fabriken hergestellt, in denen ein Heer von Sklaven unter erbärmlichen Bedingungen arbeitete.

Baumwolle wurde in Assyrien verarbeitet. Papier kam aus Alexandria, Glas aus dem phönizischen Sidon, Pech aus Babylonien, Holz aus Kleinasien; gutes Leder wurde an der phönizischen Küste erzeugt. Indien lieferte Musseline, Edelhölzer, Baumwollfäden und Elfenbein, dessen Einfuhr ein enorme Gewinne einbringendes Monopol der seleukidischen Könige war, bis um die Mitte des dritten vorchristlichen Jahrhunderts ihr Erzfeind, der Ägypter Ptolemäus II., soviel afrikanisches Elfenbein auf den Markt warf, daß der Preis endgültig gebrochen wurde und den seleukidischen Königen die Freude am Geschäft verging.

Aus Indien kamen auch Rubine, aus Afghanistan die begehrten Lapislazuli, vom Roten Meer Topase und Perlen, die Modeschmuck wurden, vom Persischen Golf.

Das größte Geschäft war jedoch der Handel mit Gewürzen und Weihrauch; die erzielten Gewinne ließen alles andere hinter sich. Geschäftsmittelpunkt war das ägyptische Alexandria, Auslieferungslager für die Ausfuhr in die Welt Rhodos. Und dieses größte Geschäft war königliches Monopol!

Ebenfalls in königlichen Fabriken wurden die berühmten Salben, Schönheitsmittel und Parfüms hergestellt, die in die ganze damalige Welt geliefert wurden. Nach den Urkunden war dies ein zweites, großes Geschäft der Dynastie der Lagiden. Das ist nicht verwunderlich: Hatten für die Weihe eines Hohenpriesters in Jerusalem noch vier Salben genügt, waren für die Salbung eines parthischen Königs schon siebenundzwanzig notwendig geworden.

Aus Indien kam der begehrte Zimt, aus dem Himalaya Lavendelöl, aus Kleinasien Gummi. Jericho besaß geradezu ein Balsam-Monopol, seit die Pflanze nur noch in den sogenannten Balsam-Gärten angebaut werden durfte, die viel später, wie manches andere, das ihm nicht gehörte, der Römer Marcus Antonius der Kleopatra zum Geschenk machte.

Die Seide kam erst auf, als die chinesischen Kaiser engere Beziehungen und den Handel mit dem Westen zu pflegen begannen und die Straßen öffneten. Das dürfte um das Jahr 115 v. Chr. gewesen sein. Aus der Seide, die schnell in Mode kam, zogen die Parther außerordentlichen Nutzen, denn sie kontrollierten bekanntlich die beiden großen Überlandstraßen aus dem Osten und legten die Transitzölle fest. Diese »Seidenstraße« kam aus dem Pamir, lief am Kaspischen Meer entlang nach Ekbatana, der parthischen Hauptstadt, und von da nach Seleukia am Tigris, wo die Seide den Besitzer wechselte. Sie wurde zu einem der größten Geschäfte der alten Zeit.

In Rom wurden Klagen über die Ausgaben für diesen Luxusstoff laut, der, wie Plinius und Seneca meinten, die Frauen nackt erscheinen lasse. Aber weder der Preis noch Verbote dämmten die Nachfrage ein, die bis heute angehalten hat. Die Anordnung der Stadtväter einer griechischen Stadt, die im Jahre 91 v. Chr. den Frauen verbot, während der Tempelweihe diese unzüchtige Kleidung zu tragen, wurde zwar murrend befolgt, aber doch als altmodisches Gehabe abgetan.

Wie stets, paßte sich der Handel den Sitten und der Nachfrage an, und die Seleukiden legten ihm dabei keine Hindernisse in den Weg, denn er steuerte das meiste zum Wohlstand ihres Staates bei. Die Städte blühten. Seleukia, die wichtigste Handelsstadt an der Grenze zwischen zwei Erdteilen und Kreuzungspunkt der wichtigsten Straßen, brachte es in seiner besten Zeit auf sechshunderttausend Einwohner. Hier wurde umgeschlagen, was aus dem Osten kam und was der Westen dafür dem Osten zu bieten hatte: Blei, Kupfer, Glas, Zinngeschirr und, wenn dies nicht reichte, Gold in Münzen. Zum erstenmal war der Handel wirklich international.

Der Zusammenbruch des seleukidischen Reiches, die Schließung der Oststraßen und politische Anarchie brachten einen Rückschlag. Aber die Entwicklung zum Welthandel war nicht mehr aufzuhalten. Nur die Schwerpunkte verlagerten sich. Seleukia teilte das Schicksal mit Assur und Ur, mit Uruk und Babylon: Es geriet in Vergessenheit.

Die antike Weltstadt am Orontes

In Antiochia herrschten nacheinander Zeus, Apollo und Aphrodite, Christus und Heilige. In Antiochia entwickelte sich die hellenistische Zivilisation zu einer erstaunlichen Höhe, hat Byzanz seinen Ursprung, kam es zu einer Konfrontation griechischer und semitischer Tradition, spielte sich ein Teil der frühen Geschichte des Christentums ab. Die Bedeutung Antiochias in der Geschichte der menschlichen Zivilisation hat den Untergang der Stadt weit überlebt.

Als im siebten Jahrhundert Syrien von den Arabern erobert wurde, flohen die meisten Bewohner Antiochias in andere Teile des byzantinischen Reiches oder nach Europa. Das zu Antakya gewordene Antiochia vereinsamte, rückte noch einmal in den Vordergrund während der byzantinischen Kriege gegen Perser und Araber und in der Zeit der Kreuzzüge, um dann für eine sehr lange Zeit ein großes Dorf zwischen alten Ruinen zu bleiben. Ein mit der Geschichte der antiken Stadt nicht vertrauter Besucher hätte vor nur zwei Generationen in diesem halb türkischen, halb arabischen schläfrigen, eher schmutzigen Städtchen außer den kläglichen Resten der alten Stadtmauern, einer fränkischen Burg und antiker Aquädukte, den Grundmauern eines Hippodroms, einem verwitterten großen Felsenbild und einer alten Brücke nichts entdeckt, das ihn an eine der berühmtesten und schönsten Städte der griechisch-römischen Zeit erinnerte, die in ihrer Glanzzeit eine halbe Million Einwohner zählte und deren Prachtstraße nachts beleuchtet war.

Das ist nicht immer so gewesen. Gegen Ende des 18. Jahrhunderts gab es viel mehr zu sehen. Die Bausteine waren noch nicht restlos in den Kalköfen verschwunden, in denen sie, zusammen mit Säulen, Kapitellen und Statuen, zu barem Geld gemacht wurden; die Ruinen hatten als Steinbrüche noch nicht ausgedient. Was damals noch stand, ist in den Kupferstichen des französischen Reisenden Louis-François Cassas erhalten, der Antiochia um das Jahr 1785 besuchte.

Immerhin blieb uns das alte Antiochia durch die griechische, lateinische und syriakische Literatur erhalten, und man ging seiner Geschichte nach. Aus Erzählungen, Biographien, Chroniken, Gesetzen, Verträgen, Briefen und Kirchendekreten entstand ein Bild der Stadt und ihres Lebens. Pionier war der deutsche Philologe Carl Otfried Müller, der nach einem gründlichen Studium der verfügbaren Quellen im Jahre 1839 das erste moderne Buch über Antiochia veröffentlichte, die »Antiquitates Antiochiae«.

Das Stadtgebiet und die nähere und weitere Umgebung waren schon früh besiedelt. Durch die Ebene von Amuk liefen jene alten Handelsstraßen, die Kleinasien mit Ägypten und Mesopotamien mit Aleppo und Damaskus verbanden und über die ein lebhafter Handel abgewickelt wurde. In Mina, dem Hafen an der Orontesmündung, der die Geschäfte für eine weiter im Inland gelegene Stadt Sabuni erledigte, lebten schon um das Jahr 2000 v.Chr. griechische Kaufleute, die wahrscheinlich den Kupferhandel mit Zypern betrieben.

Mina existierte noch im 12. Jahrhundert. Um diese Zeit können sich auch die ersten Griechen in der Gegend von Antiochia niedergelassen haben, deren Klima und Fruchtbarkeit ihnen wohl zugesagt haben. Außerdem schien die Gegend für die Förderung ihrer Geschäfte zweckdienlicher zu sein, da sie die Handelswege von hier aus besser beobachten konnten.

Die kurze Herrschaft der Assyrer im neunten Jahrhundert mag den Anlaß zu der von dem Chronisten Libanius erzählten Geschichte gegeben haben, nach der die assyrische Königin Semiramis der Artemis einen Tempel in dem späteren Meroe unweit Antiochias erbauen ließ, richtiger wahrscheinlich der assyrischen Göttin Anaitis, die erst die Griechen mit ihrer Artemis identifizierten. Bei dieser Königin könnte es sich um die assyrische Königin Sammuramat (844 bis 782 v.Chr.) handeln, von der bekannt ist, daß sie nach dem Tod ihres Mannes für ihren minderjährigen Sohn die Regentschaft übernahm und eine Zeitlang auch in Syrien lebte.

Über die Vorgeschichte ihrer Stadt hatten die Bürger Antiochias allerdings andere Vorstellungen, die zu Legenden wurden. Die alten Chronisten Libanius und Malalas erzählen sie.

Ahnen werden gesucht

Nach einer Legende wurde Io, die von Zeus heißgeliebte Tochter des Königs Inachos von Argolis, von Hera, der eifersüchtigen Gemahlin des Gottes, aus ihrer Heimat vertrieben. Auf ihren langen Wanderungen kam Io zu dem Berg Silpius, dem späteren Hausberg Antiochias, auf dem sie starb.

Unterdessen hatte ihr Vater Inachos unter der Führung des Triptolemos seine Argiven ausgeschickt, um Io zu suchen. Auch sie kamen zu dem Berg Silpius, fanden Io zwar nicht, waren aber von der Landschaft so angetan, daß sie blieben und Iopolis gründeten. Ein Mosaik mit der von Argos bewachten Io ist in einem Haus von Daphne, der Vorstadt Antiochias, gefunden worden.

Die nächsten Siedler kamen nach der Legende, als Kasos, der Sohn des Inachos, angeregt von göttlichen Einflüsterungen, sich zuerst nach Kreta und dann nach dem späteren Antiochia aufmachte, von den Argiven sehr freundlich aufgenommen wurde und Kasiotis am Berghang gründete. Nach Libanius heiratete Kasos Amyke, eine Tochter des zyprischen Königs Salaminos. Sie wurde nach der Erzählung des Malalas an einer Stelle begraben, die dreißig Kilometer von Kasiotis entfernt lag und deshalb den Namen »Amyke« erhielt.

Dabei fällt auf, daß »Amyke« mit dem Namen der ganzen Ebene »Amuk«, einem semitischen Wort, verwandt ist, das »hohl«, »Höhle« und auch »Tiefe« bedeutet. Ist dem Erzähler vielleicht ein Irrtum unterlaufen? Man kann sich schlecht vorstellen, daß eine zyprische – also griechische – Prinzessin einen semitischen Namen trug.

Eine andere Legende erzählt, die von dem mykenischen König Eurystheus verbannten Kinder des Herakles seien, begleitet von Eleern, auf der Suche nach einer neuen Heimat durch ganz Europa und Asien gewandert, hätten schließlich die Landschaft von Antiochia gefunden und Herakleia nahe der Stelle gegründet, an der später Daphne entstand.

Malalas vermerkt noch, daß Perseus die Argiven in Iopolis besuchte und ihnen einen Tempel zu Ehren des Zeus Keraunios, des Donnerers, zum Geschenk machte.

Nach der Überlieferung soll es in der Umgebung der zukünftigen Stadt Antiochia drei griechische Siedlungen gegeben haben: Iopolis auf dem Silpius, das als Stadt galt, mit Tempeln der Io, des Kronos, des nemeischen Zeus, den Triptolemos errichtet hatte, sowie dem Tempel, den Perseus stiftete, und die beiden Siedlungen Kasiotis und Herakleia.

Geschichten dieser Art entstanden damals überall in Verbindung mit der Gründung von Städten. Sie waren offensichtlich dazu bestimmt, der neuen Stadt und ihren Bewohnern zu einer alten und berühmten Herkunft zu verhelfen; die Eitelkeit verlangte anscheinend schon damals, berühmte Ahnen zu haben.

Wahrscheinlich müssen die erwähnten Helden aus Mykene, Kreta und Zypern mit den frühen griechischen Händlern gleichgesetzt werden, die ihre Götter und Sagen zum Orontes und in die Amuk-Ebene brachten. Es ist gut vorstellbar, daß sie sich in der Gegend von Antiochia ansiedelten. Von ihr bis zum Hafen Mina war der Orontes schiffbar, Güter konnten leicht in Boote und Flöße umgeladen werden, und die Reise dauerte nur einen Tag. Umgekehrt war es nicht schwer, Güter vom Mittelmeer in die Amuk-Ebene zu bringen. Eine Außenstation kretischer, griechischer und zyprischer Kaufleute kann also durchaus bestanden haben.

Adler bestimmen die Lage der Stadt

Der Chronist Libanius versichert, die Gründung Antiochias gehe auf Alexander den Großen zurück. Er habe nach der siegreichen Schlacht von Issus im Oktober 333 v. Chr. auf dem Marsch nach Phönizien an einer Quelle, die aus dem Berg Silpius sprudelte, haltgemacht, aus ihr getrunken und das Wasser mit der Milch seiner Mutter verglichen. Deshalb habe er der Quelle den Namen »Olympias« gegeben und sie in einen Brunnen fassen lassen. Er habe sich dann umgesehen, sei begeistert von der Schönheit der Landschaft gewesen und habe den Wunsch geäußert, hier eine Stadt zu bauen. Weil er den Feldzug jedoch nicht unterbrechen konnte, begnügte er sich damit, den Grundstein für einen Tempel zu Ehren des Zeus, des Früchtebringers, und einen anderen für eine Burg zu legen, der er den Namen »Emathia« nach seiner thrakischen Heimat gab.

Diese Geschichte des Libanius war allerdings allem Anschein nach nur dazu bestimmt, der Eitelkeit seiner Landsleute Rechnung zu tragen, die sie sicher beifällig aufnahmen, denn nichts galt damals mehr, als Bürger einer Stadt zu sein, die von dem großen Alexander gegründet worden war.

Es ist zwar nicht ausgeschlossen, daß Alexander am Berg Silpius haltmachte, dessen strategische Lage erkannte und sogar eine Stadtgründung für später erwog. Gegründet hat er die Stadt aber nicht. Das blieb einem seiner Generäle vorbehalten. Über die Gründungsfeierlichkeiten unterrichten uns die Chronisten.

Nach seinen Siegen und dem endgültigen Gewinn Syriens gründete Seleukos I. in dem Ägypten abgekehrten Nordwestteil Syriens zwischen dem Orontes und dem Mittelmeer vier Schwesterstädte – Antiochia, Seleukia Pieria, Apamea und Laodicea – alle nach ihm oder Mitgliedern seiner Familie benannt. Dabei muß er einen Gesamtplan im Sinn gehabt haben. Die Durchführung deutet jedenfalls darauf hin, daß wenigstens zwei Städte – Antiochia und Laodicea – vom selben Architekten entworfen wurden, denn Straßen und Häuserblöcke weisen dieselbe Form und Größe auf.

262

Den amtlichen Bericht über die Gründung Antiochias, der neuen Hauptstadt, hat Malalas in seiner Chronik anschaulich festgehalten: Am dreiundzwanzigsten Tag des Monats Xanthikos (April) des Jahres 300 v. Chr. bestieg Seleukos mit seinem Gefolge den dem Zeus heiligen Berg Casius, brachte dem Gott ein Opfer dar und fragte, wo er die neue Stadt gründen solle. Als Antwort erschien am Himmel ein Adler, der Vogel des Zeus, packte das Opferfleisch, brachte es bis zum Ufer des Meeres und bezeichnete damit die Stelle, an der Seleukia Pieria gebaut werden sollte. Seleukos führte unverzüglich die Gründungsriten durch und gab der neuen Stadt ihren Namen.

Nach der Beendigung der Zeremonien in Seleukia machte sich der König, streng darauf bedacht, den einheimischen Göttern zu opfern, nach Iopolis auf und brachte drei Tage später, am ersten Tag des Monats Artemisios (Mai), »als die Sonne aufging«, dem Zeus Keraunios ein Opfer dar. Dann zog er zu der acht Kilometer entfernten, von seinem früheren Gegner Antigonos gebauten und nach ihm benannten Stadt Antigonia, um auf dem von Antigonos dem Zeus gebauten Altar ein Opfer darzubringen. Zusammen mit dem Priester Amphion bat er den Gott um ein Zeichen und ihm zu sagen, ob er Antigonia besetzen und ihr einen anderen Namen geben oder eine neue Stadt an einer anderen Stelle bauen solle.

Wieder erschien der Adler, ergriff das in Flammen gehüllte Opferfleisch und flog davon. Seleukos hieß seinen Sohn Antiochos, ein Pferd zu besteigen und dem Flug des Adlers zu folgen. Der Vogel führte Antiochos zu dem Altar des Zeus Bottiaios, kreiste in der Luft, kam herunter und legte das Fleisch auf den Altar. Das war das Zeichen des göttlichen Willens, an dieser Stelle eine neue Stadt zu bauen.

Am zweiundzwanzigsten Tag desselben Monats, im zwölften Jahr seiner Regierung, legte Seleukos Nikator dann zusammen mit dem Priester Amphion ebendort den Grundstein zu der neuen Stadt, die er nach seinem Vater Antiochos »Antiochieia« nannte.

Im Museum von Beirut steht der obere Teil eines Wandpfeilers aus dem vierten Jahrhundert, auf dem die Gründung Antiochias dargestellt ist: ein Opferaltar, neben ihm Tyche, die im Arm eine kleine Figur – eine Darstellung des Apollos von Daphne – hält; auf der anderen Seite des Altars ist Seleukos dabei, einen Stier zu opfern; über ihm der Adler des Zeus.

Antiochia wird gebaut

Die Anlage der Stadt wurde dem Architekten Xenarios anvertraut, dem drei Aufseher – Attäos, Perittas und Anaxikrates – zur Seite standen. Die Planung folgte dem damals üblichen Schema: Elefanten wurden dahin gestellt, wo die Türme ihren Platz haben sollten; Weizenkörner deuteten die Straßenführung an. Ein Stadtviertel war den griechischen und makedonischen Siedlern und den Einwohnern Antigonias vorbehalten, das aufgegeben wurde, ein anderes war für die einheimische syrische Bevölkerung bestimmt; jedes war von einer Mauer umzogen. Reste der Grundmauern, die bei den Ausgrabungen gefunden wurden, und die spätere Entwicklung des Stadtplanes lassen die Annahme zu, daß die Stadt in ihrer besten Zeit eine Fläche von ungefähr 220 Hektar hatte, und jüngste Untersuchungen haben ergeben, daß die Straßenanlage der anderer seleukidischer Städte in Syrien sehr ähnlich ist, ein Umstand, der für die Bemerkung »Massenerzeugung hellenistischer Städte in Asien unter Alexander und seinen Nachfolgern« eine gewisse Begründung abzugeben scheint.

Das ändert allerdings nichts an der Tatsache, daß die Lage Antiochias ungemein sorgfältig ausgewählt worden und eine der besten der alten Welt war. Die Gegend war schön und dazu äußerst fruchtbar, das Klima mild; sie war mit der Welt durch ein ganzes Netz von Straßen verbunden; ein passender Hafen lag vor der Tür.

Die Lage ist auf ihre Art sogar großartig. Der Berg Silpius steigt sechzehnhundert Meter in die Höhe; der Orontes, damals ein lebendiger Strom, floß durch die Stadt. Anfänglich waren nur die linke Uferseite und eine Insel besiedelt; aber nach und nach wurde auch das rechte Ufer in den Bereich der Mauern gebracht. Die Straße nach Seleukia, dem Hafen, nahm ihren Anfang bei einer Brücke über den Orontes und folgte dem Fluß auf seinem rechten Ufer.

Gebaut wurde die Stadt zwischen Fluß und Berg auf meist ebenem Boden. Sie hatte die Form eines unregelmäßigen, etwas in die Länge gezogenen Vierecks, unterschiedlich in Form und Größe im Lauf der Zeit.

Am Nordtor begann die Straße nach Beroea (Aleppo) und dem Süden, am Südtor die nach Daphne und über die Berge nach dem Hafen Laodicea. Durch eine Schlucht des Silpius konnte Apamea, das Hauptquartier der Armee, auf einem etwas beschwerlichen, aber dafür kurzen Weg erreicht werden, den jedoch im Winter der Wildbach Parmenios sperrte.

Die Straßen wurden mit viel Bedacht geplant. Angelegt waren sie unter Berücksichtigung von Sonne und Wind; sie lagen im Winter in der Sonne und im Sommer im Schatten, und die Brise, die während des Sommers vom Meer her durch das Tal des Orontes blies, kam ihnen zugute. Für die öffentlichen Gebäude – Tempel, Bäder, Kasernen, Gymnasien, die Staats- und Stadtverwaltung – gibt es nur wenige Anhaltspunkte. Den Chronisten lag offenbar mehr an den Statuen, die aufgestellt wurden.

Die berühmteste von ihnen war die der Tyche, der »Glücksgöttin« Antiochias. Weil nun in hellenistischer Zeit diese Verkörperung des Glücks den Glauben an eine übernatürliche Macht widerspiegelte, von der das menschliche Schicksal gelenkt wurde, gab Seleukos dem damals sehr bekannten Bildhauer Eutychides von Sikyon, einem Schüler des Lysippos, den Auftrag, für die Stadt Antiochia eine Statue der Glücksgöttin zu schaffen. Sie wurde sehr wahrscheinlich zwischen den Jahren 296 und 293 v. Chr. aufgestellt und schnell in allen Städten des hellenisierten Ostens zu einem ungemein populären Symbol des Erfolgs, der Fruchtbarkeit und des Wohlstandes.

Mehr noch: Die Bronzestatue wurde zum Vorbild aller Tychestatuen der damaligen Welt. Die in ein langes Gewand gehüllte Göttin sitzt auf einem Felsen, der den Berg Silpius darstellt. An ihn stützt sie sich mit der linken Hand; in der rechten hält sie eine symbolische Weizengarbe. Die Mauerkrone auf ihrem Kopf stellt die Stadtmauer, ein nackter Schwimmer zu ihren Füßen den Orontes dar. Sie stand in Antiochia unter einem von vier Säulen getragenen steinernen Dach.

Die Mamorstatue im Vatikanischen Museum, eine römische Kopie, kommt dem verlorengegangenen Original nach der genauen Beschreibung des Chronisten Malalas wahrscheinlich am nächsten.

Ein großer steinerner Adler am Rande der Stadt erinnerte daran, daß der Vogel des Zeus die Stelle bezeichnet hatte, an der die Stadt gebaut werden sollte. Er wurde zum Hoheitszeichen Antiochias, das alle in der Stadt während der hellenistischen und auch der römischen Zeit geschlagenen Münzen aufweisen.

Die Erinnerung an die verlassene Stadt Antigonia hielt eine bronzene Statue, die »Tyche von Antigonia« mit dem Horn der Amaltheia – dem Füllhorn – wach, ein Geschenk ihrer nach Antiochia umgesiedelten Bürger, die auch dem Seleukos ein Statue stifteten. Zwei Hörner am Kopf des in Lebensgröße dargestellten Königs waren augenscheinlich eine Anspielung auf die sprichwörtliche Körperkraft des Seleukos, der – so ging die Sage – einmal einen wilden Stier mit der Hand bändigte, der Alexander dem Großen zu Ehren geopfert werden sollte und sich losgerissen hatte.

Aus Dankbarkeit dafür ließ der König für die von Antigonia auf sein Geheiß nach Antiochia gebrachten Athener eine große Bronzestatue der Athene aufstellen, die – wie eine große Statue des Zeus Keraunios – zwischen den Jahren 51 und 50 v. Chr. von dem Gouverneur Calpurnius Bibulus nach Rom gebracht wurde.

Das Heiligtum Apollos

Den Vorort Daphne – das heutige Harbiye – machten Bäche und Kaskaden, Lorbeerbäume und große Zypressen ebenso wie eine reiche mythologische Geschichte zum Ferienort der eleganten Bevölkerung Antiochias, zu einem orientalischen Tibur und einem der bekanntesten Plätze der antiken Welt.

Die ersten Siedler Daphnes sollen die Herakliden nach ihrer Verbannung durch Eurystheus gewesen sein. In Daphne wurde die Nymphe Daphne, eine Tochter des thessalischen Flußgottes Peneios, in einen Lorbeerbaum, den apollinischen Baum, verwandelt, um sie vor den Nachstellungen Apollos zu schützen. Die Zypressen – stets wegen ihrer Schönheit gerühmt – brachte man mit dem Jüngling Yparissos in Verbindung, der über die ungewollte Tötung eines Rehs so untröstlich war, daß ihn die Götter aus Erbarmen in einen trauernden Baum verwandelten.

Nach einer einheimischen Überlieferung war nicht der kretische Ida, sondern Daphne die Stätte, wo Paris den Schönheitswettbewerb entschied, der den Trojanischen Krieg auslöste.

Seleukos ließ in Daphne einen heiligen Bezirk anlegen und mit einem Zaun umschließen, einen Apollotempel bauen und einen Zypressenhain pflanzen. Der Tempel stand neben den Quellen und den Wasserfällen. Die berühmte Statue des Gottes – ein Werk des athenischen Bildhauers Bryaxis – soll nach der Beschreibung des Libanius etwa so ausgesehen haben: Den hölzernen Rumpf verhüllte glitzerndes Metall, Gliedmaßen und Kopf waren aus Stein. Der Gott hielt in einer Hand eine Leier, in der anderen eine Phiole. Haar und Lorbeerkrone waren vergoldet, die Augen durch zwei große geschliffene, ovale violette Steine – wahrscheinlich Amethyste – angedeutet. Man sagte, die Statue sei ebenso groß gewesen wie die Zeusstatue des Phidias in Olympia.

Libanius erzählt, wie Seleukos nach der Gründung Antiochias zur Jagd nach Daphne ritt und sich inmitten seiner Hunde dem Lorbeerbaum näherte, in den Daphne verwandelt worden war.

»Als er dem Baum näher kam, schlug das Pferd mit seinen Hufen die Erde, aus der eine goldene Pfeilspitze in die Höhe schoß. Sie trug die Inschrift Phoibos als Zeichen, daß sie Apollo gehörte. Ich glaube, daß in seiner Trauer über die Verwandlung der geliebten Nymphe in einen Baum der

266

Gott alle Pfeile seines Köchers verschoß und die abgebrochene Spitze in der Erde verborgen blieb, um dem Seleukos den Befehl des Gottes zu übermitteln, den Platz zu schmücken und zu seinem Heiligtum zu machen. Bei dem einen Zeichen blieb es jedoch nicht: Während Seleukos noch die Pfeilspitze in der Hand hielt, sah er eine zischende Schlange mit hochgehobenem Kopf auf ihn zukommen. Sie sah den König einen Augenblick freundlich an, ehe sie verschwand. Hier ging der Gott ganz deutlich um.«

Der Tempel muß sehr schön gewesen sein. Wer ihn besuchte, den verließen Krankheit, Angst und Sorge, wenn er sich dem Gott nur in der richtigen Weise näherte und demütig sein Anliegen vortrug, versicherte der Volksglaube Vorderasiens, dessen Bevölkerung nicht aufhörte, zu dem wundertätigen Gott in Daphne zu wallfahren. Das mag nicht der letzte Grund dafür gewesen sein, daß im Jahre 362 unserer Zeitrechnung aufgebrachte Christen den Tempel in Brand steckten.

Ein sonderbares Felsenbild

Aus der Zeit Antiochos IV. Epiphanes, unter dem Luxus, Glanz und Pracht in Antiochia ihren Höhepunkt erreichten, ist noch ein in die Felsenwand des Berges Silpius gehauenes, als »Charonion« bekanntes Brustbild erhalten. Um den verwitterten Kopf liegt ein Schleier; über der rechten Schulter steht auf einem Felsvorsprung eine kaum noch erkennbare Figur, die einen »Kalathos«, einen lilienförmigen Korb, trägt, wie sie in den Prozessionen zu Ehren der Fruchtbarkeitsgöttin Demeter mitgeführt wurden.

Untersuchungen des Brustbildes haben ergeben, daß es nie fertiggestellt worden ist. Der Chronist Malalas erzählt dazu, während der Regierung des Antiochos habe eine große Plage Antiochia heimgesucht und viele Menschen seien ums Leben gekommen. Ein Seher mit Namen Leios habe dringend geraten, eine große »Maske« aus dem Berg über der Stadt zu meißeln. Er sei dann hinaufgeklettert, habe auf sie etwas geschrieben, und die Pestilenz sei verschwunden.

Ein Schriftzeichen ist zwar nicht sichtbar, man hält es aber für möglich, daß eine Inschrift existierte, die entweder zerstört wurde, als christliche oder moslemische Bilderstürmer das Gesicht zerschlugen, oder auf dem weggeschlagenen Teil der Brust gestanden hat.

Eine Stadt mit schlechtem Leumund

Antiochia mag in seiner frühen Zeit um die zwanzigtausend Einwohner gehabt haben. Aber die Stadt zog immer mehr Menschen wegen der sich bietenden Aufstiegs- und Geschäftsmöglichkeiten, wegen ihres Klimas und ihrer leichten Lebensart an. Zeitweise soll sie eine halbe Million Einwohner, von ihnen etwa dreihunderttausend Freie, gezählt haben: Griechen, Makedonier, Orientalen, Juden, die Griechisch und Aramäisch sprachen.

Sie war bekannt durch ihre ausgezeichneten Gold- und Silberarbeiten, die weithin ausgeführt wurden, durch die Herstellung von erlesenem Schmuck, durch ihre Parfümproduktion, ihre wohlriechenden Öle, ihre Luxusgüter aller Art. Von den großen Gütern, die ihre Besitzer hervorragend bewirtschafteten, kam eine Fülle landwirtschaftlicher Erzeugnisse, die nicht nur für den städtischen Markt ausreichten, sondern auch weithin verschickt wurden.

Unvergleichlich größer waren die Gewinne, die aus dem Transithandel und den Finanzgeschäften gezogen worden sind. Erst sie machten den Reichtum der Stadt aus, von dem überall in der damaligen Welt gesprochen wurde. Plutarch schreibt dem spartanischen König Agis den Ausspruch zu: »Die Diener und Sklaven des seleukidischen Königs in Antiochia besitzen mehr als alle Könige von Sparta je zusammen besessen haben.«

Über den Charakter der Bevölkerung dieser Weltstadt sind die Meinungen stets weit auseinandergegangen. Man hat behauptet, das milde Klima habe die Menschen verweichlicht, sie dazu verführt, dem Nichtstun zu frönen, sie hätten in Luxus und Vergnügen gewetteifert, männliche Tugenden und Einfachheit der Lebensführung verachtet, weibliche Zurückhaltung lächerlich gemacht, für Spiele und Theater einen beträchtlichen Teil der öffentlichen Einnahmen verschwendet und seien überhaupt lasterhaft gewesen.

Renan hat die Bevölkerung Antiochias eine Masse von Komödianten, Scharlatanen, Angebern, Schwindlern und falschen Predigern und Antiochia eine Stadt der Rennen, Spiele, der Feste, des Tanzes, wüster Ausschweifungen, eines unerhörten Luxus, schlimmsten Aberglaubens und aller orientalischen Torheiten genannt, in der Menschen ohne Vaterland und ohne Familienehre lebten, die faul und aufrührerisch gleichzeitig gewesen seien.

Sieht man allerdings genauer hin, läßt sich schnell feststellen, daß die Informationen für so vernichtende Urteile fast ausschließlich alten Quellen entnommen sind, deren Verfasser, wie Philostratos, Kaiser Julian und der

Kirchenlehrer Johannes Chrysostomos, gegen Antiochia und seine Bevölkerung voreingenommen waren und deshalb nur die ihnen mißfallende Seite zur Kenntnis nahmen und die andere geflissentlich übersahen.

In Wirklichkeit war die Bevölkerung Antiochias wahrscheinlich nicht besser und nicht schlechter als die anderer großer Städte jener Zeit.

Antiochia war eine Stadt, die sich selbst verwaltete und dazu noch Privilegien besaß, die ihr wohlwollende Herrscher eingeräumt hatten. Sie verhielt sich den Seleukiden gegenüber stets loyal, wachte aber eifersüchtig auf ihre Selbständigkeit. Das änderte sich mit den dynastischen Auseinandersetzungen, den Hofintrigen und den Mordtaten in der königlichen Familie um die Mitte des zweiten vorchristlichen Jahrhunderts. Von da an hielt die Bevölkerung zu dem, der gerade die Macht besaß. Zu offener Auflehnung kam es nur, wenn sie sich schlecht behandelt fühlte; dann gingen auch öffentliche Gebäude schnell in Flammen auf.

Fraglos besaßen die Bürger Antiochias eine Vorliebe für Spottgedichte, Ironie und Satire, für Witz und Posse; sie lachten gern, machten andere, wo es nur ging, lächerlich, erfanden Spottnamen und verfaßten Parodien, in denen sie auch vor hohen Persönlichkeiten nicht haltmachten. Der Kaiser Septimius Severus soll einmal von ihnen gesagt haben, sie seien – wie alle Syrer – jederzeit bereit, sich über andere lustig zu machen.

Unter ihrer Spottlust scheint der kleingewachsene, auf sein Äußeres nicht sehr bedachte Kaiser Julian am meisten gelitten zu haben. Ihm wird der Ausspruch nachgesagt, sie hätten nicht den geringsten Respekt vor einem Kaiser und belustigten sich sogar über den Bart ihres Herrschers.

Sie gaben dem Kronprätendenten, der nur kurz in den Genuß der Herrschaft kam, den Spottnamen »Zabinas« (»Der Gekaufte«), weil er von Ptolemäus VIII. auf den Thron gebracht worden war, und nannten Antiochos X. »Pius« (»Der Fromme«), weil er Selene, die nacheinander die Frau seines Onkels Antiochos VIII. und seines Vaters Antiochos IX. gewesen war, heiratete.

Kaiser Julian, den sie einen »Zwerg mit einem Ziegenbart« nannten, rächte sich mit der Satire »Misopogon« (»Der Feind der Ziegenbärte«). Er muß ein eher humorloser Mann gewesen sein, der den alten Göttern soviele Opfer darbrachte, daß nach den Angaben von Malalas manchmal hundert Ochsen auf einmal geschlachtet wurden und die Soldaten soviel Fleisch aßen und soviel dazu tranken, daß vorübergehende Leute sie in ihre Kasernen tragen mußten.

Mit Protest, Umzügen und Aufruhr waren die Antiochäer in späterer Zeit schnell bei der Hand, wenn Korruption zu großes Ärgernis erregte, im Zirkus nicht das Wagengespann siegte, dem die Sympathien galten, wenn das Wasser in den öffentlichen Bädern nicht warm genug war, wenn Getreide und Öl zu teuer und der Einkauf von Lebensmitteln zu beschwerlich wurden. Grund für Aufruhr gab es, wie die Chronisten berichten, unter den späteren Seleukiden genug: Die Richter und Beamten waren anmaßend und bestechlich, die Polizisten und Soldaten, wie sie versicherten, »reißende Wölfe«.

Daß die Antiochäer offenbar gern gut aßen und Feste, Theater und Spiele ebenso liebten wie Gesang und Tanz, kann ihnen schlecht als Liederlichkeit vorgehalten werden. Gewiß besaß Antiochia, wie alle großen Städte, Vergnügungs- und Unterhaltungsstätten. Den größten Zulauf aber hatten die öffentlichen Bäder, in denen Menschen, die Zeit hatten, Stunden verbrachten, sich salben ließen und die Unterhaltung mit ihren Freunden pflegten. Die Bäder wurden von einfachen Leuten wie von Königen regelmäßig aufgesucht.

Von einem der Könige wird erzählt, er habe einmal einen Krug kostbaren Salböls über den Kopf eines Mannes gegossen, der ihm im Vorbeigehen zugerufen hatte: »Wie glücklich seid Ihr doch, Ihr Könige, so gut riechen zu können!«

Ins Theater, zu musikalischen Vorführungen, zu Wagenrennen, athletischen Wettspielen und Schaukämpfen gingen die Menschen aller Klassen: Reiche und Arme, hohe Beamte und Arbeiter und auch Sklaven, unabhängig vom Wetter. Die Häuser und Plätze leerten sich und nachher beschäftigte sich die ganze Stadt mit der unerwarteten Niederlage eines berühmten Wagenlenkers oder der großartigen Darstellung eines Schauspielers. Stunden hindurch konnten sie sich über die Leistungen und Fehler eines Reiters, eines Wagenlenkers, eines Schauspielers, eines Sängers unterhalten und darüber auch in schweren Streit geraten. Sie klatschten begeistert Beifall, übten heftige Kritik und waren auch fähig, der Karriere eines Idols ein schnelles Ende zu machen, wenn er sie ein paarmal enttäuschte.

Schauspieler, Sänger, Tänzer, Wagenlenker und Athleten standen auch bei den seleukidischen Königen in hohem Ansehen. Sie wurden zu Hof geladen, und die Söhne eines berühmten Flötenspielers, Sistratos, nahm Antiochos in seine Leibgarde auf, was als eine große Auszeichnung galt. Lucianus hat den Antiochäern das Kompliment gemacht: »Im Theater ist jeder nur Auge und Ohr für die Vorstellung, nicht ein Wort, nicht eine kleine Geste entgeht ihnen.« Die Behauptung mancher Moralisten, die zeitgenössischen Theaterstücke hätten die Bevölkerung Antiochias verdorben, ist eine falsche Beschuldigung. Die realistischen Theaterstücke der Zeit mögen manchmal nicht frei von Anzüglichkeiten gewesen sein. Pornographisch waren sie aber nie.

Den Antiochäern ist vieles Schlechtes nachgesagt worden. Kaiser Julian rief ihnen in seinem Buch zu: »Ich würde euch ja gern aus meinem von euch so verlästerten Bart gedrehte Seile geben, um eure Kräfte zu messen, ich fürchte aber, sie würden eure weichen Hände aufreißen. Ihr habt eine samtene Haut; wenn es jedoch um den Anstand und um die Keuschheit geht, steht ihr an allerletzter Stelle!«

Tatsächlich waren die Antiochäer weder verweiblichter noch unmoralischer als Griechen und Römer. Immerhin pflegte, so berichtet Suetonius, der römische Geschichtsschreiber, Kaiser Augustus seine Beine mit rotheißen Nußschalen zu versengen, damit das Haar weicher wurde, und von Lucius Verus wurde erzählt, er habe sein Kopfhaar mit Goldstaub gepudert, um es glänzender zu machen.

Das großartigste Fest des Altertums

Mit Antiochos IV. Epiphanes bestieg im Jahre 174 v. Chr. in Antiochia ein Mann den Thron, der zu den bedeutendsten Seleukiden zählte, mögen ihn seine Zeitgenossen auch ganz unterschiedlich beurteilt haben. Die einen hielten ihn für verrückt, für die anderen war er ein Herrscher, der das schon angeschlagene Reich wieder in die Höhe gebracht hätte, wäre er länger am Leben geblieben. Der Hauptstadt Antiochia verhalf er zu einem der glänzendsten Abschnitte ihrer Geschichte. Unter ihm erhielt sie ihre endgültige Form. Ein neuer Stadtteil, Epiphania, entstand, eine zweite Agora wurde gebaut, die Stadt verschönert. Man sagt ihm nach, er habe keine Kosten gescheut, um der Stadt und dem Reich wieder zu dem alten Glanz zu verhelfen, vielleicht als Reaktion auf den Verlust der militärischen Macht und die nicht aufzuhaltende, wachsende wirtschaftliche Abhängigkeit von Rom.

Die Prachtliebe des Königs und der Reichtum Antiochias sind durch die großen Spiele und Feste, die er im Jahre 167 v. Chr. gab, in aller Welt bekannt geworden. Herolde und Botschafter wurden in die griechischen Städte mit Einladungen zu dem großen Fest geschickt. An Geld fehlte es nicht: Die Kriegsbeute aus dem ägyptischen Feldzug, die Stiftungen reicher Freunde und Bürger und der vom König beschlagnahmte Tempelbesitz erbrachten die notwendigen großen Geldmittel.

Polybios, der zeitgenössische griechische Historiker, gibt die genaue Beschreibung des größten Ereignisses seiner Zeit in einem Augenzeugenbericht:

»Die Festlichkeiten wurden eingeleitet mit einer großen Prozession, die fünftausend auf römische Weise bewaffnete junge Männer in kurzen Panzerhemden anführten. Hinter ihnen schritten ebensoviel Mysier und dreitausend Cilicier, die goldene Krönchen trugen und zu dem militärischen Fußvolk gehörten. Ihnen folgten dreitausend Thraker und fünftausend Gallier, bewehrt mit Lanzen und Schwertern, die in der königlichen Armee als Söldner dienten. Sie wurden abgelöst von zwanzigtausend Makedoniern, zehntausend mit goldenen, fünftausend mit silbernen und die übrigen fünftausend mit ehernen Schilden. Hinter ihnen schritten zweihundertfünfzig Gladiatorenpaare, gefolgt von tausend Reitern aus den Provinzstädten und dreitausend anderen aus Antiochia. Sie trugen Krönchen, ihre Pferde silberne Schabracken. Auf sie folgten auf golddurchwirkten Schabracken tausend Reiter der Gardekavallerie, das berittene Regiment der »Freunde des Königs«, eine große Zahl von Pferden aus dem königlichen Gestüt mit ihren Bereitern, die tausend Mann starke »Agema«, eine Elitetruppe zu Pferd, und schließlich die »Kataphrakten«, Mann und Pferd in klirrendem Ringelpanzer und goldbesticktem Purpurmantel.

Dann rollten hundert von je sechs und vierzig von je vier Pferden gezogene Kriegswagen vorbei, hinter denen sechsunddreißig Kriegselefanten mit ihren geschmückten Aufbauten vorbeistampften.

Es fällt mir schwer, den Rest des Zuges zu beschreiben; ich will aber versuchen, das Wichtigste aufzuzählen:

Feierlich schritten achthundert Pagen mit goldenen Kronen daher; achthundert Elfenbeinzähne wurden vorbeigetragen, mehr als tausend fette Ochsen und Kühe, Geschenke heiliger Tempel, trotteten einher. Die Zahl der mitgeführten Statuen läßt sich noch nicht einmal ungefähr nennen; alle Götter und Göttinnen, Helden und Halbgötter waren angetan mit goldbestickten Gewändern. Dann trugen Jünglinge die ehrwürdigen Statuen von Nacht und Tag, von Dämmerung und Mittag, von Himmel und Erde vorbei. Unfaßbar war die Menge von kostbarem silbernem und goldenem Geschirr in den Händen der Sklaven eines der »Freunde des Königs«; kein Stück wog weniger als tausend Drachmen (ungefähr 5,2 Kilogramm). Hinter ihnen schritten sechshundert Sklaven des Königs, goldene Platten, Geräte und Gefäße in den Händen.

Zweihundert junge Frauen sprengten unablässig Parfüm aus goldenen Phiolen über die Zuschauer. Fünfhundert Frauen wurden in Sänften mit silbernen und achtzig andere in Sänften mit goldenen Füßen vorbeigetragen, eine reicher gekleidet und köstlicher geschmückt als die andere [. . .].

Als die Spiele, die Schaukämpfe, die athletischen Vorführungen, die Theatervorstellungen, die Wagenrennen und die Tanzdarstellungen vorbei

waren, die dreißig Tage gedauert hatten, konnte, wer wollte, sich fünf Tage hindurch mit Safransalbe oder mit Zimtöl aus dreißig goldenen Krügen in dem großen öffentlichen Bad einsalben lassen, und mehr als tausend Tische, beladen mit den köstlichsten Speisen, standen für jedermann Tag und Nacht auf der Agora bereit.«
Soweit Polybios.

Die Römer kommen

Ungefähr ein Jahrhundert danach, im Jahre 64 v. Chr., kam Pompejus nach seinem Sieg über den parthischen König Mithridates nach Antiochia. Noch nicht zwei Jahrzehnte später gab es schon eine einflußreiche Kolonie, und Augustus machte Antiochia zur Metropole der syrischen Provinz Roms, die ein kaiserlicher Legat verwaltete.

In dieser Zeit wurde die zwei römische Meilen lange, breite Kolonnadenstraße, eine der frühesten uns bekannten Monumentalstraßen und eine der größten Sehenswürdigkeiten Antiochias, angelegt. Der dieser Stadt stets gewogene Herodes gab das Geld für das Marmorpflaster, und Tiberius ließ auf seine Kosten die Säulengänge bauen. Auf vier Säulen standen mit Mosaiken geschmückte Tetrapylen an jeder großen Straßenkreuzung. Als Tiberius starb, war aus der hellenistischen eine römisch-griechische Stadt geworden, zu der von weither Reisende kamen.

Das traurige Ende

Der Untergang der Weltstadt war die Folge einer ganzen Reihe von Mißgeschicken und Unglücken. Ein großes Feuer, zwei schlimme Erdbeben, eine Plünderung durch die Perser, die Pest, alle in der kurzen Zeitspanne von siebzehn Jahren (zwischen 525 und 542 n. Chr.), brachten das Ende. Als die Araber im Jahre 637 die Stadt eroberten, war sie nur noch ein befestigter Platz an der Grenze des byzantinischen Reiches. Von früherem Reichtum gab es keine Spur mehr.

ZEITTAFEL

(die in den verschiedenen Kapiteln erwähnten Zeitangaben sind nicht aufgeführt)

Mittlere Bronzezeit: etwa 2000 – 1600 v. Chr.

Späte Bronzezeit: etwa 1600 – 1200 v. Chr.

Frühe Eisenzeit: etwa 1200 – 950 v. Chr.

Seit 3000 v. Chr. Esel und Wildesel

Seit etwa 1000 v. Chr. das Kamel (Anfang der Kamelkarawanen in Arabien)

Zwischen 5000 und 4000 v. Chr. erste Siedlungen in Mesopotamien (Jarmo, Halaf, Uruk, Ubaid)

Gegen 3500 v. Chr.: Erscheinen der Sumerer

Frühe dynastische Zeit Mesopotamiens etwa 2800 – 2375 v. Chr. (1. Dynastie von Ur)

Alt-akkadische Zeit Mesopotamiens 2375 – 2180 v. Chr. (Sargon I.)

3. Dynastie von Ur (Ur III.) etwa 2113 – 2006 v. Chr.

Ur-Nammu etwa 2113 – 2096 v. Chr.

Eroberung von Ur 2006 v. Chr.

XI. ägyptische Dynastie 2135 – 2000 v. Chr.

Die Kassiten in Mesopotamien etwa 1650 – 1175 v. Chr.

Ramses II. von Ägypten 1195 – 1164 v. Chr.

Wanderung der südarabischen Qatabanier, Minäer von Norden nach Süden um 1500 v. Chr.

Wanderung der Sabäer von Norden nach Süden um 1200 v. Chr.

Die biblische Königin von Saba um 950 v. Chr.

Salomon König in Israel etwa 961 – 922 v. Chr.

Früheste bekannte Inschriften von Qataban (Südarabien) 10. Jahrhundert v. Chr.

Yithmar von Sheba schickt Tribute an Sargon von Assyrien 715 v. Chr.

Assyrisches Reich etwa 1100 – 633 v. Chr. (Zerstörung Ninives 612 v. Chr.)

Nebukadnezar I. 1124 – 1103 v. Chr.

Sargon II. von Assyrien 721 – 705 v. Chr.

Neu-Babylonisches Reich 612 – 539 v. Chr. (Eroberung Babylons durch die Perser unter Cyrus II. 539 v. Chr.)

Nebukadnezar II., König von Babylon, 605 – 562 v. Chr.

Gründung der Monarchie von Sheba um 450 v. Chr.

Gründung des Königreichs von Ma'in um 400 v. Chr.

Obelisk von Timna (Südarabien) 3. Jahrhundert v. Chr.

Höhepunkt des Königreiches von Qataban 1. Jahrhundert v. Chr.

Persische Zeit 549 – 331 v. Chr.

Alexander der Große besetzt Babylon 331 v. Chr.

Seleukidische Zeit etwa 311 – 63 v. Chr.

Seleukos I. 305 – 281 v. Chr.

Gründung von Seleukia am Tigris 274 v. Chr.

Letzte königliche Inschrift (Antiochos I.) in Akkadisch 274 v. Chr.

Antiochos III. der Große 220 – 187 v. Chr.

Antiochos IV. 174 – 154 v. Chr.

Pompejus besetzt Antiochia und Syrien 64 v. Chr.

Syrien wird römische Provinz / Ende der Seleukiden 63 v. Chr.

Expedition des Aelius Fallus nach Südarabien 24 v. Chr.

Zerstörung von Timna und Ende des Königreichs Qataban um Christi Geburt

Periplus des Erythräischen Meeres mit einer Beschreibung Südarabiens um 50 nach Chr.

Parthische Zeit 126 v. Chr. – 227 nach Chr.

Ptolemäus beschreibt Südarabien um 150 nach Chr.

Letzte himyaritische Inschrift spätes 6. Jahrhundert nach Chr.

Eroberung Südarabiens durch Abessynien um 525 nach Chr.

Ausgewählte Literatur

Walter Andrae: *Lebenserinnerungen eines Ausgräbers;* Berlin; 1961.
Walter Andrae: *Das wiedererstandene Assur;* München; 1977.
Walter Andrae und Heinrich J. Lenzen: *Die Partherstadt Assur;* Berlin/Leipzig; 1933.
Geoffrey Bibby: *Looking for Dilmun;* Proof Edition; 1973.
Edward Chiera: *They Wrote on Clay;* University of Chicago; 9. Ausgabe; 1956.
G. Contenau: *So lebten die Babylonier und Assyrer;* Stuttgart; 1959.
Franz Cumont: *Die orientalischen Religionen im römischen Heidentum;* Leipzig; 1931.
David Diringer: *The Alphabet;* Hutchinson's Scientific and Technical Publications, London; 2. Ausgabe, Oktober 1953.
Charles M. Dougthy: *Reisen in Arabia deserta;* Köln; 1979.
Glanville Downey: *Ancient Antioch;* Princeton, New Jersey; 1963.
Edward Gibbon: *Geschichte des Verfalls und Untergangs des Römischen Reiches;* Leipzig; 1800–1803.
Albrecht Goetze: *Kleinasien;* C. H. Beck, München; 1957.
G. Lankester Harding: *The Antiquities of Jordan;* Lutterworth Press, London; 1959.
Harold Ingrams: *Arabia and the Isles;* John Murray, London; Oktober 1943.
Robert Koldewey: *Das wieder erstehende Babylon;* Leipzig; 1914.
Robert Koldewey: *Die Tempel von Babylon und Borsippa;* Leipzig; 1911.
S. N. Kramer: *L'histoire commence à Sumer;* Arthaud, Paris; 1957.
Benno Landsberger: *Assyrische Handelskolonien in Kleinasien;* Leipzig; 1925.
M. T. Larsen: *The Old Assyrian City-State and its Colonies;* Kopenhagen; 1976.
Heinrich J. Lenzen: *Die Entwicklung der Zikkurrat von ihren Anfängen bis zur Zeit der III. Dynastie von Ur;* Leipzig; 1941.
Carsten Niebuhr: *Entdeckungen im Orient, Reise nach Arabien und anderen Ländern 1761–1767;* Tübingen & Basel; 1975.
Louis L. Orlin: *Assyrian Colonies in Cappadocia;* Mouton & Co., Den Haag; 1970.
André Parrot: *Archéologie mésopotamienne;* Albin Michel, Paris; 1953.
André Parrot: *Mari;* Albin Michel, Paris; 1945.
André Parrot: *La Tour de Babel* (Cahiers d'archéologie biblique No. 2); Delachaux & Niestlé, Paris; 1954.
André Parrot: *Assur;* München; 1981.
André Parrot: *Sumer;* München; 1960.
James B. Pritchard (Ed.): *Solomon & Sheba;* Phaidon, London; 1974.
Ernest Renan: *Die Apostel;* Leipzig; 1866.
M. Rostovtzeff: *Caravan Cities;* Oxford University, Oxford; 1932.
Georges Roux: *Ancient Iraq;* George & Unwin, London; 1964.
Richard H. Sanger: *The Arabian Peninsula;* Cornell University Press; New York; 1954.
W. Robertson Smith: *The Religion of the Semites;* Meridian Books, New York; 1956.
Freya Stark: *Rom am Euphrat;* Stuttgart; 1969.
Wilfred Thesiger: *Arabian Sands;* E. P. Dutton and Company, New York; 1959.
Bertram Thomas: *Les Arabes;* Payot, Paris; 1946.
E. Unger: *Das Stadtbild von Assur;* Leipzig; 1929.
Hermann v. Wissmann: *Über die frühe Geschichte Arabiens und das Entstehen des Sabäerreiches;* Wien; 1975 (Sammlung Eduard Glaser).
Hermann v. Wissmann: *Zur Geschichte und Landeskunde von Alt-Südarabien;* Wien; 1964 (Sammlung Eduard Glaser).
Hermann v. Wissmann und Maria Höfner: *Beiträge zur historischen Geographie des vorislamischen Südarabien;* Wiesbaden; 1952.

Register

Kursive Ziffern weisen
auf Abbildungen hin

Abessinier 156, 164, 167
Aborras 208
Abraham 54 f., 67, 156, 204
Abu *41*
Achämeniden 206, 229, 247
Aden 150, 156, 169, 171
Aelus Gallus 168
Afghanistan 26, 35 f., 50, 95,
146, 253, 257
Agade 19, 36, 46, 64
Agatharchides 169
Ägäisches Meer 229
Agartharchides 246, 247
Agora 271 f.
Ägypter 8, 75, 146, 154, 168,
193, 195, *239*
Ahat-Milku *32*
Ahenodorus 189 f.
Ahir Dag 108
Ahir Pel-Paß 107
Ahl Bureik 161
Ahmed von Jemen 163
Akîtu 73
Akkad 19, 36 ff., 46, 48, 64,
68, 83, 86, 88, 144
Akkader 47, 53 f., 136
Al Hamadani 161, 166, 176
Al Muzlim 192
Al Ula 160, 188
Al Uzza 186, 194–197
Alabaster 8, 165, 175 f., 230
Älana 160, 162
Aleppo (Halab) 66, 83,
120, 125 f., 139 f., 143, 178,
203, 208, 248, 260
Alexander der Große 95, 170,
187, 228, 231 ff., 241, 246 f.,
252, 254, 262
Alexandrien 95, 171, 176, 194,
220, 225
Alik Dilmun 55
Allat 194, 196
Altes Testament 179
Amanus-Gebirge 108
Amaziah 180 f.
Ammoniter 179
Amoriter 47, 51, 53–57, 66 f.,
101
Amuk-Ebene 239, 260 ff.
Amyitis 90
Anaitis 260
Anm Anbay 165
Antigonia 263
Antigonos 187, 231, 263
Antimon 60
Antioch 203, 206, 208, 218,
220, 225, 231 f., 239, 241,
245, 248, 252, 256, 259–263,
266–273
Antiochäer 269 f.
Antiochia *207*
Antiochus I. 232

Antiochus II. 241
Antiochus III. 203, 231, 233,
236 f., 241
Antiochus IV. 237, 241, 267,
271
Antiochus VIII. 269
Antiochus IX. 269
Antonius 204, 257
Apamea 232, 237 f., 248, 262
Apologus 233
Appian 245
Appolonius 236
Arabah 178–181
Araber 157, 170, 201, 206,
215, 227, 233, 252, 259,
273
Arabia 199
Aramäisch 82, 86, 206, 211,
240, 268
Aramäer 79, 82, 85, 206
Archemporoi 213
Aretas I. 198, *201*
Aretas II. 198, *201*
Aretas III. 185, 188, *201*
Aretas IV. 199, *201*
Argäus 114
Argos 261
Arier 65
Aristonder 169
Armenien 20, 81, 83, 86, 230
Arsaces 234
Arsakiden 219, 234 f.
Arsu 206, 210, 215
Aserbeidschan 35, 101
Assur 66, 86 f., 101–104, 106,
107, 108 f., 112–116, 120 f.,
127, 143, 248, 258
Assurbanipal 21, 87
Assyrer 33, 52, 84–87, 99 f.,
102 f., 112–117, 120 f., 143,
168, 176, 204 f., *239*, 260
Atargatis 215, 250
Atha-Dhû-Gabdin 166
Athambelus 233
Athen 220
Äthiopier 174
Athtar 154, 165
Athtar Scherqan 152
Athenaeos 187
Augustus 175, 189, 205 f., 217,
270, 273
Aurelian 225 f.
Azizi 206, 210, 215

Bab el Mandeb 153, 169
Babylonica 234
Babylonier 33, 52, 62, 85–88,
92, 95, 97 f., 182, 215, 231,
239
Badakran 36
Badakschan
Bagdad 17
Bagghala 60
Bahrein 34, 54, 61, 63, 233
Balikhfluß 66, 143, 204
Balin 108
Basra 19
Beduinen 53, 152, 190

Beihan 160, 162 f.
Bel 148, 214–217
Bene-Iamina 143
Beragisch 165 f.
Bernstein 87, 111
Berossus 53, 152, 190
Berut-Gebirge 107
Bethlehem 156
Bisutun 229
Bit Alim 109
Bit Karim 115
Bithynien 225
Boliades 210
Bosra 200, 208
Bronzestraße 48
Bronzezeit 79, 111
Bureimi 64
Burushatum 99
Byzanz 259

Caesarea 114
Caligula 62
Cana 150, 152 ff., 171
Carrhae 204, 240
Chaldäer 79, 84, 86 f., 233, 240
Charax 218, 232, 234
China 234, 246
Christentum 259
Cicilier 271
Circesium 208, 252
Claudius II. 220
Cornelius Palma 199
Corrodius Bassus 226
Crassus 204, 240
Cyrus 66, 88, 228
Cyrus II. 87, 97

Dacien 208
Dagan 135
Dagan-Tempel *128*
Damaskus 66, 178, 188, 194,
198, 200, 203, 205, 208,
245, 248, 252, 256, 260
Daphne 225, 261, 266 f.
Darius I. 228, 230, 242
Dattel 14, 26, 28, 61, 65, 95,
138, 233
Dattelpalme 22, 58, 145
Dedan 160, 162, 188
Deir al-Bahir 153
Deir es-Zor 38, 249
Delos 165, 254 f.
Demetrios 187
Dhau 60
Dhofar 149, 153, 166
Dhu esch Schera 195
Dhu Nuwas 167
Diadochen 231
Diadochenkriege 230
Dilmun 36, 50, 54 f., 58–61,
63–66, 119, 134, 233
Diodorus Siculus 169, 175,
187 f.
Dionysius 241
Dionysos 195 f., 215
Diyalafluß 34 f., 127
Diyarbakir 106

Drangian 128
Dschalbut 60
Dschauf 160
Dschesirah 127
Dscherasch 192
Dudu von Lagasch *43*
Dumat 198
Dura 203 f., 251 f.
Dura Europos 206, 211, 215, 219, 249, *250*
Duschara 183, 194–197, 215

Eanna *52*
Ea-Nasir 59
Edessa 204, 215, 218, 245, 247 f.
Edom 177–181, 195
Edomiter 177, 179–182, 193, 195, 198
Egibi 97, 229
Eilat 160
Ekbatana 95, 229, 247, 257
Elamiter 48, 51, 53, 79, 85, 95, 143
Elam 35, 46, 48, 67, 96, 125, 143 f.
Elbistan 107
Elfenbein 55 f., 60, 64, 95, 146, 208, 230, 256, 272
Emesa 219 f., 225
Enlil 46, 73, 99
Ennion 247
Ephesus 229, 247
Erciyas Dag 114
Erdpech 38 f., 60, 92, 135, 137, 139
Ergani-Paß 106
Esagila 91 f.
Eschunna *41*, 127 f., 143 f.
Etemenanki 88, 91
Eudoxos 170
Euripides 240
Europos 249
Eusebia 114
Ezion Gaber 180

Falaika 58, 64
Fenchelkap 126

Gadates 242
Gallienus 215, 220
Gallier 271
Gargoniden 85
Gasur 76
Gaugamela 228
Gaza 160, 166, 178 f.
Gebaniter 151
Geldwirtschaft 29
Gennaes 210
Gerrha 58, 64 f., 160, 233
Gerste 22 f., 26, 28 f., 40, 74, 95, 111
Gilgamesch 21, 58
Gobi 95
Golf von Aqaba 169 f., 180, 183
Goten 218, 220

Gök Pel-Paß 107
Göksun 107
Göz Pel-Paß 107
Griechen 182, 187, 211, 229 f., 240, 251, 254 f., 260, 268, 270
Guffah 38, *39*
Gungunum 56
Gutis 48 ff., 64, 143 f.

Hadhramaut 152 ff., *155*, 156 f., 160 ff., 166, 173
Hadoram 155 f.
Hadrian 200, 210
Hadschar Kohlan 162
Hairan 218 f.
Hakan 64 f.
Halab (Aleppo) 66, 120 f., 125 f., 203
Halys 106, 125
Hama 203, 206
Hammurabi 20, 65, 67 f., 73–76, 81, 113 f., 119, 121, 133, 139, 143 f.
Hanun 150
Harib 160 ff.
Harput 106
Harran 54, 66 f., 83, 122, 128, 204, 248
Harsu 155
Hatschepsut 153
Hatra 248
Hattisch 115
Hazarmaveth 156
Hazazar 126
Hazor 126 f.
Hebräer 52, 147, 181, 195
Hebron 67, 182
Hedschas 146
Hellenismus 193, 204, 232, 239 f., 246
Hellespont 225
Herakles 261
Herakliden 266
Heraklit 189
Herat 95
Hermeias 241
Herodes 199, 273
Herodot 87 f., 91, 148
Hethiter 52, 75, 81, 113 f., 117, 125, 239
Hieroglyphenschrift 32
Hilla 17
Himalaya 257
Himyariten 155, 166, 169, 188
Himyaritisch 161
Hippalos 170 f.
Hissar 36
Hit 38, 208
Homs 34, 208
Horiter 179
Hurriter 48, 75 f., 113 f.
Hurritisch 127

Iaggid-Lim 120
Iahdun-Lim 120
Iamhad 66, 121, 135

Iarim-Lim 121, 135
Iasmah-Adas 121
Ibb *157*
Ibi-Sin 51
Ibn Saud *161*
Iku-Schamaqan *141*
Ikunum 113
Ila-Kabkabu 120
Ilumaquh 164 f.
Inachos 260 f.
Inanna *69*
Indischer Ozean 146, 150, 153, 166, 167, 170, 171, 178, 228
Indo-Europäer 79
Indus 55, 60, 170, 235
Industal 26, 34, 63, 65
Ionien 96
Iopolis 261, 263
Ipsus 231
Irisum I. 113
Ischtar-Tempel 134
Ischtar-Tor *16*, 17, 88, 90
Ischtar 46 f., 137 f., *141*, 147, 215
Ischtup-Ilum 119
Ischakku 28
Isis 176
Iskenderun 208
Islam 196
Isme Dagan 113
Israeliten 179, 195, 229
Issus 262

Jade 60, 208
Jakob 195, 229
Jarhibol 214
Jathis 165
Jehovah 195
Jemen 146, 162 f., 166 f., 178
Jemeniten 166
Jeremias 88
Jericho 257
Jerusalem 96, 174, 182, 198, 257
Joab 179
Johannes der Täufer 199
Joktan 154 ff.
Jordan *178*, 198
Judäa 179, 181 f., 256
Judäer 179, 181
Judaismus 167
Juden 79, 87, 148, 167, 168, 179–182, 220, 242, 254, 268
Julian 208, 249, 268 ff.
Julius Aurelius Septimius 219

Kaaba 196
Kabul 229
Kadesch 239
Kairo 165
Kanaan 79
Kanaqin 35
Kanisch 106, 112–116
Kap Musandum 233
Kappadokien 104, 109, 113 f.

Karneol 36, 55, 60, 134
Karkemisch 35, 66, 107 f., 135,
    229, 248
Karthago 254
Karum 54 f., 115
Kaspisches Meer 234, 257
Kasr el Bint Farun 193
Kassiten 65, 75
Kataphrakten 272
Kathiri 152
Kaukasus 95, 220
Kayseri 106, 114
Keilschrift 13, 20, 31, *32*, 36,
    48, *71*, 73, 82, 119, 173,
    240 f.
Kerkha 36
Khabur 20, 51, 108, 120. 143,
    208, 252
Khazneh 185 ff.
Khorasanstaße 50, 134
Kiddinus 240
Kisch 46 f., 135
Kizil Irmak 106
Kleopatra 63, 257
Knossos 125, 136
Kohlan 162
Königin von Saba 174
Königsstraße 97, 178, 247 f.
Konstantin der Große 167
Konstantinopel 156
Koptos 169
Korupedion 231
Kreta 80, 119, 125, 136, 261
Kronos 261
Ktesiphon 219, 232
Kültepe 114
Kupferhandel 65, 112, 117
Kurdistan 20, 35, 48, 228
Kuru Cay-Paß 107
Kuruk 76
Kuwait 58, 61
Kyros 168

Lagasch 28, 45, 64, 120, 140
Laodicea 232, 262
Lapislazuli 8, 26 f., 36, 50, 55,
    60, 91, 95, 134, 257
Larsa 53, 56, 127, 144
Levantier 251
Libanon 37, 57, 95, 178
Lihyan 188
Lim-Dynastie 123
Lisan 214
Longius 220, 225
Lugal 28
Lullubi 48
Luxor 153
Lyder 84
Lydien 96 f.
Lysimachus 231

Mablaqa-Paß 160
Magnesia 204, 236
Mahra 153, 155 f.
Ma'in 157, 162 f.
Makan 26, 36, 55, 58, 64, 66
Makedonier 228, 271

Malakbel 215
Malalas 260 f., 263, 267, 269
Maras 107 f.
Mardin 106
Marduk 17, 68, 73, 79, 85, 88,
    91 f., 144, 228, 241
Mari 34, 38, 56, 66 f., 74, *118*,
    119–128, *130 f.*, 133–145
Mariaba 169
Marib 157, 160, 163 f., 167,
    169, 174
Markus Antonius 63, 206
Markus Ulpius Jarkai 217
Maschu 53
Meder 17, 87
Medina 177
Medinet Habu 181
Meerschaum 111
Megiddo 172
Mekka 157, 196
Meluhha 58, 64 f.
Merkes 90
Merv 246
Mesopotamier 8, 100
Metallhandel 28, 40, 103
Migdam 214
Milet 256
Minäer 155
Minimos 215
Minoer 136
Mitanni 75, 81
Mithridates 255, 273
Mnesimachos 241
Moab 95, 178, 198
Moabiter 179
Mohammed 156, 196
Mohenjo-Daro 65
Monsun 150, 154, 170
Mosul 34, 247
Mukalla 153
Mukarrib 174
Münzen 84 f., 148, 176, 225,
    246, 258
Muraba'at 194
Muraschu 94, 96 ff.
Muschkenum 123 f.
Musa 178 f., 182, 185, 192
Mykene 261
Myrrhe 146 f., 148, 150 ff.,
    154, 156, 171, 187, 209

Nabatäer 167 f., 170, 178,
    181 ff., 187–191, 193–201,
    254
Nabonidus 65, 96, 177
Nadschran 157, 160, 167, 176
Nanna 46, *69*
Naran-Sin *43*, 48, 64
Nebopolassar 87, 91
Nebukadnezar *16*, 17, 87 f.,
    90, 95 f.
Nero 62, 148
Niarchos 170
Nil 220, 235
Niltal 147, 178
Ninive 21, 86 f., 204
Ninni-Zaza 134, *141*

Nippur 21, 38, 53, 87, 94, 96 f.,
    165
Nisan 92
Nisibis 219, 247 f.
Numentius 237
Nur Dagan 100
Nuzu 76 f.

Olympia 266
Oman 13, 55, 64 f.
Opium 83, 243
Orontes 66, 225, 231 f., 237 f.,
    248, 260 ff.

Palästina 11, 47, 87, 95, 126,
    175, 180, 203, 229, 248
Pamir 257
Papyrus 86, 148, 194, 249
Parrot, André 74, 91, 140
Parther 205, 218, 231, 234 ff.,
    240 f., 246, 249, 257
Perdikkas 231
Pergament 86, 249, 256
Pergamon 256
Palmyra 194, 198, 200, 203 ff.,
    208 ff., 212, 214 f., 218 ff.,
    222, 224, 225 ff., 249
Palmyrenisch 209
Pelusium 95
Periplos 170
Perlmutter 62, 134 f., 139, 142
Persepolis 148
Perser 17, 66, 87 f., 97, 211,
    213, 218 f., 227, 229 f., 233,
    259, 273
Petra 178 ff., 182 f., *184*, 185–
    190, 192–196, 198–201,
    203, 206, 208, 214 f., 233
Phaistos 136
Phidias 266
Philostratus 252, 268
Phönizien 86, 95, 192, 203,
    214, 262
Photius 169
Phrygien 96, 231
Plejaden 172
Plinius 62 f., 148 f., 151, 161,
    170, 233, 243, 257
Plutarch 268
Poidonius 237
Polybius 234, 241, 271 f.
Pompejus 62, 198, 204, 273
Porphyrius 197
Pozzuoli 208
Probus 255
Prozessionsstraße 88 ff.
Ptolemäer 188, 203, 219, 231,
    235, 240, 246, 254
Pulu 85
Punt 153 f.
Puschuken 103
Puzur Assur II. 113
Pyramos 107

Qamarin-Berge 150
Qara 155

Qara-Berge 150
Qataban 160, 162 f.
Qurna 19

Rabbel 200, *201*
Ramadi 38
Ramlet Sabatain 157
Ramses II. 239
Ramses III. 181
Ras el Kaleb 152
Ras Fartak 152
Rhodos 254 f., 257
Rim-Sin 144
Rollsiegel 33, 39
Rom 62, 148 f., 169, 199 f.,
 203 ff., 208, 213 ff., 218 ff.,
 225 f., 236, 239, 247, 255, 257,
 271,
 273
Rotes Meer 146 f., 152 ff.,
 166–169, 171, 178, 194, 208,
 257
Rowanduz 35
Rub el Khali 157, 162

Sabäer 155, 162–166, 174 f.,
 188
Safran 243, 272
Saijid 154, 156
Salala 149 f., 153
Salmanassar 62
Salome 199
Salomon 174, 180
Sambuq 60 f.
Sammuramat 260
Sana 166 f.
Sandelholz 95
Sansibar 60, 171
Sanskrit 65
Sardes 97, 229, 241, 247
Sargon 36
Sargon I. 37, *43*, 45 f., 48 f., 64,
 99, 120
Sargon II. 85, 164
Sarum-Ken 113
Sassaniden 148, 218, 220
Satrap 204, 228, 230, 242
Satrapie 203, 232
Saul 179
Schabwa, s.a. Sabota 151, 157,
 161, 163, 174
Schahr Jagil Jhargib 163
Schai-al Qaum 215
Scham 154, 165, 214 f.
Schamal 63
Schamasch 215
Schapur 218
Schapur II. 249
Schatt el-Arab 19
Sche'a Alqum 186
Schekel 45, 51, 81, 94, 96 f.,
 110, 115, 228
Schera-Berge 194
Schiban 157, 161
Schu'ai 60
Schwarzes Meer 106, 229,
 231, 256

Seidenstraße 257
Sela 178, 180
Seleukia 98, 203, 232 ff., 248,
 257 f., 262 f.
Seleukos 231, 237, 243, 249,
 262 f., 266, 268 f.
Semiramis 90, 260
Semiten 13, 24, 46 ff., 53, 140,
 165, 194, 251
Seplarpak 126
Serapis-Insel 153
Servilia 63
Seyhan-Fluß 107 f.
Shah Tepe 11
Shihr 152
Shem 155
Sialk 11, 36
Sibtu 121 f.
Sidon 247, 256
Sijagh 179
Silpius 260 ff., 267
Sin 66, 154
Sindschar-Hügel 108
Sippar 34, 38, 54, 73, 88
Siq 182 f., 185, 191
Sirrusch 17, 91
Siwas 114
Skythen 87, 230, 234
Soados 210
Soghdiana 35
Somali 153
Sparta 268
Strabo 128, 169, 189–192, 209,
 230, 237, 242, 246
Strategus 206, 232
Straße der Ungläubigen 208
Suetonius 62, 270
Suidas 195
Suleimania 35
Sumer 19, 24, 30, 38, 46, 49,
 51, 68, 73, 83 f., 86, 88, 123,
 125, 135, 144
Sumerer 8, 23 f., 28, 30, 46,
 48 f., 51 f., 54 f., 139 ff.
Sumu-Abum 67
Suez 169
Susa 46, 48, 51, 79, 97, 126,
 128, 134, 228 f., 247
Syllaeus 168 f.
Symposiarchen 213
Synodiarchen 206, 213, 215
Syrakus 254
Syrer 8, 254

Tabala 157
Tadmor 34, 205 ff.
Taima 157, 168, 177
Talent 45, 94, 127, 148, 187, 242
Tarim 152, 154
Tarsus 106, 218
Taurus 35, 37 f., 47 f., 66, 85 f.,
 106, 108, 113
Teakholz 60, 64
Tell Asmar *41*
Tell Hariri 119
Tell Harmal *71*
Teman 182

Tepe Gaura 34, 36
Terah 54 f.
Teredon 233
Terqas 122
Tetrapylen 273
Textilindustrie 103, 244
Tiberius 114, 199, 206, 273
Tibur 226, 266
Tiglat Pileser I. 13, 85
Tihama 157
Timna 157, 160, 162 ff., 172,
 176
Totes Meer 178, 181, 183
Trajan 199, 206, 233 f., 241
Transithandel 96, 218, 268
Trojanischer Krieg 266
Turm von Babel, s.a.
 Zikkurrat 17, *18*, 53, 90 f.
Tyche 263
Tzadar 166

Ugarit *32*, 126, 136
Umm al Bidschara 180
Ur-Nammu 50 f., 54, 73
Uratu 83
Urmiahsee 101
Urschu 108
Uruk 19, 36, 45, 48, 50, *52, 69*,
 88, 99, 127, 258

Vaballath 218 f., 225
Venus-Tempel 157
Vitellius 62
Vologesia 208, 210

Weihrauch 17, 65, 95, 146–
 152, 154, 156, 160, 168 f.,
 171 f., 174, 176, 187, 190, 257
Weihrauchhandel 157, 161,
 163, 166, 234
Weihrauchland 233

Xerxes 228
Xisuthros 63

Yarim 166
Yathrib 157, 177
Yorgan Tepe 76

Zabdas 225
Zabibe 174
Zagrosberge 26, 35, 47 f., 53,
 75, 85 f., 100
Zedernholz 9, 57, 66, 95
Zenobia 219 f., 225 f.
Zikkurrat 17, 24, 29, *52*,
 53 f., *69*, 88, 91, 134
Zimri-Lin 67, 121–124, 126 ff.,
 131, 135–139, 141, 143 ff.
Zinnhandel 117, 126, 128, 133
Zinnstraße 126
Zofar 166
Zypern 80, 83, 100, 119, 124 f.,
 246, 260 f.